Clemens Vollnhals (Hg.) **Sachsen in der NS-Zeit**

Clemens Vollnhals (Hg.)

Sachsen in der NS-Zeit

Gustav Kiepenheuer Verlag

**Sonderausgabe für die
Sächsische Landeszentrale für politische Bildung**

*Diese Publikation stellt keine Meinungsäußerung der
Sächsischen Landeszentrale für politische Bildung dar.
Für die Inhalte der Beiträge sind Herausgeber und Autoren
verantwortlich.*

Dieses Exemplar ist nicht für den Verkauf bestimmt!

*Die Buchhandelsausgabe besorgt der
Gustav Kiepenheuer Verlag, Leipzig.*

1. Auflage 2002
© Gustav Kiepenheuer Verlag GmbH, Leipzig 2002
Umschlaggestaltung Therese Schneider
unter Verwendung der nachstehend genannten Abbildungen:
vorn oben: Fanfaren der Hitler-Jugend,
Deutsches Historisches Museum, Berlin
vorn unten: Terroraktion gegen Antifaschisten im März 1933 in Chemnitz,
Deutsches Historisches Museum, Berlin
hinten: Das sächsische Kabinett vom 6. Mai 1933,
akg-images
Gestaltung und Satz Ulrike Vetter
Druck und Binden Clausen & Bosse, Leck
Printed in Germany

www.gustav-kiepenheuer-verlag.de

Inhalt

Vorbemerkung   7

Clemens Vollnhals
Der gespaltene Freistaat: Der Aufstieg der NSDAP in Sachsen   9

Andreas Wagner
Partei und Staat. Das Verhältnis von NSDAP und innerer Verwaltung im Freistaat Sachsen 1933–1945   41

Silke Schumann
Die soziale Lage der Bevölkerung und die NS-Sozialpolitik in Sachsen   57

Michael C. Schneider
Die Wirtschaftsentwicklung von der Wirtschaftskrise bis zum Kriegsende   72

Gunda Ulbricht
Kommunalverfassung und Kommunalpolitik   85

Thomas Schaarschmidt
Kulturpolitik im Lande eines Kunstbanausen? Die sächsische Gauleitung und das »Heimatwerk Sachsen«   104

Michael Parak
Hochschule und Wissenschaft: Nationalsozialistische Hochschul- und Wissenschaftspolitik in Sachsen 1933–1945   118

Georg Wilhelm
Die Evangelisch-lutherische Landeskirche Sachsens im »Dritten Reich«   133

Birgit Mitzscherlich
Das Bistum Meißen in der NS-Zeit   143

Winfried Süß
**Von der Gesundheitspolitik zum Krankenmord. Medizin
im Zeichen der Rassenhygiene** 155

Carsten Schreiber
Täter und Opfer: Der Verfolgungsapparat im NS-Staat 170

Mike Schmeitzner
**Ausschaltung – Verfolgung – Widerstand. Die politischen
Gegner des NS-Systems in Sachsen 1933–1945** 183

Steffen Held
Von der Entrechtung zur Deportation: Die Juden in Sachsen 200

Rainer Behring
Das Kriegsende 1945 224

Norbert Haase
Gedenkstätten und historische Orte 239

Anmerkungen 251
Abkürzungsverzeichnis 280
Ausgewählte Literatur 281
Abbildungsnachweis 283
Zu den Autoren 284
Personenregister 286

Vorbemerkung

Während die Fülle der regional- und lokalgeschichtlichen Studien, die in der (alten) Bundesrepublik seit den siebziger Jahren zur Erforschung der NS-Diktatur vor Ort entstanden sind, kaum mehr zu überblicken ist, so überwiegen in den neuen Bundesländern noch immer die »weißen Flecken«. Im Mittelpunkt der DDR-Forschung stand die Beschäftigung mit dem Widerstand, speziell dem kommunistischen; andere Themen und Fragestellungen blieben nahezu völlig ausgeblendet. Zwar erschienen Mitte der achtziger Jahre bereits erste Überblicksdarstellungen zur Geschichte Sachsens in der Weimarer Republik und im Nationalsozialismus, doch vermochten sie das Forschungsdesiderat keineswegs zu beheben. Erst der Untergang der SED-Diktatur machte den Weg frei für eine differenzierte Sichtweise – fernab überkommener ideologischer Klischees und legitimatorischer Zwänge, die bis dahin die Zeitgeschichtsschreibung in der DDR belastet und behindert haben.
Seit 1990 hat sich der Wissensstand zur sächsischen Landesgeschichte im 20. Jahrhundert wesentlich verbessert. In einem Prozess nachholender Aneignung der eigenen Geschichte sind in den letzten Jahren eine ganze Reihe solider Studien und Sammelwerke entstanden, die einen neuen Blick eröffnen. Dass trotz intensiver Anstrengungen noch immer erhebliche Lücken zu verzeichnen sind, ist nicht verwunderlich. So hat doch die regionalgeschichtliche Erforschung der NS-Zeit speziell in Sachsen mit einer sehr schlechten Quellenlage in den Archiven zu kämpfen. Von den Akten der NSDAP-Gauleitung und der nachgeordneten Parteistellen sind nur Bruchstücke überliefert; besser, aber keineswegs befriedigend, ist die Aktenüberlieferung bei staatlichen Stellen, die ebenfalls große Kriegsverluste aufweist. Die im Vergleich zu anderen Regionen stark defizitäre Quellenlage ist also in Rechnung zu stellen.
Als Mitarbeiter für den vorliegenden Sammelband, der als eine Überblicksdarstellung für ein breiteres Publikum konzipiert ist, konnte ein Kreis jüngerer Historiker gewonnen werden, deren Forschungen vornehmlich an der Universität Leipzig und dem Hannah-Arendt-Institut für Totalitarismusforschung an der TU Dresden angesiedelt sind. Als Herausgeber habe ich allen Autoren für ihre zumeist ganz spontane Zusage zu danken. Für tatkräftige Unterstützung

bei der Erstellung des druckreifen Manuskriptes sowie des Registers danke ich Matthias Piefel. Die Betreuung seitens des Gustav Kiepenheuer Verlages übernahm Frau Birgit Peter, die auch die Anregung zu diesem Band gab. Ihnen allen bin ich zu Dank verpflichtet.

Dresden, Januar 2002   Clemens Vollnhals

Clemens Vollnhals

Der gespaltene Freistaat: Der Aufstieg der NSDAP in Sachsen

Unter den Flächenstaaten nahm Sachsen aufgrund der frühzeitigen Industrialisierung eine Sonderrolle ein. 1925 zählte der Freistaat rund 4,9 Millionen Einwohner und war das am dichtesten besiedelte Gebiet des Deutschen Reiches. Mehr als ein Drittel der Bevölkerung lebte in Städten mit mehr als 100 000 Einwohnern und nur etwas mehr als ein Fünftel in Gemeinden mit weniger als 2000. Kennzeichnend war der außerordentlich hohe Beschäftigungsgrad in Industrie- und Handwerksbetrieben: nur 9,1 Prozent aller Beschäftigten arbeiteten in der Land- und Forstwirtschaft.[1] Doch nicht nur die Wirtschafts- und Sozialstruktur unterschied Sachsen von anderen Flächenstaaten; es war zugleich die Wiege der deutschen Arbeiterbewegung, die im »roten Königreich« eine ihrer traditionsbewussten Hochburgen besaß. Die bereits Ende des 19. Jahrhunderts stark ausgeprägte politische Polarisierung verschärfte sich in der Weimarer Republik, als mit den Nationalsozialisten eine neue Massenbewegung entstand, die gerade in Sachsen überdurchschnittliche Erfolge zu erringen vermochte. Gleichzeitig bestand hier die nach Berlin mitgliederstärkste KPD-Bezirksorganisation und ein ebenfalls starker SPD-Parteiapparat, so dass man Sachsen – je nach Blickwinkel – als rote oder braune Hochburg wahrnehmen konnte. Zutreffend ist beides: In Sachsen prallten die Extreme aufeinander, nirgends waren die gesellschaftlichen Spannungen so stark ausgeprägt, die politische Kultur der unterschiedlichen sozialmoralischen Milieus so gegensätzlich verfasst.

Antisemitismus und völkische Bewegung

Die erste NSDAP-Ortsgruppe entstand im Oktober 1921 in Zwickau. Sie war zugleich die erste außerhalb Bayerns[2] und wurde von Fritz Tittmann, einem Schlosser, geleitet, der sich zuvor als Geschäftsführer und Schriftleiter im antisemitischen Deutschvölkischen Schutz- und Trutzbund in Zwickau betätigt hatte. Auch der Plauener Textilindustrielle und spätere Gauleiter Martin Mutschmann entstammte diesem Bund, der 1919 aus dem Alldeutschen Verband hervorgegangen war und vielerorts als Keimzelle der NS-Bewegung wirkte.[3] 1922 erfolgte dann die Gründung der NSDAP-Ortsgruppen Chemnitz,

Markneukirchen, Plauen, Freiberg, Leipzig und Colditz.⁴ Im März 1923 zählte die NSDAP elf Ortsgruppen und 16 kleinere Stützpunkte; den Schwerpunkt bildeten dabei das Vogtland und das Erzgebirge.⁵ Zu dieser Zeit stellte die NSDAP in Sachsen wie auch im benachbarten Thüringen nur eine von vielen rechtsradikalen Splittergruppen dar, die im Schatten der großen Wehrverbände – Stahlhelm, Jungdeutscher Orden und Werwolf – agierten. Der Erfolg der ersten Ortsgruppen hing maßgeblich vom unermüdlichen Einsatz und Organisationsgeschick weniger Aktivisten ab, die zumeist aus den Wehrverbänden und antisemitischen Organisationen kamen und aus diesem Umfeld neue Mitglieder anwarben.

Bezeichnend für den radikalen Antisemitismus, der in der Frühzeit das zentrale Propagandathema bildete, ist ein Bericht über den Auftritt Hermann Essers – eines engen Mitarbeiters von Hitler in der Münchener Zentrale – Ende 1921 auf einer NSDAP-Versammlung in Zwickau: »Die Maßnahmen der deutschen Judenregierung zur Beseitigung dieses Elends seien viel zu schlapp und begünstigten nur das weitere verbrecherische Ausbreiten des Schieber- und Judentums. Bevor nicht Galgen auf der Straße errichtet würden, an denen die Schieber, Wucherer und Volksaussauger aufgehängt werden, sei eine Besserung nicht zu erwarten.«⁶ Solch hasserfüllte Tiraden, die auch die Propagandakampagnen Streichers auszeichneten, sprachen aus, was in völkischen Kreisen viele dachten. »Die Juden sind unser Unglück« war eine Parole, die bereits die politische Kultur des späten Kaiserreiches geprägt hatte.

Gerade in Sachsen hatte sich während der langanhaltenden Depression, die der Gründerkrise von 1873 folgte, im verunsicherten Mittelstand ein massiver Antisemitismus ausgebreitet, war die Agitation eines Theodor Fritsch, Diederich Hahn oder Max Liebermann von Sonnenberg auf fruchtbaren Boden gefallen. So war es kein Zufall, dass der erste internationale »Antijüdische Kongress« 1882 in Dresden tagte, der einzigen größeren Stadt, in der eine Koalition aus Konservativen und antisemitischen »Reformern« die Politik bis zum Ende des Kaiserreiches bestimmen sollte.⁷ Das zweite Treffen fand ein Jahr später in Chemnitz statt, wo der rührige Ernst Schmeitzner Verlag seinen Sitz hatte, dessen Inhaber das »Internationale antijüdische Komitee« leitete. Als Inbegriff eines primitiven Radau-Antisemitismus galten schon damals die Publikationen des von Fritsch geleiteten Hammer-Verlags in Leipzig. Neben der gleichnamigen Zeitschrift gab Fritsch u. a. das berüchtigte »Handbuch zur Judenfrage« (1907, 49. Aufl. 1944) heraus, von dem Hitler bekannte, es in frühester Jugend gelesen zu haben, und erklärte: »Ich bin überzeugt, dass gerade dieses in besonderer Weise mitgewirkt hat, den Boden vorzubereiten für die nationalsozialistische antisemitische Bewegung.«⁸ 1893 gewann die antisemitische Deutsche Reformpartei, die sich in Sachsen auf etwa 80 örtliche Vereine stützen konnte, bei der Reichstagswahl in den sächsischen Stimmbezirken sechs Sitze auf Kosten der Konservativen, deren Mandate sich halbierten. Bei der Ergänzungswahl zum sächsischen Landtag

eroberten die Antisemiten im selben Jahr einen Sitz. Zwei Jahre später erhielten sie 11,3 Prozent der Wählerstimmen, errangen aber aufgrund des Mehrheitswahlrechts keinen Sitz im Landtag mehr.[9]
Auch wenn den antisemitischen Gruppierungen kein dauerhafter Wahlerfolg beschieden war, so lebten die populistischen Parolen und antisemitischen Ressentiments doch munter fort. Speziell Fritsch blieb ein unermüdlicher Organisator. Er dominierte die 1905 gegründete Mittelstandsvereinigung für das Königreich Sachsen und arbeitete »über viele Jahre nahtlos mit den sächsischen Konservativen zusammen«.[10] James Retallack, einer der besten Kenner der politischen Kultur Sachsens, gelangt in seiner Untersuchung zu dem prononcierten Urteil: Die Trennlinie zwischen Konservatismus und Antisemitismus sei »für eine Zeitlang so undeutlich« geworden, dass sie zu existieren aufgehört habe. Die Annäherung und sukzessive Verschmelzung von antisemitischen und konservativen Positionen war eine Folge der Verwerfungen im konservativ-nationalliberalen Parteienkartell, ausgelöst durch die Wahlerfolge der antisemitischen Parteien, die ihrerseits einen Reflex auf die tiefgreifende Modernisierungskrise, auf die rasche Industrialisierung und die damit verbundenen Umwälzungen im traditionellen Sozialgefüge darstellten.

Dem stand auf der anderen Seite der scheinbar unaufhaltsame Vormarsch der Sozialdemokratie gegenüber, die im stark industrialisierten Sachsen ihre Wiege hatte und bei den Reichstagswahlen von einem Erfolg zum nächsten eilte. Die scharfe Polarisierung zwischen Bürgertum und Arbeiterbewegung gipfelte in der reaktionären Wahlrechtsreform von 1896. Das Dreiklassenwahlrecht sicherte den Konservativen im Landtag eine Zweidrittelmehrheit, während im Reichstag das Königreich ab 1903 fast allein durch die SPD vertreten wurde. Die scharfe Konfrontation und Ausgrenzung bewirkte in Sachsen eine nachhaltige Radikalisierung der Sozialdemokratie und verhinderte, anders als in Süddeutschland, die Ausbildung eines starken, pragmatisch orientierten Reformflügels. Zwar war in den Jahren vor dem Ersten Weltkrieg auch im »Musterländchen der Reaktion«[11] eine gewisse Aufweichung der verhärteten Fronten zu verzeichnen, doch kamen diese Ansätze zu spät. So wurde das Dreiklassenwahlrecht zur Landtagswahl 1909 zugunsten eines Pluralwahlrechts aufgehoben; das allgemeine und gleiche Wahlrecht, wie es im Reich schon lange galt, aber nicht gewährt. Kennzeichnend für die politische Kultur Sachsens blieb die scharfe Polarisierung zwischen Arbeiterbewegung und Bürgertum, die durch den Ersten Weltkrieg und die Novemberrevolution von 1918 noch weiter angeheizt wurde.

Die politische Vorherrschaft des konservativen Honoratioren-Establishments stützte sich im späten Kaiserreich auf die Einbindung der antisemitischen Protestwähler aus dem Mittelstand und auf die Förderung nationalistischer Massenorganisationen. Namentlich der Alldeutsche Verband zeichnete sich in Sachsen aufgrund der Grenzlage durch eine intensive antischechische Propaganda aus. Starke Ortsgruppen bestanden u. a. in Leipzig, Chemnitz,

Zwickau, Plauen, Freiberg und in Dresden, wo um 1905 jeder zweite Stadtrat dem Alldeutschen Verband angehörte.[12] Völkisches Gedankengut im Sinne eines »reinen Deutschtums« propagierten auch die Ortsgruppen des Bundes der Landwirte, des Vereins Deutscher Studenten, des Deutschnationalen Handlungsgehilfen-Verbandes, des Deutschen Turnerbundes und zahlreiche weitere Vereinigungen, die gegen Ende des 19. Jahrhunderts aus dem Boden schossen und teilweise bereits den »Arierparagraphen« in ihren Statuten enthielten. Der aufblühende Antisemitismus und überschäumende Nationalismus des späten Kaiserreichs infizierte nicht minder das Bildungsbürgertum und kulminierte in den »Ideen von 1914«, die den Weltkrieg zum Schicksalskampf zwischen deutscher Kultur und westlicher Zivilisation stilisierten. Es war das nationalistisch-völkische Milieu vor Ort, das nach Kriegsniederlage und Revolution die NS-Aktivisten der ersten Stunde hervorbrachte. Die Kontinuität verkörperte in Sachsen wie kein anderer Theodor Fritsch. Der »Altmeister der völkischen Bewegung«, der 1912 den Reichshammer-Bund gegründet hatte, betätigte sich jetzt im Führerkreis der Deutschvölkischen Freiheitspartei, die sich Ende 1922 von der Deutschnationalen Volkspartei (DNVP) abgespalten hatte.

Das Krisenjahr 1923

Über die soziale Zusammensetzung der frühen NSDAP ist nur wenig bekannt. Für die Ortsgruppe Leipzig, die im Februar 1923 rund 210 Mitglieder zählte, ergab eine Untersuchung, dass knapp über die Hälfte der Mittelschicht entstammte, während die Arbeiterschaft mit einem Drittel deutlich unterrepräsentiert war. Dieser Befund entspricht dem Ergebnis einer anderen Stichprobe, die auf der Auswertung der Parteineueintritte in ganz Sachsen im Herbst 1923 beruht. Das auffälligste Merkmal ist jedoch das Alter der Parteimitglieder: Über 80 Prozent von ihnen waren jünger als 31 Jahre, rund die Hälfte gar unter 21 Jahre alt.[13] In beiden Stichproben sind Frauen fast gar nicht vertreten, während ihr Anteil außerhalb Sachsens bis zu zehn Prozent betrug. Die frühe NSDAP lässt sich somit wohl am besten als ein jugendlicher Männerbund mit einem beachtlichen Arbeiteranteil charakterisieren.
Der hohe Anteil Jugendlicher, die den Ersten Weltkrieg nicht mehr als Soldat selbst erlebt hatten, verweist auf die hochgeputschten Emotionen und die tiefe Erbitterung, mit der man in vielen nationalgesonnenen Elternhäusern der Weimarer Republik gegenüberstand. Während die Älteren zu Hause oder am Stammtisch räsonierten und dem untergegangenen Glanz des Kaiserreiches nachtrauerten, drängte es die Jugend zur Tat, zum Eintritt in die NSDAP und andere Organisationen, die den gewaltsamen Umsturz auf ihre Fahnen geschrieben hatten. Nach der Ermordung des (jüdischen) Reichsaußenministers Walther Rathenau im Juni 1922 verbot der sächsische Innenminister Richard Lipinski (SPD) diverse Wehrverbände und Veteranenvereine,

was auf der Rechten große Empörung auslöste. Auch das Verbot aller NSDAP-Versammlungen und Aufmärsche gegen Ende des Jahres 1922, dem im März 1923 das förmliche Parteiverbot in Sachsen folgte, vermochte die angespannte politische Atmosphäre kaum zu dämpfen. Die Besetzung des Ruhrgebietes und die Hyperinflation stürzten die Weimarer Republik in eine schwere Zerreißprobe, während die radikale Rechte allenthalben zum »Marsch auf Berlin« rüstete, wobei die Initialzündung von der »Ordnungszelle Bayern« ausgehen sollte. Entsprechend verstärkten auch die sächsischen Nationalsozialisten seit Frühjahr 1923 das militärische Training. Im September verlegte Tittmann, der die SA-Gruppen Oberfranken, Thüringen und Sachsen kommandierte, das Hauptquartier nach Bayern, in die Nähe von Hof, wo sich die sächsischen Einheiten sammeln sollten. Sie kamen jedoch beim Hitler-Ludendorff-Putsch, der bekanntlich am 9. November in München schnell zusammenbrach, nicht mehr zum Einsatz.[14]

Die Republik war jedoch nicht allein von rechts bedroht. Als fatal für die weitere innenpolitische Entwicklung erwies sich im Krisenjahr 1923 die Entscheidung der sächsischen SPD, anstelle einer Großen Koalition die Zusammenarbeit mit den Kommunisten zu suchen. Als Erich Zeigner, ein Gefühlssozialist, am 21. März zum Ministerpräsidenten gewählt wurde, leitete das eine Periode zunehmender Radikalisierung ein, die mit der Aufstellung der »Proletarischen Hundertschaften« gegen den drohenden Faschismus und räteähnlichen Kontrollausschüssen zur Bekämpfung des Wuchers ganz der sozialistischen Klassenkampflinie verpflichtet war. Die Konfrontation mit der Reichsregierung unter Stresemann, der die SPD als Koalitionär angehörte, wurde unvermeidlich, als am 10. Oktober die KPD auf Geheiß Moskaus in die sächsische (und ein paar Tage später auch in die thüringische) Landesregierung eintrat, um den bewaffneten Aufstand, den »deutschen Oktober«, vorzubereiten.[15] Die Reichsexekution gegen Sachsen (und wenig später gegen Thüringen), das heißt: der Einmarsch der Reichswehr und die formelle Übernahme der gesamten Gewalt durch einen Reichskommissar am 29. Oktober, stürzte die SPD in eine tiefe innerparteiliche Krise und bedeutete zugleich das Ende des »linksrepublikanischen Projekts«, das 1918/19 so hoffnungsfroh mit einer konsequenten Reform- und Demokratisierungspolitik begonnen hatte. Die Erfahrung des kurzlebigen Volksfrontexperiments wirkte im Bürgertum geradezu traumatisierend und trieb die politische Polarisierung weiter voran, zumal in Sachsen aufgrund der Konfessionsstruktur keine starke Zentrumspartei existierte, die als ausgleichende Kraft hätte wirken können. Die Nachwehen der abenteuerlichen Politik Zeigners belasteten auf Jahre das politische Klima und erschwerten die Stabilisierung der jungen Demokratie, die auf Konsens und Interessenausgleich angewiesen war. Als im Januar 1924 die SPD-Landtagsfraktion mit großer Mehrheit für die Bildung einer Großen Koalition unter Ministerpräsident Max Heldt (SPD) votierte und sich damit über einen Parteitagsbeschluss hinwegsetzte, zeigte sich die innere Zerrissenheit der sächsischen SPD, deren Parteibasis stark klassenkämpferisch eingestellt war und eine Zusammenarbeit mit dem ungeliebten Bürgertum kompromisslos ablehnte. »Alles war besser und erträglicher«, so rechtfertigte Walter Fabian noch 1930 diesen Kurs, »als um das Linsengericht einer scheinbaren Teilnahme an der Macht das Erstgeburtsrecht der späteren proletarischen Beherrschung Sachsens preiszugeben.«[16] Der Konflikt lähmte die Partei und endete 1926 mit dem Ausschluss der abtrünnigen SPD-Landtagsabgeordneten, die sich dann in der Alten Sozialdemokratischen Partei (ASP) zusammenschlossen.

Die Neugründung der NSDAP 1925: Ideologie und Organisation

Nach dem Verbot der NSDAP und der Inhaftierung Hitlers zerfiel die NS-Bewegung in verschiedene Gruppierungen, deren Führer sich gegenseitig anfeindeten.[17] Bei den Reichstagswahlen im Mai 1924 gingen die Nationalsozialisten in Sachsen (wie in anderen Teilen Deutschlands) ein Wahlbündnis mit der Deutschvölkischen Freiheitspartei ein. Für die »Vereinigte Liste« stimmten auf Reichsebene 6,5 Prozent der Wähler; höher lag der Anteil in den sächsischen Wahlkreisen Leipzig und Chemnitz-Zwickau mit 7,9 bzw. 7,7 Prozent, während es im Wahlkreis Dresden-Bautzen nur 4,5 Prozent waren. Unter den 32 gewählten völkischen Abgeordneten befanden sich jedoch lediglich neun Nationalsozialisten, darunter Fritz Tittmann aus Zwickau. Bei der Reichstagswahl im Dezember 1924 erreichte die Nationalsozialistische Freiheitsbewegung, wie sich das Wahlbündnis diesmal nannte, nur noch 3 Prozent bzw. 14 von insgesamt 493 Sitzen; über dem Reichsdurchschnitt lag das Ergebnis im Wahlkreis Chemnitz mit 4 Prozent (Leipzig: 1,8 Prozent, Dresden: 1,5 Prozent).[18] Mit der Beruhigung der politischen Situation und der wirtschaftlichen Stabilisierung schien von der Hitler-Bewegung keine Gefahr mehr auszugehen, zumal das völkische Lager heillos zerstritten war. Bemerkenswerte Einzelergebnisse waren allerdings in einigen Hochburgen zu verzeichnen. So stimmten in der Stadt Plauen im Mai 1924 19 Prozent der Wähler für die Völkischen (Dez. 1924: 13,2 Prozent), in der Amtshauptmannschaft Oelsnitz 17,6 (11,6) und in der Amtshauptmannschaft Plauen 16,8 (10,2) Prozent.[19]

Das Gebiet um Plauen war die Wirkungsstätte Martin Mutschmanns (1879–1947[20]), eines mittelständischen Textilunternehmers, dessen Spitzenfabrik 1930 in Konkurs gehen sollte. Mutschmann, der im Ersten Weltkrieg mit dem Eisernen Kreuz II. Klasse ausgezeichnet worden war, zählte unter den NS-Führern zur älteren Generation, die von ihrem beruflichen und sozialen Herkommen keine gesellschaftlichen Außenseiter waren. 1922 gründete er die NSDAP-Ortsgruppe in Plauen und stieg 1924 zum Landesleiter des Völkisch-Sozialen Blocks in Sachsen auf. Als treuer Paladin Hitlers wirkte Mutschmann nach der Neugründung der NSDAP zunächst als Führer des Landesverbandes, dann des späteren Gaues. Er war »ein ordentlicher, brutaler Führer«, wie Goebbels 1925 in seinem Tagebuch anerkennend festhielt,[21] der seine Stellung als machtbewusster Gauleiter trotz zahlreicher Querelen und Skandale bis 1945 zu behaupten vermochte. Wie viele »alte Kämpfer« war Mutschmann ein fanatischer Antisemit. So drohte er beispielsweise Mitte 1931 unverhohlen: »Der Tag der Abrechnung wird kommen, und die Synagogen werden in Rauch aufgehen.«[22]

In Plauen wirkte seit 1923 ebenfalls der erste Jugendverband der NSDAP, die Großdeutsche Jugend unter der Leitung Kurt Grubers, aus der im Herbst 1926 die Hitler-Jugend hervorging. Auch die »Völkischen Nachrichten«, das erste parteiamtlich anerkannte NS-Organ für Sachsen, hatten ihren Sitz in Plauen.[23] Als die Nationalsozialisten im ersten Wahlgang der Reichspräsidentenwahl im März 1925 Erich Ludendorff, den Generalstabschef Hindenburgs im Ersten Weltkrieg und Mitputschisten Hitlers in München, als Zählkandidaten gegen die Kandidatur Hindenburgs aufstellten, erzielten sie im Wahlkreis Chemnitz-Zwickau mit über 14 000 Stimmen ihr reichsweit viertbestes Ergebnis (nach Oberbayern-Schwaben, Franken und Thüringen).[24] In dieser Region, die zugleich eine Hochburg der KPD darstellte, prallten die politischen Extreme unversöhnlich aufeinander, gehörten gewaltsame Auseinandersetzungen schon in den frühen zwanziger Jahren zum Alltag.

Nach der Wiedergründung der NSDAP am 27. Februar 1925 sammelte Hitler seine Getreuen und trat auch mehrfach in Sachsen als Redner auf: So am 11. und 12. Juni in Plauen, am 15. Juli in Zwickau und nach dem Verbot einer geplanten Kundgebung in Chemnitz (18.7.) nochmals am 6. Oktober 1925 in Plauen. Der erste öffentliche Auftritt Hitlers in Plauen fand am Vorabend einer »Führertagung« der sächsischen NSDAP statt. An der Veranstaltung in der Festhalle der örtlichen Schützengesellschaft nahmen laut Polizeibericht rund 3500 Personen teil, anschließend hielt Hitler noch eine kurze Ansprache im »Prater«, wo sich rund 1000 Zuhörer eingefunden hatten (die Protestdemonstration der KPD zählte nach Polizeiangaben lediglich 500 Teilnehmer). Zum rhetorischen Standardrepertoire zählte die Abrechnung mit der Novemberrevolution, mit dem »marxistischen Hochverrat«, der zur Verelendung und Versklavung Deutschlands geführt habe. Anschließend wandte sich Hitler den Fixpunkten seiner Weltanschauung zu, wie einem Bericht des »Vogtländischen Anzeigers« zu entnehmen ist:

»Anhand von Beispielen und Einzelausführungen bezeichnete er Leihkapital und Judentum als verheerende und zerstörende und deutsches Volkstum [...] als schöpferische und aufbauende Elemente. Der jüdische Geist ist nach ihm der des Mephisto, der des Verneinens und Zerstörens. Diese geschilderten Gefahren werden zur Folge haben, dass die Völker eines Tages aufwachen und diese Zusammenhänge sowie den überwuchernden Einfluss des Judentums und die verhängnisvolle politische Tätigkeit der Juden klar erkennen. Bei der Darlegung dieser seiner Gedankengänge wendet er sich der Charakterisierung des liberal-demokratischen Systems sowie des Mittels des Klassenkampfes und der Klassenspaltung zu. Dabei bezeichnet er den Marxismus

als Waffe zur Zertrümmerung der nationalen Wirtschaft und zur Aufrichtung der Herrschaft des Leihkapitals. [...]
Was uns nottut, ist, unser deutsches Volk nicht nur äußerlich, sondern auch innerlich zu einigen, das deutsche Volk mit einer neuen Weltanschauung zu durchsetzen. Diese neue Weltanschauung muss wirken wie ein neues Evangelium. Drei Punkte stellt Hitler als Leitsterne auf:
1. Wir glauben wieder an den Wert der Persönlichkeit, und diese hat ihre Grundlage im Volkstum, in der Rasse.
2. National und sozial sind zwei identische Begriffe. Kein Sozialismus ohne glühende Liebe zu unserem Volke, kein Nationalismus ohne die Sehnsucht nach unbedingter sozialer Gerechtigkeit.
3. Sorge für die Gesundung des Volkes in all seinen Schichten an Leib und Seele. Nur ein gesundes Volk kann die Freiheit wieder erringen.
In der Begründung dieser drei Fragen, insbesondere der zweiten, und in der Zeichnung des Weges, auf dem diese Reform an Haupt und Gliedern durchgeführt werden müsse, darf man wohl das Glaubensbekenntnis Hitlers an das deutsche Volk erblicken. Hitler ist kein Mann der Schwäche, und darum betonte er, dass bei diesem Kampf der Erneuerung alles Schwächliche abgestreift werden muss. Nach dieser unserer Weltanschauung, sagt er, gibt es auf dieser Welt kein Recht außer der eigenen Kraft, und weiter: Die Völker haben noch nie durch Arbeit oder Ruhe und Ordnung sich die Freiheit erkämpft, sondern nur durch Hervorbringen eines unbändigen Willens zur Freiheit.«[25]
Hitler predigte in Plauen wie anderorts das »Evangelium« der NS-Bewegung, dessen Schlagworte zwar vieles im Vagen ließen, aber doch eine klare Botschaft verkündeten: Schuld am nationalen Unglück sind die Juden und Marxisten! Hitler appellierte an das beleidigte Nationalgefühl und versprach den Wiederaufstieg Deutschlands. Voraussetzung hierfür sei die Überwindung der inneren Zerrissenheit, die von außen in das deutsche Volk hereingetragen werde. Deshalb müssten alle art- und rassefremden Einflüsse beseitigt werden: Judentum, Marxismus, Demokratie. Die begriffliche Verschmelzung von Sozialismus und Nationalismus meinte primär die Absage an den Klassendünkel der wilhelminischen Bürgergesellschaft und hatte ihr Vorbild in der vielbeschworenen »Gemeinschaft im Schützengraben«. Erst die politisch und weltanschaulich geeinte Nation sei dann in der Lage, den außenpolitischen Kampf gegen das »Sklavenjoch« des Versailler Vertrages aufzunehmen. Hitler verkündete das Programm eines »soldatischen« Nationalismus, dessen antibürgerlicher Affekt auch in den Wehrverbänden weit verbreitet war und somit den fließenden Übergang ermöglichte. Dasselbe gilt auch für den hasserfüllten Antisemitismus Hitlers, der im Judentum den Todfeind der arischen Rasse sah. Über die Auftritte Hitlers berichtete die konservative Lokalpresse zumeist mit durchaus wohlwollender Sympathie, während die Linke forderte, dem verurteilten Hochverräter ein Redeverbot zu erteilen, wie es zu dieser Zeit in Preußen, Bayern und anderen Ländern

bestand. Als staatenloser Ausländer, der erst 1932 die deutsche Staatsbürgerschaft erhielt, musste sich Hitler deshalb bei seinen ersten öffentlichen Auftritten eine gewisse Vorsicht und Mäßigung auferlegen.
Um so hemmungsloser agitierten die Unterführer der NS-Bewegung: So hielt der Polizeibericht über eine Rede des thüringischen Gauleiters Arthur Dinter, der am 18. Juli 1925 (anstelle Hitlers) in Chemnitz vor rund 5000 Personen auftrat, fest: »Dieser richtete besonders scharfe Angriffe gegen das Judentum und das internationale Bank- und Börsenkapital. Er gab der Hoffnung Ausdruck, dass es doch noch gelingen werde, die völkische Diktatur auf legalem Wege aufzurichten.«[26] Am 13. Oktober 1925 sprach der für seinen Antisemitismus nicht minder berüchtigte Nürnberger NSDAP-Stadtrat Karl Holz in Plauen vor 600 Zuhörern zum Thema »Hochfinanz und Marxismus – die Urschuldigen am Massenelend!«. Die Rede war eine einzige »Hetze gegen die Juden, die ungefähr zwei Stunden in Anspruch nahm. Dabei führte er etwa aus: ›Das Unkraut (die Juden) müsse mit aller Macht beseitigt werden. Es könne auch kein Unterschied gemacht werden, ob einer getauft sei oder nicht; Jude sei Jude. Es könne nicht mehr länger zugegeben werden, dass der Jude regiere und von der Sozialdemokratie beschützt werde.‹«[27] Über eine Veranstaltung, die zwei Tage später mit dem Reichstagsabgeordneten Gottfried Feder in Zwickau stattfand, notierte der Polizeibericht: »Der ungeschliffene Ton, den Feder anschlug, scheint auf Grund der bisher gemachten Beobachtungen geradezu der offizielle in der Nationalsozialistischen Partei zu sein; denn seine Ausführungen und auch diejenigen anderer nationalsozialistischer Propagandisten enthielten in reichlichem Maße Beleidigungen, Verächtlichmachungen der Regierung oder der gegenwärtigen Regierungsform.«[28]
Im Februar 1926 fasste der monatliche Lagebericht des sächsischen Innenministeriums die polizeilichen Erkenntnisse in der Feststellung zusammen: »Die Tatsache, dass der immerwiederkehrende Inhalt aller nationalsozialistischen Reden Regierungs- und Judenhetze ist, findet in Essers Ausführungen erneute Bestätigung.« Zugleich registrierte der Bericht zum wiederholten Male: »Nach der Leipziger Versammlung haben sich auf den Straßen noch Zusammenstöße zwischen Rechtsradikalen, nationalsozialistischen Versammlungsteilnehmern und jüdischen Straßenpassanten und zwischen Nationalsozialisten und Kommunisten abgespielt. Mehrere Verletzungen sind erfolgt, polizeilicher Einsatz beendete die Zwischenfälle.«[29] Gewaltsame Übergriffe auf jüdische Bürger und Saalschlachten mit dem politischen Gegner kennzeichneten die Agitation der NSDAP, die in ihrem Selbstverständnis und Habitus eine jederzeit gewaltbereite Partei des Bürgerkrieges blieb. In Kreisen der Plauener SS warb man nach der Neugründung unverhohlen damit, dass *(1926)* »nur die NSDAP mit einem Adolf Hitler an der Spitze dafür sorgen werde, dass das Judengesindel in Deutschland ausgerottet werde«.[30] Das Bekenntnis Hitlers zur Legalität war lediglich ein taktisches Zugeständnis, das man als Lehre aus dem 1923 so kläglich gescheiterten Putschversuch gezogen hatte.

Nach der Neugründung 1925 gliederte sich der NSDAP-»Landesverband Sachsen« zunächst in fünf Gaue. Nach der Auflösung des abspenstigen Gaues Ostsachsen und der direkten Unterstellung der Ortsgruppen unter Landesleiter Mutschmann und der Verschmelzung der Gaue Chemnitz und Freiberg wurden im Juli 1926 die Gaue Vogtland, Zwickau und Chemnitz als Untergaue im neuen »Gau Sachsen« zusammengefasst, der seinerseits dem Gebiet des Reichstags-Wahlkreisverbandes Sachsen entsprach.[31] Gegen Jahresende 1925 zählte die NSDAP nach Angaben Mutschmanns 35 Ortsgruppen mit rund 3000 Mitgliedern, wobei allein die Ortsgruppe Plauen 800 eingeschriebene Mitglieder stellte. Die regionale Verankerung beschränkte sich auf einige Hochburgen, und selbst in Plauen hatte die Partei nach Polizeiangaben gegenüber dem Frühjahr 1925 rund ein Drittel ihrer Mitglieder verloren.[32] Die Lage war alles andere als rosig, umso mehr musste die Anhängerschaft in ständiger Bewegung und Aktion gehalten werden. Entsprechend vermerkte der Polizeibericht für Januar 1926: »Die NSDAP unternahm große Anstrengungen in bezug auf Verbreitung des nationalsozialistischen Gedankens. Ihre Versammlungstätigkeit war eine sehr rege, in besonderem Maße im Vogtland. Die Art und Weise der Propagandaentfaltung ähnelte stark der der KPD.«[33] Charakteristisch für das öffentliche Erscheinungsbild war die rastlose Propaganda und der kämpferische Aktionismus, der sich in zahlreichen Aufmärschen und Kundgebungen auch außerhalb der Wahlkämpfe niederschlug.

Gleichzeitig bildete sich innerparteilich der Führer-Mythos heraus, der die Vagheit des politischen Programms kompensierte und organisatorische Schwächen überdeckte. Welche Blüten der Hitler-Kult schon frühzeitig trieb, belegt ein Artikel der »Völkischen Nachrichten« zu Ostern 1926: »Und das ist die besondere Osterbotschaft an das deutsche Volk, dass auch ihm der Meister da ist, dass ihm Adolf Hitler vom gütigen Gott geschenkt ist, damit er es von seinen Banden erlöse [...] Doch der Erlöser ist da! Adolf Hitler, der Meister des deutschen Volkes, kämpft für uns. Glaubt es, ihn hat Gott für unsere Rettung gesendet.«[34] Auch der Geburtstag des »Führers« wurde 1926 mit einer großen Veranstaltung in Plauen begangen, wie einem Polizeibericht zu entnehmen ist: »Feder wendete sich scharf gegen Parlamentarismus und Marxismus und vertrat den Standpunkt, dass das deutsche Volk nur durch den eisernen Willen des richtigen Führers aus dem Elend herauskommen könne, und dieser Führer sei Hitler. Streicher gab in der Festrede mit scharfer Judenhetze ein Bild vom Lebenslauf Hitlers. Der Frontbann war mit seiner Kapelle und 3 Spielmannszügen unter Mitführen von 10 Hakenkreuz- und 1 Werwolffahne mit Hakenkreuzschleife geschlossen durch die Stadt zu dem Versammlungslokal gezogen.«[35] Führer-Kult und antisemitische Hetzparolen überbrückten nach der Neugründung die Streitereien rivalisierender Unterführer und wirkten gewissermaßen als innerparteiliches Bindemittel.

Die Stärke der NS-Bewegung gegenüber konkurrierenden Organisationen aus dem völkisch-nationalistischen Lager beruhte nicht auf einem unverwechselbaren ideologischen Profil, das immer diffus blieb, sondern auf ihrem kämpferischen Aktivismus. Die Verbindung von charismatischer Führerherrschaft und gläubiger Disziplin verlieh der NSDAP eine spezifische Dynamik, ließ sie zum Kristallisationszentrum eines neuen, sozial ungebundenen Nationalismus werden, der sich entschieden vom alten Nationalismus wilhelminischer Prägung und dem honoratiorenhaften Politikstil völkischer Vereine und bürgerlicher Rechtsparteien abgrenzte. Mit ihrer Propaganda sprach die NS-Bewegung vor allem eingefleischte Antisemiten und jugendliche Aktivisten aus anderen Verbänden an. So traten beispielsweise im Sommer 1926 in Plauen und Chemnitz die Ortsgruppen des Frontbanns nahezu geschlossen zur NSDAP bzw. SA über.[36] Im Vergleich zu den großen Wehrverbänden, die auf ihren jährlichen Heerschauen mehrere zehntausend Mitglieder zu mobilisieren vermochten, war die SA zu dieser Zeit noch eine kleine Truppe. 1926 zählten die drei SA-Stürme im Wahlkreis Leipzig etwa 150 Mann, drei Jahre später waren es nach Angaben des SA-Führers Bennecke rund 600.[37] Lediglich im Vogtland dürfte die SA vor 1930 größere Bedeutung erlangt haben.

Von der Splitterpartei zum Zünglein an der Waage: Die Landtagswahlen 1926 und 1929

Parallel zur organisatorischen Konsolidierung der NSDAP war eine zunehmende Radikalisierung der Wehrverbände zu verzeichnen. So hieß es etwa im August 1926 im Verbandsorgan »Der Stahlhelm« (Magdeburg): »Der Weg zu Deutschlands Freiheit geht nur über die Leiche der Weimarer Republik [...] Der Tag, an dem die deutsche Seele wieder erwacht, ist der Todestag des Machwerks von Weimar. Und über den Trümmern strahlt die sieghafte Tat des neuen Nationalismus.«[38] In Sachsen manifestierte sich der »neue Nationalismus« in einem gemeinsamen Aufruf der großen Wehrverbände: Stahlhelm, Jungdeutscher Orden, Werwolf, Bund Wiking und Reichsflagge. Sie forderten vor der Landtagswahl im Oktober 1926 die Rechtsparteien ultimativ zur Bildung eines »nationalen Blocks« auf und verlangten: »Dass die nationalen Parteien geschlossen den Kampf gegen die international eingestellte Sozialdemokratie und ihrer Helfershelfer führen. Wir tun dies aus der Erkenntnis heraus, dass für die Arbeit der Sozialdemokratie die treibende Kraft nicht das Wohl und Wehe des Vaterlandes ist, sondern das Interesse der eigenen Partei und das ihrer marxistischen Ideen. [...] Mit bürgerlichen Parteien, die solche Denkart durch ein Zusammengehen mit der Sozialdemokratie auch nur von Fall zu Fall stützen, ist für uns Wehrverbände eine Zusammenarbeit unmöglich, und zwar umsoweniger, als gerade diese Partei es ist, welche den Kampf gegen uns in schärfster Form und mit den verwerflichsten Mitteln führt.«[39] Der massive Vorstoß der Wehrverbände spiegelte die politische Polarisierung wider und sollte in erster Linie die Deutsche Volkspartei (DVP) unter Druck setzen, die zusammen mit der Deutschen

Demokratischen Partei (DDP) und der Alten Sozialdemokratischen Partei Sachsens (ASP) die Regierungskoalition unter Ministerpräsident Heldt stellte. Dem Aufruf folgten längere Verhandlungen mit den Rechtsparteien, die in der Presse und im nationalgesinnten Bürgertum große Aufmerksamkeit fanden, letztendlich jedoch scheiterten. Denn neben der DDP, die als erste den Bestrebungen zur Bildung eines geschlossenen Rechtsblocks eine Absage erteilte, rückte schließlich auch die sächsische DVP davon ab, da sich die Berliner Parteileitung unter Stresemann die Option einer Großen Koalition mit der SPD im Reich nicht zerschlagen lassen wollte.

Bei der Landtagswahl am 31. Oktober 1926 erlitten die bürgerlichen Parteien eine schwere Niederlage: DDP und DVP verloren zehn ihrer bisherigen 27 Sitze, aber auch die oppositionellen Deutschnationalen, die der Weimarer Republik feindselig gegenüberstanden, büßten von 19 Mandaten fünf ein. Am schlimmsten traf es die ASP, die sich im Juni 1926 nach heftigen innerparteilichen Auseinandersetzungen über die Frage der Regierungsbeteiligung von der SPD abgespalten hatte. Sie erhielt nur noch vier von ehemals 23 Sitzen. Deutlich geringer waren die Verluste der SPD, die von 40 Mandaten neun verlor; während die Kommunisten vier Sitze dazugewannen und nunmehr 14 Abgeordnete in den Landtag entsandten. Die eigentlichen Wahlgewinner waren die neuen Interessenparteien des radikalisierten Mittelstandes: Die Wirtschaftspartei (10,1 Prozent bzw. 10 Sitze) und die Reichspartei für Volksrecht und Aufwertung (4,2 Prozent bzw. 4 Sitze). Die Nationalsozialisten erhielten 1,6 Prozent der Stimmen und waren mit Tittmann und Hellmuth von Mücke, einem bekannten Marineoffizier des Ersten Weltkrieges, erstmals im Landtag vertreten, ohne jedoch dort sonderlich aufzufallen. Für die Demokratie war das Wahlergebnis ein schlichtes Desaster, das nichts Gutes verhieß: Zwar erhielt die SPD trotz merklicher Verluste 32,1 Prozent der Stimmen, doch banden die staatstragenden bürgerlichen Parteien – DDP und DVP – zusammen nur mehr 17,1 Prozent der Wähler.[40] Mit dem sprunghaften Wahlerfolg der rein wirtschaftlich orientierten Interessenparteien setzte in Sachsen bereits im Herbst 1926 der Zerfall der bürgerlich-demokratischen Mitte ein; zudem war fast ein Drittel der Wahlberechtigten erst gar nicht zur Stimmabgabe erschienen.

Das zweite Kabinett Heldt, das erst nach langwierigen Verhandlungen zustande kam, stützte sich auf alle bürgerlichen Parteien sowie auf die ASP, die unter dem Einfluss von Ernst Niekisch und August Winnig immer stärker ins nationalistische Fahrwasser abdriften sollte.[41] Im Landtag stimmte die NSDAP bei aller verbalen Kritik zumeist mit dem Bürgerblock und betrieb keine ernsthafte Obstruktionspolitik. Tittmann und von Mücke verfolgten ein Tolerierungskonzept von rechts außen, dessen gemeinsamen Nenner der Ausschluss der SPD von der Regierungsverantwortung bildete, was den Vorstellungen der Wehrverbände entgegenkam.

Für die Nationalsozialisten bedeutete das magere Wahlergebnis einen relativen Erfolg, zumal sie wenig später auch bei der Landtagswahl in Thüringen im Januar 1927 mit zwei Abgeordneten ins Parlament einzogen. Die eigentliche Bedeutung lag weniger im erzielten Stimmenanteil, sondern wie Hitler im »Völkischen Beobachter« triumphierend verkündete: »Genau wie in Sachsen ist auch in Thüringen die deutschvölkische Freiheitspartei von der Bildfläche verschwunden. Es wird nicht mehr lange dauern und die jüdische Meute kann sich ein anderes Hilfsmittel suchen, den dummen Spießbürger noch dümmer zu machen, als das bisherige: die völkische Bewegung sei ›zersplittert‹. Nein, ehe noch ein Jahr vergangen sein wird, gibt es in Deutschland nur noch eine politische völkische Bewegung, und dies ist die Nationalsozialistische Deutsche Arbeiterpartei.«[42]

Und in der Tat war der Kampf um die Hegemonie im völkischen Lager entschieden. Von nun an dominierte die NSDAP die Szene. Die Reichsleitung der Deutschvölkischen Freiheitsbewegung, des bis dahin stärksten Konkurrenten, brach im Frühjahr 1927 auseinander, wobei sich die Reichstagsabgeordneten Stöhr, Kube, von Reventlow und andere nach kurzer Zeit der NSDAP anschlossen. In Sachsen erhielt die NSDAP in dieser Zeit starken Zulauf aus den Wehrverbänden, auf deren Mitgliedschaft die radikale Agitation und der dynamische Bewegungscharakter eine besondere Faszination ausübten. So erklärte beispielsweise Gregor Strasser auf einer Versammlung, die unter dem Titel »Das heutige System der Henker der deutschen Freiheit« im Dezember 1927 in Dresden stattfand: Die in Deutschland regierenden Staatsmänner seien »Zuhälter der internationalen Hochfinanz. Heute seien in den führenden Stellen Revolutionsschieberbeamte.« Und: »Am 9. November 1918 habe man durch Terror Revolution gemacht und das heutige System, das auf Erfüllung und Feigheit beruhe, geschaffen. Nur durch Terror, zu dem die NSDAP absolut bereit sei, könne dieses System wieder beseitigt werden. [...] Es bestehe gar keine Veranlassung, dem Staat zu helfen, dieser möge verrecken.«[43]

Mit solchen Parolen rekrutierte die NSDAP ihre Truppen aus allen Teilen des versprengten rechtsradikalen Spektrums. Hohe Positionen in der SA bekleideten nach ihrem Übertritt etwa Manfred von Killinger, der 1928 mit zahlreichen Mitgliedern des ein Jahr zuvor verbotenen Wiking-Bundes der NSDAP beitrat, und Hans von Tschammer und Osten, der ehemalige Großkomtur der Ballei Sächsische Lausitz, die sich im Herbst 1926 vom Jungdeutschen Orden abgespalten hatte. Mit der Vorherrschaft im rechtsradikalen Lager ging die organisatorische Konsolidierung einher. Zum Jahresende 1928 zählte die NSDAP in Sachsen 4600 Mitglieder, die in zirka 130 Ortsgruppen bzw. Stützpunkten organisiert waren.[44] Dass die NS-Bewegung endgültig die Vorherrschaft gewonnen hatte, zeigte sich bei der Reichstagswahl im Mai 1928. Sie errang zwar nur 2,6 Prozent der Stimmen, zog aber mit 12 Abgeordneten in den Reichstag ein, während die Deutschvölkische Freiheitsbewegung und der ebenfalls angetretene Völkisch-nationale Block leer ausgingen. Ein überdurchschnittliches Ergebnis erzielte die NSDAP im Wahlkreis Chemnitz-Zwickau mit 4,3 Prozent, während sie in Dresden-Bautzen und Leipzig unter dem Reichsdurchschnitt blieb.[45]

Bei der Landtagswahl im Mai 1929, die aufgrund einer Gerichtsentscheidung[46] angesetzt werden musste, entfaltete die NSDAP eine massive Propagandakampagne, die von Gregor Strasser koordiniert wurde. Die Agitation stellte alle Anstrengungen der bürgerlichen Parteien, die »verhältnismäßig sehr wenige Wahlversammlungen« abhielten,[47] weit in den Schatten. Die Nationalsozialisten beackerten vor allem die Dörfer und Kleinstädte im Erzgebirge und im Vogtland. In einer Zeit, als der Rundfunk noch keine große Rolle spielte, vom Fernsehen ganz zu schweigen, war der Wahlkampf vor Ort das wichtigste Medium, sorgten die Propagandafahrten der SA in entlegene Dörfer noch lange für Gesprächsstoff. Hitler selbst trat auf großen Kundgebungen in Annaberg (17.4.), Glauchau (25.4.), Leipzig (3.5.) und Zittau (9.5.) vor jeweils 2000 bis 4000 Zuhörern auf. Im Mittelpunkt der Reden stand weniger die Innenpolitik, sondern die unverhüllte Propagierung imperialistischer Raumpolitik: Die wirtschaftliche Existenz des deutschen Volkes könne nur durch die Eroberung neuen Bodens gesichert werden. »Deutschland braucht Macht, dreimal Macht, aber kein Genf und keinen Völkerbund.«[48] Zwar errang die NSDAP 1929 noch nicht mehr als fünf Prozent der Stimmen, doch konnte sie ihre Wählerzahl gegenüber der Reichstagswahl 1928 nahezu verdoppeln. Fast die Hälfte der 133 958 abgegebenen Stimmen stammten aus dem Wahlkreis Chemnitz-Zwickau. Das Prinzip der konzentrierten Propaganda hatte sich bewährt und sollte in späteren Wahlkämpfen auf ganz Sachsen ausgedehnt werden.

Für die drei bürgerlichen Parteien (DDP, DVP und DNVP) stimmten im Mai 1929 zusammen noch 25,7 Prozent, was einen Verlust von 5,9 Prozent gegenüber der Landtagswahl von 1926 bedeutete. Weitere 19,1 Prozent der Stimmen entfielen auf die Wirtschaftspartei, die Reichspartei für Volksrecht und Aufwertung (VRP) und die neugegründete Bauernpartei Sächsisches Landvolk (SLV), womit die wirtschaftlichen Interessengruppen ihren Wähleranteil um 4,8 Prozent steigern konnten. Die ASP, die mit Heldt den bisherigen Ministerpräsidenten stellte, errang nur noch 1,5 Prozent und fiel in die politische Bedeutungslosigkeit. Die SPD hingegen gewann mit 34,2 Prozent der Stimmen zwei Sitze hinzu, während die KPD 12,8 Prozent erhielt und zwei Mandate verlor.[49] Aufgrund des Patts zwischen der bisherigen Regierungskoalition (46 Sitze) und der Linken (45 Sitze) kam den Nationalsozialisten, die mit fünf Abgeordneten in den Landtag einzogen, eine Schlüsselstellung zu. Denkbar war im Grunde nur eine Große Koalition mit der SPD, wie sie 1924 bestanden hatte, oder die Fortsetzung des »antimarxistischen« Bürgerblocks mit Beteiligung oder zumindest Tolerierung der NSDAP. Die erste Variante, die angesichts der einsetzenden Wirtschaftskrise aus staatspolitischen Gründen höchst wünschenswert gewesen wäre, scheiterte an der Intransigenz der DVP, die dem Verband Sächsischer Industrieller nahestand, wie dem linken SPD-Flügel, der weiterhin von einer »proletarischen Mehrheit« träumte.

Aber auch die Verhandlungen mit der NSDAP erwiesen sich als nicht einfach, da die Führung darauf beharrte, dass das Innenministerium nicht mehr von

der liberalen DDP besetzt werden dürfe. Nach zwei gescheiterten Wahlgängen wurde schließlich Wilhelm Bünger (DVP) mit den Stimmen der NSDAP zum Ministerpräsidenten gewählt. Wenige Tage später, am 29. Juni, bot von Mücke in einem vertraulichen Schreiben der SPD und der KPD die »Unterstützung einer von Ihren Parteien gebildeten sächsischen Regierung« an, falls sie sich verpflichteten, nicht gegen die NSDAP vorzugehen.[50] Das Bekanntwerden des Bündnisangebotes rief erhebliche Irritationen hervor, zumal von Mücke glaubhaft darzulegen vermochte, der Vorstoß sei mit Hitler abgesprochen gewesen, und erklärte: »Die Demokratie, insbesondere der sächsische Innenminister [Apelt], der mir ja bekannt wäre seiner Einstellung nach, sei ein viel schlimmerer Feind des Nationalsozialismus als selbst der röteste Rote.«[51] Die Fraktion distanzierte sich umgehend, womit die Konfusion ihren Höhepunkt erreichte. Der Konflikt beruhte teils auf dem persönlichen Zerwürfnis zwischen von Mücke und Mutschmann, spiegelte aber auch den zwiespältigen, noch nicht definitiv geklärten Charakter der NS-Bewegung wider: Verstand sie sich mehr als Arbeiterpartei oder als national-völkische, die im Ernstfall mit den verhassten bürgerlichen Parteien koalieren sollte? Der Konflikt endete mit dem Parteiaustritt von Mückes und sollte sich ein Jahr später nochmals wiederholen, als Otto Strasser den Schlachtruf ausgab: »Die Sozialisten verlassen die NSDAP!« Gegenüber Kritikern, die lieber am Kurs der Fundamentalopposition festgehalten hätten, rechtfertigte Hitler die Wahl Büngers im »Völkischen Beobachter« mit den Worten: »So widerlich im einzelnen die bürgerlichen Parteien sein mögen, so ekelhaft ihr Geschiebe um Ministerstühle auch ist, so sicher sind sie trotzdem für die nationalsozialistische Bewegung das kleinere Übel.«[52]
Den Vorsitz der fünfköpfigen NSDAP-Fraktion[53] übernahm Kapitänleutnant a. D. Manfred von Killinger (1886–1944), der als bekannter Freikorpsführer der Brigade Ehrhardt zweifelhaften Ruhm genoss. Er hatte 1921 als führendes Mitglied der Geheimorganisation Consul den Befehl zur Ermordung des Zentrum-Politikers Matthias Erzberger gegeben,[54] war jedoch von einem nachsichtigen Gericht freigesprochen worden. Nach weiteren Inhaftierungen und einer Verurteilung wegen Geheimbündelei, die er aufgrund einer allgemeinen Amnestie nicht verbüßen musste, betätigte sich von Killinger, dessen Eltern ein Freigut bei Nossen besaßen, in leitender Position in den Wehrverbänden Werwolf und Bund Wiking, einer Nachfolgeorganisation der Brigade Ehrhardt. Die Ernennung des amtsbekannten Terroristen zum Fraktionsvorsitzenden war eine blanke Provokation, die unter normalen Umständen zum Abbruch jeglicher parlamentarischen Zusammenarbeit hätte führen müssen. Denn von Killinger, der zuletzt die SA-Gruppe Mitte leitete, propagierte unverhohlen den Bürgerkrieg. Im Dezember 1929 drohte er den SPD-Abgeordneten im Landtag für den Fall eines nationalsozialistischen Sieges: »Wir werden Ihnen den Fehdehandschuh hinwerfen in Form von abgeschlagenen Köpfen Eurer Oberbonzen.«[55]
Die Regierung Bünger hingegen kam den Nationalsozialisten weit entgegen, um die fragile Koalition zu erhalten, und lehnte etwa im Januar 1930 das von

23

der SPD geforderte Verbot des Nationalsozialistischen Schülerbundes mit der Begründung ab: Anders als die kommunistischen Jugendorganisationen seien die Nationalsozialisten nicht darauf eingeschworen, die Republik mit Gewalt zu stürzen.[56] Zu entschlossenen Maßnahmen war die Regierung Bünger weder willens noch im Stande. Sie bot, wie der frühere Innenminister Willibalt Apelt (DDP) in seinen Memoiren urteilte, ein »schlagendes Bild für die klägliche Haltung der bürgerlichen Parteien«: »Die Deutsche Volkspartei und ihr Kandidat, Dr. Bünger, hatten keine Bedenken, sich von den Nationalsozialisten in den Regierungssattel heben zu lassen und zögerten nicht, alle Bedingungen zu schlucken, die ihnen gestellt wurden, obgleich sie doch erkennen mussten, in welche verhängnisvolle und unwürdige Abhängigkeit von diesen Leuten sie dadurch gerieten, und die übrigen bürgerlichen Parteien und ihre Minister beteiligten sich an diesem Spiel, nur um noch eine kurze Weile in der Regierung zu bleiben.«[57] Der Rechtsruck schlug sich symbolisch am deutlichsten in der Abschaffung des Revolutionsfeiertages am 9. November nieder. Wirtschaftlich vertrat die Regierung Bünger vor allem die Interessen der mittelständischen Wirtschaftsparteien und verfügte drastische Einschnitte bei den Sozialausgaben, was die Not der rasch anwachsenden Zahl von Unterstützungsempfängern verschärfte.

Nach dem Erfolg bei der thüringischen Landtagswahl im Dezember 1929 und der Wahl Fricks zum Innen- und Volksbildungsminister, womit die NSDAP erstmalig an einer Landesregierung beteiligt war, waren die Tage der Regierung Bünger gezählt. Mitte Februar 1930 brachten die Nationalsozialisten einen Misstrauensantrag ein, weil der Ministerpräsident im Reichsrat der Ratifizierung des Young-Planes, der die Reparationsschulden neu regelte, zugestimmt hatte. Für den Sturz Büngers votierten auch die Koalitionspartner DNVP und Sächsisches Landvolk, die zuvor gemeinsam mit der NSDAP und den Wehrverbänden zum gescheiterten Volksentscheid gegen den Young-Plan aufgerufen hatten, sowie aus anderen Motiven die Opposition.

Die monatelangen Verhandlungen zur Regierungsneubildung folgten dem bekannten Muster gegenseitiger Blockade. So erklärte sich die sächsische SPD zu einer Großen Koalition unter Ausschluss der Wirtschaftspartei bereit, der der Demokrat Apelt vorstehen sollte. Diese Möglichkeit scheiterte jedoch an der ablehnenden Haltung der DVP, deren wirtschaftsliberaler Flügel nach dem Tod Stresemanns immer stärker vom sozialen Gründungskompromiss der Republik abrückte. Als im März 1930 die Reichsregierung Hermann Müller, die letzte Große Koalition der Weimarer Republik, an der Frage der Arbeitslosenversicherung, letztlich jedoch an den tiefgreifenden wirtschaftlichen Interessengegensätzen zerbrach, war an ein solches Bündnis nicht mehr zu denken. Somit vermochte die NSDAP in Sachsen das Zünglein an der Waage zu bleiben, das dem Bürgerblock die Bedingungen diktierte. <u>Am 6. Mai 1930 wählten die bürgerlichen Parteien mit Tolerierung der NSDAP, die sich der Stimme enthielt, schließlich den Präsidenten des Sächsischen Rechnungshofes Walther Schieck zum Ministerpräsidenten.</u> Schieck, der als Parteiloser der DVP nahestand, ernannte ein »Kabinett der Experten«, das als Beamtenkabinett im Grunde die schleichende Abkehr vom Prinzip parlamentarischer Verantwortlichkeit vorwegnahm. Doch bereits eine Woche später änderte die NSDAP ihre Haltung und stimmte gemeinsam mit SPD und KPD für die Auflösung des Landtages.

Der Aufstieg zur Massenpartei

[handschriftlich: Landtagswahlen v. 22.6.1930]

Der Wahlkampf, der der NSDAP den Durchbruch bringen sollte, fand vor dem Hintergrund einer dramatischen Verschlechterung der Wirtschaftslage infolge der Weltwirtschaftskrise statt, von der Sachsen aufgrund seiner spezifischen Industriestruktur besonders stark betroffen war. Im März 1930 verzeichnete die Statistik rund 394 000 Arbeitslose, nachdem ihre Zahl bereits im Vorjahr sprunghaft angewachsen war. Ein Jahr später waren bei den Arbeitsämtern 594 000 Personen gemeldet, im März 1932 gar 725 000. Gleichzeitig stieg auch die Zahl der Unternehmen, die in Konkurs gingen, stark an. 1929 waren es 1996, 1930 2414. Ihren Höhepunkt erreichte die Konkurswelle 1931 mit 2514 Bankrotterklärungen, wobei in 953 Fällen die Eröffnung eines Konkursverfahrens mangels Masse abgelehnt werden musste.[58] Die dürren Zahlen der Statistik spiegeln die Verarmung des Mittelstandes und die Notlage der Arbeitslosen und ihrer Familien nur in abstrakter Form. Wesentlich plastischer ist der Bericht eines sozialdemokratischen Abgeordneten aus der Stadt Königstein: »Von 576 Kindern, die dort in die Schule gehen, hatten 35 früh nichts gegessen, 80 nichts getrunken, 52 konnte kein Frühstück mitgegeben werden, 70 hatten nicht jeden Tag warm zu essen, 9 Kinder bekamen überhaupt kein Fleisch, 70 nur einmal in der Woche, 3 Kinder besitzen gar keine Schuhe, 68 nur ein Paar und 131 nur je zwei Paar Schuhe. Mehrere Kinder schlafen zusammen in einem Bett oder teilen das Bett mit Familienangehörigen.«[59] Das war die Realität der Massenarbeitslosigkeit, die durch drastische Sparmaßnahmen zur Konsolidierung der öffentlichen Haushalte noch zusätzlich verschärft wurde. Die Politik der sozialen Kälte und des fehlenden sozialen Ausgleichs, die seit 1930 die Politik der Präsidialkabinette auszeichnete, schürte in der Arbeiterschicht die Empörung über den Klassenstaat und trug wesentlich zum Legitimationsverfall der Demokratie bei.

Während des Wahlkampfs trat Hitler in Bautzen (6.6.), Freiberg (11.6.), Leipzig (13.6.), Chemnitz (19.6.) und in Dresden (21.6.) auf. Wie immer ging es nicht um Fragen der konkreten Landespolitik, vielmehr predigte der »Führer« das Evangelium der NS-Bewegung. Im Mittelpunkt aller Reden stand die »Lösung der Raumfrage«, da die Not des Volkes weder durch Auswanderung noch durch Exportsteigerung beseitigt werden könne. Die Quintessenz fasst ein Bericht des »Freiberger Anzeigers« zusammen: »Adolf Hitler stellte als obersten Grundsatz seiner Partei die Schaffung und Sicherung eines ausreichenden Lebensraums auf.« Die Nationalsozialisten »würden nur eine Doktrin anerkennen: Die Existenz unseres Volkes zu halten. <u>Außenpolitik heiße Sicherung des Raums für die Lebensvoraussetzungen eines Volkes, Innenpolitik Stabilisierung der Kräfte des Volkes zur Erreichung der außenpolitischen Ziele. Der Lebensraum in seiner Begrenzung führe zum Kampf; niemand könne behaupten, die Bodenverteilung der Welt sei gerecht. Ein gesundes Volk gehe stets den Weg der Raumerweiterung.«[60] Hitler ließ seine Zuhörer nicht darüber im Unklaren, was sie im »Dritten Reich« erwarten sollte: Sein außenpolitisches Programm bedeutete Krieg.</u>

Bei der Landtagswahl am 22. Juni 1930 erhielten DDP (3,2 Prozent), DVP (8,7 Prozent) und DNVP (4,8 Prozent) zusammen nur mehr 16,7 Prozent der Stimmen, während die Wirtschaftspartei und die übrigen bürgerlichen Splitterparteien (VRP, SLV, VNR, CSVD) leicht zulegten (20,6 Prozent). Von der Zersplitterung des bürgerlichen Lagers und der Fragmentierung der Interessengruppen profitierte allein die NSDAP, deren Zugewinn in etwa den Verlusten der bürgerlichen Parteien entsprach. Sie stieg von 5 auf 14,4 Prozent und rückte mit 14 Sitzen[61] nach der SPD zur zweitstärksten Partei im Landtag auf. Der tiefgreifenden Erosion des bürgerlichen Parteiensystems, die in Sachsen seit 1926 unübersehbar war, stand eine bemerkenswerte Konstanz der politischen Linken gegenüber, die ihr gemeinsames Stimmenpotential seit 1920 mit nur geringen Schwankungen halten konnte. So verbuchte die KPD bei der Landtagswahl 1930 gegenüber 1929 einen geringen Zuwachs von 12,8 auf 13,6 Prozent, während die SPD um denselben Anteil von 34,2 auf 33,4 Prozent abfiel.[62]

Es war der Kontrast zwischen der Stabilität des linken Wählerblocks und der offenkundigen Zersplitterung des eigenen Lagers, der in bürgerlichen Wählerschichten tiefe Verunsicherung auslöste. Es war nicht allein die Wirtschaftskrise, sondern nicht minder die politische und organisatorische Schwäche der bürgerlichen Parteien, die den Aufstieg der NSDAP beförderten. Angesichts der extremen Polarisierung und des in Sachsen besonders stark ausgeprägten Lagerdenkens stellte allein die NSDAP, die ihren Wahlkampf mit der Angstparole »Nie wieder Sowjet-Sachsen« bestritt, als neue nationale Sammlungsbewegung für weite Wählerschichten eine politisch attraktive Alternative dar. Nur zwei Jahre später, bei der Reichstagswahl vom Juli 1932, sollte die NSDAP in Sachsen 41,2 Prozent der Wählerstimmen erhalten, während die bürgerlichen Parteien auf klägliche 8,9 Prozent dezimiert wurden und die wirtschaftlichen Splitterparteien in der Bedeutungslosigkeit verschwanden.

Das sächsische Wahlergebnis signalisierte, wie zeitgenössische Beobachter sorgfältig registrierten, die politischen Verwerfungen in der Parteienlandschaft infolge der Weltwirtschaftskrise. Umso fataler war die Entscheidung Brünings und Hindenburgs, im Herbst 1930 den Reichstag aufzulösen und Neuwahlen anzusetzen, womit die NSDAP mit 107 Sitzen als zweitstärkste Partei in den Reichstag einzog. Denn die Folgen dieser Konstellation, die zur

Paralyse des parlamentarischen Regierungssystems führte, hatte man bereits in Sachsen studieren können.

	2.2.1919	14.11.1920	5.11.1922	31.10.1926	12.5.1929	22.6.1930
Wahlbeteiligung	-	70,4	81,8	71,1	77,4	73,6
KPD	-	5,7 (6)	10,5 (10)	14,5 (14)	12,8 (12)	13,6 (13)
USPD[a]	16,3 (15)	13,9 (13)	-	-	-	-
SPD	41,6 (42)	28,3 (27)	41,8 (40)	32,1 (31)	34,2 (33)	33,4 (32)
DDP	22,9 (22)	7,7 (8)	8,4 (8)	4,7 (5)	4,3 (4)	3,2 (3)
Zentrum[b]	1,0 (0)	1,1 (1)	0,9 (0)	1,0 (0)	0,9 (0)	-
DVP	3,9 (4)	18,6 (18)	18,7 (19)	12,4 (12)	13,4 (13)	8,7 (8)
DNVP	14,3 (13)	21,0 (20)	19,0 (19)	14,5 (14)	8,0 (8)	4,8 (5)
NSDAP	-	-	-	1,6 (2)	5,0 (5)	14,4 (14)
WP[c]	-	0,8 (0)	0,2 (0)	10,1 (10)	11,3 (11)	10,6 (10)
USPD[d]	-	2,9 (3)	-	-	-	-
ASP	-	-	-	4,2 (4)	1,5 (2)	0,7 (0)
VRP	-	-	-	4,2 (4)	2,6 (3)	1,7 (2)
SLV	-	-	-	-	5,2 (5)	4,6 (5)
VNR	-	-	-	-	-	1,5 (2)
CSVD	-	-	-	-	-	2,2 (2)
Sonstige	-	-	0,5 (0)	0,7 (0)	0,8 (0)	0,6 (0)

Wahlergebnisse der Landtagswahlen im Freistaat Sachsen
(Stimmenanzahl in Prozent; Landtagssitze in Klammern)
Quelle: Jürgen W. Falter u.a., Wahlen und Abstimmungen in der Weimarer Republik. Materialien zum Wahlverhalten 1919–1933, München 1986, S. 108.

Auflösung der Abkürzungen:
a 1920: USPD (rechts)
b 1919: Christliche Volkspartei
c 1920: Wirtschaftliche Vereinigung
d 1920: USPD (links)
ASP: Alte Sozialdemokratische Partei
CSVD: Christlich-Sozialer Volksdienst (Evangelische Bewegung)
SLV: Sächsisches Landvolk
USPD: Unabhängige Sozialdemokratische Partei Deutschlands
VNR: Völkisch-Nationale Reichspartei
WP: Wirtschaftspartei des Deutschen Mittelstandes

Beflügelt von ihrem Erfolg, forderten die Nationalsozialisten nun nach thüringischem Vorbild als Gegenleistung für eine weitere Unterstützung des geschwächten Bürgerblocks das Innenministerium, das Gregor Strasser übernehmen sollte. »Und zwar deshalb«, wie der NSDAP-Abgeordnete Cuno Meyer unverblümt erklärte, »um den Verwaltungsapparat von Parteibuchbeamten zu säubern und um die Polizei in die Hände zu bekommen, damit Schluss werde mit dem roten Terror. Marxistische Propaganda auf den Straßen sei dann nicht mehr erlaubt. Wer für den Kommunismus sei, könne nach Sowjetrußland auswandern [...] Wenn die Nationalsozialisten auf legalem Weg die Mehrheit im Reichstag hätten, würden sie denselben durch

Mehrheitsbeschluss als überflüssig für immer auflösen.«[63] Trotz des warnenden Beispiels, das das Agieren Fricks in Thüringen bot und das die Beziehungen zur Reichsregierung aufs äußerste belastete,[64] ließen sich die bürgerlichen Parteien auf Koalitionsverhandlungen mit der NSDAP ein, die als das kleinere Übel zu einer immer noch denkbaren Großen Koalition mit der SPD galt. Auch mittelständische Verbände wie der Verein der Sächsischen Hausbesitzer, das Staatliche Komitee für Sächsisches Handwerk und der Landbund plädierten für eine bürgerliche Regierung unter Einbeziehung der NSDAP.

Bei den Verhandlungen, in die sich Hitler persönlich einschaltete, schlug die NSDAP das ihr zunächst angebotene Wirtschaftsministerium aus und beharrte auf dem Innenministerium, womit sich die bürgerlichen Parteien schließlich einverstanden erklärten. Als Ministerpräsident favorisierte das Bündnis aus Wirtschaftspartei, DVP, DNVP, Sächsischem Landvolk, Christlich-Sozialem Volksdienst, Volksrecht-Partei und NSDAP den früheren Wirtschaftsminister Friedrich Krugg von Nidda und von Falkenstein (DNVP). Seine Wahl scheiterte jedoch am standhaften Widerstand der DDP-Fraktion und der erstmals zur Wahl angetretenen Volksnationalen Reichsvereinigung (VNR), die aus dem Jungdeutschen Orden hervorgegangen war und über zwei Mandate verfügte.[65] Diesen beiden kleinen Parteien, die sich – nach der bemerkenswerten Wandlung des Jungdeutschen Ordens vom Wehrverband zum Träger des Weimarer Staatsgedankens – zur Deutschen Staatspartei zusammenschlossen, war es zu danken, dass nicht schon 1930 ein Nationalsozialist die Polizei kontrollierte. Wie geschwächt das bürgerliche Selbstbewusstsein bereits war, zeigt sich auch an anderen Beispielen. So distanzierte sich im November 1930 die Führung der sächsischen DVP von ihrem Fraktionsvorsitzenden Bernhard Blüher, weil er es ablehnte, die Wahl eines Nationalsozialisten zum Landtagspräsidenten zu unterstützen.

Aufgrund der Pattsituation im Landtag blieb das Beamtenkabinett Schieck als Geschäftsführende Regierung bis zur Auflösung des Sächsischen Landtags am 31. März 1933 im Amt. Das war angesichts des unerklärten Unwillens der bürgerlichen Parteien zu einer Großen Koalition mit der SPD (nur DDP und VNR hatten sich hierzu bereit erklärt) die einzige Möglichkeit, die noch verblieb, um die Nationalsozialisten von der Macht fernzuhalten. Die Regierung Schieck lebte von der staatstragenden Tolerierungspolitik der SPD und besaß ihren parlamentarischen Rückhalt bei den bürgerlichen Parteien, die vor allem die Furcht vor Neuwahlen und weiteren Stimmenverlusten zusammenhielt. Die primär negativ definierte Interessenidentität sicherte der konservativen Geschäftsführenden Regierung Schieck eine bemerkenswerte Stabilität und ließ alle Vorstöße der nationalen Opposition aus NSDAP, DNVP und Landvolk, der sächsischen Ausgabe der »Harzburger Front«, ins Leere laufen. Ebenso scheiterte der gemeinsam mit der KPD initiierte Volksentscheid zur Auflösung des Landtags; für diese Allianz der Extreme mochten sich im April 1932 nur 36 Prozent der Wahlberechtigten begeistern.[66] Anders als in Thüringen mussten sich die Nationalsozialisten in Sachsen – trotz überdurchschnittlicher Erfolge bei den Reichstagswahlen 1930 und 1932 – mit der Oppositionsbank begnügen, so dass ihnen der direkte Zugriff auf die Landespolitik bis zuletzt verwehrt blieb. Dies war auch der entscheidende Grund für die SPD, das Beamtenkabinett Schieck zu stützen, was ihr angesichts der fortgesetzten Politik des Sozialabbaus und des nur zögerlichen Vorgehens gegen die Feinde der Republik[67] ein gehöriges Maß an Selbstverleugnung und innerparteilicher Disziplin abverlangte.

Mit der entschlossenen Verteidigung der Republik stand die traditionell linke sächsische Sozialdemokratie zugleich in einem erbitterten Kampf mit den Kommunisten, die diese Politik mit dem Schlagwort des »Sozialfaschismus« quittierten: »Die entscheidende Partei, die der Bourgeoisie die Massenbasis für die Sicherung ihrer Diktatur liefert, ist nicht die NSDAP, sondern die SPD mit ihrem Anhang der Arbeiterklasse. Der Anhang der NSDAP ist im wesentlichen das Kleinbürgertum. Die deutsche Bourgeoisie braucht jedoch zur Durchführung ihrer Diktatur eine Massenbasis in der Arbeiterklasse, und diese ist nur die SPD in der Lage, zur Verfügung zu stellen. [...] Faschismus ist eine Form der Diktatur der Bourgeoisie, die SPD dagegen ist die Stütze der Bourgeoisie, die jede Form der kapitalistischen Diktatur unterstützt.«[68] Mit der KPD Thälmanns, deren Kurs ganz dem Diktat der sowjetischen Komintern unterlag, konnte es keine gemeinsame Politik geben, weshalb die Demokratie auch nicht durch die Beschwörung einer ominösen »Einheit der Arbeiterklasse« zu retten gewesen wäre. Der KPD-Propaganda verblüffend ähnlich war der Vorwurf der Nationalsozialisten, die SPD vertrete nicht die Interessen der Arbeiterschaft, sondern agiere im Dienste des internationalen Finanzkapitals. Der Dolchstoß der Novemberrevolution habe nicht zur Befreiung des deutschen Proletariats geführt, sondern zu seiner Versklavung.

Die Nazifizierung der Gesellschaft

Zum Zeitpunkt der Landtagswahl von Juni 1930, die den endgültigen Durchbruch zur Massenpartei signalisierte, zählte die NSDAP in Sachsen 11 800 Mitglieder – fast dreimal soviel wie noch im Januar 1929. Das gute Abschneiden bei der Reichstagswahl im September 1930 beschleunigte den weiteren Ausbau der Parteiorganisation, speziell in Ostsachsen, und führte zu einem regelrechten Eintrittsschub, der die Mitgliederzahlen bis März 1931 auf 27 000 anwachsen ließ.[69] Gleichfalls nahm die Zahl der SA-Angehörigen zu, die nach internen Angaben Ende 1931 fast 21 000 Mitglieder zählte.[70] Der Gausturm wurde seit Sommer 1931 von Kurt Lasch geleitet und bestand zum Jahresende aus zwölf Standarten. Er unterstand der von Killinger kommandierten SA-Gruppe Mitte, die im März 1932 in die SA-Gruppe Sachsen und Mitte (unter der Führung von Tschammer und Osten) geteilt wurde. Die von Killinger geleitete SA-Gruppe Sachsen gliederte sich nunmehr in die Untergruppen Plauen, Chemnitz, Dresden und Leipzig, die ihrerseits jeweils mehrere SA-

Standarten umfassten.[71] Im September 1932 erfolgte dann im Zuge einer erneuten Reorganisation die Gründung der SA-Obergruppe Mitte, die die SA-Gruppen Mitte und Sachsen wieder unter dem Oberbefehl von Killingers zusammenfasste. Zur Finanzierung trug neben erheblichen Mitgliedsbeiträgen und Eigenleistungen der SA-Männer sowie Zuschüssen der Parteiorganisation nicht unwesentlich ein Abkommen mit der Dresdner Zigarettenfabrik Dressler bei, die für die SA-Männer die Marke »Sturm« herstellte.

Da die SA als paramilitärische Organisation eine eigene Befehlsstruktur besaß und nicht der politischen Parteiorganisation unterstand, waren Konflikte zwischen Gauleitern und höheren SA-Führern unvermeidlich. Als Kommandeur der SA-Gruppe Mitte befehligte von Killinger mit einem eigenen Verwaltungsstab die Gaustürme Sachsen, Thüringen, Magdeburg-Anhalt und Halle-Merseburg und stand damit in einer untergründigen Konkurrenz zu Gauleiter Mutschmann, die seinen Machtanspruch im Parteiapparat skrupellos durchsetzte. Der schwelende Machtkampf sollte zum offenen Konflikt eskalieren, als nach der Machtübernahme 1933 von Killinger und Mutschmann in ihren neuen Funktionen als Ministerpräsident bzw. Reichsstatthalter in Sachsen aufeinanderstießen.[72] Bis dahin jedoch traten die innerparteilichen Konflikte und persönlichen Rivalitäten nur selten an die Öffentlichkeit, da der Kampf um die Macht Partei und SA zusammenhielt. Die Rebellion des Berliner SA-Führers Walther Stennes fand 1931 in Sachsen keinen Widerhall, auch später kam es zu keinen nennenswerten größeren Abspaltungen.

Begrenzte Auswirkungen besaß nur der Austritt Otto Strassers, da das einzige Parteiorgan, die Wochenzeitschrift »Der Sächsische Beobachter«, vom Kampfverlag Berlin der Gebrüder Strasser herausgegeben wurde, die damit beträchtlichen Einfluss besaßen. Mit der Gründung des »Freiheitskampfes«, der ab dem 1. August 1930 als Tageszeitung erschien, stärkte Mutschmann seine Position. Er verfügte nun über eine eigene Zeitung und übte als Gauleiter 51 Prozent der Stimmenrechte im gleichnamigen Verlag aus, die andere Hälfte des Stammkapitals hatten drei vermögende Damen, die Geschwister Pinker, beigesteuert. Bis Ende 1932 erreichte der »Freiheitskampf« in der Dresdner Hauptausgabe 107 000 Exemplare und war damit die auflagenstärkste Dresdner Zeitung.[73]

Einen wesentlichen Anteil zur Durchdringung spezifischer Interessengruppen und Milieus besaßen die Vorfeldorganisationen, die die NSDAP ab 1929/30 systematisch ausbaute. Neben der Hitler-Jugend, die ihre Ursprünge in Plauen besaß, erfolgte bereits 1926 in Leipzig die Gründung einer ersten NS-Studentenorganisation durch Wilhelm Tempel, deren Führung Mitte 1928 auf Baldur von Schirach überging. Und aus der Großdeutschen Schülerbewegung, die im Vogtland entstanden war,[74] entwickelte sich der Nationalsozialistische Deutsche Schülerbund (1929). Neben größeren berufsständischen Organisationen wie dem Bund Nationalsozialistischer Deutscher Juristen, dem Nationalsozialistischen Lehrerbund und dem Nationalsozialistischen Deutschen Ärztebund existierte ein Netz kleinerer Vereinigungen, wie beispielsweise der

Ende 1929 in Plauen gegründete Nationalsozialistische Deutsche Wirtschaftsbund, über deren Aktivität nicht allzu viel bekannt ist.

Speziell dem Kampf gegen den »Kulturbolschewismus«, worunter man die gesamte Moderne subsumierte, hatte sich Alfred Rosenbergs »Kampfbund für Deutsche Kultur« (1929) verschrieben. Anlässlich der Gründung der Dresdner Ortsgruppe im November 1930 hieß es dazu im »Freiheitskampf«: »Der Kampfbund für Deutsche Kultur hat es sich zur Aufgabe gesetzt, inmitten des heutigen Kulturverfalls die Werte des deutschen Wesens zu verteidigen und jede arteigene Äußerung kulturellen deutschen Lebens zu fördern, das deutsche Volk über die Zusammenhänge zwischen Rasse, Kunst und Wissenschaft, sittlichen und willenhaften Werten aufzuklären.«[75] Das Ringen um die wahre deutsche Kulturseele vereinte seit langem ein breites Spektrum konservativer bis völkischer Autoren und Kulturfunktionäre, die allenthalben die »moderne Dekadenz«, den »jüdisch zersetzenden Geist« am Werke sahen. Die nicht selten handgreiflichen Attacken richteten sich schon Mitte der zwanziger Jahre gegen Aufführungen von Carl Zuckmayers Stück »Der fröhliche Weinberg« in Leipzig oder Ernst Tollers »Hinkemann« in Dresden. 1930 beschloss der sächsische Landtag sogar, Erich Maria Remarques pazifistischen Erfolgsroman »Im Westen nichts Neues« aus allen Schulbüchereien und dem Lehrplan zu verbannen.[76] Solche Kampagnen prägten das geistige Klima und waren Teil des erbittert geführten Kampfes um die kulturelle Hegemonie. Die Verachtung der liberalen Demokratie und der westlichen Zivilisation besaß im deutschen Bildungsbürgertum eine lange Tradition und vereinte ein breites Spektrum nationalkonservativer Intellektueller im geistigen Kampf gegen die Weimarer Republik.

Offen zum Nationalsozialismus bekannten sich in den zwanziger Jahren nur wenige Universitätslehrer. An der Technischen Hochschule Dresden beispielsweise agitierte der Hygieniker Philalethes Kuhn, Gründungsmitglied der Deutschen Gesellschaft für Rassenhygiene (1905) und zeitweiliger Kurator des Deutschen Hygiene-Museums in Dresden, frühzeitig für die NSDAP und warb als glühender Verfechter der Rassenhygiene für eugenische Maßnahmen zur »Erneuerung des Volkskörpers«. Zu den einflussreichsten NS-Intellektuellen zählte zweifellos Alfred Baeumler, ein ausgewiesener Nietzsche-Experte, der seit 1926 an der TH Dresden Pädagogik und Philosophie lehrte. Seit 1926 existierte auch eine Ortsgruppe des NS-Studentenbundes, die zunächst nur einen kleinen Anhang besaß. Doch bereits bei den Studentenschaftswahlen im November 1931 erreichten die Nationalsozialisten neun von 20 Mandaten, während auf die Sozialdemokratische Studentengruppe nur noch zwei Sitze entfielen.[77] Ein Jahr später errang der NS-Studentenbund an der TH Dresden gar die absolute Mehrheit, an anderen Hochschulen verhielt es sich nicht anders. Die Eroberung der Universitäten war ein alarmierendes Zeichen für die schleichende Nazifizierung der bürgerlichen Gesellschaft, die zu keinem Trennungsstrich gegenüber dem anstürmenden Rechtsradikalismus mehr in der Lage war.

Auch weite Teile der verbeamteten Professorenschaft kündigten nun der Republik ihre Loyalität auf. So unterzeichneten immerhin elf (von 78) Professoren der TH Dresden einen im »Völkischen Beobachter« am 29. Juli 1932 abgedruckten Aufruf, in dem sich insgesamt 48 deutsche und österreichische Hochschullehrer vor den Reichstagswahlen für die Übernahme der Macht durch die Nationalsozialisten einsetzten: »Wir haben, als deutsche Männer und berufene Lehrer der akademischen Jugend unseres Volkes, in den Jahren nach dem Krieg mit wachsender Ablehnung die verderbliche Wirkung des herrschenden politischen Systems auf das geistige und materielle Leben unseres Volkes gesehen. Auf keinem Gebiete des deutschen Lebens ist es zu dem Wandel der nationalen und sozialen Gesinnung und Handlungsweise gekommen, der nach der Überzeugung jedes ernsthaften Deutschen für ein besiegtes Volk Grundbedingung des Wiederaufstiegs ist.« Die Unterzeichner verhehlten nicht, dass sie durch »alle Bedenken gegangen sind, die den intellektuellen Menschen bei einigen Zielgedanken der nationalsozialistischen Bewegung kommen. Die wesentlichen Gedanken aber, vor allem: die Bekämpfung des fremdrassigen Einflusses in unserem Volksleben, die Einschränkung des Eigennutzes auf allen Gebieten, soweit er dem allgemeinen Nutzen entgegen handelt, der Wille zur Befreiung des Staates und des sozialen Lebens von der materialistischen Fessel des Finanzkapitals, diese wesentlichen Zielgedanken sind durch alle einzelnen Bedenken hindurch von uns als grundsätzlich richtig erkannt« worden.[78] Der Aufruf appellierte an den nationalkonservativen Grundkonsens, der den fließenden Übergang ins »Dritte Reich« ermöglichte: die Sehnsucht nach autoritärer Führung und nationaler Größe.

Mit dem Ausbau des Parteiapparates ging die Eroberung des flachen Landes einher. Die NSDAP fasste zunächst in den mittleren und kleinen Städten Fuß und breitete sich von dort auf die Dörfer aus. Bei den sächsischen Gemeindewahlen im November 1929 beteiligten sich die Nationalsozialisten erstmals in den weitaus meisten Gemeinden und stellten nach eigenen Angaben 250 Gemeindeverordnete.[79] Zu dieser Zeit lagen die Hochburgen noch im Vogtland und Erzgebirge, während die NSDAP in den ländlichen Gebieten Ostsachsens nur spärlich präsent war. Mit den Wahlerfolgen und dem Aufstieg zur Massenpartei erfolgte die Gründung neuer Ortsgruppen und die organisatorische Durchdringung des gesamten Raumes. Parallel dazu wurde ab 1930 der Agrarpolitische Apparat unter der Reichsleitung Walther Darrés gezielt ausgebaut. Schon vor der Reichstagswahl im September 1930 registrierte ein Bericht aus Sachsen: »Hier läuft dem Landbund alles weg zu den Nazis, die im letzten halben Jahr eine fabelhafte Tätigkeit auf dem Land entwickelt haben.«[80] Die Organisation der bäuerlichen Landpropaganda übernahm der Gutspächter Hellmut Körner in Piskowitz (Amtshauptmannschaft Meißen), der als Gaufachberater fungierte und nach 1933 zum Landesbauernführer aufsteigen sollte. Welche Erfolge die NSDAP binnen kürzester Zeit erzielen konnte, zeigte sich 1931 bei den Wahlen zur sächsischen Landwirtschaftskammer. Hier eroberte die NS-Liste 22 von 40 Sitzen, die zur

Besetzung anstanden, und überholte aus dem Stand in allen Landesteilen den Sächsischen Landbund.[81] Als Kandidaten hatte die NSDAP vor allem Gutsbesitzer bzw. -pächter gewonnen, womit in Sachsen in aller Regel Mittel- und Großbauern bezeichnet wurden. Der Wahlerfolg verweist auf die Erosion traditioneller politischer Bindungen im Bauernstand und ist insofern besonders aufschlussreich, da Landarbeiter und Nebenerwerbslandwirte mit Betrieben unter drei Hektar vom Wahlrecht ausgeschlossen waren.

Weniger erfolgreich war die NSDAP bei dem Versuch, auch die Handelskammern zu erobern. Dies gelang Ende 1932 nur bei der Industrie- und Handelskammer Chemnitz, während in den übrigen der Verband Sächsischer Industrieller (VSI) eine entschlossene Gegenwehr organisierte und seine angestammte Dominanz zu behaupten vermochte.[82] Das Verhältnis zur Industrie lässt sich auf keine einfache Formel bringen, schon gar nicht auf die in der DDR-Geschichtsschreibung übliche Schuldzuweisung. Zwar erhielt die NSDAP von einzelnen Unternehmern finanzielle Zuwendungen, doch lassen sich daraus noch keine allgemeinen Schlussfolgerungen ableiten. Bekannt ist beispielsweise, dass der Besitzer der Strumpffabrik E. H. Wolf jr. (St. Egidien) 1929 die NSDAP unterstützte, weil sie den Marxismus energischer bekämpfe als alle bürgerlichen Parteien zusammen. Ebenfalls schon 1929 kandidierte der Plauener Fabrikant Herbert Ender auf Platz 18 der NSDAP-Liste für die Landtagswahl.[83] Diese Beispiele sind für die Politik des VSI jedoch keineswegs repräsentativ. Der VSI unterstützte vielmehr gezielt die Kandidatur industriefreundlicher Bewerber in den bürgerlichen Parteien, speziell der DVP, und stand allen Neugründungen wegen der befürchteten Zersplitterung misstrauisch gegenüber. Auch nach den großen Wahlerfolgen der NSDAP blieb man auf Distanz, wenngleich der VSI-Vorsitzende Wilhelm Wittke 1932 unverkennbar mit einer diktatorischen Krisenlösung sympathisierte: »Voraussetzung für jede Hilfe ist und bleibt aber, dass es der Wirtschaft endlich ermöglicht wird, wieder ihren eigenen Gesetzen zu folgen, und jeder Führer, der diese Möglichkeit unserer Wirtschaft wiederbringt, komme er, woher er wolle, ist ihr willkommen.«[84] Die meisten Industriellen dürften dabei jedoch eher an Papen und Hugenberg gedacht haben als an Hitler. Denn das Wirtschaftsprogramm der NSDAP war diffus und widersprüchlich, die Partei galt als radikal und wenig berechenbar.

Das Entscheidungsjahr 1932

Das Jahr 1932 war ein Jahr permanenter Wahlkämpfe, dem die Nationalsozialisten erwartungsvoll entgegensahen. Der zwischenzeitlich stark ausgebaute zentrale Parteiapparat arbeitete effizient, und die Propagandamaschinerie besaß mit Goebbels einen begabten Wahlkampfstrategen. Zählte man 1931 in Sachsen 500 Ortsgruppen, so waren es ein Jahr später rund 780. Damit hatte die NSDAP in etwa die Organisationsdichte der KPD erreicht, die 1931 rund 600 örtliche Gliederungen besaß, während sich die SPD auf rund 1000 Ortsvereine stützen konnte.[85] Die Weltwirtschaftskrise, verschärft durch die radikalen Sparmaßnahmen der Reichsregierung Brüning, schürte allenthalben die politische Radikalisierung und nährte in der NS-Bewegung die Überzeugung, dass die Machteroberung auf parlamentarischem Wege in greifbare Nähe gerückt sei.

Ende Februar entschloss sich Hitler nach längerem Zögern, gegen Hindenburg den Kampf ums höchste Staatsamt aufzunehmen. Der Parteivorstand der SPD stellte seinen Wahlaufruf unter das Motto »Schlagt Hitler« und prophezeite: »Hitler statt Hindenburg, das bedeutet: Chaos und Panik in Deutschland und ganz Europa, äußerste Verschärfung der Wirtschaftskrise und der Arbeitslosennot, höchste Gefahr blutiger Auseinandersetzung mit dem eigenen Volke und mit dem Ausland. Hitler statt Hindenburg, das bedeutet: Sieg des reaktionärsten Teils der Bourgeoisie über die fortgeschrittenen Teile des Bürgertums und über die Arbeiterklasse, Vernichtung aller staatsbürgerlichen Freiheiten, der Presse, der politischen, gewerkschaftlichen und Kulturorganisationen, verschärfte Ausbeutung und Lohnsklaverei.«[86] Nur im Zusammenspiel mit der bürgerlichen Mitte und der gemäßigten Rechten ließ sich der Sieg Hitlers verhindern.

Hitler, der am 3. März in Dresden auf der Radrennbahn Reick vor etwa 60 000 Menschen sprach, rückte seinerseits die Abrechnung mit dem »System« in den Mittelpunkt: »Seit 13 Jahren kämpft die nationalsozialistische Bewegung gegen das System, das heute in Deutschland regiert. In diesen 13 Jahren ist Deutschland innenpolitisch zerfallen, aufgelöst worden in seiner politischen Einheit, zerbrochen als Macht, vernichtet als wirtschaftlicher Faktor, zerstört in seinen seelischen inneren Grundlagen, und nur ein einziges Gebilde hat sich von Nord bis Süd, von Ost bis West aus diesem Chaos erhoben: Ein Millionenblock einer neuen Weltanschauung ist entstanden, und ich, als ihr Begründer und ihr Führer, nehme den Kampf heute genau so gegen dieses System auf wie vor 13 Jahren.«[87] Am nächsten Tag fand eine weitere Kundgebung in Leipzig mit etwa 50 000 Teilnehmern statt; an der Seite Hitlers stand Prinz August Wilhelm von Preußen. Sein Auftritt in der braunen Uniform eines SA-Standartenführers sollte die Vereinigung des »alten« mit dem »neuen« Deutschland symbolisieren.

Der Ausgang des 1. Wahlgangs am 13. März stellte eine herbe Enttäuschung dar. Am Vorabend hatte Goebbels' Hauspostille »Der Angriff« noch selbstbewusst verkündet: »Morgen wird Hitler Reichspräsident.« Mit welchen Erwartungen die Nationalsozialisten der Wahl entgegenfieberten, illustriert der Bericht eines Spitzels der sächsischen Polizei: »Hitler werde wenigstens 17,5 Millionen Stimmen bekommen und damit bereits im 1. Wahlgang gewählt sein. Es komme jetzt alles darauf an, die SA und die SA-Reserven stark zu machen, denn wenn Hitler gewählt werde, müsse mit einem kommunistischen Putsch gerechnet werden, und dann müsse die SA zusammen mit der Polizei die Kommune niederschlagen. Man habe auch mit einigen

Polizeiführern gute Verbindungen.«[88] Ebenso waren im gesamten Reichsgebiet die SA-Verbände in Alarmbereitschaft versetzt worden, um jeden Widerstand gegen die erwartete »legale Machtergreifung«, wie es im Befehl der Obersten SA-Führung hieß, sofort ersticken zu können. Das Ergebnis – magere 30,1 Prozent – versetzte der Partei einen schweren Schock. Goebbels notierte in sein Tagebuch: »Unsere Parteigenossenschaft ist auf das tiefste deprimiert und mutlos.«[89] Das schlechte Abschneiden in den Wahlkreisen Leipzig (27,1 Prozent) und Dresden-Bautzen (28,5 Prozent) konterte der »Freiheitskampf« mit der trotzigen Parole »Wir sind die stärkste Partei in Sachsen« und hob als »leuchtendes Fanal deutschen Freiheitswillens« den Wahlkreis Chemnitz-Zwickau hervor, der mit 40,9 Prozent Wählerstimmen reichsweit das zweitbeste Ergebnis erreichte und zu jenen drei (von 35) Wahlkreisen gehörte, in denen Hitler über Hindenburg triumphiert hatte.[90]

Die entscheidende zweite Runde eröffnete die NSDAP mit einer völlig neuartigen Form des Wahlkampfes: dem 1. Deutschland-Flug Hitlers. Er begann am 3. April mit Großkundgebungen in Dresden, Leipzig, Chemnitz und Plauen, auf denen Hitler jeweils eine kurze Ansprache hielt. Legt man die Angaben der bürgerlichen Lokalpresse zugrunde, so erreichte Hitler allein an diesem Tag etwa 160 000 Zuhörer, die NS-Presse sprach gar von 280 000.[91] Die unerhörte Massenmobilisierung sollte die Partei aus der Depression reißen und den Nimbus Hitlers als eines entschlossenen, tatkräftigen Führers stärken. Der Ausgang ist bekannt: Für Hindenburg stimmten am 10. April 53 Prozent der Wähler, für Hitler 36,8 und für Thälmann 10,2. Trotz des Stimmenzuwachses hatten sich die Hoffnungen nicht erfüllt. Weit über dem Reichsdurchschnitt lag allein das Ergebnis von Chemnitz-Zwickau mit 47,2 Prozent; es war abermals das zweitbeste nach Schleswig-Holstein. Im Wahlkreis Dresden-Bautzen erreichten die Nationalsozialisten 36,7 und in Leipzig 34,2 Prozent.[92]

Mit dem Sturz Brünings Ende Mai begann der nächste große Wahlkampf, denn Hitler hatte die Tolerierung des Kabinetts von Papen mit zwei Forderungen verbunden: Aufhebung des von Brüning verfügten (und in Sachsen nur halbherzig umgesetzten) SA-Verbots und Neuwahl des Reichstages. Neben den sattsam bekannten Plakat- und Flugblattaktionen setzte die NSDAP nun auch in größerem Umfang Schallplatten, etwa Hitlers »Appell an die Nation«, und Filme von großer Suggestivkraft ein: »Volk und Führer«, »Zinsknechtschaft«, »14 Jahre System«, »Deutsche Wehr – Deutsche Ehr«, »Bauer in Not«.[93] Der Schwerpunkt lag aber weiterhin auf großen Massenkundgebungen; im Zuge eines erneuten Deutschland-Flugs trat Hitler am 23. Juli nacheinander in Zittau, Bautzen, Dresden und Leipzig auf.[94]

Der Erfolg der NS-Propaganda beruhte jedoch nicht allein auf spektakulären Großveranstaltungen mit 30 000 bis 60 000 Besuchern, wobei die Eintrittspreise zwischen 20 Pfennig (für Arbeitslose und Rentner) und 10 Reichsmark für einen Logenplatz variierten und eine erhebliche Finanzierungsquelle darstellten. Nicht minder wichtig war die ständige Präsenz vor Ort: die unablässige Mobilisierung der Partei und SA für Aufmärsche und Veranstaltungen aller Art. So registrierten die staatlichen Stellen in der Amtshauptmannschaft Schwarzenberg, einem stark industrialisierten Bezirk mit hohem Arbeiteranteil, zwischen Januar 1931 und November 1932 nicht weniger als 395 Veranstaltungen der NSDAP, gefolgt von der KPD mit 197. Die SPD brachte es in Schwarzenberg noch auf 75, während die bürgerlichen Parteien, wenn überhaupt, nur kurz vor den Wahlen in Erscheinung traten. Auf das Konto der DNVP gingen nach den (nicht ganz vollständig überlieferten) Monatsberichten acht, die DVP hielt in zwei Jahren gar nur vier Veranstaltungen ab.[95] Ein wesentlicher Bestandteil der NS-Propaganda war zugleich der massive Kult der Gewalt, die demonstrative Eroberung der Straße und der proletarischen Stadtviertel. Die Aufzählung der blutigen Zusammenstöße füllte die Polizeiberichte und wurde im monatlichen Lagebericht des sächsischen Innenministeriums mit Jahresbeginn 1931 unter einem eigenen Gliederungspunkt abgehandelt.

Bei der Reichstagswahl am 31. Juli 1932 stimmten in Sachsen 41,2 Prozent bzw. rund 1,3 Millionen Wähler für die NSDAP, während sie im Reichsdurchschnitt bei 37,3 Prozent lag. Die besten Ergebnisse kamen erneut aus der traditionellen Hochburg, dem Wahlkreis Chemnitz-Zwickau, mit 47 Prozent; im Stimmbezirk Dresden-Bautzen waren es 39,3 und in Leipzig »nur« 36,1 Prozent. Für die bürgerlichen Parteien erwies sich diese Wahl als wahres Desaster. Am besten schnitt in Sachsen noch die stramm antidemokratische DNVP Hugenbergs mit 4,6 Prozent ab, alle übrigen lagen unter zwei Prozent. Selbst die ehemals starke, mittelständisch orientierte Wirtschaftspartei fiel in die Bedeutungslosigkeit. Alles in allem erreichten die bürgerlichen Parteien in Sachsen nur 8,9 Prozent, während sie im Reichsdurchschnitt noch 23,8 Prozent der Wähler auf sich vereinen konnten. In starkem Kontrast zum Stimmenverlust der bürgerlichen Parteien stand die Behauptung des sozialistischen Wählermilieus. Für die SPD stimmten 28,4, für die KPD 17,4 Prozent. Die KPD erreichte ihr bestes Ergebnis mit 19,6 Prozent ebenfalls im Wahlkreis Chemnitz-Zwickau, wo die Radikalisierung am stärksten ausgeprägt war. Insgesamt stimmten in diesem hochindustrialisierten Bezirk, der einen hohen Anteil von Heimarbeitern aufwies, zwei Drittel der Wähler für eine der beiden extremen Parteien. In Sachsen standen sich somit unverändert zwei große Blöcke gegenüber – jedoch mit einem entscheidenden Unterschied: Die NSDAP hatte die Fragmentierung und Zersplitterung des bürgerlichen Parteiensystems überwunden, sie allein repräsentierte jetzt den »anti-marxistischen Block«.

Wie Wahlanalysen zeigen, entwickelte sich die NSDAP ab 1930 zu einer »Volkspartei des Protests«, die ihre Wählerschaft aus allen sozialen Schichten rekrutierte. Zwar blieb der Mittelstand weiterhin überrepräsentiert, doch ein Viertel der NSDAP-Wähler waren Arbeiter. Die Gewinne der NSDAP zwischen 1930 und 1933 standen in einer engen Korrelation zu den Verlusten der bürgerlichen Parteien und zur Mobilisierung traditioneller Nichtwähler.

	Herkunft (gerundete Angaben)			Zusammensetzung (gerundete Angaben)		
	1928/30 NSDAP 1930	1930/32-II Hitler 1932-II	1930/1933 NSDAP 1933	1928/30 NSDAP 1930	1930/32-II Hitler 1932-II	1930/33 NSDAP 1933
Sachsen						
NSDAP	64	63	73	9	28	28
DNVP	43	48	43	20	5	4
DVP	24	12	19	14	2	3
DDP	15	11	23	4	1	2
WP	8	32	46	4	6	7
SPD	6	19	23	11	15	15
KPD	5	13	10	4	5	3
Sonstige	7	73	81	4	19	18
Nichtwähler	23	46	56	31	19	20
Wahlkreis Chemnitz						
NSDAP	75	70	81	12	34	36
DNVP	44	36	34	15	3	3
DVP	37	31	37	16	3	3
DDP	20	24	31	3	1	1
WP	10	24	30	4	4	5
SPD	4	22	20	5	13	11
KPD	8	27	18	5	10	6
Sonstige	14	61	78	6	13	16
Nichtwähler	29	55	63	34	19	20

Wählerwanderung zur NSDAP und parteipolitischer Hintergrund von NSDAP-Wählern zwischen 1930 und 1933 (in den Reichstagswahlen)
Quelle: Dirk Hänisch, A Social Profile of the Saxon NSDAP Voters, in: Claus-Christian W. Szejnmann, Nazism in Central Germany. The Brownshirts in »Red« Saxony, New York 1999, S. 224.
Lesebeispiel: 1930 wählten 6% der sächsischen SPD-Wähler von 1928 die NSDAP, im 2. Wahlgang der Reichspräsidentenwahl 1932 wählten 19% der sächsischen SPD-Wähler von 1930 die NSDAP, und 1933 wählten 23% der sächsischen SPD-Wähler von 1930 die NSDAP. Demnach stellten ehemalige SPD-Wähler 11% der sächsischen NSDAP-Wähler in den Wahlen von 1930, 15% der Hitler-Wähler im 2. Wahlgang der Reichspräsidentenwahl von 1932 und 15% der NSDAP-Wähler von 1933.

Die Wählerschaft der SPD und der KPD zeigte sich hingegen vergleichsweise weniger wechselwillig. Einen genaueren Einblick in die Wanderungsbewegung gibt eine detaillierte Analyse der Reichspräsidentenwahl 1932. Für Hitler stimmten danach im 2. Wahlgang in Sachsen 48 Prozent der DNVP-Wähler, 32 Prozent der Wirtschaftspartei sowie 46 Prozent der Nichtwähler von 1930. Der prozentual höchste Zulauf kam mit 73 Prozent aus der früheren Wählerschaft der übrigen Splitterparteien, der geringste von DVP (12 Prozent) und DDP (11 Prozent). Von der SPD-Wählerschaft von 1930 stimmten 19 Prozent für Hitler als Reichspräsidenten, von den Kommunisten 13 Prozent.[96] Obwohl die nachträgliche Analyse der Wählerbewegung gewisse Unschärfen enthält, so lassen sich die Trends doch eindeutig ablesen: Anders als noch 1930, gelang es der NSDAP 1932 Wähler von allen Parteien und aus allen sozialen

Schichten, wenn auch in unterschiedlichem Ausmaß, zu gewinnen. Den größten Anteil innerhalb der NSDAP-Wählerschaft stellten frühere Nichtwähler und die Wähler der wirtschaftlichen Interessenparteien, einschließlich des Sächsischen Landvolkes, wobei der Mittelstand eindeutig dominierte. Ehemalige Wähler der SPD und der KPD stellten ungefähr ein Fünftel aller NSDAP-Wähler.

Untersucht man das Wahlverhalten der Arbeiterschaft, so lässt sich ebenfalls ein Trend klar erkennen. Bei der Reichstagswahl 1930 stimmten etwa zehn Prozent der Arbeiter für die NSDAP, zwei Jahre später lag der Anteil bereits bei einem Drittel. Bei der Märzwahl 1933 erreichte die NSDAP 40 Prozent, für die SPD stimmten noch 23 Prozent und für die KPD 22 Prozent der Arbeiter.[97] Die vielbeschworene Arbeiterklasse war kein homogener Block, sondern sozial stark differenziert und in unterschiedliche politische Milieus fragmentiert. Allem Anschein nach gelangen der NSDAP überall dort größere Einbrüche in das Wählerreservoir der SPD und KPD, wo vor Ort kein dichtes sozialistisches Vereinsmilieu bestand.[98] Dies galt für das Erzgebirge und das Vogtland, während in Leipzig, in Freital und anderen Wählerhochburgen mit einem starken Organisationsgeflecht der Arbeiterbewegung die Milieus lebensweltlich so vernetzt waren, dass sie weitgehend immun blieben. Das Ausmaß der Arbeitslosigkeit hatte hingegen auf den Erfolg der NSDAP keinen signifikanten Einfluss. In Gebieten mit besonders hoher Arbeitslosigkeit schnitt sie sogar schwächer ab, da die Arbeitslosen bevorzugt KPD wählten. Als Resümee lässt sich festhalten: Die NSDAP war nach 1930 die Volkspartei des Protests, deren Wählerschaft sich nicht auf den Mittelstand oder das Kleinbürgertum beschränkte, sondern auch einen hohen Arbeiteranteil aufwies.

Bei der Reichstagswahl im Juli 1932 konnte die NSDAP mit 230 (von 608) Sitzen ihre bisherige Mandatszahl mehr als verdoppeln und zur mit Abstand stärksten Partei aufrücken. Doch gegenüber der Preußenwahl vom April hatte sie nur ein Prozent, gegenüber der Reichspräsidentenwahl nur rund 300 000 Stimmen hinzugewonnen. Die NSDAP war an Grenzen gestoßen; eine kaum zu überwindende Barriere im Kampf um Wählerstimmen stellten vor allem das festgefügte katholische Wählermilieu und das Lager der organisierten Arbeiterschaft dar. Um die hochgeputschten Erwartungen der eigenen Anhängerschaft nicht zu enttäuschen, machte Hitler nach der Wahl seinen Machtanspruch unmissverständlich deutlich. Doch Hindenburg lehnte es am 13. August brüsk ab, Hitler die Kanzlerschaft zu übertragen, der seinerseits das Angebot, als Vizekanzler in das höchst unpopuläre »Kabinett der Barone« unter von Papen einzutreten, verwarf. Im Spiel um die Macht hatte Hitler zu hoch gepokert und eine demütigende Niederlage erlitten. Die kompromisslose Haltung des »Führers« stieß in der Partei zunehmend auf Kritik, zu deren Wortführer der zweitmächtigste Mann im Parteiapparat, Gregor Strasser, wurde. Mangels politischer Alternativen blieb der NSDAP aber nichts übrig, als unerbittliche Oppositionspolitik zu betreiben. Als der neugewählte

Reichstag am 12. September 1932 erstmals zusammentrat, stimmten auch die Nationalsozialisten für den Sturz von Papens.

In dem nun folgenden Wahlkampf mobilisierte die NSDAP nochmals all ihre Kräfte, peitschte Hitler auf seinem 4. Deutschland-Flug nochmals in 50 Städten die Massen auf. Um so schwerer wog die Enttäuschung, als die NSDAP bei der Wahl am 6. November von 37,3 auf 33,1 Prozent zurückfiel und im Reichstag nur noch mit 196 (von 584) Abgeordneten vertreten war. In Sachsen erzielten die Nationalsozialisten wiederum ein weit überdurchschnittliches Ergebnis im Wahlkreis Chemnitz-Zwickau (43,4 Prozent), während in den Stimmbezirken Dresden-Bautzen und Leipzig »nur« 34 bzw. 31 Prozent der Wähler für die NSDAP stimmten. Doch gegenüber der Juli-Wahl hatte die NSDAP auch in Sachsen mit einem Verlust von fast fünf Prozent ihren Zenit überschritten. Der Trend setzte sich eine Woche später bei den Gemeindewahlen fort, als die NSDAP nochmals rund neun Prozent gegenüber der letzten Reichstagswahl verlor.

Für eine Bewegung, die ganz auf permanente Agitation und Mobilisierung ausgerichtet war, musste der erstmals ausbleibende Erfolg schwer am »Führer-Mythos« zehren. Schon vor der Wahl berichtete die Presse von zunehmenden innerparteilichen Spannungen, häuften sich Meldungen über Austritte aus der SA und NSDAP in Dresden, Leipzig und Plauen.[99] Insbesondere der selbstherrliche Führungsstil Mutschmanns, das undurchsichtige Finanzgebaren und das »Bonzentum« der Gauleitung riefen zunehmend Kritik hervor. So trat nach erbitterten innerparteilichen Querelen der Hauptschriftleiter des »Freiheitskampfes«, Arno Franke, aus der NSDAP aus und veröffentlichte kurz vor der Reichstagswahl im Juli 1932 eine polemische Abrechnung mit den »schier unglaublichen Missständen«, die das Parteileben prägten: »Die Bonzen haben unbeschränkte Machtvollkommenheit. Der Mangel an Kontrolle ihrer Tätigkeit ist für sie natürlich sehr verführerisch. In keiner Partei kommen deshalb so viele unlautere Elemente in die Höhe wie in der NSDAP.«[100] Ebenfalls aus Protest gegen Mutschmann verließ im September der Landtagsabgeordnete Fischer die Fraktion, einige Wochen später erklärte Stadtrat Beer aus Plauen seinen Parteiaustritt, was in der gegnerischen Presse aufmerksam registriert wurde.[101]

Nicht minder alarmierend waren die hohen Wahlkampfschulden, die die Partei an den Rand des finanziellen Ruins führten. Als schließlich auch noch die Verhandlungen mit Reichspräsident Hindenburg am 21. November erneut an Hitlers Politik des Alles-oder-nichts scheiterten, schien die NSDAP gegen Jahresende 1932 weiter denn je von der Macht entfernt. Betrübt notierte Goebbels am 24. November in sein Tagebuch: »Die Revolution steht wieder vor verschlossenen Türen.«[102] Der deprimierten Gefolgschaft versuchte Hitler am 11. Dezember 1932 auf Funktionärsversammlungen in Dresden, Chemnitz und Leipzig Zuversicht einzuflößen;[103] doch dürften die Durchhalteparolen nach einem Jahr permanenten Wahlkampfes und enttäuschter Siegeszuversicht nicht mehr allzu viel Glauben gefunden haben. Denn die Partei steckt nach dem Rücktritt Strassers in einer schweren Krise, die Finanzen waren erschöpft, der Nimbus Hitlers stark angeschlagen. Viele zeitgenössische Beobachter rechneten deshalb mit einem baldigen Niedergang und Zerfall der NS-Bewegung, zumal sich die Konjunktur langsam erholte.

Die Hoffnung, auf parlamentarischem Wege, durch Wahlen, die Macht übernehmen zu können, war Ende 1932 definitiv gescheitert. Als stärkste Partei verfügte die NSDAP allerdings über jene Massenbasis, die den Präsidialkabinetten fehlte. Erst das Bündnis der alten Herrschaftseliten mit der NS-Bewegung, personifiziert in der Kamarilla um Reichspräsident Hindenburg, besiegelte mit der Ernennung Hitlers zum Reichskanzler den Untergang der Weimarer Republik und damit auch den des Freistaates Sachsen.

Andreas Wagner

Partei und Staat. Das Verhältnis von NSDAP und innerer Verwaltung im Freistaat Sachsen 1933–1945

»Nicht der Staat befiehlt uns, sondern wir befehlen dem Staat! Nicht der Staat hat uns geschaffen, sondern wir schaffen uns unseren Staat.«[104] Mit diesen Worten beschrieb Adolf Hitler am 7. September 1934 auf dem Nürnberger Parteitag der NSDAP das Verhältnis von Partei und Staat. Wie die Akten der sächsischen Verwaltung belegen, riefen die Ausführungen Hitlers sehr unterschiedliche Reaktionen hervor. Zahlreiche Ortsgruppen- und Kreisleiter der NSDAP glaubten, sie besäßen nun die Legitimation des »Führers«, um der kommunalen und staatlichen Verwaltung Anweisungen erteilen zu können. Auf Seiten der Verwaltung war man hingegen bemüht, die neuen Attacken abzuwehren. Der Reichsminister des Innern, Wilhelm Frick, versuchte in den folgenden Wochen, die Worte Hitlers zu relativieren, um einen Autoritätsverlust der staatlichen Verwaltung zu verhindern und die Beamtenschaft vor ungeregelten Eingriffen zu schützen. Damit hatte er aber nur für den Moment Erfolg. Die mangelnde Abgrenzung von Partei und Staat blieb ein grundsätzliches Problem während des gesamten »Dritten Reiches«.[105]
Bekanntermaßen erhob die NSDAP mit ihren Unterorganisationen seit der »Machtergreifung« einen Führungsanspruch gegenüber dem Staat, den sie aus ihrer Stellung als alleinige »Staatspartei« ableitete. Mit dem langsamen Abklingen der Wirren und Übergriffe, die die Machteroberung der Nationalsozialisten im Freistaat Sachsen im März und April 1933 mit sich gebracht hatte, gewannen jedoch auch die staatlichen Institutionen – die sächsischen Ministerien, die Kreis- und Amtshauptmannschaften – wieder an Selbstbewusstsein. Sie waren nun keinesfalls mehr gewillt, sich den Anweisungen von in Verwaltungsdingen unerfahrenen Parteiführern zu unterwerfen. Das Resultat war der Dualismus von Partei und Staat, der auf Reichsebene ebenso wie in den Ländern und Kommunen sichtbar wurde und der in seiner Wechselwirkung im Folgenden näher untersucht werden soll.

»Machtergreifung« in Sachsen. Der Zugriff der Partei auf die staatliche Verwaltung im Frühjahr 1933

Mit der Berufung Hitlers zum Reichskanzler am 30. Januar 1933 und der Übertragung der Regierungsverantwortung auf eine Koalition aus Nationalsozialisten und Konservativen schien sich für die bisherige sächsische Regierung nur wenig zu ändern. Das seit 1930 amtierende »Beamtenkabinett« unter Ministerpräsident Walther Schieck besaß zwar keine parlamentarische Mehrheit, doch waren alle Bestrebungen der Nationalsozialisten nach einer Auflösung des Landtages, der zuletzt 1930 gewählt worden war und in dem sie gerade 14 Sitze innehatten, erfolglos geblieben. Für die Regierung Schieck deutete zunächst vieles darauf hin, dass ihr von den sächsischen Nationalsozialisten kaum eine Gefahr erwachsen würde, zumal die NSDAP nach der Euphorie über die Berufung Hitlers zum Reichskanzler ganz mit der Vorbereitung der Wahlen zum Reichstag beschäftigt war.

Die Regierung Schieck trug den neuen Umständen Rechnung und war bemüht, sich als »eine durchaus national gerichtete Beamtenregierung«[106] zu präsentieren, gegen die sich jedwedes Einschreiten seitens der Reichsregierung erübrige. In Erfüllung der »Verordnung des Reichspräsidenten zum Schutze des Deutschen Volkes« vom 4. Februar 1933 wurde auch in Sachsen eine Genehmigungspflicht für politische Versammlungen eingeführt, die es den Amts- bzw. Kreishauptmannschaften ermöglichte, einzelne politische Kundgebungen, Druckschriften und Periodika zu verbieten, wenn sie die »öffentliche Sicherheit und Ordnung« gefährdeten.[107] Die Auslegung dieser Verordnung wurde in den einzelnen amtshauptmannschaftlichen Bezirken sehr unterschiedlich gehandhabt. Im Gegensatz zu Preußen, wo Hermann Göring als kommissarischer Innenminister die Verordnung weitestgehend ausnutzte, um gegen die KPD vorzugehen und ihren Wahlkampf zu unterbinden, war man in Sachsen zumeist bemüht, Versammlungen nur dann zu untersagen, wenn Zusammenstöße politischer Gegner absehbar waren. Dass dies nicht nur der sächsischen NSDAP missfiel, die in ihrer Presse den Freistaat immer wieder als »Asyl für die zurückflutenden Marxisten«[108] bezeichnete, wurde der Regierung Schieck spätestens mit dem Eingreifen des Reichsinnenministers bewusst. Am 21. Februar 1933 verbot Frick alle Versammlungen der KPD im Freistaat und machte damit der sächsischen Regierung unmissverständlich deutlich, dass man in Berlin nicht vor einem Eingreifen in Landesbefugnisse zurückscheute, wenn das Verhalten der betreffenden Landesregierung den eigenen Vorstellungen widersprach.[109]

Mit dem Brand des Reichstages in der Nacht vom 27. auf den 28. Februar 1933 verschärfte sich die ohnehin gespannte Atmosphäre. Die sächsische Regierung sah sich nun zu einem schärferen Vorgehen gegen die KPD veranlasst. Am 1. März 1933 wurden sämtliche Versammlungen und Druckerzeugnisse der Partei verboten. Um eine einheitliche Durchführung aller Aktionen zu gewährleisten und sicherlich auch, um der Reichsregierung nicht wieder

Anlass für ein Eingreifen zu bieten, begann das sächsische Innenministerium damit, einzelnen Amtshauptleuten und Polizeileitern, die der SPD angehörten, die Polizeibefugnisse in ihrem Bereich zu entziehen.[110]

Dem Beispiel Preußens folgend, leitete das Innenministerium in Dresden am 2. März 1933 die Aufstellung einer Hilfspolizei ein und entsprach damit einer von der NSDAP seit langem gestellten Forderung.[111] Zwar sah das sächsische Innenministerium den Einsatz der aus den »nationalen Verbänden« (SA, SS, Stahlhelm, Bund Kyffhäuser) zu bildenden Hilfspolizei »nur unter der Führung der ordentlichen Polizei« vor,[112] doch sollte sich schon wenige Tage später zeigen, dass mit der Aufstellung der von SA und SS dominierten Hilfspolizei die NSDAP nunmehr über ein Instrument verfügte, das sie im quasistaatlichen Auftrag für die Machteroberung einsetzen konnte. Mittels der Hilfspolizei ließen sich nach dem 9. März 1933 auf lokaler Ebene exekutive Funktionen ausüben, ohne auf staatliche bzw. kommunale Polizeikräfte zurückgreifen zu müssen.

Nach den Reichstagswahlen vom 5. März 1933 begann auch in Sachsen jenes für die Machteroberung der Nationalsozialisten auf Landesebene charakteristische Zusammenwirken von lokalem Parteiterror und gezielten Eingriffen der Zentrale. »Bewusst als revolutionäre Siegeskundgebungen stilisierte Massenansammlungen von NSDAP-Anhängern«[113] vor Rathäusern sächsischer Gemeinden und Städte bildeten den Ausgangspunkt. Von Bürgermeistern wurde entweder deren Rücktritt oder die Abberufung missliebiger Beamter gefordert. Rathäuser wurden besetzt und Hakenkreuzfahnen auf öffentlichen Gebäuden gehisst. Die Regierung stand dieser Entwicklung ebenso machtlos gegenüber wie die nachgeordnete Verwaltung. Die Übergriffe lokaler Parteigruppen auf die staatliche Verwaltung und die einsetzende Verhaftung politischer Gegner schürten die Unruhe und schufen zugleich den Vorwand, um die Abberufung der Regierung Schieck zu fordern. Sie stelle sich, so der Vorwurf der NSDAP, nicht entschieden genug hinter den »neuen Staat«, sie sei unfähig, Ruhe und Sicherheit zu garantieren, und mache Sachsen zu einem Sammelbecken für den andernorts bekämpften Marxismus.[114]

Während sich die Regierung Schieck noch um Rückhalt bei der Reichsregierung bemühte, wurde ihre Entmachtung bereits vorbereitet. Am 8. März 1933 setzte Reichskanzler Hitler den Führer der SA, Manfred von Killinger, als Polizeikommissar für den Freistaat Sachsen ein. »Wegen der Gefährdung der öffentlichen Sicherheit und Ordnung im Lande Sachsen«[115] war Killinger berufen, jene Bedrohungen zu beseitigen, die durch das gewalttätige Vorgehen der SA-Truppen und lokalen NSDAP-Gliederungen selbst ausgelöst worden waren. Dass die Beauftragung Killingers, der als Polizeikommissar im sächsischen Innenministerium agierte, lediglich ein erster Schritt auf dem Weg zur Übernahme der gesamten Macht im Freistaat Sachsen war, verdeutlicht die weitere Entwicklung. Nachdem die Regierung Schieck am 10. März 1933 zurückgetreten war, übernahm der Führer der sächsischen SA als Reichskommissar die Leitung der Landesregierung. Wie in den meisten anderen Ländern so hatte auch in Sachsen die »Reichstagsbrandverordnung« vom 28. Februar 1933 der NSDAP Tür und Tor geöffnet.

Während sich die Machtübernahme der NSDAP auf Landesebene durch die schnelle Berufung kommissarischer Minister scheinbar ohne größere Reibungen vollzog, war die dem Innenministerium nachgeordnete staatliche und kommunale Verwaltung ungleich mehr dem Zugriff lokaler NSDAP-Gliederungen ausgesetzt. Ermuntert durch die Tatsache, dass man jetzt auch in Sachsen offiziell an die Macht gekommen war, und in der Überzeugung, dass es den lange Jahre bekämpften Staat nun als »Beute« zu verteilen galt, versuchten lokale Parteiführer die Macht in einzelnen Behörden zu erobern und bisherige Gegner auszuschalten. In regional sehr unterschiedlichem Umfang griffen Ortsgruppen- und Kreisleiter bzw. SA-Führer in die personelle Zusammensetzung von Amtshauptmannschaften, Stadt- und Gemeindeverwaltungen ein. Während sie Beamte, Angestellte und Arbeiter beurlaubten oder entließen, stand man im sächsischen Innenministerium wie auch bei den vier Kreishauptmannschaften diesem Treiben der Partei weitgehend hilflos und abwartend gegenüber. Verunsichert durch das scharfe Vorgehen der NSDAP bei Beurlaubungen von Beamten und Verhaftungen politischer Gegner, drohte das Innenministerium zunehmend die Kontrolle über die nachgeordnete innere Verwaltung zu verlieren. In den Städten und Gemeinden nahmen die Ortsgruppenleiter der NSDAP die Rolle eines unkontrollierbaren Aufsichtsorgans ein, das immer wieder spontan in die Verwaltung eingriff und damit geregelte Verwaltungsabläufe mehr und mehr erschwerte. Nicht anders verhielt es sich auf der Ebene der amthauptmannschaftlichen Bezirke.

Institutionalisiert wurde eine Kontroll- und Aufsichtsfunktion der Partei gegenüber dem Staat durch die Einrichtung von Kommissariaten. Die Spitzen der Ministerien waren noch am 10. März 1933 durch Killinger kommissarisch besetzt worden, wobei er anscheinend Wert auf eine gewisse fachliche Vorbildung der zu berufenden Kandidaten legte.[116] Neben den kommissarischen Ministern waren in den ersten Tagen nur wenige NSDAP-Führer in die Verwaltung der sächsischen Ministerien gelangt; dort agierten sie teils als Vertreter des Ministers oder nahmen Sonderaufgaben in einzelnen Abteilungen eines Ministeriums wahr.[117] Die Ministerien waren somit weitgehend einem direkten Einfluss einzelner Parteiführer entzogen, und die Ministerialbürokratie war bemüht, möglichst schnell wieder zu geregelter Verwaltungsarbeit zurückzufinden. Einer der Gründe, die Killinger dazu bewogen haben, nicht weiter in die personelle Zusammensetzung der Ministerien einzugreifen, um Positionen für verdiente Kämpfer der NS-Bewegung frei zu machen, mag sicherlich in der mangelnden Personaldecke der NSDAP zu sehen sein. Für einen umfangreichen Austausch verfügte man nicht über ausreichend eigenes, in Verwaltungsfragen erfahrenes Personal. Zudem war Killinger, der seit langem in heftigen Konflikten mit dem Gauleiter Martin Mutschmann stand, an einer schnellen Rückkehr zu geordneten Verhältnissen gelegen.[118]

Nur so konnte er sich gegenüber den Ambitionen Mutschmanns behaupten, der den eigenen Machtbereich auf den Staat ausdehnen wollte.

Unter ungleich stärkeren Einfluss der Partei gerieten die dem Innenministerium nachgeordneten Kreis- und Amtshauptmannschaften durch die Berufung von Kommissaren. Killinger ernannte für die vier sächsischen Kreishauptmannschaften jeweils einen Kommissar zur besonderen Verfügung, der der kreishauptmannschaftlichen Behörde als Aufsichts- und Kontrollorgan beigeordnet wurde.[119] Die Dienstanweisung für die Kommissare deutet an, dass man mit dieser Beiordnung den Einfluss der Partei auf den Staat sicherstellen und an gewisse Regeln binden wollte. An die Stelle ungeregelter Eingriffe einzelner Parteiführer sollte ein Kontrollorgan der Partei treten, das der Aufsicht Killingers unterlag. Die Kommissare der Kreishauptmannschaften sollten in ihrem Bereich bei der Wiederherstellung von Ruhe und Ordnung tätig werden und besaßen Mitsprache bei der »Säuberung« der Verwaltung. Darüber hinaus hatten sie die Möglichkeit, für einzelne Amtshauptmannschaften bzw. Städte und Gemeinden eigene Vertrauensleute als Unterkommissare einzusetzen. Auf diese Weise etablierte sich im Laufe des März 1933 neben der staatlichen Verwaltung eine durch staatlichen Auftrag und »nationalsozialistische Revolution« legitimierte Kontrollinstanz der Partei. Vor allem Kreisleiter, aber auch einzelne SA-Führer, zumeist für den Bereich der Polizei, gelangten dabei in die kreis- und amtshauptmannschaftlichen Behörden. Sie fungierten dort als Sprachrohr der Partei, Aufseher über die staatliche Verwaltung und Schrittmacher bei der Beurlaubung von Bürgermeistern und Beamten auf der kommunalen Ebene.

Für die ersten Wochen nationalsozialistischer Herrschaft in Sachsen bleibt somit festzuhalten, dass Parteiführer auf allen Ebenen mit Vehemenz in Bereiche des Staates eindrangen und in die personelle Zusammensetzung der Verwaltung eingriffen. Auffällig ist die unterschiedliche Intensität, mit der dies geschah. Waren die Ministerien von einem Zugriff der Partei weit weniger betroffen, so drohten zum einen die Kommissare und zum anderen die fortgesetzten willkürlichen Eingriffe von Parteistellen auf den nachgeordneten Verwaltungsebenen, die Autorität des Staates zu untergraben.

Die Wiedererlangung staatlicher Autorität 1933/34

Dem drohenden Verlust der staatlichen Autorität versuchte die Reichsregierung mit gesetzgeberischen Maßnahmen und beständig wiederkehrenden Aufrufen und Ermahnungen zu begegnen, die auf die Wiederherstellung einer geordneten Verwaltung abzielten. Am 7. April 1933 verabschiedete die Reichsregierung zwei Gesetze, die auf sehr unterschiedliche Weise dem Einfluss der NSDAP Einhalt gebieten und die durch die »Machtergreifung« ausgelösten Entwicklungen in geregelte Bahnen lenken sollten. Mit dem »Zweiten Gesetz zur Gleichschaltung der Länder mit dem Reich« wurde mit der Schaffung der Institution des Reichsstatthalters ein Schritt hin zu einer stärkeren Zentralisierung getan und den nationalsozialistischen Landesregierungen eine Kontrollinstanz des Reiches beigestellt. Darüber hinaus erhielten die Reichsstatthalter den Auftrag, lokalen Parteiterror einzudämmen und die Einmischung von Parteistellen in staatliche Befugnisse zu unterbinden.[120] Zum Reichsstatthalter für Sachsen wurde am 5. Mai 1933 Gauleiter Martin Mutschmann ernannt. Dass durch die Schaffung des Reichsstatthalteramtes die Länder nun über eine Art »Doppelspitze« verfügten, was zwangsläufig in Kompetenzstreitigkeiten um den Führungsanspruch vor Ort münden musste, war der Reichsregierung zu diesem Zeitpunkt wohl weniger bewusst. Offensichtlich war jedoch, dass im Falle Sachsens die bereits angedeuteten und seit 1930 bestehenden Konflikte zwischen Mutschmann und Killinger nun auf den Staat ausgeweitet wurden. Das führte zu Reibereien, die in ihrer Art charakteristisch für die nationalsozialistische Herrschaft mit ihren sich in vielen Bereichen überschneidenden Kompetenzen von Landes-, Reichs- und Parteibehörden waren.[121] Mit dem sächsischen Gauleiter war der wichtigste Vertreter der Partei in die Position eines Aufsichtsorgans über die Landesregierung und ihre Verwaltung gelangt. Der Fortgang der Entwicklung zeigt jedoch, dass Mutschmann als Reichsstatthalter, trotz weit gefasster gesetzlicher Befugnisse, im Regierungsalltag nur begrenzten Einfluss besaß.[122] Die Verwaltung der sächsischen Ministerien wurde im Sommer 1933 wieder mehr und mehr zum eigenständigen Gestalter auf Landesebene, der dem Einfluss des Reichsstatthalters und der sächsischen Parteiführung ein Stück entrückt war.

Auch das am 7. April 1933 verabschiedete »Gesetz zur Wiederherstellung des Berufsbeamtentums« trug zur weiteren Reglementierung maßgeblich bei.[123] Das Gesetz schrieb fest, dass Beamte, die ohne die nötige Vorbildung und Eignung in ihr Amt gelangt waren (§ 2), die nicht arischer Abstammung (§ 3) bzw. politisch unzuverlässig waren (§ 4), aus dem Staatsdienst zu entlassen sind. Darüber hinaus konnten Beamte in »ein Amt von geringerem Rang« versetzt (§ 5) bzw. zur Vereinfachung der Verwaltung (§ 6) entlassen werden. Im Ruhestand befindlichen Beamten konnten die Ruhestandsbezüge herabgesetzt bzw. entzogen werden (§ 9). Auf die staatliche Verwaltung kam mit der Überprüfung sämtlicher Beamter, Angestellter und Arbeiter ein immenser Arbeitsaufwand zu. Für den einzelnen Beschäftigten konnte dieser Vorgang zum existenziellen Einschnitt werden, denn eine Entlassung hätte jede weitere Tätigkeit in der Verwaltung unmöglich gemacht. Trotzdem bot das Gesetz auch eine gewisse Sicherheit, da es den Einfluss der lokalen NS-Funktionäre weitgehend ausschaltete und die Personalhoheit in die Verantwortung der staatlichen Verwaltung zurückführte. Diese musste sich in strittigen Fällen zwar weiterhin mit Einsprüchen von Ortsgruppen- oder Kreisleitern auseinander setzen, doch waren die Möglichkeiten, auch gegen den Willen lokaler Parteiführer einzelne Beamte im Amt zu behalten, ungleich größer. Vor allem dann, wenn sich Ortsgruppen- oder Kreisleiter mit Gesuchen um die Entlassung einzelner Beamter direkt an die Behörden wandten und damit nicht selten persönliche Interessen verbanden. Ein Blick auf den Umfang der Entlassungen aus dem Staatsdienst bestätigt auch für Sachsen den von Hans Mommsen für die Reichsverwaltung ermittelten Befund, dass »die umfassenden Säuberungsmaßnahmen weitgehend an der inneren Geschlossenheit des Beamtenapparates abprallten«.[124] Setzt man die Gesamtzahl der bis zum November 1933 eingeleiteten und durchgeführten Verfahren in Bezug zum Personalbestand der sächsischen Verwaltung, so ergibt sich eine Entlassungsquote von 4,3 Prozent der sächsischen Beamten. Als Begründung für die Versetzung in den Ruhestand wurde zumeist politische Unzuverlässigkeit (§4) angeführt.

§ 2	§ 2a	§ 3	§ 4	§ 5	§ 6	§ 9	Gesamtzahl	Personalbestand 1932	
183	180	135	1102	19	165	19	1803		durchgeführt
5	9	3	110	15	65	-	207		eingeleitet
							2010	46 522	

Gesamtzahl der abgeschlossenen und eingeleiteten Verfahren nach dem »Gesetz zu Wiederherstellung des Berufsbeamtentums« im Bereich der sächsischen Verwaltung (November 1933)
Quelle: SächsHStA Dresden, MdI 19025, Bl. 249; Sächs. Statistisches Jahrbuch 1931/34, S. 257.

Der Umfang der Entlassungen variierte von Ministerium zu Ministerium. Während für Fachministerien, wie zum Beispiel das sächsische Finanzressort mit fünf durchgeführten und 29 eingeleiteten Verfahren auf Versetzung in den Ruhestand bzw. Entlassung, nur geringe Veränderungen im Personalbestand festzustellen sind, waren andere Ressorts ungleich stärker betroffen. Auf das Ministerium für Volksbildung und das Innenministerium entfielen zusammen annähernd 80 Prozent aller Verfahren. Im Innenministerium wurden allein bis zum November 1933 1067 Verfahren eingeleitet bzw. durchgeführt.

§ 2	§ 2a	§ 3	§ 4	§ 5	§ 6	§ 9	Gesamtzahl	
148	82	26	564	9	114	18	961	durchgeführt
5	6	1	61	8	25	-	106	eingeleitet
							1067	

Verfahren nach dem »Gesetz zu Wiederherstellung des Berufsbeamtentums« im Bereich des Innenministeriums (November 1933)
Quelle: SächsHStA Dresden, MdI 19025, Bl. 233–238, 249.

Eine Aufschlüsselung der Zahlen für das Innenressort nach unterschiedlichen Verwaltungsebenen verdeutlicht, dass auch hier die Verwaltung des Ministeriums nur in sehr begrenztem Umfang von Entlassungen betroffen war. Der Schwerpunkt lag auf der nachgeordneten staatlichen und kommunalen Verwaltung, also bei den Kreis- und Amtshauptmannschaften, den Städten und Gemeinden. Hier wurden mit dem Berufsbeamtengesetz größtenteils die Beamten aus den Behörden endgültig entfernt, die auf Druck der NSDAP-

Ortsgruppen oder Kreisleitungen bereits in den ersten Märzwochen 1933 beurlaubt worden waren.

Ebene	§ 2	§ 2a	§ 3	§ 4	§ 5	§ 6	§ 9	Gesamtzahl
Ministerium	-	-	-	6	-	-	4	10
Sonst. Staatsbehörden[a]	14	8	9	128	1	13	13	186
Gemeindebehörden	131	61	16	344	8	100	-	660
Polizei	3	13	1	86	-	1	1	105

Durchgeführte Entlassungen auf einzelnen Verwaltungsebenen des Innenministeriums nach dem »Gesetz zu Wiederherstellung des Berufsbeamtentums« (November 1933)
Quelle: SächsHStA Dresden, MdI 19025, Bl. 233–238, 249.
a) Kreis- und Amtshauptmannschaften, Städte.

Nicht nur die Reichsregierung und das Reichsinnenministerium waren in dieser Phase bestrebt, der staatlichen Autorität gegenüber der Partei Geltung zu verschaffen, um unkontrollierbare Eingriffe von Parteigliederungen zurückzudrängen. Auch Killinger als Reichskommissar und später als Ministerpräsident bemühte sich schon frühzeitig, die unter seiner Führung stehende Verwaltung gegenüber Einmischungen seitens der Partei abzuschotten.[125] In einer Verordnung an die kommissarischen Minister und Beauftragten der Partei machte Killinger Ende April 1933 deutlich, dass dem Eindringen von Parteiführern als Kommissare in die staatliche Verwaltung zeitliche Grenzen gesetzt waren: »Die zur Verfügung der Behörden bei der Durchführung der Arbeiten der nationalen Bewegung von mir oder in meinem Auftrage eingesetzten Kommissare und Vertrauensleute haben viel zu einer beschleunigten Bereinigung und Ordnung der Verhältnisse beigetragen. Nachdem heute ihre Aufgaben im wesentlichen durchgeführt sind, behalte ich mir vor, die Kommissare und Vertrauensleute demnächst abzuberufen. Es liegt im Interesse der Allgemeinheit und einer geordneten Verwaltung, dass die ordentlichen Behörden baldmöglichst ihre Tätigkeit in vollem Umfange unter eigener Verantwortung wieder aufnehmen.«[126]

Dass Killinger mit einer schnellen Rückkehr zu geordneten Verhältnissen handfeste eigene Interessen verfolgte, scheint offensichtlich. Denn nur mit einer zügigen Wiederherstellung staatlicher Autorität war er in der Lage, seinen Machtanspruch gegenüber lokalen Parteiführern durchzusetzen. Allein mit einer gestärkten staatlichen Verwaltung unter seiner Führung ließen sich die Machtgelüste Mutschmanns eindämmen. Daraus erklärt sich auch das weitere Vorgehen Killingers im Sommer und Herbst des Jahres 1933. Mit Rückendeckung aus dem Reichsinnenministerium bemühte man sich in der Staatskanzlei und im sächsischen Innenministerium, die Kommissariate zu beenden. Verfolgte man zunächst noch Überlegungen, zumindest die vier Kommissare bei den Kreishauptmannschaften in die staatliche Verwaltung zu integrieren, um auf dieser Ebene eine Verbindung von Partei und Staat herzustellen, so ließ man auch solche Vorstellungen bald fallen. Eine Denkschrift des sächsischen Innenministeriums, die sich im September 1933 mit dieser Thematik befasste, verdeutlicht vor allem das nun wieder erstarkte Selbstbewusstsein der staatlichen Verwaltung, die die Verwendung von Parteiführern in den Behörden ablehnte: »Es bedarf [...] nicht der Beibehaltung der Kommissare, denn es ist selbstverständlich, dass jeder Amtshauptmann oder Landrat in politischen Fragen stets den Leiter der Bezirksorganisation der NSDAP zu Rate ziehen wird. Will man trotzdem auch für politische Fragen die Kommissare in den Staatsapparat eingliedern, so kommt ihre Zuweisung als Beamte kaum in Frage. Die Beamteneigenschaft würde mit der politischen Parteitätigkeit der Kommissare kaum vereinbar sein und diese unnötig einengen, außerdem aber wäre es schwierig, ihnen, da die reine politische Tätigkeit ihre Tätigkeit nicht ausfüllen würde, andere Verwaltungstätigkeit, für die sie der Vorbildung entbehren dürften, zuzuweisen.«[127]

Am 14. Oktober 1933 ordnete das Innenministerium die Abberufung der Kommissare bis zum Ende des Monats an.[128] Damit war auf der Ebene der Kreis- und Amtshauptmannschaften die volle staatliche Souveränität wiederhergestellt und letztlich die Trennung von Partei und Staat manifestiert. Einzelnen Vertretern der NSDAP, wie zum Beispiel dem Leipziger Kreisleiter Walther Dönicke, der 1933 zum Kreishauptmann von Leipzig wurde, oder dem Gauamtsleiter für Kommunalpolitik, Erich Kunz, der im Innenministerium die Gemeindeabteilung übernahm und zum Ministerialrat aufrückte, gelang es zwar, ihre während der »Machtergreifung« errungene Position zu behaupten, doch waren dies letztlich Ausnahmen.[129] Der staatlichen Verwaltung war es bis in den Herbst 1933 gelungen, sich von der in staatliche Bereiche eingedrungenen Partei zu befreien. Die weitere Entwicklung musste zeigen, ob die Gliederungen der NSDAP und ihre Führer, die auf eine Übernahme staatlicher Macht gehofft hatten, sich damit zufrieden gaben.

Veränderungen für die sächsische Verwaltung brachte zunächst jedoch die Entwicklung auf Reichsebene. War bereits mit dem Reichsstatthaltergesetz vom 7. April 1933 ein erster Schritt zu einer stärkeren Zentralisierung getan worden, so wurde mit dem »Gesetz über den Neuaufbau des Reiches« vom 30. Januar 1934 das föderative System aufgehoben. Die Hoheitsrechte der Länder gingen auf das Reich über. Die Landesregierungen unterstanden nun in allen Belangen der Reichsregierung. Ihre Befugnisse waren nur mehr übertragene Angelegenheiten, die im Auftrag des Reiches auszuführen waren. Bedeutete diese Entwicklung in verwaltungsrechtlicher Hinsicht einen tiefen Einschnitt, so änderte sich in der täglichen Verwaltungsarbeit nur wenig, da die Aufgabenverteilung zwischen Reich und Ländern keiner Neuregelung unterzogen wurde. Auch weiterhin waren die sächsischen Ministerien, die Kreis- und Amtshauptmannschaften für den Bereich der inneren Verwaltung Sachsens zuständig. Einzig im Bereich der Justiz wurde eine Zentralisierung verwirklicht, die zur Auflösung der Landesjustizministerien im April 1935 führte.[130]

Eine Reform des Reiches, seine Aufteilung in einheitliche Verwaltungsgebiete und eine klare Abgrenzung der Aufgaben zwischen der Zentrale und den

Ländern blieb letztlich »Stückwerk«. Die Landesverwaltungen, die Ministerpräsidenten und Reichsstatthalter erwiesen sich als hartnäckige »Föderalisten«, die bemüht waren, der mehr und mehr in Bereiche der Landesverwaltung hineinwuchernden Reichsverwaltung Einhalt zu gebieten. Der schleichende Einflussverlust der Länder gegenüber Berlin war jedoch nicht aufzuhalten.[131]

Eine »Zweite Machtergreifung«? Die Herrschaft Mutschmanns 1934–1939

Im Kontext des so genannten »Röhm-Putsches« wurde der sächsische Ministerpräsident Killinger verhaftet und vorläufig von seinem Amt beurlaubt.[132] Killinger, der noch immer SA-Obergruppenführer war, wurde mit angeblichen Putschplänen der SA in Verbindung gebracht. Im Unterschied zu zahlreichen anderen höheren SA-Führern, die von SS-Kommandos erschossen wurden, kam der sächsische Ministerpräsident lediglich für wenige Tage in Haft und konnte daher noch Hoffnungen hegen, nach einer Beruhigung der Situation wieder in sein Amt zu gelangen. Je länger jedoch eine öffentliche Rehabilitierung Killingers auf sich warten ließ, desto geringer mussten seine Chancen werden. Bis an das Jahresende 1934 sind Bemühungen Killingers feststellbar, bei Hitler, Göring und Heß auf seine Wiedereinsetzung als Ministerpräsident hinzuwirken. Die jedoch blieb aus.

Nach dem Erlass des Zweiten Reichsstatthaltergesetzes vom 30. Januar 1935, das die Verbindung von Reichsstatthalteramt und Ministerpräsidentschaft ermöglichte, betraute Hitler am 28. Februar 1935 Mutschmann mit der Führung der Landesregierung.[133] Damit waren nicht nur die langjährigen Konflikte an der Spitze des Landes beseitigt. In der Person Mutschmanns wurde vielmehr eine im reichsweiten Vergleich beispiellose Verschränkung von Partei- und Staatsführung auf Landesebene verwirklicht, die ihr besonderes Gewicht vor allem dadurch erlangte, dass die Grenzen des Landes Sachsen mit denen des Gaues identisch waren. Mutschmann gebot somit in seinem Bereich als Gauleiter, Ministerpräsident und Reichsstatthalter über Partei und Staat. Ab Februar 1935 konnte sich somit das entwickeln, was für Sachsen bis zum Ende der NS-Diktatur charakteristisch war: eine in vielen Bereichen fast grenzenlose Alleinherrschaft Mutschmanns, der in der Manier eines »Landesfürsten« regierte.

Die veränderte Machtkonstellation bekamen zunächst die Personen zu spüren, die dem bisherigen Ministerpräsidenten Killinger nahe gestanden hatten. Seine neu gewonnene Machtfülle nutzte Mutschmann, um gegen den sächsischen Volksbildungsminister Wilhelm Hartnacke und den Arbeitsminister Georg Schmidt vorzugehen. Dem Reichsstatthalter gelang es, nach mehrmonatigen Auseinandersetzungen, die Entlassung Hartnackes aus seinem Amt zum 20. März 1935 durchzusetzen. Die frei werdende Stelle des Volksbildungsministers konnte er mit dem ihm ergebenen Leiter des Gauamtes für Erzieher und Führer des NS-Lehrerbundes, Arthur Göpfert, besetzen, da die »Ministerialbeamten des Ministeriums nicht die Gewähr für eine ordnungsgemäße Führung der Geschäfte geben«.[134] Bei der Verdrängung des Arbeitsministers Schmidt wird bereits das neue Selbstverständnis Mutschmanns als alleiniger Führer auf Landesebene deutlich. Anders als im Falle Hartnackes schuf er im Fall Schmidt vollendete Tatsachen. Am 12. März 1935 teilte er Hitler und Reichsinnenminister Frick mit, dass das sächsische Arbeitsministerium keinerlei Existenzberechtigung mehr besitze. Aus diesem Grunde habe er es aufgelöst, Schmidt beurlaubt und bitte nun um die endgültige Entlassung des bisherigen Ministers.[135] Das Reichsarbeitsministerium protestierte zwar gegen das selbstherrliche Agieren Mutschmanns, konnte letztlich aber das Geschehene nicht rückgängig machen. Die Befugnisse des sächsischen Arbeitsministeriums wurden auf das Wirtschaftsministerium übertragen, das der Mutschmann-Vertraute und aus der Gauleitung stammende Georg Lenk leitete.[136] Bis auf den Finanzminister Rudolf Kamps gehörten dem sächsischen Kabinett nur noch Personen aus dem direkten Umfeld Mutschmanns an. Die Landesregierung verschmolz somit in personeller Hinsicht immer mehr mit der sächsischen Gauleitung. Darüber hinaus hatte sie mit Hartnacke und Schmidt ihre fachlich vorgebildeten und in Verwaltungsfragen erfahrenen Mitglieder eingebüßt. Dies blieb nicht ohne Auswirkungen auf die tägliche Arbeit. Während die Ministerialbürokratie in weiten Teilen bestrebt war, Verwaltungstätigkeit nach rationalen Kriterien zu organisieren, also die Kontinuität von Verwaltungshandeln und dessen Überprüfbarkeit zu gewährleisten, griff vor allem Mutschmann immer häufiger ad hoc in einzelne Vorgänge ein und erteilte über die Köpfe der Minister hinweg Anweisungen. Erschwert wurde Verwaltungshandeln zudem, weil Mutschmann Ansichten und Meinungen schnell änderte und gegenüber den juristisch erfahrenen Ministerialbeamten offenes Misstrauen hegte. Hinzu kamen immer wieder Eingriffe Mutschmanns in die Zusammensetzung von Ministerien. Der »Führer« der Landesregierung schien über den Entzug bzw. die Zuteilung von Befugnissen selbstherrlich einzelne Minister, mit denen er in Konflikt geraten war, abzustrafen. Dass es auch für die aus der Gauleitung stammenden und mit Mutschmann über lange Jahre vertrauten Minister zunehmend schwieriger wurde, mit dem Führer der Landesregierung auszukommen, belegen Streitigkeiten während der Kriegszeit. Mutschmann selbst sah sich mehr und mehr als der alleinige Führer Sachsens. Nach seinem Selbstverständnis war »an die Stelle der kollegialen, d.h. aus *mehreren* Ministern bestehenden Landesregierung, die monokratisch geführte Landesregierung getreten. Diese Regelung hat die Wirkung, dass ich sowohl an die Stelle des Gesamtministeriums wie der einzelnen Minister als Glieder der Kollegialregierung getreten bin und die *alleinige* Verantwortung habe.«[137] Nach Mutschmanns Ansicht sollten die Fachministerien nur mehr Abteilungen einer einzigen Behörde, nämlich seiner Reichsstatthalterei, sein. Die einzelnen Minister sollten also nicht mehr als Abteilungsleiter sein, die ihm bedingungslos zu gehorchen hatten. In vollem Umfang realisieren konnte Mutschmann diese Vorstellungen jedoch erst im Krieg.

Dem Selbstverständnis Mutschmanns trug eine Verlagerung von Kompetenzen Rechnung. Die Staatskanzlei, bisher eine kleine Behörde des Ministerpräsidenten, die vor 1933 weitgehend Koordinationsaufgaben zu erfüllen hatte, entwickelte sich zu einer zentralen Schaltstelle, der einzelne Schlüsselaufgaben zugewiesen wurden. Bereits im März 1935 wurde die Staatskanzlei mit dem bisherigen Büro Mutschmanns, das er als Reichsstatthalter unterhalten hatte, vereinigt.[138] Als Leiter der neuen Staatskanzlei fungierte der persönliche Referent Mutschmanns, Curt Lahr. Die Befugnisse der Kanzlei wurden durch die Schaffung eines Personalamtes ausgeweitet, das nicht nur für die Besetzung der höheren Beamtenstellen im Verwaltungsbereich der Ministerien zuständig war, sondern auch für die gesetzliche Regelung aller Beamtenfragen, das Besoldungsrecht und das Prüfungswesen.[139] Die Staatskanzlei konzentrierte damit in ihrem Bereich einen Teil der Personalhoheit und bot Mutschmann Eingriffsmöglichkeiten in die personelle Zusammensetzung aller übrigen Ministerien.[140]

Trotz der Verschränkung von Partei- und Staatsführung in einer Person und der Bekleidung von Ministerposten durch Mitglieder der Gauleitung blieb die Trennung von Partei und Staat dennoch fortbestehen. Obwohl zunehmend Führungspersonal aus Partei, SA und SS auch auf nachgeordneter Ebene, vor allem in die Position eines Kreishauptmannes einrückte, bedeutete der Machtwechsel von Killinger zu Mutschmann nicht die vollständige Auslieferung der Verwaltung an sächsische NS-Funktionäre. Die Übernahme einer herausgehobenen Position innerhalb der staatlichen Verwaltung ist nicht automatisch mit einem zunehmenden Einfluss der Partei gleichzusetzen. Parteiführer, die ein staatliches Amt ausübten, passten sich häufig ihrer Umgebung an und wurden zu scharfen Verfechtern bürokratischer Grundsätze. Beispielhaft ist hier der bereits erwähnte Leiter des Gauamtes für Kommunalpolitik und Leiter der Gemeindeabteilung im sächsischen Innenministerium, Erich Kunz, zu nennen. Bereits im Mai 1933 in das Innenressort gelangt und im Dezember desselben Jahres zum Ministerialrat aufgestiegen, war er in den folgenden Jahren bemüht, die staatliche Autorität bis hinunter in die Kommunen zu stärken. Er gestand zwar der NSDAP eine Rolle als »politische Willensträgerin der Nation«[141] zu, doch sollte dieser Wille über geregelte Bahnen der staatlichen Verwaltung verwirklicht werden. »Der Grundsatz: Die Partei regiert den Staat, heißt nicht, dass der Ortsgruppenleiter dem Staat befiehlt. Beide Aufgabenbereiche schränken sich klar ab. Kein Bürgermeister kann sich auf Befehle oder Wünsche beziehen, die nicht von seiner wirklichen höheren Dienststelle erlassen worden sind.«[142]

Die Politik Mutschmanns war demnach bis zum Kriegsbeginn nicht darauf ausgerichtet, den Staat der Partei auf allen Ebenen unterzuordnen. Mutschmann war vielmehr darauf bedacht, Schlüsselbefugnisse, wie die Aufsicht über das Personal, in seinem unmittelbaren Einflussbereich zu konzentrieren, um neben der staatlichen Verwaltung auch den Einfluss einzelner Parteiführer, die Minister geworden waren, und lokaler Führer einzuschränken.

Besonders während des Krieges trat der Charakterzug Mutschmanns, keine Konkurrenz zu dulden, mehr und mehr hervor. Rationales bürokratisches Handeln wurde durch Eingriffe Mutschmanns zunehmend ausgehöhlt, die Verwaltungstätigkeit verkam immer mehr zur bloßen Ausführung von Anordnungen des Führers der Landesregierung.

Staatliche Verwaltung und Partei im Krieg 1939-1945

Mit dem Krieg beschleunigte sich das, was man als schleichende Zentralisierung zwischen 1933 und 1938 bereits feststellen konnte. In zunehmendem Maße schufen sich Reichs- und Sonderbehörden einen eigenen Verwaltungsunterbau und übernahmen Schritt für Schritt Befugnisse der Länder.[143] Die innere Verwaltung wurde »im Krieg vollends von der Inflation der Fach- und Sonderverwaltungen überwuchert«.[144] Auch die Ernennung der Reichsstatthalter und preußischen Oberpräsidenten zu Reichsverteidigungskommissaren am 1. September 1939, die ihnen die »Rolle von Kriegsbefehlshabern im zivilen Bereich«[145] einräumte, konnte diese Entwicklung nicht aufhalten. Der nationalsozialistische Staat wurde in den Kriegsjahren mehr und mehr zu einem zentralistischen Gebilde, das die Länder zu reinen Ausführungsorganen von Reichsbeschlüssen verkommen ließ.

Anders als in anderen Ländern des Reiches, wo Partei- und Staatsführung meist weiterhin getrennt waren oder sich der Ministerpräsident mit mehreren Gauleitern in seinem Bereich auseinandersetzen musste, blieb die Stellung Mutschmanns während der Kriegsjahre unangetastet. Er war in Personalunion Reichsstatthalter, Ministerpräsident und Gauleiter und vereinte die Machtfülle all dieser Ämter auf sich. Gleichwohl ist auch in Sachsen der sich beschleunigende Einflussverlust der inneren Verwaltung gegenüber dem Reich und neu entstehenden Sonderbehörden feststellbar.

Die sächsische Verwaltung war von einem schon 1938 einsetzenden Personalverlust besonders betroffen. Zahlreiche Beamte wechselten in die Verwaltung der 1938 und im Frühjahr 1939 neu zum Reich gekommenen Gebiete, die mit ihrem hohen Personalbedarf bei der Angliederung der Verwaltung an das Reich interessante Aufstiegsmöglichkeiten boten.[146] Diese Abwanderung beschleunigte sich in den Kriegsjahren. In zunehmendem Maße mussten Stellen in der inneren Verwaltung mit Aushilfskräften besetzt werden, die den Personalverlust nicht einmal zahlenmäßig auszugleichen vermochten.[147]

Im Mai 1941 beklagte Mutschmann in einem Schreiben an die Reichskanzlei, dass die sächsische Verwaltung bereits über 50 Prozent ihrer höheren Beamten verloren habe. Neben der Wehrmacht sei hierfür vor allem das Reichsinnenministerium verantwortlich, das höhere Beamte einfach abberufe, ohne dass die sächsische Verwaltung Einfluss hierauf nehmen könne.[148] Das Schreiben Mutschmanns bildete aber nur den Abschluss einer Reihe von Eingaben des sächsischen Reichsstatthalters an die Reichskanzlei und deren Leiter Hans

Heinrich Lammers, die das veränderte Verhältnis zwischen Reich und Ländern zum Thema hatten. In einer 39-seitigen Beschwerdeschrift, die Mutschmann Ende April 1941 Lammers zukommen ließ, legte er »Beispiele von übertriebenem Zentralismus und Verbürokratisierung der Verwaltung seit der Machtübernahme« vor und wies auf »eine seit langem notwendige Reform im Verwaltungsaufbau hin«.[149] Mutschmann kritisierte vor allem den »übertriebenen Zentralismus der Oberen Reichsbehörden«, der die Handlungsfreiheit der Landesregierung immer mehr einschränke. Zum einen ziehe die Reichsregierung fortgesetzt Befugnisse an sich, die bisher der Landesverwaltung oblagen, und zum anderen reglementiere sie Verwaltungshandeln der Länder über Reichsvorschriften und die Finanzkontrolle des Reiches in einem solchen Ausmaß, dass eigenverantwortliches Verwalten der Länder immer mehr behindert werde. Zunehmend bauten die Reichsministerien die sächsischen Regierungspräsidien zu einer Reichsmittelinstanz aus, die es ihnen ermögliche, am Reichsstatthalter und der Landesregierung vorbei Anweisungen zu erteilen. Diese Entwicklung musste Mutschmann besonders widerstreben, da sie ihn in die Rolle eines Beobachters drängte, dem letztlich wenig andere Möglichkeiten blieben, als das Gebaren der Reichsverwaltung auf Landesebene misstrauisch zu beäugen. »Die Gauregierung wird aber damit [...] mehr oder weniger zum Briefträger gemacht.«[150]

Lammers schlug er daher, in Übereinstimmung mit anderen Reichsstatthaltern, die sich im selben Zeitraum ähnlich äußerten, eine Stärkung der Länderbefugnisse vor, da nur die Landesregierungen enge Fühlung mit der Bevölkerung besäßen. »Die Reichsstatthalter [...] halten eine Arbeitsteilung zwischen den Reichsministerien und den Reichsstatthaltern dahin für angebracht, dass die Reichsministerien sich darauf beschränken, die Gesetze vorzubereiten, Durch- und Ausführungsverordnungen zu ihnen zu erlassen und Erlasse über einen einheitlichen Vollzug herauszugeben, während die eigentliche Verwaltung den Reichsstatthaltern überlassen bleiben müsse [...]. Regiert werden müsse in Berlin, verwaltet dagegen in den Reichsgauen.«[151] Zeigten sich die Reichsstatthalter in diesen Forderungen als Verfechter eines Föderalismus aus Eigennutz, so blieben die Interventionen bei der Reichskanzlei, obwohl sie von den Führern auf Landesebene fast einhellig vorgebracht worden waren, weitgehend ohne Folgen. Erst nach der Wende im Krieg und im Angesicht der drohenden Niederlage sollte es Mutschmann gelingen, die eigene Position gegenüber den Reichsbehörden wieder zu stärken.

Die bisher dargestellte Entwicklung soll jedoch nicht den Eindruck erwecken, Mutschmann sei zwischen 1939 und 1943 in der Ausübung seiner Macht beschnitten worden. Innerhalb Sachsens konnte er noch immer fast schrankenlos schalten und walten, sofern nicht Reichs- oder Sonderbehörden gewisse Bereiche beanspruchten. Mit zunehmender Dauer des Krieges bekam dies vor allem seine nähere Umgebung zu spüren. Bedingt durch sein Herzleiden und cholerische Ausfälle nahm sein Handeln immer mehr Züge einer ständigen Improvisation und planlosen Reagierens an.[152] Wohl getrieben von der

Furcht, aus ihrem Kreis könne ihm ein Konkurrent erwachsen, überwarf er sich zwischen 1941 und 1943 mit etlichen seiner Minister. Bereits seit 1941 hatte sich das Verhältnis zum Minister für Wirtschaft und Arbeit Lenk schrittweise verschlechtert, bevor Mutschmann ihn im Februar 1943 wegen angeblich parteischädigenden Verhaltens beurlaubte und ein Parteiausschlussverfahren gegen ihn einleitete.[153] Ähnlich erging es dem Innenminister Fritsch, der von Mutschmann mehrmals beurlaubt, wieder eingesetzt, dann jedoch endgültig auf Betreiben des Reichsstatthalters 1943 zum Dienst in der Waffen-SS eingezogen wurde.[154] Damit waren nicht nur zwei ehemals vertraute Mitstreiter von Mutschmann in selbstherrlicher Manier verdrängt worden, sondern auch die Landesregierung zu einer Art »Rumpfkabinett« geworden, in dem mit dem Finanzminister Kamps nur noch ein wirklich amtierender Ressortchef tätig war. Das Volksbildungsministerium wurde seit 1935 durchgängig nur kommissarisch verwaltet, für das Innen- und das Wirtschaftsministerium wurden 1943 keine neuen Minister berufen. Der Ministerialbürokratie oblag es nun, einen geregelten Verwaltungsablauf in den Ministerien zu sichern.

Mutschmann nutzte die neue Konstellation zu einer Umgestaltung der Landesregierung. Zum 10. April 1943 wurden sämtliche Ministerien aufgelöst und ihre Befugnisse sieben Abteilungen übertragen.[155] Die Abteilungen wurden von Abteilungsleitern geführt, deren Gestaltungsspielraum gegenüber dem von bisherigen Ministern eingeengt wurde. »Sie entscheiden in meinem Auftrage als Führer der Landesregierung, soweit ich mir die Entscheidung nicht selbst vorbehalte, wie bei allen Entschließungen grundsätzlicher Art oder Verwaltungsvorgängen von erheblicher Bedeutung.«[156]

An der Spitze der Landesregierung stand die Staatskanzlei, die als »Zentralstelle für alle Zweige der Verwaltung« fungieren sollte.[157] Von Seiten der Reichsregierung war man über das eigenmächtige Vorpreschen Mutschmanns irritiert. Zwar gab es auch im Reichsinnenministerium Überlegungen, zur Personaleinsparung und einer kriegsbedingten Vereinfachung von Verwaltungsabläufen einzelne Landesministerien zusammenzulegen, doch war man anscheinend in Berlin wenig darüber erfreut, dass Mutschmann so eigenmächtig vorging und zudem die gesamte Ministerialverwaltung bei sich konzentrierte.[158] Frick schlug vor, zumindest an die Spitze der neu geschaffenen Einheitsbehörde einen erfahrenen Verwaltungsfachmann zu berufen, der als Behördenchef allgemeiner Vertreter des Reichsstatthalters sein sollte. Für diese Position brachte er Curt Ludwig von Burgsdorff ins Gespräch, der bereits zwischen 1933 und 1937 als Ministerialdirektor im sächsischen Innenministerium tätig gewesen war, bis es zu Auseinandersetzungen mit Mutschmann und Fritsch gekommen und Burgsdorff in den Reichsdienst übergewechselt war. Die Absicht, die Frick damit verband, scheint eindeutig. Er wollte dem geregelter Verwaltungsarbeit ablehnend gegenüberstehenden Mutschmann einen erfahrenen Verwaltungsbeamten zur Seite stellen, der über einen Rückhalt bei den Reichsbehörden verfügte und somit auch in der Lage war, den Machtbestrebungen des sächsischen Reichsstatthalters gewisse Schranken zu setzen.

55

Die weitere Auseinandersetzung um das eigenmächtige Vorgehen Mutschmanns und die Schaffung einer Einheitsbehörde an der Spitze des sächsischen Staates zeigt jedoch, wie gering der Einfluss des Reichsinnenministers bereits geworden war.[159] Weitere Initiativen in dieser Sache gingen von der Reichskanzlei und der Parteikanzlei Martin Bormanns aus. Beide Behörden waren sich in der Ablehnung des Vorgehens Mutschmanns einig und führten darüber eine Entscheidung Hitlers herbei. »Der Führer hat angeordnet, falls die Zusammenlegung aller Ministerien noch nicht vollzogen sei, habe sie zu unterbleiben; sei sie bereits vollzogen, so solle sie wieder aufgehoben werden.«[160] Mutschmann war jedoch keinesfalls gewillt, einmal Erreichtes aufzugeben und die Auflösung der Ministerien zurückzunehmen. Mit der Verkündung der »Stilllegung der sächsischen Regierungspräsidien«, die nach einem Runderlass Fricks vom 5. Juli 1943 erfolgte, begründete Mutschmann im Sächsischen Verwaltungsblatt Ende Juli 1943 die Neugliederung der Landesregierung und konnte damit die von ihm geschaffenen Tatsachen festschreiben.[161] Die Befugnisse der stillgelegten Regierungspräsidien wurden dem Reichsstatthalter übertragen, mit der Maßgabe, sie auf die Landräte übergehen zu lassen.[162] Mutschmann gab zwar im Laufe des Jahres 1944 einzelne Aufgaben an die Landräte ab,[163] doch war er durch die Schaffung einer Einheitsbehörde und die Stilllegung der Regierungspräsidien in seiner Position nochmals gestärkt worden. In den letzten beiden Kriegsjahren war er nun eifersüchtig darauf bedacht, sich gegen jegliche Eingriffe von Seiten des Reiches zu erwehren.

»Die faktische, zunehmend von Tages-Bedürfnissen geleitete Kriegsverwaltung unterschied sich immer mehr von der rechtlichen Verwaltungsordnung, und es wurde immer schwieriger, sich in dem Gestrüpp der Verwaltungszuständigkeiten zurechtzufinden, unter denen die neuen Partikulargewalten der Gauleiter und Reichsverteidigungskommissare bei Kriegsende eine starke, oft eigenwillig und eigensüchtig genutzte Position innehatten.«[164] Was Martin Broszat ganz allgemein als Entwicklung der letzten Kriegsjahre konstatiert, gilt in besonderem Maße für Sachsen. Ein in den Grundzügen treffendes Bild der Herrschaft Mutschmanns zeichnete Heinrich Himmler in einem Schreiben an Bormann im Februar 1944: »Andererseits muss ich darauf hinweisen, dass gerade im Laufe der letzten Monate sich die Schwierigkeiten mit Gauleiter Mutschmann von Tag zu Tag vermehrt haben. Auf die Dauer ist mit Mutschmann sehr schwer auszukommen – was sicherlich auf sein schweres Herzleiden zurückzuführen ist –, da er Gesetze und Gebote des Reiches überhaupt nicht kennt. Es ist heute so, dass das Reichsrecht an der sächsischen Grenze erlischt.«[165]

Die Zeit bis zum Zusammenbruch der nationalsozialistischen Herrschaft war in starkem Maße vom selbstherrlichen Regieren des Gauleiters bestimmt, der in zahlreichen, zum Teil heftigen Auseinandersetzungen mit Reichsstellen erbittert darauf bedacht war, seine Macht zu wahren und der alleinige Herrscher Sachsens zu bleiben.

Silke Schumann

Die soziale Lage der Bevölkerung und die NS-Sozialpolitik in Sachsen

»Die Werkstatt Deutschlands«[166] – so wurde Sachsen in der Weimarer Republik und während der NS-Zeit immer wieder genannt. Der Begriff hatte insofern seine Berechtigung, als Sachsen lediglich acht Prozent der Bevölkerung des Deutschen Reichs stellte, aber 12 Prozent aller Erwerbspersonen im produzierenden Gewerbe. 60 Prozent der sächsischen Berufstätigen, mehr als in jedem anderen Reichsland, erwirtschafteten ihren Lebensunterhalt 1925 in Industrie und Handwerk.
Ihrem sozialen Status nach waren fast drei Fünftel aller Berufstätigen Arbeiter (einschließlich der Hausgewerbetreibenden), während diese Gruppe im Deutschen Reich insgesamt weniger als die Hälfte aller Erwerbspersonen ausmachte. Die im Reichsvergleich ungewöhnlich große Arbeiterschaft war äußerst heterogen zusammengesetzt: Der klassenbewusste Leipziger Metallarbeiter und aktive Sozialdemokrat gehörte ihr ebenso an wie die Textilarbeiterin im Erzgebirge, die in Heimarbeit Spitzen klöppelte. Dennoch bestimmten die Arbeiter zusammen mit den Angestellten das soziale Profil des Landes: 1933 stellten sie zusammen mehr als drei Viertel der sächsischen Erwerbspersonen und, gemeinsam mit ihren Familien, mehr als 60 Prozent der Wohnbevölkerung, die aus diesen Gruppen stammenden Rentner und Pensionäre nicht mitgerechnet.[167]
Unter diesem Blickwinkel ist es sachlich gerechtfertigt, im folgenden Arbeiter und Angestellte in den Vordergrund zu rücken. Die Schwerpunktsetzung reflektiert gleichzeitig den Stand der NS-Forschung zu Sachsen. Denn während zur Geschichte der Arbeitnehmer und insbesondere der Arbeiter einige wenige Studien vorliegen, stehen Forschungen über andere soziale Gruppen wie die Bauern oder den Adel, die Beamten, die Handwerker oder die Industrieunternehmer derzeit noch fast vollständig aus.

Die Weltwirtschaftskrise

Die in hohem Maße industriegeprägte und exportabhängige sächsische Wirtschaft mit ihrem geringen Anteil agrarischer Produktion wurde von der Weltwirtschaftskrise besonders hart getroffen. Auf ihrem Höhepunkt im März 1932 waren im Freistaat laut amtlicher Statistik über 720 000 Arbeiter und Angestellte arbeitslos. Die Arbeitslosenquote lag mit 38 Prozent erheblich über der Reichsquote von 34 Prozent.

Ein besonderes Problem entstand für die Betroffenen daraus, dass die Reichsregierung mit der Zeit immer größere Gruppen von der Arbeitslosenunterstützung ausschloss. So erhielt im März 1932 nur noch die Hälfte der sächsischen Arbeitslosen Versicherungsleistungen,[168] die übrigen waren bei Bedürftigkeit auf die öffentliche Fürsorge angewiesen. Auch die Verdienstausgleichszahlungen für Kurzarbeiter wurden immer stärker eingeschränkt. Dennoch unterstützte der Staat zeitweise über 60 000 verkürzt arbeitende sächsische Beschäftigte.[169]

Die nationalsozialistische Neuordnung der Arbeitsbeziehungen

Nachdem Hitler Reichskanzler geworden war, konzentrierten sich die Nationalsozialisten im Frühjahr 1933 zunächst darauf, den Weimarer Verfassungsstaat mit Hilfe von Versprechungen, Einschüchterungen und Terror in eine Diktatur umzuwandeln. Die repressive Seite des neuen Regimes bekamen nicht nur herausgehobene politische Repräsentanten der oppositionellen KPD und SPD zu spüren. Schon bald ergriffen die Säuberungen auch Verwaltungen und Privatunternehmen. Politisch missliebige Betriebsräte wurden abgesetzt und der Kündigungsschutz für solche Personen aufgehoben, die einer staats- und wirtschaftsfeindlichen Einstellung beschuldigt wurden.

In Sachsen verschärfte Reichskommissar Manfred von Killinger das entsprechende Reichsgesetz durch eine Anordnung, welche die Entlassung solcher Arbeitnehmer »aus allen öffentlichen [...] und sonst lebenswichtigen Betrieben« bindend vorschrieb.[170] Ob und inwieweit sich dieser Eingriff in die Autonomie auch privater Unternehmer flächendeckend durchsetzen ließ, ist fraglich. In der Amtshauptmannschaft Flöha zumindest wurden eine ganze Reihe von tatsächlichen und vermuteten KPD- und RGO-Mitgliedern aus Privatunternehmen entlassen. Die Betroffenen hatten die Möglichkeit, bei der Amtshauptmannschaft Widerspruch einzulegen. In der Regel blieb dieser jedoch wirkungslos. Im Falle der Arbeiterin Elsa P. erklärte die Amtshauptmannschaft Flöha: »Dass Sie Mitglied der KPD gewesen sind, lässt sich zwar nicht nachweisen. Ihre meisten Angehörigen waren aber bis vor kurzem noch Mitglieder dieser Partei, auch stehen Sie selbst in dem Ruf, innerlich zu dieser Partei gehört zu haben. Der Verdacht der staatsfeindlichen Einstellung ist also durchaus begründet, Ihre Entlassung mithin zu Recht erfolgt.«[171]

Die nationalsozialistische Neuordnung der Arbeitsbeziehungen war von der Volksgemeinschaftsideologie und dem Führerprinzip geprägt. Der mit patriarchalischer Verantwortung ausgestattete »Betriebsführer« erhielt nahezu unumschränkte Macht im Betrieb, galt aber gleichzeitig – zumindest theoretisch – »als ›Amtsträger‹ der auch im Betrieb zu verwirklichenden ›Volksgemeinschaft‹«.[172] Die Nationalsozialisten ersetzten die Betriebsräte durch

»Vertrauensräte«. Entscheidungsbefugnisse besaßen diese nicht, sie hatten lediglich die »Betriebsführer« zu beraten. Die Kandidatenliste für die Vertrauensratswahlen stellte der »Betriebsführer« im Einvernehmen mit dem Betriebsvertreter der nationalsozialistischen Deutschen Arbeitsfront (DAF) zusammen. Den Ausgang der Wahlen, die lediglich 1934 und 1935 stattfanden, als Gradmesser für die Haltung der Arbeitnehmerschaft zum Regime zu werten, ist problematisch. Die lückenhafte Überlieferung der Ergebnisse, die unterschiedlichen Betriebsverhältnisse und die Schwierigkeit, die Motive der Wähler genauer zu bestimmen, lassen keine eindeutigen Schlüsse zu.

Die Exil-SPD, die in ihren Berichten naturgemäß dazu neigte, Widerständigkeiten in den Betrieben überzubewerten, erwähnte 1934 eine ganze Reihe von sächsischen Unternehmen, in denen die Vertrauensratskandidaten die notwendige Zustimmung der Hälfte aller Belegschaftsmitglieder nicht erreichten. Sie nannte aber auch einen Betrieb, in dem die etwa 100 früher meist freigewerkschaftlich organisierten Beschäftigten den Vertrauensrat einstimmig wählten, »um Ruhe im Betrieb zu haben und nicht vom Treuhänder für Arbeit schikaniert zu werden«.[173] Anders als 1934 veröffentlichte der NS-Staat 1935 ein regimeoffizielles Endergebnis. Reichsweit stimmten demnach 80 Prozent aller Stimmberechtigten für die aufgestellten Kandidaten. Im Gau Sachsen lag die Zustimmungsrate bei 75 Prozent, sie war also geringer als im Reich. Da die offiziellen Wahlergebnisse wahrscheinlich geschönt wurden, wird man die reale Ja-Stimmenzahl niedriger ansetzen müssen, sie dürfte bei der Hälfte bis drei Viertel der Arbeitnehmer gelegen haben.[174]

Wie überall in Deutschland wurden in Sachsen nach dem 1. Mai 1933 die Gewerkschaftshäuser gestürmt, die höheren Gewerkschaftsfunktionäre ihrer Ämter enthoben und die Gewerkschaften in die neugeschaffene DAF überführt, die neben den Arbeitnehmern auch die Arbeitgeber erfasste. Im Herbst 1934 besaß sie in Sachsen bereits zwei Millionen Mitglieder,[175] die teils von den Gewerkschaften übernommen, teils freiwillig eingetreten, teils unter gewissem Druck geworben worden waren.

Anfangs gab es in der DAF sowie in der inkorporierten nationalsozialistischen Pseudogewerkschaft NSBO durchaus noch gewerkschaftliche und sozialrevolutionäre Bestrebungen. In manchen sächsischen Industriebetrieben stellten die NSBO-Vertreter Lohnforderungen an ihre Arbeitgeber. Der sächsische DAF-Bezirksleiter Ernst Stiehler kündigte im Sommer 1933 sogar an, dass jeder Familienvater einen Mindestlohn erhalten solle. Diesen wollte Stiehler nicht nur aus DAF-Mitgliederbeiträgen und staatlichen Zuschüssen, sondern auch aus Unternehmensgewinnen finanzieren.

Die nationalsozialistische Reichsregierung, die das Wohlwollen der Unternehmer für die Erholung der Wirtschaft und ihre Aufrüstungspläne benötigte, bremste jedoch solche Bestrebungen schnell. Bereits Mitte Mai 1933 übertrug sie die Lohngestaltung den auf Landesebene neu eingerichteten Treuhändern der Arbeit, so dass dieses Feld NSBO und DAF verschlossen blieb. Doch verstand es die DAF, mit der Zeit ein umfangreiches nationalsozialistisches

Betreuungs- und Erziehungssystem aufzubauen, das auf den Aufbau einer rassisch homogenen und leistungsfähigen Arbeitsgesellschaft abzielte. In jedem Betrieb war die DAF durch Funktionäre vertreten. Von der Betriebsgeselligkeit über die Gesundheitsfürsorge und die Konfliktschlichtung per Rechtsberatung, die in Sachsen zwischen 1934 und 1939 über 200 000 Mal in Anspruch genommen wurde,[176] bis hin zur betrieblichen Aus- und Weiterbildung gab es bald keinen Bereich des betrieblichen Personalwesens, in dem sie nicht präsent war.

Im Einzelnen konnte sich die DAF dabei durchaus zum Sachwalter von Arbeitnehmerinteressen machen, beispielsweise, wenn sie, wie es in der sächsischen Textilwirtschaft des Öfteren vorkam, die Arbeitgeber zur Einhaltung der ohnehin niedrigen staatlichen Lohnuntergrenzen mahnte. Damit stellte sie die unternehmerischen Autonomieansprüche in Personal- und Lohnangelegenheiten in Frage. Den Anspruch der DAF, in allen sozialpolitischen Belangen mitzureden, dokumentiert ein Schreiben der sächsischen DAF-Gauwaltung an einen Textilunternehmer, der einen seiner Arbeiter nach einem schweren Arbeitsunfall ungenügend unterstützt hatte: »Der Betriebsführer hat der Deutschen Arbeitsfront bzw. deren Beauftragten in allen Fällen, insbesondere aber dann, wenn es ausdrücklich verlangt wird, Rechenschaft über die sozialpolitischen Vorgänge in seinem Betrieb abzulegen. Auch Sie«, so die DAF gegenüber dem Unternehmer, »sind also insoweit der Kontrolle durch unsere Organe unterworfen und können nicht schalten und walten, wie Sie wollen.«[177]

Mittels der ihr zugewiesenen Erziehungsfunktion organisierte die DAF jedoch parallel zur Unterstützung der Arbeitnehmer auch deren politische und soziale Kontrolle. Sie war für die NS-Propaganda im Betrieb zuständig und sorgte außerdem dafür, dass politisch missliebige oder sozial auffällige Belegschaftsmitglieder entweder diszipliniert oder aus der »Betriebsgemeinschaft« ausgeschlossen und an die Gestapo gemeldet wurden. Mit ihrer Doppelgesichtigkeit war die DAF ein typischer Exponent des »totalitären Wohlfahrtsstaats«.[178]

Die Bekämpfung der Arbeitslosigkeit

Im Frühsommer 1933 traten die ersten Maßnahmen der Nationalsozialisten zur Bekämpfung der Arbeitslosigkeit in Kraft: Die neue Regierung weitete die eher zaghaften Arbeitsbeschaffungsprogramme ihrer Vorgängerregierung in beispiellosem Umfang aus. Gleichzeitig versuchte sie, die offiziellen Arbeitslosenzahlen zu senken, indem sie bestimmte Arbeitnehmergruppen aus dem Arbeitsmarkt ausgrenzte und die statistischen Grundlagen für die Zählung der Erwerbslosen veränderte.

Die Vorgängerprogramme eingeschlossen, vergab die Reichsregierung einer sächsischen Aufstellung zufolge bis 1934 reichsweit knapp zwei Milliarden

Reichsmark über Zuschüsse und Kredite an Länder, Gemeinden und Gemeindeverbände sowie an private Bauherrn, die davon u. a. Erdarbeiten, Hochbauarbeiten, landwirtschaftliche Meliorationen und Flussregulierungen finanzierten. Sachsen erhielt bis zum Frühjahr 1934 mit knapp 180 Millionen Reichsmark etwa neun Prozent der Reichsmittel zugeteilt. Der Betrag entsprach in etwa dem Anteil seiner Bevölkerung an der Gesamtbevölkerung des Reichs. Gemessen an seinem Anteil an den Arbeitslosenzahlen in Deutschland, der 1933 etwa zwölf Prozent betrug, hat Sachsen von diesen Programmen eher unterdurchschnittlich profitiert.[179]

Bei der Umsetzung der Arbeitsbeschaffungsprogramme in die Praxis wirkte sich die mangelnde Finanzkraft der sächsischen Gebietskörperschaften ungünstig aus, weil oft gerade die hilfsbedürftigsten Körperschaften die notwendigen Eigenmittel – Voraussetzung für die Zuschussgewährung – nicht aufbringen konnten. Dies dürfte auch der Grund dafür sein, dass aus Sachsen, anders als aus anderen Reichsgebieten, keine regionalen Arbeitsbeschaffungsinitiativen bekannt sind.

Indirekt profitierten die Kommunen auch von Vorhaben wie dem Autobahn- oder Reichsbahnbau, die das Reich in Eigenregie durchführte. Denn Städte und Gemeinden konnten ihre Arbeitslosen auf solchen Baustellen unterbringen. Der Autobahnbau kam in Sachsen freilich erst richtig in Schwung, als die Arbeitslosigkeit bereits abflaute: 1934 beschäftigten die Autobahnbaustellen im Land nach offiziellen Angaben nicht mehr als durchschnittlich 2500 Arbeiter, erst 1938 waren es über 12 000.[180]

Bei einem Teil der Arbeitsbeschaffungsmaßnahmen zahlte die Reichsanstalt für Arbeitsvermittlung und Arbeitslosenversicherung Zuschüsse an die Träger der Maßnahmen. In Sachsen erreichte die Zahl der so finanzierten »Notstandsarbeiter« ihren Höhepunkt im Frühjahr 1934; damals waren es 36 000 Personen, deren Beschäftigung die Arbeitslosenrate um immerhin zehn Prozentpunkte senkte.[181] Dennoch gab es hier, gemessen an der Arbeitslosenzahl, weniger Notstandsarbeiter als im Gesamtreich. Für die Betroffenen war die Einweisung in eine Notstandsarbeitsmaßnahme ein zweifelhaftes Glück, wie die sächsische Gestapo Ende 1934 berichtete: »Notstandsarbeiter mit großer Familie gehen nur mit Widerwillen und dem Zwange gehorchend an ihre Arbeit, weil sie sich finanziell schlechter stehen als wie Unterstützungsempfänger.«[182]

Während mit Arbeitsbeschaffungsmaßnahmen vor allem Familienväter wieder in Arbeit gebracht werden sollten, wollten die Nationalsozialisten andere Arbeitnehmergruppen aus dem Arbeitsmarkt herausdrängen. Dies betraf vor allem Jugendliche beiderlei Geschlechts und verheiratete Frauen. Junge Arbeitslose versuchten die Behörden auf Zeit vom Arbeitsmarkt fernzuhalten, indem sie sie, zum Teil mit der Drohung, ihnen die finanzielle Unterstützung zu entziehen, in den freiwilligen Arbeitsdienst oder in die Landhilfe vermittelten. In den ersten beiden Jahren der NS-Herrschaft waren in Sachsen im Durchschnitt 15 000 bis 17 000 Jugendliche im Arbeitsdienst tätig, dazu kamen einige tausend Landhelfer.[183] Ab 1934 griff die NS-Regierung auch in bestehende Arbeitsverhältnisse ein. Jüngere Beschäftigte sollten aus ihren industriellen Arbeitsplätzen entlassen und zunächst im freiwilligen Arbeitsdienst oder der Landhilfe untergebracht werden. Mittelfristig sollten die Arbeitsämter sie in landwirtschaftliche Berufe lenken, um dem auch in Sachsen bereits 1934 spürbaren Landarbeitermangel abzuhelfen.

Auf Dauer aus dem Arbeitsmarkt verdrängt werden sollten die verheirateten Frauen. Mit dem Beginn der NS-Herrschaft wurde ein Frauenbild zur Staatsdoktrin, das, eingebunden in einen rasse- und erbbiologischen Rahmen, Frauen das Gebären und Aufziehen von Kindern als zentrale Aufgabe zuwies. Weibliche Berufstätigkeit war für viele Nationalsozialisten damit im Prinzip unvereinbar und unerwünscht. Mit der Verdrängung verheirateter Frauen aus ihren Arbeitsplätzen ließen sich daher zugleich ökonomische und ideologische Ziele verfolgen. Durch die »Doppelverdienerkampagne« führten die Nationalsozialisten bereits in der Weimarer Republik vorhandene Bestrebungen, die weibliche Berufstätigkeit einzuschränken, in verstärktem Umfang fort. In Sachsen waren Industrie, Handwerk und Handel ein besonders wichtiger Bereich für die »Doppelverdienerkampagne«. Denn berufstätige Frauen verdienten hier ihr Brot häufig als Industriearbeiterinnen und Angestellte, insbesondere in der Textilindustrie, während im Reich insgesamt die Beschäftigung in der Land- und Hauswirtschaft vorherrschte.

Ein entsprechendes Reichsgesetz befand sich noch in der Diskussion, als die sächsischen Arbeitsämter im Sommer 1933 bereits versuchten, die privaten Arbeitgeber unter Druck zu setzen, damit sie ihre verheirateten Mitarbeiterinnen entließen und deren Arbeitsplätze Männern zur Verfügung stellten. Doch obwohl es im Verlauf des Sommers zu einigen hundert Entlassungen kam, war die Kampagne insgesamt zum Scheitern verurteilt.

Denn gerade in Sachsen standen einer Auswechslung weiblicher durch männliche Arbeitnehmer soziale und wirtschaftsstrukturelle Gründe entgegen. Viele Berufe in der Textil- und anderen Verbrauchsgüterindustrien wurden ausschließlich von Frauen ausgeübt. Hier waren sie kurzfristig überhaupt nicht durch Männer ersetzbar, so dass flächendeckende Entlassungen zu einem Facharbeitermangel geführt hätten. Außerdem lagen die Löhne in vielen Branchen ohnehin so niedrig, dass ein Familienvater damit keine Familie hätte ernähren können. Ferner wehrten sich viele Privatfirmen dagegen, in wirtschaftlich labilen Zeiten langjährige Mitarbeiterinnen zu verlieren. Schließlich stand gerade in kleinstädtisch-ländlichen Gegenden dem Ansinnen der Arbeitsämter die Tatsache entgegen, dass die örtlichen Verwandtschafts- und Bekanntschaftsbeziehungen auch die betrieblichen Verhältnisse prägten und die Durchsetzung von Entlassungen erschwerten. Nicht nur in Sachsen, sondern reichsweit wurde die »Doppelverdienerkampagne« daher im Herbst 1933 von oben gestoppt.

Druck- und Zwangsmittel der »Doppelverdienerkampagne« verknüpften die Nationalsozialisten mit dem Lockmittel der Ehestandsdarlehen. Zwischen

1933 und 1937 erhielten Brautpaare ein staatliches Darlehen von bis zu 1000 Reichsmark unter der Bedingung, dass die künftige Ehefrau sich vom Arbeitsmarkt zurückzog. Wegen der damit verbundenen erbgesundheitlichen Untersuchung waren die Ehestandsdarlehen zwar bedeutsam für die Rassenpolitik des NS-Staates, ihre arbeitsmarktpolitischen Effekte stuft die Forschung für das Reich insgesamt jedoch als gering ein. In Sachsen blieb die Wirkung schon wegen der geringen Zahl der ausgegebenen Darlehen noch hinter derjenigen im Gesamtreich zurück: Zwischen 1933 und 1937 konnten reichsweit 27 Prozent, in Sachsen aber lediglich 20 Prozent aller frischverheirateten Paare ein solches Darlehen entgegennehmen.

Die Arbeitslosenquote lag in Sachsen zwischen Frühjahr 1933 und Herbst 1938 trotz aller Bemühungen kontinuierlich über derjenigen des Gesamtreichs. Doch sank sie, gemessen an ihrem hohen Ausgangswert, ähnlich schnell wie im Reich. Im Frühjahr 1934 waren in beiden Gebietseinheiten nur noch etwa halb so viele Arbeitslose registriert wie im Frühjahrs 1933, im Frühjahr 1936 sogar nur noch ein Viertel davon.

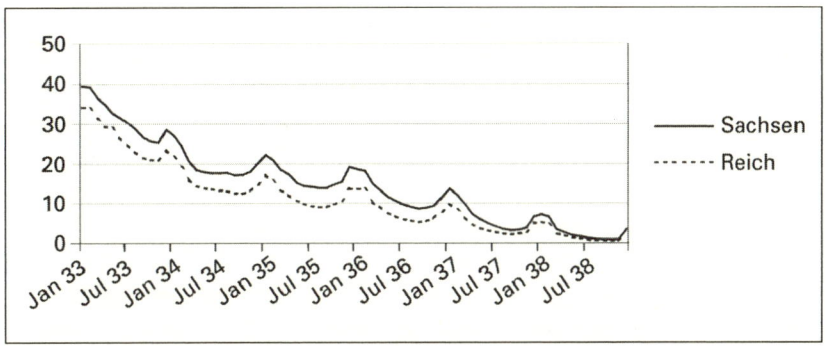

Vergleich der sächsischen und der deutschen Arbeitslosenrate 1933–1938[184] in Prozent

Nach 1934 legte die NS-Regierung keine flächendeckenden Arbeitsbeschaffungsprogramme mehr auf. Es gelang jedoch den sächsischen Staats- und Parteifunktionären, unter Verweis auf die besonders hohen sächsischen Arbeitslosenzahlen weitere Hilfen zu erhalten. Daher waren in Sachsen zwischen 1935 und 1938 immer noch monatlich bis zu 10 000 »Notstandsarbeiter« beschäftigt.[185]

Die Metallarbeiter, die während der Krise von der Arbeitslosigkeit überdurchschnittlich betroffen gewesen waren, profitierten als erste Industriearbeiter von dem beginnenden Rüstungsaufschwung. Die Metallfirmen bauten ihre in der Krise stark geschrumpften Belegschaften in einem erstaunlichen Tempo wieder auf. Zudem vermittelten die sächsischen Arbeitsämter kontinuierlich Metallarbeiter an Firmen außerhalb Sachsens, so dass das Landesarbeitsamt 1935 erstmals einen Metallfacharbeitermangel registrierte.

Die Textilarbeiter waren von der Arbeitslosigkeit während der Krise unterdurchschnittlich betroffen gewesen. Sie stellten jedoch den größten Teil der

Kurzarbeiter, und dies sollte während der gesamten dreißiger Jahre auch so bleiben. Wegen ihres Autarkiestrebens schränkten die Nationalsozialisten die Produktion in der Textilindustrie und anderen Verbrauchsgüterindustrien ein. Ab November 1934 zahlte der Staat den davon betroffenen Kurzarbeitern eine »verstärkte Kurzarbeiterunterstützung«. In Sachsen stieg die Zahl der so Unterstützten bis Januar 1936 auf rund 46000, danach sank sie bis zum Jahr 1937 auf wenige Tausend ab.[186]

Mitunter konnten jedoch auch staatliche Hilfen den Kurzarbeitern nur wenig Erleichterung bringen. Die Informanten der Exil-SPD berichteten 1935 beispielsweise über die vogtländische Spitzen- und Gardinenindustrie: »Alle Arbeiter arbeiten kurz, meist nur 5 bis 10 Stunden in der Woche. Keine Rohstoffe, aber auch keine Aufträge! Die Not in den Familien ist entsetzlich [...].«[187] Noch 1937 verdienten viele Kurzarbeiter kaum mehr, als ihnen nach den Sätzen der Fürsorgeunterstützung zugestanden hätte.

Ab 1935 ersetzte der nationalsozialistische Staat den freien Arbeitsmarkt allmählich durch eine staatlich gelenkte Arbeitsplatzverteilungspolitik mit dem Ziel, die Ressource Arbeitskraft so ökonomisch wie möglich für seine Aufrüstungs- und Kriegsziele einzusetzen. Vor diesem Hintergrund wurden 1938 Lohnerhöhungen staatlich begrenzt und mit Kriegsanfang schließlich weitgehend verboten. Schritt für Schritt schränkte der Staat auch die Freizügigkeit der Arbeitnehmer ein. Auf dem Weg der Dienstverpflichtung für »Aufgaben von besonderer staatspolitischer Bedeutung« konnten die Arbeitsämter ab Sommer 1938 Arbeitskräfte gegen deren Willen und gegen den Willen der Arbeitgeber aus bestehenden Arbeitsverhältnissen abziehen.

Spätestens 1938 herrschte auch in Sachsen Vollbeschäftigung, so dass man die erst wenige Jahre zuvor auf dem Arbeitsmarkt unwillkommenen Ehefrauen wieder zur Übernahme einer bezahlten Erwerbstätigkeit zu bewegen suchte. Denn trotz des Arbeitskräftemangels musste Sachsen weiterhin Arbeiter an außersächsische Regionen abgeben. Die durch Dienstverpflichtungen und Wehrmachtsübungen entstehenden Lücken in den Belegschaften, klagte das Landesarbeitsamt im Sommer 1939, »konnten in den meisten Fällen nicht geschlossen werden. Dies führte zum Ausfall ganzer Arbeitsgruppen, deren Tätigkeit auf der Vorarbeit bestimmter Fachkräfte ruht [...].«[188]

Die materielle Lage und die Stimmung in der Bevölkerung in den dreißiger Jahren

Nachdem zwischen Frühjahr 1933 und Sommer 1934 die Lebenshaltungskosten in Sachsen wie im Reich spürbar angestiegen waren, gelang es den Nationalsozialisten in den folgenden Jahren, sie nominell einigermaßen stabil zu halten. Dass es in der Praxis dennoch zu Preissteigerungen und Kaufkraftverlusten kam, belegen die ständigen Klagen der Bevölkerung über ihre materielle Lage. Die Gestapo berichtete beispielsweise im Herbst 1934: »Dabei sinken die Lebensmittelpreise nicht, sondern steigen in einem für die ärmeren Kreise bedrückend fühlbaren Umfange, z. B. beim Fleisch. Auch klagt man über die Bewirtschaftung von Fetten, Eiern und Milch. Im oberen Erzgebirge und im Vogtland leben gerade die kinderreichen Familien oft mehr als ärmlich.«[189] Betroffen waren nicht nur Arbeiter, so die Gestapo: »Auch Angestellten- und Beamtenkreise klagen über zu niedrige Gehälter.«[190]

Während des Rüstungsaufschwungs in der zweiten Hälfte der dreißiger Jahre verlief die Entwicklung je nach Branchenzugehörigkeit der Arbeitnehmer recht unterschiedlich. Die Metallarbeiter konnten durch verlängerte Arbeitszeiten ihre Wochenverdienste verbessern und profitierten überdies von sozialen Leistungen, welche die Unternehmer dieser begehrten Arbeitergruppe boten. Die Arbeiter der Verbrauchsgüterindustrien mussten sich dagegen nach wie vor mit deutlich niedrigeren Löhnen zufrieden geben. Die vom Nationalsozialismus versprochene Gleichstellung von »Arbeitern der Faust« und »Arbeitern der Stirn« blieb für sie bloße Theorie: Im Kreis Flöha diskutierte die Bevölkerung immer wieder »die Lohnfrage«, so die Behörden 1937, »wobei zum Teil unverblümt die Ansicht zum Ausdruck kommt, dass unverhältnismäßig hohen Gehältern auf der einen Seite unzulängliche Löhne und Renten auf der anderen Seite gegenüberstehen. Von vielen Volksgenossen wird es auch nicht verstanden, dass eine Erhöhung der Löhne zur Zeit nicht möglich ist, sie sind sogar vielmehr der Ansicht, dass sich in dieser Beziehung nichts geändert habe und auch heute der Arbeiter die Hauptlast tragen müsse.«[191]

Die Stimmung und Haltung der sächsischen Bevölkerung gegenüber dem NS-Regime ist noch nicht systematisch erforscht. Für Arbeiter und Angestellte lassen sich neben oben erwähnten verbalen Unmutsäußerungen über die ihrer Meinung nach ungenügenden Bemühungen des Regimes zur Verbesserung ihrer materiellen Lage auch individuelle und kollektive Resistenz- oder Protestakte beobachten. Beispielsweise wehrten sich 1937 Facharbeiter einer Autofabrik auf einer Betriebsversammlung gegen die Herabsetzung der Akkordlöhne. Beschäftigte einer Textilfabrik streikten, weil sie längere Zeit statt monatlicher Lohnabrechnungen nur niedrige wöchentliche Abschlagszahlungen erhalten hatten.[192] Wenngleich nicht offiziell verboten, waren kollektive Arbeitskampfaktionen gefährlich: Über die Entlassung hinaus drohten Verhaftungen durch die Gestapo und Einweisung ins Konzentrationslager, wie 1936 beispielsweise rund 60 von 150 Streikenden eines Flugzeugmotorenherstellers erfahren mussten.[193]

Arbeitskräftemangel und Frauenbeschäftigung während des Zweiten Weltkriegs

Der Kriegsbeginn verschärfte den Arbeitskräftemangel in Sachsen. Insbesondere die Verbrauchsgüterindustrie wurde in erheblichem Ausmaß dazu herangezogen, Soldaten für die Front und Arbeiter für die Rüstungsindustrie in anderen Teilen des Reichs bereitzustellen. Die Zahl der männlichen deutschen

Beschäftigten fiel daher in Sachsen von mehr als 1,2 Millionen[194] im Sommer 1939 auf rund 700 000 im Jahr 1944.[195] Den dadurch entstandenen Arbeitskräftemangel sollten zunächst die Frauen ausgleichen. Doch ließ sich die Zahl von etwa 800 000 deutschen Arbeitnehmerinnen in Sachsen[196] nach Kriegsbeginn nicht erhöhen, im Gegenteil, sie nahm bis 1941 leicht ab, um dann im Wesentlichen zu stagnieren.

Wie überall im Reich wurden auch in Sachsen viele Soldatenfrauen einer ökonomischen Notwendigkeit zur Arbeit durch die großzügige Soldatenunterstützung enthoben, die das NS-Regime aus Angst vor einem Zusammenbruch der »Heimatfront« zahlte. Zwar war es verboten, ein bestehendes Arbeitsverhältnis ohne Genehmigung der Behörden aufzulösen; arbeitsunwillige Frauen fanden jedoch vielfältige Wege, ihren Willen durchzusetzen. Sie ließen beispielsweise ihre an der Front befindlichen Ehemänner bei den Arbeitsämtern protestieren, oder sie machten gesundheitliche Gründe für die Aufgabe ihres Arbeitsplatzes geltend. Zudem dürften in Sachsen die mobilisierbaren weiblichen Reserven für eine Arbeitnehmertätigkeit geringer gewesen sein als anderswo. Bereits vor Kriegsbeginn arbeiteten 29 Prozent aller sächsischen Frauen und Mädchen als Arbeiterin oder Angestellte, während es im Gesamtreich lediglich 20 Prozent waren.[197]

Die Arbeitsbelastung berufstätiger Frauen verschärfte sich während des Krieges erheblich: Langes Schlangestehen vor den Lebensmittelgeschäften und die Knappheit vieler Bedarfsartikel erschwerten die tägliche Hausarbeit. Die Verlängerung der Arbeitszeiten sowie der Arbeitswege durch schlecht funktionierende Verkehrsmittel taten ein Übriges. Das Landesarbeitsamt Sachsen notierte im Jahr 1942: »Diese Frauen leiden außerdem besonders durch Verkehrsschwierigkeiten, durch die Schwierigkeiten der Versorgungsregelung und nicht zuletzt auch durch das gesteigerte Arbeitstempo. In zahlreichen Fällen musste Anträgen auf Lösung des Arbeitsverhältnisses aus nachgeprüften gesundheitlichen Gründen stattgegeben werden.«[198] Häufig gestand das Arbeitsamt überlasteten Frauen auch eine Reduzierung der Arbeitszeit zu, so dass sich die Halbtagstätigkeit im Krieg immer weiter ausbreitete.

Erst Mitte 1943 erreichte die Zahl der deutschen Arbeitnehmerinnen in Sachsen wieder eine ähnliche Höhe wie zu Kriegsbeginn und blieb bis Ende 1944 im Wesentlichen stabil. Dazu trug unter anderem die Einführung einer Meldepflicht für nicht berufstätige Frauen Anfang 1943 bei. Allein bis Ende Juni 1943 überprüften die sächsischen Arbeitsämter rund 275 000 nicht berufstätige Frauen, von denen sie knapp 100 000 in der Kriegswirtschaft einsetzten,[199] allerdings meist als Teilzeitkräfte.

Arbeits- und Lebensverhältnisse der einheimischen Bevölkerung im Krieg

Für viele Beschäftigte brachte der Krieg einen Wechsel vom vertrauten Arbeitsplatz in der Verbrauchsgüterindustrie zu einer neuen Tätigkeit in der Rüstungsindustrie sowie, häufig damit verbunden, längere Arbeitszeiten. Zwar erlauben die branchen- und betriebsspezifischen Unterschiede der Arbeitszeitregelungen keinen Überblick über die gesamtsächsische Entwicklung, jedoch dürften männliche Arbeiter in den sächsischen Rüstungsbetrieben meist zwischen 56 und 60 Wochenstunden gearbeitet haben. In der sächsischen Textilindustrie waren die Arbeitszeiten dagegen kürzer: Männer arbeiteten im Juli 1940 durchschnittlich 50, Frauen 48 Stunden wöchentlich. Noch 1944 lag die Regelarbeitszeit unter der 60- bzw. 54-Stunden-Woche.[200]

Verstöße gegen die Arbeitsdisziplin, welche die Behörden überall im Reich seit Beginn der Vollbeschäftigung beobachteten, scheinen in Sachsen zunächst eher selten gewesen zu sein. Mit zunehmender Kriegsdauer registrierten jedoch auch die sächsischen Behörden verstärkt unentschuldigtes Fernbleiben von der Arbeit, was allerdings für männliche deutsche Stammarbeiter kaum zutraf: »Der Anteil der Bummelanten hat den Kranken- und Fehlstand in den Betrieben in mehreren Bezirken außerordentlich erhöht«, so das Landesarbeitsamt 1944, »bei den Bummelanten handelt es sich vorwiegend um weibliche Kräfte und um männliche Jugendliche im vormilitärischen Alter. Am häufigsten erfolgt bei den weiblichen Kräften die Bummelei im Anschluss an eine Krankheit.«[201]

Die wiederholten Strafandrohungen der Reichsregierung für diese und andere »Arbeitsvertragsbrüche« reichten von Geldbußen bis zur Einweisung ins Arbeitserziehungs- oder Konzentrationslager. Dabei hatten insbesondere die ausländischen Zwangsarbeiter Höchststrafen zu gewärtigen: 1940 gab das für die Betreuung der Rüstungswirtschaft im Raum Chemnitz zuständige Rüstungskommando eine Gestapoanweisung mit den Worten wieder: »Polen und Tschechen werden grundsätzlich bei jeder Zuwiderhandlung in ein Konzentrationslager eingeliefert.«[202] Den »Bummeleien« deutscher Arbeiterinnen und Arbeiter standen Behörden und Unternehmer in der Praxis freilich relativ hilflos gegenüber. Harte Bestrafungen bargen hier immer die Gefahr einer Verschlechterung der Stimmung in der Bevölkerung und damit eines vom NS-Regime panisch befürchteten Zusammenbruchs der »Heimatfront«. Mit zunehmender Kriegsdauer wurden außerdem die Arbeitskräfte immer knapper und damit die einzelne Kraft immer wertvoller.

Die materielle Lage der sächsischen Bevölkerung während des Krieges war wie überall im Reich vor allem vom Zugang zu Lebensmitteln und Gebrauchsgütern abhängig. Die Lebensmittelversorgung für die einheimische Bevölkerung blieb bis in den Herbst 1944 hinein weitgehend stabil, auch wenn Genussmittel fehlten, einzelne Nahrungsmittel durch Ersatzstoffe ersetzt und Qualitätsverschlechterungen hingenommen werden mussten. Bei Gebrauchsgütern fehlten bereits in der ersten Kriegshälfte vor allem Textilien, auch eine Folge der jahrelangen nationalsozialistischen Beschränkungen für die Textilproduktion.

Die bereits in den dreißiger Jahren existierende Wohnungsknappheit in sächsischen Städten wurde ab 1942 durch den Zuzug von Evakuierten und Flüchtlingen weiter verschärft. Von verheerenden Bombenangriffen blieb die Bevölkerung im Gegensatz etwa zum Ruhrgebiet jedoch bis Ende 1943 weitgehend verschont. Erste Vorboten der Zerstörung sächsischer Innenstädte in der letzten Kriegsphase waren die großen Angriffe auf Leipzig im Dezember 1943 und Februar 1944.

Kriegsgefangene und ausländische Zwangsarbeiter

Den ständigen Arbeitskräftemangel suchte das NS-Regime nicht nur durch vermehrte Frauenarbeit, sondern vor allem durch den Einsatz von Kriegsgefangenen und ausländischen Zwangsarbeitern auszugleichen. In Sachsen arbeiteten im Herbst 1941 rund 140 000 Kriegsgefangene und zivile »Fremdarbeiter«. Damit stammten 7,5 Prozent aller Arbeitskräfte aus dem Ausland; im Gesamtreich war der Anteil fast doppelt so hoch.[203]

Die verglichen mit dem Reich geringe Zahl von ausländischen Arbeitskräften erklärt sich daraus, dass diese zunächst vorwiegend in der Landwirtschaft und ab 1941 vermehrt in der Rüstungsindustrie eingesetzt wurden. Sachsen besaß traditionell wenig Landwirtschaft und war in der ersten Kriegshälfte, einige industrielle Schwerpunkte ausgenommen, für die Rüstungswirtschaft von geringerer Bedeutung als viele andere Länder oder Provinzen.

Ab 1942 verstärkte das NS-Regime wegen des geradezu katastrophalen Arbeitskräftemangels den »Ausländereinsatz« im Reich. Unter brutalem Zwang verschleppten die Nationalsozialisten Millionen Menschen aus den besetzten Gebieten. In Sachsen stieg die Zahl der ausländischen Zwangsarbeiter und der zur Arbeit eingesetzten Kriegsgefangenen im Reichsvergleich sogar überproportional an, weil das Land in der zweiten Kriegshälfte wegen seiner geringen Luftkriegsgefährdung stärker in die Rüstungswirtschaft integriert wurde. 1944 arbeiteten schließlich 270 000 zivile »Fremdarbeiter« und etwa 95 000 Kriegsgefangene in Sachsen, damit stammte jede fünfte Arbeitskraft aus dem Ausland.[204]

Die Arbeits- und Lebensverhältnisse der nichtdeutschen Arbeiter und Kriegsgefangenen waren unterschiedlich. Die nationalsozialistische Ideologie hatte eine rassistische Hierarchie entwickelt, auf der die West- und Nordeuropäer am weitesten oben, die Polen und die so genannten »Ostarbeiter« aus der Sowjetunion ganz unten standen, sieht man einmal von den Juden ab, denen im Verlauf des Krieges jegliches Lebensrecht entzogen wurde. Die Anwesenheit der Osteuropäer und insbesondere der des Bolschewismus verdächtigten sowjetischen Arbeiter galt zudem als besonderes rassisches und sicherheitspolitisches Risiko. Solche Vorstellungen hatten großen Einfluss auf die Alltags- und

Lebenswirklichkeit der ausländischen Zwangsarbeiter und Kriegsgefangenen. Eine Vielzahl von Behörden und Institutionen des NS-Staates beschäftigte sich damit, ihnen materielle Ressourcen nach rassistischen Kriterien zuzuweisen oder vorzuenthalten. Dabei konnte die nationalsozialistische Rassenideologie an tief verwurzelte Vorurteile in der deutschen Bevölkerung anknüpfen. Sie gewährleisteten, dass die gestaffelte Diskriminierung der Zwangsarbeiter im Großen und Ganzen »funktionierte«.

Nord- und westeuropäische »Zivilarbeiter« lebten in der ersten Kriegshälfte nur zum Teil in Lagern, zum Teil hatten sie Privatunterkünfte. Ihre Lebensmittelrationen entsprachen zumindest auf dem Papier denjenigen der Deutschen, und sie erhielten im Prinzip auch ähnlich hohe Löhne. Dagegen wurden die aus der Sowjetunion stammenden »Ostarbeiter« unter menschenunwürdigen Umständen in Lagern wie Gefangene eingesperrt. Hoch berechnete Unterhaltskosten und Sondersteuern zehrten ihre Löhne weitgehend oder sogar vollständig auf. Die »Ostarbeiter« und die sowjetischen Kriegsgefangenen erhielten außerdem besonders geringe Lebensmittelrationen, mit denen sie kaum überleben konnten.

Das Leiden sowjetischer Kriegsgefangener im sächsischen Aufnahmelager Zeithain, von wo aus viele Gefangene zum Arbeitseinsatz weiter verteilt wurden, beschrieb im Herbst 1941 ein deutscher Leutnant: »Täglich sterben welche an Krankheiten und Unterernährung [...] Die Leichen sind nur Haut und Knochen. [...] Alles Greifbare stopfen sie in sich hinein: Gras, giftige Pilze usw.« Einer heereseigenen Untersuchung zufolge lag der Nährwert der in Zeithain ausgegebenen Nahrungsmittel im Winter 1941/42 bis zu 40 Prozent unter der den Gefangenen zustehenden, ohnehin geringen Kalorienmenge.[205] Auch in anderen Kriegsgefangenen- und zivilen Lagern dürften den Insassen Teile ihrer Lebensmittelration durch korruptes Lagerpersonal vorenthalten worden sein.

Härteste Strafen drohten vor allem osteuropäischen Zwangsarbeitern und Kriegsgefangenen für die geringsten Vergehen. Wenn die Gestapo mangels Personal auch nicht allgegenwärtig sein konnte, waren Einweisungen in Arbeitserziehungs- oder Konzentrationslager keine Seltenheit. Im Chemnitzer Raum wurden bis zum Sommer 1942 rund 3000 russische Zwangsarbeiter eingesetzt. 150 dieser Arbeiter hatte die Gestapo zu diesem Zeitpunkt bereits wegen Fluchtversuchen verhaftet und 50 davon in Konzentrationslager eingeliefert, obwohl selbst die Polizeibehörden in einer internen Besprechung zugestanden: »Hierbei hat sich ergeben, dass Fluchtversuche im Regelfalle nur wegen schlechter Ernährung oder Unterbringungsverhältnisse unternommen werden.«[206] Wie viele ausländische Zwangsarbeiter und Kriegsgefangene in Sachsen an Unternährung, infolge fehlender medizinischer Versorgung oder Misshandlungen starben, wie viele durch die Gestapo ermordet wurden, ist noch unbekannt.

Das einzige Kapital der ausländischen Arbeiter und Kriegsgefangenen war ihre Arbeitskraft. Geriet die menschenunwürdige Behandlung der sowjetischen

»Fremdarbeiter« und Kriegsgefangenen bei den Unternehmern in die Kritik, ging es häufig nicht um humanitäre, sondern um ökonomische Erwägungen. Ein Vertreter der Mitteldeutschen Motorenwerke in Taucha begründete die Abgabe zusätzlicher Lebensmittelrationen an die im Werk beschäftigten sowjetischen Kriegsgefangenen wie folgt: »Wenn bei einem Straßenbau in den Ostgebieten 2000 Russen eingesetzt werden, und es fallen im Laufe eines Vierteljahres auf Grund der geringen Lebensmittelabgaben ein paar 100 Russen aus, so werden eben die fehlenden Erdarbeiter durch neue Russen ersetzt. In der Produktion eines Rüstungsbetriebes aber kann man unmöglich den Mann, der bisher an einer Spezialmaschine gestanden hat, plötzlich mit einem anderen austauschen.«[207]

Gewisse Verbesserungen ergaben sich für die ausländischen Zwangsarbeiter und Kriegsgefangenen daraus, dass die Deutschen nach 1942 angesichts fehlender militärischer Erfolge immer weniger neue Zwangsarbeiter rekrutieren konnten. Die geringen Lebensmittelrationen der sowjetischen »Zivilarbeiter« und Kriegsgefangenen wurden allmählich angehoben. Der NS-Staat lockerte die Ausgehverbote für die »Ostarbeiter« und führte Leistungslöhne ein, um deren Arbeitsmotivation zu erhöhen. Den Grundsatz der rassistischen Diskriminierung stellte diese Praxis freilich nicht in Frage. Der Rassismus wurde lediglich entschiedener als bisher dazu genutzt, die aus ihrer Heimat verschleppten Menschen wirtschaftlich auszubeuten.

Nicht arbeitsfähige Ausländer waren weiterhin an Leib und Leben akut bedroht. Die beiden sächsischen »Rückkehrsammellager«, in die 1944 arbeitsunfähige ausländische Zwangsarbeiter eingeliefert wurden, entwickelten sich zu Sterbelagern, »weil weder die Arbeitsverwaltung noch irgend jemand sonst Ressourcen zur Versorgung der ausländischen Invaliden bereitstellen wollte«.[208] In den zwölf sächsischen »Ausländerkinderpflegestätten« starben die Kinder nichtdeutscher Arbeiterinnen reihenweise an Unterernährung und fehlender medizinischer Versorgung. Arbeitsunfähige Kriegsgefangene brachte die Wehrmacht in das inzwischen zum zentralen Kriegsgefangenenlazarett des Wehrkreises umgestaltete Lager Zeithain, wo 1943 täglich zwischen zwei und 35 Menschen an Seuchen, Hunger und Kälte zugrunde gingen.

Ausblick

Die Haltung der sächsischen Bevölkerung zum nationalsozialistischen Regime ist bei weitem noch nicht ausreichend untersucht. Doch lässt sich zumindest für die Arbeiter die These wagen, dass es zwar Resistenz- und Widerstandshandlungen gab, der Großteil der Arbeiter sich jedoch, gebeutelt von den täglichen Nöten während der Weltwirtschaftskrise, von Arbeitslosigkeit und geringen Löhnen, mit der nationalsozialistischen Herrschaft abgefunden hat. Das war in Sachsen nicht anders als in den übrigen Reichsgebieten. Dabei ist in Rechnung zu stellen, dass für große Teile der sächsischen Bevölkerung die Atempause zwischen Weltwirtschaftskrise und Zweitem Weltkrieg kürzer war als anderswo im Reich.

Auch wenn Wirtschaftskrise und Nationalsozialismus die sächsische Gesellschaft veränderten: Erst das Kriegsende mit seinen verheerenden Zerstörungen der sächsischen Innenstädte, der Strom von Flüchtlingen und Vertriebenen aus den ehemals deutschen Ostgebieten und die Umgestaltung Sachsens zu einem Teil der sozialistischen DDR führten zu jenem tiefgreifenden gesellschaftlichen Wandel, der das Land Sachsen bis heute prägt. Doch hat dieser Wandel in der nationalsozialistischen Diktatur seinen Ausgangspunkt.

Michael C. Schneider

Die Wirtschaftsentwicklung von der Wirtschaftskrise bis zum Kriegsende

Als die Nationalsozialisten im März 1933 die Macht auch in Sachsen übernahmen, war das Land eines der am schwersten von der Weltwirtschaftskrise heimgesuchten Gebiete im Deutschen Reich.[209] Dies lässt sich schon an einem augenfälligen Indikator, der Arbeitslosigkeit, verdeutlichen: Ende März 1933 waren in Sachsen 676 472 Personen arbeitslos, was einer Arbeitslosenrate von 36,7 Prozent entsprach, während sie zur selben Zeit im Reich bei 31,5 Prozent lag.[210] Dass Sachsen für die Erschütterungen der Weltwirtschaftskrise besonders anfällig war, hatte verschiedene Gründe.
Zum einen zeichnete sich die Wirtschaftsstruktur – verglichen mit anderen Regionen des Reiches, etwa dem Ruhrgebiet oder ländlichen Gebieten – durch eine Reihe von Besonderheiten aus. Sachsen, das zu den am frühsten industrialisierten Gebieten des späteren Reiches zählte, war nicht zuletzt deshalb ein Schwerpunkt der deutschen Textilproduktion geworden und blieb dies auch während der NS-Zeit. Typisch für diese in sich hochdifferenzierte Branche war eine vergleichsweise geringe durchschnittliche Betriebsgröße: 1925 arbeiteten in 71 974 Betrieben (davon waren 55 551 Alleinbetriebe) 423 713 Beschäftigte; damit kamen auf einen Betrieb durchschnittlich knapp 6 Beschäftigte. Sehr vielen kleinen und sehr kleinen Unternehmen, die oft auch in Heimarbeit produzieren ließen, standen nur wenige Großunternehmen gegenüber. Auch für den kaum minder bedeutenden Maschinen-, Apparate- und Fahrzeugbau waren kleinere Betriebsgrößen typisch.[211] Es erscheint allerdings zweifelhaft, ob diese strukturelle Besonderheit, die sich unter anderem in einer vergleichsweise geringen Anzahl von Aktiengesellschaften niederschlug, per se als Zeichen der »Rückständigkeit« dieser Region zu werten ist, können kleinere, hochgradig vernetzte Unternehmen doch auch flexibler als schwerfällige Konzerne auf konjunkturelle Schwankungen reagieren.
Die beiden Branchen Textilindustrie und Maschinenbau prägten die Industriestruktur des Landes noch 1929, zu Beginn der Weltwirtschaftskrise: In der Textilindustrie waren mit über 330 000 Personen fast ein Viertel aller Arbeiter und Angestellten Sachsens beschäftigt. Im Maschinen-, Apparate- und Fahrzeugbau arbeiteten immerhin fast noch 140 000 Personen; damit stand die Branche für ein Zehntel der Beschäftigten Sachsens. Die in den statistischen Jahrbüchern unter »Elektrotechnische Industrie, Feinmechanik und Optik«

zusammengefassten, teilweise »neuen« Industrien beschäftigten demgegenüber nur knapp drei Prozent der sächsischen Arbeitnehmer – anders als z.B. der Raum Berlin hatte Sachsen vom Aufschwung der Elektroindustrie, einem Schlüsselsektor der zweiten Phase der Industrialisierung, kaum profitieren können.

Die Kreishauptmannschaft Chemnitz wird – zusammen mit Zwickau – rasch als Zentrum der sächsischen Textilindustrie erkennbar und beschäftigte mit Dresden und Leipzig auch die meisten Personen im Maschinenbau.

	Alle Beschäftigten	Textilindustrie	in Prozent aller Beschäftigten	Maschinen-, Apparate- und Fahrzeugbau	in Prozent aller Beschäftigten
Bautzen	117 183	47 411	40,46	6 674	5,70
Chemnitz	326 705	143 228	43,84	44 330	13,57
Dresden	347 481	14 474	4,17	36 045	10,37
Leipzig	353 791	39 725	11,23	34 266	9,69
Zwickau	238 136	91 512	38,43	15 933	6,69
Summe	1 383 296	336 350	24,32	137 248	9,92

Beschäftigte in der Textilindustrie und im Maschinenbau in Sachsen in den verschiedenen Kreishauptmannschaften am 1. August 1929
Quelle: Statistisches Jahrbuch für den Freistaat Sachsen, Bd. 49 (1930), Dresden 1931, S. 82–117; eigene Berechnungen.

Gebremster Aufschwung abseits der Rüstungskonjunktur?

Die vielen kleinen und mittleren Unternehmen, ihre relativ große Entfernung von den internationalen Seehäfen, ihre ebenso große Distanz zu Rohstoffen wie Kohle und Stahl, was sich beides in hohen Transportkosten niederschlug, schließlich der nach dem Ersten Weltkrieg verloren gegangene Vorteil relativ niedriger Löhne: All das waren strukturelle Faktoren, die schon in den Augen der Zeitgenossen mit dafür verantwortlich waren, dass die Weltwirtschaftskrise Sachsen früher, heftiger und nachhaltiger als andere Gebiete des Reiches heimsuchte. Die Zahl der Arbeitslosen hatte schon Mitte 1929 jene des Reiches überstiegen und lag fortan hartnäckig über dem Reichsdurchschnitt.[212]

Ein weiterer Grund kam hinzu: Ein so sehr auf den Export angewiesenes Gebiet wie Sachsen musste vom Zusammenbruch des Welthandels seit 1929 schwer getroffen werden. Einen gewissen Ausgleich, wenn auch in erster Linie für die Maschinenbauindustrie, schuf der Export in die sich rasch industrialisierende UdSSR. Manch traditionsreichem Unternehmen wurde damit das Überleben gesichert. Alle diese Gründe waren nicht nur für die Schwere der Krise in Sachsen verantwortlich, sondern auch dafür, dass sie so lange währte.

Auf die relativ geringe Größe vieler Unternehmen führten die zeitgenössischen Diagnosen zudem ein schon vor der Krise virulentes, weiteres Problem zurück, die Schwierigkeit der Eigentümer nämlich, Kredite sowohl von sächsischen Banken als auch von den hiesigen Filialen der Berliner Großbanken zu erlangen. Die sächsische Regierung maß diesem Problem eine so hohe Bedeutung bei, dass Ministerpräsident Walther Schieck sich mitten in der Krise in einer Verhandlung mit der Reichsregierung Abhilfe für die »außerordentlich schwierige Lage der sächsischen Industrie« nur »durch die Bereitstellung von größeren Krediten mit Reichsunterstützung« versprach.[213] Auch wenn es fraglich war, ob die Empfehlung des Reichskanzlers Heinrich Brüning, »dass sich die kleinere sächsische Industrie zusammentun möge zur Bildung eines kreditfähigen Verbandes«[214], zum Erfolg geführt hätte, so war diese Perspektive zumindest für die verstreute sächsische Automobilindustrie ein Weg zur Überwindung der Krise. 1932 fusionierten vier sächsische Hersteller zur »Auto Union AG« unter maßgeblicher Beteiligung der Sächsischen Staatsbank und antworteten so auf das Problem, dass in Branchen wie dem Automobilbau mit kleinen Produktionseinheiten auf Dauer keine Rentabilität erzielt werden konnte.

Nicht nur die sächsische Regierung, sondern auch der Interessenverband der sächsischen Unternehmer, der Verband Sächsischer Industrieller (VSI), bemühte sich in verschiedenen Demarchen an die Reichsregierung, strukturelle Veränderungen herbeizuführen, sowohl was die Lohnstruktur in Sachsen betraf als auch die Kreditbeschaffung: Im August 1932, auf dem Tiefpunkt der Krise, nannte der VSI-Vorsitzende Wilhelm Wittke in einem Gespräch mit dem Reichskanzler Franz von Papen einen »Betrag von 30 bis 40 Millionen RM«, die erforderlich seien, um vorliegende Exportaufträge zu finanzieren.[215]

Nicht zuletzt wegen dieser strukturellen Besonderheiten – wie der Exportlastigkeit und den Problemen der Kreditbeschaffung – dauerte es lange, bis die Arbeitslosigkeit wieder gesenkt werden konnte. Die nationalsozialistische sächsische Regierung wurde nicht müde zu betonen, wie schleppend dies geschah: Trotz des raschen Rückgangs der Arbeitslosigkeit im Reich seit 1933 lag der Anteil Sachsens an den Arbeitslosen des Reiches noch Mitte Juni 1935 bei 14,1 Prozent, wobei der Anteil an der Gesamtbevölkerung des Reiches bei etwa 8 Prozent lag.[216] Deutlich wird der gleichbleibende Abstand Sachsens zur Reichsentwicklung auch in folgenden Ziffern: Lag im Januar 1933 die Zahl der Arbeitslosen im Reichsdurchschnitt bei 96,4 je 1000 Einwohner, so waren es in Sachsen 143,3 je 1000 Einwohner. Damit überstieg in Sachsen die Arbeitslosenquote den Reichsdurchschnitt um 48,7 Prozent. Allerdings ist anzumerken, dass in den folgenden Monaten und Jahren die Zahlen zurückgingen (im Juni 1934 waren im Reich noch 38,1 Personen je 1000 Einwohner erwerbslos, in Sachsen noch 61,5; im Juni 1935 waren diese Quoten auf 28,4 im Reich und 50,8 in Sachsen gesunken), so dass man natürlich auch für Sachsen von einer wirtschaftlichen Erholung sprechen kann.[217] Obwohl der Rückgang hier langsamer verlief, geschah dies doch in derselben Größenordnung: Mitte 1935 machte die Arbeitslosenquote des Reiches 29 Prozent des Standes von Anfang 1933 aus, in Sachsen 35 Prozent. Der

Rückgang der Arbeitslosigkeit verlief damit fast ebenso rasch wie im Reichsdurchschnitt, wenn sich auch – auf immer niedrigerem Niveau – der Abstand zur Entwicklung im Reich leicht vergrößerte. Besonders den letzten Umstand nahm die sächsische Regierung bis weit in die dreißiger Jahre hinein zum Anlass, bei der Reichsregierung eine bessere Versorgung mit Mitteln für Arbeitsbeschaffungsmaßnahmen anzumahnen.

So klagte der sächsische Wirtschaftsminister Georg Lenk[218] darüber, dass Sachsen, und hier »insbesondere die wirtschaftlich an sich schon schwer notleidenden Gebiete: das Vogtland, das Erzgebirge und die südliche Lausitz [...] wegen ihrer Grenzlage an den z. Zt. für den Arbeitsmarkt besonders ins Gewicht fallenden Rüstungsaufträgen überhaupt nicht oder nur beschränkt« teilnähmen.[219] In seiner Denkschrift vom Mai 1937 »Not im Grenzland Sachsen« machte er zudem auf die von den Nationalsozialisten befürchteten politischen Folgen einer dauerhaft rückständigen wirtschaftlichen Entwicklung aufmerksam: »Es ist äußerst bedenklich, wenn ein derart gefährdetes Grenzgebiet durch Entvölkerung geschwächt wird. Diese Schwächung ist aber bereits eingetreten und nimmt immer größere Ausmaße an, weil hochwertige Facharbeiter, die auch die besten Grenzlanddeutschen sind, aus den Grenzgebieten in die Gegenden des großen Wirtschaftsaufschwungs abwandern. 30 000 Arbeiter sind im Jahre 1936 aus Sachsen in außersächsische Gebiete vermittelt worden. Es besteht die Gefahr – je länger, desto mehr –, dass an der Grenze eine politisch unzuverlässige Bevölkerung verbleibt, die nicht mehr die Willensstärke besitzt, einen wirksamen Schutzwall gegen Tschechen, Bolschewisten und Emigranten zu bilden.«[220]

Allmähliche Einbindung in die Rüstungswirtschaft

Die Ursachen für die besondere Hartnäckigkeit der Krise in Sachsen haben sowohl sächsische Wirtschaftspolitiker als auch die ältere wissenschaftliche Literatur unter anderem in einer Zögerlichkeit der Beschaffungsämter des Militärs gesehen, Aufträge in das grenznah gelegene Sachsen zu vergeben, das dem Zugriff möglicher Feindstaaten eher ausgesetzt schien. Diese Interpretation bedarf indes der Relativierung, und in der jüngeren Literatur beginnt sich diese Erkenntnis auch durchzusetzen: Für die Zurückhaltung des Militärs war die Grenzlage Sachsens nur ein Faktor neben anderen und weniger ausschlaggebend als etwa in Baden. Ein weit wichtigerer Grund war die kleinbetriebliche, insgesamt vorwiegend auf Konsumgüter ausgerichtete Wirtschaftsstruktur des Landes. Dass Investitionsgüterindustrien wie der Textilmaschinenbau und der Druckmaschinenbau unter einer geringen Inlandsnachfrage litten, lag teilweise an Investitionsverboten bei den Anwenderindustrien.[221] Andererseits konnten Textilunternehmen durchaus von der Aufrüstung profitieren, wenn sie etwa Uniformstoffe herstellten: Im ersten Halbjahr 1935 entfielen von über 18 Millionen RM Reichsaufträgen für Sachsen, darunter viele Heeres- und Luftwaffenaufträge, über 11 Millionen RM auf die Textilindustrie.[222] Für einen breiten Wirtschaftsaufschwung war ein solches Auftragsvolumen jedoch zu gering.

Soweit Unternehmen strategische Güter wie insbesondere Werkzeugmaschinen herstellten, wie die Chemnitzer Wanderer-Werke AG, profitierten sie schon seit 1933/34 vom beginnenden Rüstungsboom. Einem Textilmaschinenproduzenten wie der Sächsischen Textilmaschinenfabrik vorm. Richard Hartmann AG in Chemnitz, dessen Produkte keine besondere militärstrategische Bedeutung hatten, stand zudem, wenn er an Rüstungsaufträgen interessiert war, bereits 1936 die Möglichkeit offen, umfangreiche Aufträge zur Granatenproduktion anzunehmen,[223] also lange bevor mit der Annexion des Sudetengebietes die Grenzlage militärstrategisch entschärft wurde. Ebenfalls noch geraume Zeit, bevor diese Annexion begann, im Dezember 1937, unterstützte der Reichskriegsminister die seit längerem bestehenden Bemühungen der verschiedenen Wehrmachtteile, »die Grenzgebiete stärker bei den Wehrmachtbeschaffungen zu berücksichtigen«. Insbesondere ersuchte der Minister die Beschaffungsämter der Wehrmacht, die Grenzgebiete auf freie Kapazitäten hin zu prüfen, bevor sie neue Kapazitäten im Inneren des Landes errichteten. Zugleich ließ er jedoch keinen Zweifel daran, »dass sich geheimes Wehrmachtsondergerät zur Fertigung in den Grenzgebieten nicht eignet«.[224] Insgesamt waren es somit eher die Branchenverteilung und die Betriebsgrößenstruktur als eine rüstungspolitische Zögerlichkeit, die eine rasche wirtschaftliche Erholung Sachsens in den dreißiger Jahren hemmten.

Hinzu kam die erwähnte Exportorientierung der sächsischen Industrie, zumal der Textilindustrie, aber auch des Maschinenbaues und anderer Branchen. Präzise Zahlen zur Teilhabe Sachsens am deutschen Export liegen nicht vor, weil die deutsche Außenhandelsstatistik die regionale Herkunft der ausgeführten Güter nicht angibt. Die Bezirksgruppe Sachsen der Reichsgruppe Industrie schätzte dennoch im Herbst 1935 den sächsischen Beitrag zur gesamten deutschen Ausfuhr (dem Wert nach) auf ein Viertel![225] Daraus erklärt sich ebenfalls die schleppende Bewältigung der Wirtschaftskrise in Sachsen: Die nach wie vor herausragende Exportorientierung dieses Landes traf auf einen Welthandel, der in der Weltwirtschaftskrise zusammengebrochen war und sich während der dreißiger Jahre nur sehr langsam erholte, da sich die Welt in verschiedene, voneinander abgeschottete Handelsblöcke aufgeteilt hatte.

In dieser Situation musste jede Außenhandelspolitik, die eine Isolierung Deutschlands vom Welthandel befürchten lassen konnte, zwangsläufig in Opposition zu elementaren Interessen – nicht nur – der sächsischen Industrie stehen. So kann es nicht verwundern, dass ihre Vertreter die NSDAP, deren Exponenten vor 1933 eher autarkische Tendenzen bis hin zum Rückzug vom Welthandel favorisierten,[226] mit besonderem Interesse beobachteten. Vereinzelte Stellungnahmen von Nationalsozialisten, die die Notwendigkeit des Exportes für Deutschland betonten, unterstützte der VSI dann auch nachdrücklich.[227]

Allerdings musste auch das Regime bis zu einem gewissen Grad an einem florierenden Export interessiert sein. Denn dieser erbrachte Devisen, die für den Einkauf jener Rohstoffe verwendet wurden, welche bei beibehaltenem Aufrüstungstempo unentbehrlich waren. Die zunehmende Orientierung des NS-Außenhandels an den Bedürfnissen der Aufrüstung mündete allerdings in seiner immer mehr vertieften Reglementierung, die das Ihre zu seiner nur langsamen Erholung beitrug. Diese Reglementierungen, die den Mangel an Devisen für die Einfuhr nicht kriegswichtiger Rohstoffe zu regulieren suchten, betrafen natürlich auch die exportorientierte sächsische Industrie. In der Textilindustrie wirkte sich der Devisenmangel in besonderem Maße aus, denn Rohstoffeinkäufe auf dem Weltmarkt für zivile Güter (etwa Wolle und Baumwolle) wurden mehr und mehr eingeschränkt.

Den wirtschaftspolitischen Akteuren des Landes war diese schwierige Situation bewusst, und so finden sich in den Quellen immer wieder Erkenntnisse wie jene: »Umso mehr muss die sächsische Exportindustrie dort, wo sie auf dem Weltmarkt wettbewerbsfähig ist, in der Lage sein, prompt und einwandfrei zu liefern. Hierzu ist sie vielfach aus Mangel an Devisen und Rohstoffen nicht mehr in der Lage, und es besteht die Gefahr, dass durch Unterbrechung der Geschäftsbeziehungen zum Auslande oder durch Störungen in der geschäftlichen Abwicklung Beziehungen gelöst werden, die später nie mehr wieder herzustellen sind.«[228]

Weniger betroffen von diesen Problemen war der Maschinenbau, auch der Textilmaschinenbau, dessen Exporterfolge indes von der sächsischen Regierung misstrauisch beäugt wurden. Der Wirtschaftsminister fürchtete insbesondere, dass Exporte der entsprechenden Investitionsgüter der heimischen Textilindustrie ihre Märkte mittelfristig verderben könnten. Deshalb bemühte sich Lenk in den ersten Monaten nach der nationalsozialistischen Machtergreifung, den als »Industrieverschleppung« diffamierten Export von Produktionsgütern einzuschränken; sogar ein Gesetzentwurf wurde ausgearbeitet, ohne dass dieser Vorschlag vom Reichswirtschaftsministerium aufgegriffen worden wäre.[229] Andererseits konnte die Textilindustrie dem Textilmaschinenbau auch wenig Alternativen im Inland bieten, war sie doch wegen des Rohstoffmangels in ihren Investitionsmöglichkeiten massiv eingeschränkt.[230]

Offizielle Stellen neigten dazu, die nur schleppend verlaufende Erholung des deutschen Exporthandels auf gezielte Boykotte des Auslands zurückzuführen. So diagnostizierte die Außenhandelsstelle für Sachsen und Ostthüringen Anfang 1939: »In der Boykottlage ist, soweit es sich um die bekannten Tatsachen handelt, eine Änderung nicht eingetreten. Dagegen ist im Verlauf der gegen Deutschland entfesselten Hetze der letzten Zeit vor allem in den westeuropäischen Staaten eine merkliche Zurückhaltung eingetreten. Außerordentlich bedenklich ist diese Erscheinung in England, wo in vielen Fällen, besonders im Textilexport, ganze Abnehmerkreise ihre Bestellungen eingestellt und vielfach auch Aufträge annulliert haben.«[231] Auf die Ursachen der Zurückhaltung im Ausland ging der Bericht freilich nicht ein.

Dabei war es der antisemitische Furor des Regimes, der sich auch an der für das Auslandsgeschäft entscheidenden organisatorischen Basis entlud: den Auslandsvertretern. Soweit diese Juden waren, verschlugen selbst pragmatische Einwände der Unternehmen nichts; z. B. verwies das Vorstandsmitglied der Chemnitzer Astrawerke AG, Max Rübberdt, gegenüber dem Chemnitzer NSDAP-Kreisleiter Oskar Papsdorf auf die Unentbehrlichkeit ihrer jüdischen Auslandsvertreter: »Wir berichteten, dass unsere Betriebsführung keinen anderen Mann für dieses Russlandgeschäft zur Verfügung hatte, und dass dieser Vertreter in seinem Fach seinen Mann stellt. Die Antwort des Kreisleiters war darauf, dass ein Jude immer ein Jude bleibt und nie für Deutschlands Interessen eintritt.«[232] Dass dies kein Einzelfall war, sondern ein grundsätzliches Problem berührte, lässt auch ein Bericht der IHK Chemnitz erkennen: »Bei der Ausweitung unseres Ausfuhrgeschäftes kommt der Frage der Auslandsvertreter besondere Bedeutung zu. Immer wieder wird darüber geklagt, dass es den Außenhandelsstellen und anderen Organisationen vielfach nicht möglich ist, an Stelle der zu ersetzenden jüdischen Vertreter geeignete arische Vertreter zu benennen. Es ist aber entscheidend, dass die Vertretung der Exportfirmen im Auslande in den Händen solcher Vertreter liegt, die mit den jeweils in Frage kommenden Branchenkreisen eng verbunden und in jeder Hinsicht in der Lage sind, in erfolgreicher Weise für den Absatz deutscher Waren tätig zu sein. Bei der verhältnismäßig geringen Zahl der zur Verfügung stehenden arischen Vertreter muss die rigorose Ausschaltung der jüdischen Vertreter dazu führen, dass die wenigen nicht-jüdischen Vertreter überlastet werden und dass von vornherein mit einer wirksamen Vertretung der einzelnen Firmen nicht zu rechnen ist. Es kommt nicht selten vor, dass Firmen, die bisher mit ihren Artikeln gut eingeführt waren, deshalb diesen oder jenen Markt verlieren. [...] Solange noch nicht genügend tüchtige Vertreter zur Verfügung stehen, ist im Interesse des Exportgeschäftes unbedingt darauf zu achten, dass hinsichtlich der Vertreterfrage keine überstürzten Maßnahmen getroffen werden.«[233]

Die ökonomische Seite der Judenverfolgung in Sachsen selbst ist noch wenig erforscht, sieht man von prominenten »Arisierungs«-Fällen wie dem Kaufhaus Schocken ab.[234] Weil die Textilindustrie in Sachsen besondere Bedeutung besaß, verwundert es nicht, dass hier tätige Juden ebenfalls einem immer stärkeren »Arisierungs«-Druck ausgesetzt waren. Die Chemnitzer Mafrasa Textilwerke AG liefert ein Beispiel.[235]

Im Vorfeld der Annexion zunächst des Sudetengebietes, dann der restlichen Tschechoslowakei 1938/39 bekundete auch die Wirtschaftskammer Sachsen unverkennbar ihr Interesse an einer Änderung der gegenwärtigen Grenzziehung. So schilderte sie die Konkurrenz der tschechischen Industrie – zumal auf den Gebieten der Stoff- und Lederhandschuhindustrie und der Kunstblumenindustrie – als kaum erträglich; auf den Weltmärkten lagen tschechische Hersteller weit vor den deutschen. Auch die Wälder Böhmens, aus denen vor 1918 zu einem großen Teil der sächsische Holzbedarf gedeckt wurde, waren nicht mehr ohne weiteres zugänglich: »Von diesem seinem natürlichen Holzreservoir ist Sachsen heute weitgehend abgeschnürt.«[236] Wie sich die sächsisch-tschechischen Wirtschaftsbeziehungen während der dreißiger Jahre tatsächlich entwickelten, ist weiterhin Forschungsdesiderat. Unbekannt ist bisher auch zum großen Teil, in welchem Ausmaß sächsische Unternehmen von der Annexion der Tschechoslowakei profitieren konnten: Sei es indirekt durch die Ausschaltung der Konkurrenz, sei es direkt, etwa indem sie an der »Arisierung« tschechischer Unternehmen partizipieren konnten. Immerhin gelang es der Chemischen Fabrik von Heyden AG, Radebeul bei Dresden, gemeinsam mit der IG Farben das tschechische Chemieunternehmen Aussiger Verein zu übernehmen.[237] Ähnliche Bestrebungen können auch bei anderen sächsischen Firmen konstatiert werden. Eine Tochtergesellschaft der Leipziger Allgemeinen Transportanlagen-Gesellschaft mbH (ATG), die Hiltmann & Lorenz AG, Aue-Niederschlema, wollte im November 1938 die Majorität einer Kugellagerfabrik im Sudetenland erwerben; ihr Interesse richtete sich insbesondere auf die beiden Unternehmen Erste Brüxer Maschinenfabrik AG, Brüx, sowie die Cechoslovakische Kugellagerfabrik SKF AG, Prag.[238] Die ATG bemühte sich, mit Vermittlung der Dresdner Bank einen solchen Kauf zustande zu bringen. Die Bemühungen scheiterten in diesem Falle jedoch daran, dass sich die Cechoslovakische Kugellagerfabrik SKF weitgehend in dänischem Besitz befand und die Erste Brüxer Maschinenfabrik AG schon seit Jahren still lag und ihr Maschinenpark ausgeräumt war. Die ATG dankte der Bank gleichwohl für ihre Anstrengungen und bat: »Sofern Sie aber ein geeignetes Objekt, sei es im Sudetenland, sei es im Altreich, an der Hand haben sollten, wäre ich Ihnen für die Bekanntgabe der Firma sehr dankbar.«[239]

Am Vorabend des Krieges hatte sich die wirtschaftliche Situation auch in solchen Subregionen Sachsens stabilisiert, die nicht im selben Ausmaß von der Aufrüstung hatten profitieren können wie etwa der Großraum Leipzig seit Mitte der dreißiger Jahre. Im IHK-Bezirk Chemnitz etwa war die Arbeitslosigkeit so weit zurückgegangen (nicht zuletzt aufgrund von Abwanderungen in dynamischere Regionen), dass nennenswerte Reserven nicht mehr zur Verfügung standen und die Kapazitäten zumal der Maschinenbau- und Metallindustrie vollständig ausgelastet waren. Auch in der Chemnitzer Textilindustrie hatte sich die Situation entspannt, obwohl hier noch Kapazitäten brach lagen, wenngleich eher aus Arbeitskräfte- denn aus Auftragsmangel. Einzelne Bereiche (besonders die Handschuh- und Posamentenproduktion) hatten noch immer mit Rohstoffmangel und Exportproblemen zu kämpfen.[240]

Der Zweite Weltkrieg

Anders als zu Beginn des Ersten Weltkrieges, als die Arbeitslosigkeit im Reich mit der Umstellung auf die Kriegswirtschaft stark angestiegen war, hielt sich der Rückgang der Beschäftigung im Wehrkreis IV (der allerdings über Sachsen hinaus reichte und das mitteldeutsche Industriegebiet mit umfasste) auch in den ersten Kriegsmonaten 1939/40 in Grenzen: Bis Juli 1940 war der Beschäftigungsstand auf 90 Prozent des Standes von Juli 1939 abgefallen, um bis zum Dezember 1940 wieder auf 92 Prozent dieses Standes anzusteigen. Dies entsprach zwischen Juli 1939 und Dezember 1940 einem Rückgang der Beschäftigtenzahl um etwa 124 000 Personen. Allerdings ist dies nur der Saldo: Einem deutlichen Beschäftigungszuwachs, etwa in der chemischen Industrie und damit zum Teil außerhalb Sachsens, stand ein beträchtlicher Rückgang der Beschäftigung in der Bauindustrie sowie in der Textilindustrie gegenüber.[241] Diese Entwicklung setzte sich bis Sommer 1942 fort: Bei einer insgesamt stabilen Beschäftigungslage fanden zwischen den verschiedenen Industriezweigen weitere Verschiebungen statt, und auch in der Beschäftigtenstruktur, da zunehmend Kriegsgefangene und Zwangsarbeiter beschäftigt wurden. Ein immer stärkeres Gewicht im Wehrkreis IV erhielt die (mitteldeutsche) chemische Industrie, und hier zumal die Kraftstoffindustrie, deren Beschäftigungsstand sich im Juli 1942 gegenüber Juli 1939 fast verdoppelt hatte. Die Beschäftigung in der Bauwirtschaft und in der Verbrauchsgüterindustrie hingegen, zumal der Textilindustrie, war entsprechend zurückgegangen.

4,1 Prozent (knapp 60 000 Personen) der im Juli 1942 im Wehrkreis IV Beschäftigten waren Kriegsgefangene; hinzu kamen bis Juli 1942 noch über 135 000 »zivile Ausländer und Juden«, die einen Teil der bis Juli 1942 knapp 350 000 zum Wehrdienst Einberufenen ausglichen. »Die Textilindustrie, vor dem Kriege die größte Wirtschaftsgruppe des Wehrkreises, ist mit ihrer Beschäftigtenzahl an die zweite Stelle gerückt und hat mit dem Maschinen-, Stahl- und Fahrzeugbau den Platz getauscht.« Ob diese Entwicklung tatsächlich auf einen »grundlegende[n] Strukturwandel« hindeutete, wie ihn die Wirtschaftskammer Sachsen erkennen wollte, erscheint fraglich, gewann doch die Textilindustrie in Sachsen nach dem Krieg ihre führende Stellung zurück und behielt sie noch lange.[242]

Wenige Monate nach Kriegsbeginn hatte sich die Einbindung sächsischer Unternehmen in die Kriegswirtschaft regional gleichmäßiger als in der Vorkriegszeit verteilt: Am 1. Januar 1940 produzierten insgesamt mindestens 146 Unternehmen direkt für die Kriegswirtschaft. Zwar wies der frühe Rüstungsschwerpunkt Leipzig mit 32 Unternehmen immer noch die höchste Zahl auf, doch kamen Chemnitz und Dresden immerhin auf jeweils 20 Unternehmen. Die übrigen 74 Unternehmen verteilten sich über ganz Sachsen, wobei einige auch in vormals randständigen Gebieten wie dem Erzgebirge zu finden waren.[243] Trotz dieser Einbindung in die Kriegswirtschaft exportierte die sächsische Industrie in den ersten Kriegsjahren noch beträchtlich. Betrachtet man die Umsätze im Maschinenbau, dem nach der Textilindustrie bedeutendsten Sektor des Landes, so ergibt sich für 1938 folgendes Bild:

	Inland	Ausland	Gesamt	Anteil Export am Gesamtumsatz in Prozent
Werkzeugmaschinen	126 830 620	37 050 660	163 881 280	23
Textilmaschinen	76 085 948	48 723 299	124 809 247	39
Büromaschinen	58 657 769	10 188 155	68 845 924	15

Umsatz verschiedener Maschinenbauzweige in Sachsen 1938 (in RM)
Quelle: Aufstellung vom 11.10.1940 (BArch Berlin, R 13 III, 335[244]), eigene Berechnungen.

Diese Ziffern unterstreichen nochmals, dass auch mitten im Rüstungsboom Werkzeugmaschinenhersteller fast ein Viertel ihrer Produktion im Ausland absetzten und Textilmaschinenhersteller einen exorbitanten Anteil von fast 40 Prozent ihrer Produktion exportierten. Zwei Jahre später, 1940, waren die Inlandsumsätze bei Werkzeugmaschinen, wie im Krieg nicht anders zu erwarten, deutlich angestiegen und der Anteil der Auslandsumsätze zurückgegangen. Zwar blieb der Anteil ausgeführter Textilmaschinen nahezu gleich, in absoluten Zahlen war der Export jedoch deutlich geschrumpft, eine Entwicklung, die sich 1941 fortsetzte. Büromaschinenhersteller konnten ihren Exportanteil hingegen sogar steigern und führten auch in absoluten Zahlen gemessen mehr ins Ausland aus als 1938.

	Inland	Ausland	Gesamt	Anteil Export am Gesamtumsatz in Prozent
Werkzeugmaschinen	197 459 219	27 018 902	224 478 121	12
Textilmaschinen	63 864 584	36 731 401	100 595 985	37
Büromaschinen	50 820 820	11 535 428	62 356 248	18

Umsatz verschiedener Maschinenbauzweige in Sachsen 1940 (in RM)
Quelle: Aufstellung vom 20.10.1942, BArch Berlin (R 13 III, 335, nicht pag.).

Ein weiteres Jahr später, 1941, hatte sich die Situation bei Werkzeug- und Textilmaschinen kaum verändert (die Umsätze bei Werkzeugmaschinen waren angestiegen, die der Textilmaschinen weiter zurückgegangen, aber die Exportanteile waren gleich geblieben), bei Büromaschinen konnte der Exportanteil nicht nur gehalten werden, sondern war nochmals beträchtlich gestiegen (freilich waren die Gesamtumsätze zurückgegangen).

	Inland	Ausland	Gesamt	Anteil Export am Gesamtumsatz in Prozent
Werkzeugmaschinen	204 326 442	27 067 247	231 393 689	12
Textilmaschinen	55 113 764	32 255 791	87 369 555	37
Büromaschinen	31 863 589	14 815 750	46 679 339	32

Umsatz verschiedener Maschinenbauzweige in Sachsen 1941 (in RM)
Quelle: Aufstellung o. D., BArch Berlin (R 13 III, 335, nicht pag.).

Aus dieser Aufstellung werden zwei Dinge sichtbar: Zum einen erwies sich die Exportorientierung der sächsischen Investitionsgüterindustrie auch während der ersten Kriegsjahre als erstaunlich hartnäckig; gerade Büromaschinen und Textilmaschinen erfüllten eine wichtige Rolle als Devisenbeschaffer für das Reich, das nach wie vor auf die Weltmärkte zur Beschaffung kriegswichtiger Rohstoffe angewiesen war. Zum anderen wird deutlich, dass unter diesen Bedingungen auch konsumgüternahe Branchen in bemerkenswertem Umfang produzieren konnten. Selbst ein Jahr vor Kriegsende, als das Regime nur noch mit wenigen Staaten (wie etwa Schweden und der Schweiz, aber auch Portugal und Spanien) Handel treiben konnte, nahmen der Außenhandel und die mit ihm verbundenen Probleme in den Berichten einen herausragenden Stellenwert ein. Im Mai 1944 beispielsweise klagte die Gauwirtschaftskammer, dass verschiedene Abnehmerländer mit Blick auf die Kriegsentwicklung keine Anzahlungen auf Maschinenlieferungen mehr leisten wollten.[245] Auch wenn der Export 1944 quantitativ nicht mehr allzu hoch zu Buche geschlagen haben dürfte, so belegt dessen durchgängige Erwähnung noch in diesem Kriegsstadium, wie wichtig dieses Thema für die Wirtschaft Sachsens war.

An der nationalsozialistischen Ausbeutung der besetzten Gebiete beteiligten sich auch sächsische Unternehmen. Ein unterdessen bekannteres Beispiel hierfür ist die Leipziger Hugo Schneider AG (HASAG). Dieses Unternehmen, ursprünglich ein Lampenhersteller, hatte sich schon seit der Machtergreifungsphase der Nationalsozialisten auf die Rüstungsproduktion konzentriert und im besetzten Polen an der Ausbeutung wie Ermordung jüdischer Zwangsarbeiter in einem Ausmaß und mit einer Brutalität partizipiert, wie dies wenige andere deutsche Unternehmen taten.[246]

Der »totale Krieg«: Kriegsproduktion und Stilllegungen

In Sachsen selbst wurde spätestens in der zweiten Kriegshälfte, seit Anfang 1942, der Druck immer spürbarer, die Konsumgüterproduktion, und hier zumal die Textilproduktion, weiter einzuschränken. Parallel jedoch wuchsen die Aufträge auch in diesem Bereich, was nicht verwunderlich ist, denkt man nur an Militärbekleidung oder den Ersatz für die vom Bombenkrieg Geschädigten.[247]

Im Herbst 1943 – mit der Ausweitung des Machtbereichs des Speer-Ministeriums auf große Bereiche der zivilen Produktion und der Einsetzung eines »Generalbeauftragten für Betriebsumsetzungen« – wuchs der Druck, weitere Unternehmen zugunsten der Rüstungsproduktion stillzulegen und ihre Belegschaften »umzusetzen«, d. h. sie in Rüstungsbetriebe zu versetzen. Gegen diese Stilllegungen versuchten sich insbesondere die unteren regionalen Instanzen zu wehren.[248] Als es etwa um die Stilllegung einer Abteilung eines Herstellers von Bürobedarf ging, bat die Wirtschaftskammer Chemnitz unter

Hinweis auf dessen überalterte Belegschaftsstruktur, »von der beabsichtigten Stillegung unbedingt Abstand zu nehmen«.[249] Im Wirtschaftskammerbezirk Chemnitz richteten sich die Stilllegungsbemühungen des Speer-Ministeriums jedoch in der Hauptsache auf Textilunternehmen, deren Belegschaften vorwiegend im größten Konzern des Bezirkes, der Auto Union AG, beschäftigt werden sollten.[250]

Widerstand gegen eine weitgehende Stilllegung regte sich auch bei den regionalen Parteiinstanzen, die diese Stimmung an den Gauleiter weitergaben: »Wir fühlen aber, dass Bestrebungen im Gange sind, die die totale Umsetzung durchsetzen wollen. Da sich die totale Umsetzung auf die allgemeine Stimmung in ganz erheblichem Maße auswirken dürfte, halte ich es für richtig, Ihnen, verehrter Gauleiter, über die Partei Bericht zu erstatten und um Ihre Unterstützung zu bitten.«[251] Wie erfolgreich – angesichts dieser Widerstände und auch der Struktur der Arbeitskräfte (aufgrund ihres oft höheren Alters waren sie für die Kriegsproduktion kaum geeignet) – die Stilllegungsaktionen seit Herbst 1943 waren, ist noch nicht geklärt; die Chemnitzer »Umsetzungskommission« war jedenfalls der Ansicht, »dass die Aktion im Grunde eine recht unglückliche Arbeitseinsatzmaßnahme darstellt, deren Nutzeffekt in keinerlei Verhältnis zu dem durch sie verursachten Aufwand und auch in keinem Verhältnis zu den stimmungsmäßigen Nachteilen steht, mit denen sie unvermeidlicherweise verbunden ist«.[252] Gleichwohl wurden in Sachsen bis zum 30. Juni 1944 »durch 290 Total- bzw. Teilstilllegungen rund 19 400 Arbeitskräfte« aus der zivilen Produktion in die Kriegsproduktion versetzt.[253]

Es ist indes eine noch nicht beantwortete Forschungsfrage, in welchem Ausmaß diese Eingriffe die Wirtschaftsstruktur nachhaltig tangieren oder ändern konnten. Das gilt auch für eine andere Entwicklung der zweiten Kriegsphase, die gewissermaßen komplementär zu den Stilllegungen verlief: Zum Ende des Krieges war Sachsen als ein vor Luftangriffen vermeintlich sicheres Gebiet immer mehr Ziel von Verlagerungen aus dem übrigen Reich. Zumal Unternehmen der Verbrauchsgüterindustrie, aber auch einzelne Maschinenbaubetriebe nahmen die Kriegsfertigung vor allem westdeutscher Unternehmen auf.[254] Dies, so klagte die Gauwirtschaftskammer Anfang 1944, »beeinträchtigte empfindlich die Produktionsaufgaben der eingesessenen Betriebe«, zumal die Verlagerung »fast immer auch mit der Bindung sächsischer Arbeitskräfte an diese Betriebe verknüpft war«.[255] Ebenfalls noch ungeklärt ist, wie nachhaltig die eng vernetzte Wirtschaftsstruktur Sachsens, die zudem in hohem Maße auf Zulieferungen aus außersächsischen Gebieten angewiesen war, von der Zerstörung der Verkehrsverbindungen getroffen wurde.

Nach der bedingungslosen Kapitulation am 8. Mai 1945 trog der Anblick der zerstörten deutschen Städte insofern, als der Bombenkrieg in ganz Deutschland die industriellen Kapazitäten weit weniger beeinträchtigt hatte, als man aus diesem Anblick schließen konnte. Wesentlich schwerer wogen in Sachsen die Demontagen durch die sowjetische Besatzungsmacht.[256] Allerdings gibt es in der Forschungsliteratur unterschiedliche Auffassungen darüber, ob es nun eher die Demontagen und die Reparationsverpflichtungen waren, die den Wiederaufbau der Länder in der Sowjetischen Besatzungszone hemmten, oder die Abschottung von den Westzonen[257] oder ob nicht vor allem die rasch eingeführte »planwirtschaftliche Wirtschaftsordnung« dafür verantwortlich war, dass sowohl die Wirtschaftsleistung der DDR (und damit auch die Sachsens) immer weiter hinter dem westdeutschen Stand zurückblieb.[258]

Gunda Ulbricht

Kommunalverfassung und Kommunalpolitik

Als am 24. Januar 1930 die Stadtverordneten in Freiberg zusammentraten, hätte die Sitzung beinahe vorzeitig mit einem Eklat geendet. Zum ersten Mal sahen sich die Abgeordneten mit einer Gruppe von fünf gewählten Vertretern der NSDAP konfrontiert, die ihre Sitzplätze auf der äußersten Rechten des Saales einnehmen wollten. Auch in anderen Städten würden seiner Partei, so erklärte ein NSDAP-Politiker, die rechten Plätze zugewiesen, und der Ältestenrat des Reichstages habe diese Entscheidung ebenfalls befürwortet. Als Stütze seiner Argumentation erläuterte er, wie das Protokoll festhielt, »die Ziele seiner Partei«.[259] Der Vizevorsteher der Stadtverordnetenversammlung erklärte daraufhin, dass nach alter Gepflogenheit einer neuen Fraktion die oberen Sitze auf der linken Seite eingeräumt würden. Wenn es sich zeige, dass die Nationalsozialisten nach ganz rechts gehörten, wolle er dafür später auch eintreten. Die anderen Stadtverordneten suchten den richtigen Platz für die NSDAP jeweils im gegnerischen politischen Lager, in der Nähe der DNVP bzw. der SPD. Das Problem konnte in der Sitzung nicht gelöst werden.
Die Unsicherheit bei der Beurteilung der kommunalpolitischen Ziele der NSDAP, die in dieser Randepisode deutlich wird, ist charakteristisch für die Schwierigkeiten der Zeitgenossen wie auch der historischen Wissenschaft mit diesem Thema. Erkenntnisleitende Fragestellung für die Untersuchungen war in erster Linie das Verhältnis von kommunaler Selbstverwaltung und Nationalsozialismus. Dieser Problemstellung ist auch die grundlegende und bis heute gültige Arbeit von Horst Matzerath verpflichtet.[260] Wie schnell und wie umfassend gelang nach 1933 der Austausch der Eliten? Kam es zu einer neuen Form der kommunalen Selbstverwaltung, wie sie in der Propaganda postuliert wurde? Wurde durch die Ausschaltung der Länderebene, die die führenden Kommunalpolitiker der Weimarer Republik immer gewünscht hatten, die Stellung der Gemeinden gestärkt? Wie gestaltete sich auf der Gemeindeebene das Verhältnis von Partei und Staat?
Eine zweite Forschungsrichtung geht der Entwicklung der kommunalen Daseinsvorsorge nach, speziell im Wohnungsbau und in der Wohlfahrtspflege.[261] Insgesamt gesehen, blieben die Untersuchungen zur Kommunalgeschichte im Vergleich zu anderen Aspekten von Politik, Kultur und Gesellschaft aber marginal.

Auf der Basis der bisher vorliegenden Forschungen ist es kaum möglich, über die Spezifik der sächsischen Entwicklung gültige Aussagen zu treffen. Einerseits ist dies der Tatsache geschuldet, dass die kodifizierte Politik des nationalsozialistischen Herrschaftssystems in hohem Maße unitaristisch war. Die überkommenen Quellen in Form von Gesetzen, Rundschreiben, Verordnungen und Akten spiegeln deshalb weniger das Besondere der sächsischen Kommunalgeschichte als die Umsetzung des Allgemeinen wider. Die Kriegsverluste waren außerdem immens, was eine schlechte Überlieferung zur Folge hat. Andererseits wurde in der bisherigen kommunal- und stadtgeschichtlichen Forschung dem Zeitraum zwischen 1933 und 1945, ja man kann allgemeiner sagen, der ersten Hälfte des 20. Jahrhunderts, wenig Aufmerksamkeit geschenkt. Der Spezifik einer sächsischen Stadt oder Gemeinde widmet sich kaum eines der betreffenden Kapitel in lokalgeschichtlichen Untersuchungen. Statt dessen gehen die Autoren offensichtlich vom alleinigen oder hauptsächlichen Wirken reichsweit gültiger Faktoren aus. Eine weitere Einschränkung für die Darstellung an dieser Stelle ergibt sich daraus, dass wegen fehlender Quellen und Vorarbeiten fast ausschließlich von der Kommunalgeschichte der größeren sächsischen Städte die Rede sein wird. Die Untersuchung der Kleinstädte und Landgemeinden muss weiterer Forschung überlassen bleiben. Für allgemeingültige Aussagen ist es deshalb noch zu früh.

Die NSDAP in den Kommunalvertretungen vor 1933

Die sächsische Kommunalverfassung während der Weimarer Republik beruhte auf der Gemeindeordnung für den Freistaat Sachsen vom 1. August 1923 in der Fassung der Novelle vom 15. Juni 1925. Beide Gesetze beinhalteten eine entwickelte quasiparlamentarische kommunale Selbstverwaltung. In der Praxis ermöglichten sie je nach den lokalen Bedingungen eine weitgehende Parlamentarisierung oder auch die etwas verbrämte Fortsetzung der überkommenen Honoratiorenherrschaft.
Die NSDAP trat zu den Kommunalwahlen in den Jahren 1926 und 1929 in den meisten größeren Städten zum ersten Mal an. Nur in einzelnen Fällen ging schon in den ersten Jahren der Weimarer Republik eine Kandidatur völkischer Gruppen unter verschiedenen Bezeichnungen voraus. Plauen bildet bei diesem Befund eine bedeutende Ausnahme, denn dort erreichte der »Völkisch-Soziale Block« bei der Stadtverordnetenwahl 1924 auf Anhieb 10 110 Stimmen und damit 12 von 58 Sitzen.[262] In die Listenverbindungen des bürgerlichen Spektrums wurde die NSDAP 1926 und 1929 regelmäßig einbezogen. Besondere Affinität zeigten dabei Listen wirtschaftlicher Interessenverbände, etwa des Mittelstandes und der Hausbesitzer, sowie der Christlich-Soziale Volksdienst. Im Jahre 1932 waren diese Wahlbündnisse nicht mehr so allgemein verbreitet, aber noch häufig, obwohl sie von der Gauleitung der NSDAP nun abgelehnt wurden.

Sitz und Stimme in den Gemeindeverordnetenversammlungen Sachsens erlangten nationalsozialistische Vertreter in größerem Umfang durch die Wahl im November 1929: Sie traten mit eigenen Wahllisten in 110 Gemeinden an und erhielten nach der Landesstatistik 4,3 Prozent der gültigen Stimmen bzw. 258 Sitze (1,3 %).[263] Als großer Erfolg für die Nationalsozialisten können diese Ergebnisse auch im Vergleich mit den Landtags- und Reichstagswahlen insgesamt nicht bewertet werden. Dennoch gab es bereits während der Legislaturperiode 1930 bis 1933 Orte mit einem erheblichem Einfluss der NSDAP auf Gemeindeverordnetenversammlung und Rat, z. B. Markneukirchen oder wiederum Plauen mit 11 Stadtverordneten und 3 unbesoldeten Ratsmitgliedern.

Von besonderer Bedeutung für die Einschätzung des Kräfteverhältnisses am Beginn der nationalsozialistischen Herrschaft ist die Gemeindewahl vom 13. November 1932, die in enger zeitlichen Nähe zur Reichstagswahl stattfand. Sie erfolgte zudem – im Unterschied zur preußischen Kommunalwahl von 1933, die die Literatur dominiert – noch nach den Regeln des Weimarer Parlamentarismus und könnte so eine oft beklagte Forschungslücke zwischen den Ergebnissen der Jahre 1929 und 1933 schließen. Die Schwierigkeit besteht darin, dass das gesamtsächsische Ergebnis dieser Kommunalwahl weder in der sehr akribischen Landesstatistik noch in der Statistik des Deutschen Städtetages überliefert ist. Der Sächsische Gemeindetag hatte zwar Fragebogen an die einzelnen Mitglieder versandt, deren Rücklauf ist aber nicht mehr vollständig nachzuweisen. Hierfür könnte man ein mangelndes Interesse an den nach dem 30. Januar 1933 politisch irrelevanten Ergebnissen vermuten, wenn nicht die oben genannte preußische Wahl durchaus und mit unverkennbarem Stolz dargestellt worden wäre.[264] So spricht einiges gegen eine Erfolgsbilanz der NSDAP bei dieser Wahl. Selbst die spärlichen Angaben lassen mit 27,6 Prozent der Sitze auf ein wesentlich geringeres Resultat als bei den fast gleichzeitig stattfindenden Reichstagswahlen schließen.[265] Wie oft in derartigen Fällen, bestätigt eine erste Meldung diesen Befund, die noch vor der (selbstverständlich positiven) Bewertung der Wahl in die NSDAP-Presse gelangte und »nicht unerhebliche Verluste« konstatierte.[266] Die Gemeinden mit absoluter Mehrheit der NSDAP wurden umso eifriger in der Presse genannt. Außer den Städten Annaberg, Wolkenstein, Markneukirchen, Weißenberg und Thum handelte es sich um Landgemeinden, die meisten im oberen Erzgebirge und im Vogtland. In einigen wenigen Dörfern hatte ausschließlich die NSDAP Kandidaten aufgestellt. Selbst wenn man der Darstellung der NSDAP durch Kurt Gruber folgt, wären 121 Orte mit absoluter NSDAP-Mehrheit wenig mehr als 4 Prozent der 2912 sächsischen Gemeinden und nur in etwa der Hälfte der Städte und Dörfer (1500) wären überhaupt NSDAP-Vertreter gewählt worden.[267] (Vgl. dazu auch Tabelle S. 103.) Es sind noch umfangreiche personengeschichtliche Studien erforderlich, um festzustellen, in welchem Umfang Mitglieder der NSDAP sich unter anderen Listenbezeichnungen um ein Mandat bemühten.

Relative Stimmenmehrheit bei der Wahl bedeutete keineswegs eine durchsetzbare Mehrheit bei den Beschlüssen der am 1. Januar 1933 in ihr Amt eingeführten Stadtverordneten, die auch die unbesoldeten Stadträte zu wählen hatten. Selbst in Plauen wurden die Anträge der NSDAP-Fraktion, obwohl ihr nur drei Sitze zur absoluten Mehrheit fehlten, noch im Februar 1933 überstimmt.

Die bekannten Wahlergebnisse zeigen also eine deutlich gestärkte Position der NSDAP in den Vertretungskörperschaften. Ihre Dominanz war aber nicht so stark, dass die Entscheidungen der Gremien während einer längeren Legislaturperiode, die nach den gesetzlichen Vorschriften bis Ende 1936 gedauert hätte, vorhersagbar gewesen wären.

Das Ende der quasiparlamentarischen Kommunalverfassung

Seit Anfang der dreißiger Jahre war die Entwicklung des Gemeindeverfassungsrechts von der Finanzknappheit bei Gemeinden und Staat geprägt sowie den Versuchen der Länderregierungen, die Verwaltung durch Zentralisierung zu rationalisieren.

Den ersten tiefgreifenden Einschnitt erfuhr das sächsische System der Gemeindeverwaltung durch die Sparverordnungen vom 15. Juli und vom 21. September 1931.[268] Sie verboten Gemeinden, deren Haushalt sich nicht im Gleichgewicht befand – also faktisch fast allen –, jegliche Ausgaben, für die keine Deckungsmittel bereitstanden. Die Befugnisse der Gemeindesparkassen, zum Beispiel zur Kreditvergabe, wurden außer Kraft gesetzt. Gegen die Weigerung des Gemeinderates, gegenteilige Beschlüsse der Gemeindeverordneten auszuführen, wurden die Rechtsmittel beseitigt. Gleichzeitig ermächtigte der Gesetzgeber den körperschaftlich gebildeten Gemeinderat der größeren Städte, alle erforderlichen Einsparungsmaßnahmen zu ergreifen und die Gemeindeverordneten davon lediglich schriftlich zu informieren.

Mit dem Ausschluss aus der Gestaltung des Haushalts wurden die direkt gewählten Gemeindeverordneten praktisch vollständig aus der Mitgestaltung und Regelung kommunaler Angelegenheiten verdrängt. Selbst der körperschaftlich gebildete Gemeinderat verlor gegenüber dem Bürgermeister an Einfluss. Da aber auch der gewissenhafteste Bürgermeister an die Dienstaufsichtsbefehle der vorgesetzten Behörde gebunden war, verkam das Selbstverwaltungsrecht zur Farce.

Mit der Wahl nationalsozialistischer Gemeindeverordneter entstand die Notwendigkeit, sich mit den kommunalpolitischen Zielen der NSDAP auseinanderzusetzen. An der Spitze der Forderungen stand, wie bei den anderen Parteien, die Selbstverwaltung der Gemeinden, was ein »untadeliges Berufsbeamtentum« zur Voraussetzung habe. So wurde eine parteipolitische Bindung der Beamten abgelehnt. Die NSDAP wollte außerdem den Gemeindevertretern, -beamten und -angestellten verbieten, wirtschaftliche Aufträge und Posten als Aufsichtsräte anzunehmen.

Die Kritik am Parteiengagement von Beamten war nicht neu und korrespondierte mit dem geringen Einfluss der jeweils eigenen Partei in den kommunalen Gremien. Die wirtschaftlichen Forderungen im Kommunalprogramm der NSDAP stimmten mit dem von der Regierung angestrebten Sparkurs überein und beinhalteten Stellenabbau und Reduzierung der Gehälter, verringerte Repräsentationsausgaben und eine Warenhaus- und Filialsteuer.[269] Weiterhin forderte die sächsische NSDAP die Privatisierung gemeindlicher Betriebe, soweit sie für die Bevölkerung nicht lebenswichtig seien. Da die wirtschaftliche Betätigung der Gemeinden aber gesetzlich auf solche Betriebe beschränkt war und sie die Finanzknappheit schon zu Privatisierungen gezwungen hatte, war eine Weiterführung dieses Prozesses in der Praxis höchstens noch im Einzelfall möglich.

Praktisch relevante Forderungen des Kommunalprogramms der NSDAP gingen also weitgehend konform mit dem Kurs der Sparverordnungen. Das hinderte die Funktionäre der Partei nicht daran, diese Verordnungen als Beweis für die Zerstörung der kommunalen Selbstverwaltung durch den Parlamentarismus darzustellen und die NSDAP als Garant für deren Rettung und Schutz.[270]

Gemessen an der Gesetzeslage nach den Sparverordnungen 1931, waren die Eingriffe durch zwei Änderungsgesetze zur Gemeindeordnung 1933[271] und 1934[272] längst nicht so groß wie auf anderen Gebieten. Es ist bezeichnend, dass auch jetzt kein neues Gesetz entstand und dass viele Regelungen de jure bestehen blieben, aber mit dem Vermerk »findet keine Anwendung« außer Kraft gesetzt wurden.

Unter weitgehender Belassung der Gemeindeverfassung wurden mit dem ersten Änderungsgesetz die Bedingungen für einen Austausch der Eliten geschaffen. Der Prozess war wesentlich vom Reichsrecht bestimmt, landesrechtliche Eingriffe blieben dagegen weniger schwerwiegend. So entfiel die Bezeichnung »Stadt« nun auch als Titel ohne Rechtsfolgen. Der Gemeindebürgerentscheid auf Neuwahl der Gemeindeverordneten wurde für die Amtsdauer der nach dem Gleichschaltungsgesetz neu gebildeten Gremien ausgeschlossen und das Dienststrafrecht auch auf die ehrenamtlichen Gemeinderäte ausgedehnt. Offensichtlich konnten zumindest über kürzere Zeiträume die nun an sich inkompatiblen Vertretungs- und Verwaltungssysteme nebeneinander bestehen. Eine Ursache dafür muss in der schon früher erfolgten Zurückdrängung der direkt gewählten Vertreter aus der kommunalen Entscheidungsfindung gesehen werden.

Das zweite Änderungsgesetz von 1934 verschärfte vor allem die Staatsaufsicht über die Gemeinden. Sie verlor jede gesetzliche Grenze. Die Gemeindekammer wurde ebenso beseitigt wie die Entscheidung durch das Einigungsverfahren bei körperschaftlich gebildetem Gemeinderat. Statt dessen konnte die Aufsichtsbehörde sowohl die Zustimmung des Gemeinderates als auch die der Gemeindeverordneten ersetzen oder ein völlig anderes Ortsgesetz schaffen. Wahl und Wiederwahl der Bürgermeister sowie aller berufsmäßigen Gemeinderatsmitglieder bedurften der Bestätigung der Staatsbehörde, die diese innerhalb eines Jahres zurücknehmen konnte. Durch Austritt oder Ausschluss aus der NSDAP verlor ein Gemeindeverordneter seinen Sitz. Ergänzend verpflichtete die Verordnung vom 2. März 1934 die Gemeinden, die Ortsgruppenleiter der NSDAP und die örtlich ranghöchsten SA-Führer zu den Sitzungen der Gemeindekollegien einzuladen.[273]

Im Ergebnis dieses Änderungsprozesses sah die sächsische Kommunalverfassung weitgehend durch die Staatsbehörden kontrollierte Berufsverwaltungen vor; die nach dem Einparteiensystem organisierten Gemeindeverordneten hatten daneben kaum noch Einfluss.

Die Gleichschaltung der Gemeindevertretungen und -verwaltungen

Eine grundlegende Veränderung erfuhr das Gemeindeverfassungsrecht durch die faktische Abschaffung der Verhältniswahl zu den Gemeindevertretungen. Die NSDAP-Fraktionen begannen bereits vor der Gesetzesänderung, die Macht in den Stadtverordnetenvertretungen zu usurpieren. So konnte z. B. der Stadtverordnetenvorsteher in Plauen am 16. März 1933 öffentlich verkünden, er habe »die kommunistischen Abgeordneten [...] nicht eingeladen«, obwohl »juristische Paragraphen dazu nicht das Recht geboten« hätten.[274] In Dresden wurde durch Verordnung des Reichskommissars von Killinger am 13. März vier kommunistischen Ratsmitgliedern die Amtsausübung untersagt, am 16. März auch den sechs sozialdemokratischen unbesoldeten Stadträten sowie den kommunistischen Stadtverordneten. Vier Stadtverordnete der SPD sowie einer der Deutschen Staatspartei (früher DDP) legten ihre Ämter nieder, zum Teil mit Schreiben aus der »Schutzhaft«.[275] Die Bilder gleichen sich: In Pirna war noch am 10. Januar 1933 ein rein kommunistisches Präsidium der Stadtverordnetenversammlung gewählt worden. Nach zwei Sitzungen, die »wegen Fehlens der der K.P.D. und der S.P.D. angehörenden Mitglieder infolge der politischen Umwälzungen« beschlussunfähig waren, erfolgte am 13. März die Wahl eines neuen Präsidiums aus NSDAP-Mitgliedern.[276]

Seit Anfang April 1933 wurde die Zusammensetzung der kommunalen Vertretungen durch das »Vorläufige Gesetz zur Gleichschaltung der Länder mit dem Reich« geregelt. Danach waren die Sitze entsprechend der Anzahl der Stimmen bei der Reichstagswahl am 5. März 1933 zu vergeben, mit Ausnahme der KPD.[277] Diese Bestimmung verdrängte viele lokale Wahl- und Interessengruppen aus den Gemeindevertretungen, so dass nur noch Parteivertreter übrig blieben. Zum anderen erhielt die NSDAP einen wesentlichen Zuwachs an Sitzen. Der Ausschluss der sozialdemokratischen Gemeindeverordneten durch die Verordnung zur Sicherung der Staatsführung kam vielerorts nochmals einer Neubildung der Kollegien gleich.[278] Im Verlauf des Jahres 1933 schlossen sich immer mehr Stadtverordnete der übrigen Parteien, zunächst meist als Hospitanten, den NSDAP-Fraktionen an, während einige ihre Ämter niederlegten, um dem zu entgehen.[279]

Der Anteil der NSDAP-Mitglieder unter den Gemeindevertretern differierte noch 1935 in den einzelnen Gebieten Sachsens erheblich: von 99,5 Prozent im Parteikreis Marienberg bis zu 56,8 Prozent im Parteikreis Bautzen. Insgesamt waren 1935 79,3 Prozent von ihnen Parteimitglieder – in Städten mit mehr als 10 000 Einwohnern 94,7, in den übrigen Gemeinden 78,3 Prozent –, wobei die geographische Verteilung mit der Anzahl der Wählerstimmen und der Stärke der örtlichen Parteigliederungen korrespondierte.[280] Wie diese Zahlen belegen, war es der NSDAP im ländlichen Raum mangels geeigneter Kräfte nicht möglich, sich so deutlich durchzusetzen wie in den Städten, was jedoch wegen der geringen Kompetenzen der Gemeinderäte und Bürgermeister auch nicht notwendig war.

Die »Verordnung zur Wiederherstellung des Berufsbeamtentums in den Gemeindevertretungen«[281] griff in die personelle Zusammensetzung des Verwaltungsapparates ein. In fast jedem Stadtarchiv findet man die Gesuche von Bürgermeistern und Oberbürgermeistern, sie krankheitshalber in den Ruhestand zu versetzen. Die wahren Gründe sind aus den überlieferten Quellen kaum nachzuvollziehen – vermutlich haben Krankheiten, die der Einzelne unter den neuen Bedingungen nicht mehr kompensieren konnte oder wollte, eine Rolle gespielt. Das wohl bekannteste Beispiel, wie sich Oberbürgermeister den Eingriffen der NSDAP in die städtische Verwaltung widersetzten, ist Dr. Wilhelm Külz (DDP) in Dresden, dem am 16. März die Amtsausübung untersagt und der am 10. Juli 1933 aufgrund des Gesetzes zur Wiederherstellung des Berufsbeamtentums entlassen wurde. Dr. Arthur Gaitzsch in Pirna, der der DDP nahestand, beantragte die Pensionierung, Dr. Max Schlote in Plauen wehrte sich mit allen Rechtsmitteln gegen die Eingriffe der NSDAP in die städtische Vertretung und Verwaltung und wurde am 8. März 1933 gewaltsam aus dem Amt entfernt. Dr. Werner Hartenstein in Freiberg übte sein Amt bis 1945 aus, während der ebenso konservative Dr. Arthur Hofmann in Aue aus unbekannten Gründen noch vor der Gleichschaltung des Stadtverordnetenkollegiums seinen Posten als Bürgermeister verlor.[282]

Insgesamt schieden 1933/34 von den Oberbürgermeistern bzw. Bürgermeistern der 21 bezirksfreien Städte in Sachsen 14 aus ihrem Amt. 1935 gehörten von 131 Bürgermeistern und Oberbürgermeistern der sächsischen Städte 108 der NSDAP an (82,4 Prozent). Von 2293 Vorstehern von Landgemeinden waren es 1343 (58,6 Prozent). Dieser Anteil lag in Stadt und Land nahe am Reichsdurchschnitt. Interessant ist der Zeitpunkt des Parteieintritts. Vor der Reichstagswahl von 1930 gehörten der NSDAP 36 der späteren Bürgermeister der Städte an, dagegen nur 59 der Dörfer. Die große Mehrzahl der Bürgermeister (46 der Städte, 1015 auf dem Land) war der NSDAP erst nach dem 30. Januar 1933 beigetreten.[283]

Am 24. Oktober 1933 erging aus dem Ministerium des Innern eine Anweisung, die Verfahren nach dem Gesetz zur Wiederherstellung des Berufsbeamtentums statistisch zu erfassen. Danach wurden bis zum 28. Oktober 660 Gemeindebeamte entlassen, darunter 188 gewählte Vertreter der Gemeinden. Gegen 44 Beamte liefen die Verfahren noch. Die meisten Entlassungen erfolgten auf der Basis der Paragraphen 2, 2a und 4 des Gesetzes, das heißt, wegen Nichteinhaltung der vorgeschriebenen Laufbahn (131 Beamte, die zumeist nach 1918 mit anderen Ausbildungen ihr Amt erhalten hatten), Mitgliedschaft in oder Nähe zur KPD (61 Beamte) sowie dem sehr dehnbaren Grund der mangelnden Gewähr, rückhaltlos für den nationalen Staat einzutreten (344 Beamte).[284] In Plauen wurden beispielsweise 19 Beamte, 14 Angestellte und 111 Arbeiter von insgesamt zirka 2000 städtischen Bediensteten entlassen, in Pirna 10 von den zirka 250 Beamten und Angestellten (Angaben über Arbeiter fehlen)[285], in Leipzig von 15 800 Beamten, Angestellten und Arbeitern etwa 1600.[286] Insgesamt dürften etwa zehn Prozent der Gemeindebediensteten entlassen worden sein.

Der Denunziation war dabei Tür und Tor geöffnet; Aufrufe wie der an die Freiberger Bevölkerung sind kein Einzelfall:

»An die nationale Einwohnerschaft Freiberg! Die Kreisleitung der NSDAP teilt mit: Der begonnene Reinigungsprozess in den einzelnen Körperschaften der öffentlichen Verwaltung sowie des Schulwesens erfordert auch in Freiberg, dass alle Möglichkeiten ausgeschöpft werden, um den marxistischen Einfluss restlos auszuschalten. Um nun vollkommen gerecht vorzugehen, und andererseits keinen der marxistischen Nutznießer des vergangenen Systems in Ämtern zu belassen, denen ein solcher unwürdig ist, bitten wir die Öffentlichkeit, uns präzise Angaben über ihr bekannte Marxisten schriftlich an die Kreisleitung der Nationalsozialistischen Deutschen Arbeiterpartei einzureichen. Es ist notwendig, dass einzelne Fälle, in denen solche Elemente marxistischer Betätigung im Amt, Missbrauch des Amtes gegen national eingestellte Kreise und sonstige Verfehlungen begangen haben, in diesen Meldungen aufzuführen sind. Selbstverständlich müssen alle Angaben hieb- und stichfest sein, und der Einreicher dieser Meldung muss bereit sein, für seine Angabe gerade stehen zu können. Wo das Dienstverhältnis eine Geheimhaltung des Meldenden erfordert, wird sie selbstverständlich von uns gewahrt. Die Meldungen sind schnellstens, spätestens bis Ende ds. Mts., an die Kreisleitung Freiberg der NSDAP, Freiberg, Petersstraße 30, einzureichen. Helft alle mit, den Marxismus auszurotten!«[287]

Wer im Amt bleiben durfte, sah sich sehr rasch massiv unter Druck gesetzt. Der sächsische Gemeindetag veröffentlichte am 1. April 1933 einen Aufruf, wie er in ähnlicher Form in nahezu allen Städten überliefert ist und in dem betont wird: »Schon jetzt [...] ist es die selbstverständliche Pflicht aller Selbstverwaltungsorgane, sich mit der Erkenntnis der unbedingten Notwendigkeit hinter die Reichsregierung und Landesregierung zu stellen, weil nur auf diese Weise das unbedingt notwendige Fundament der öffentlichen Ordnung und des öffentlichen Verwaltungslebens auf breitester Basis zum Nutzen der gesamten Volksgemeinschaft arbeiten kann.«[288] Am 18. Juli 1933 verpflichtete eine Verordnung die Kommunalbediensteten zur Anwendung des Hitler-Grußes. Am 30. September 1933 wurden alle früheren Mitglieder von SPD und KPD unter den öffentlichen Angestellten unter Androhung sofortiger Entlassung zu einer schriftlichen Erklärung gezwungen, keinerlei Beziehungen zu beiden Parteien und deren Hilfs- oder Ersatzorganisationen zu unterhalten.[289] Es konnte sich in der Praxis nur noch um wenige Personen handeln, so dass die eigentlichen Adressaten der Drohung die Mitglieder und Sympathisanten der anderen aufgelösten Parteien und Organisationen waren.

Ungeduldig hofften die sächsischen Gemeinden auf die Umsetzung der nationalsozialistischen Versprechen zur Stärkung der Selbstverwaltung und der Verbesserung der wirtschaftlichen Lage. Die Einwohner und die Presse sahen in den schnellen und einhelligen Beschlüssen der kommunalen Vertreter einen Erfolg und beachteten nicht, dass sie auf Machtlosigkeit und Fraktionszwang beruhen.

Mit der Deutschen Gemeindeordnung (DGO) vom 30. Januar 1935[290] wurde das sächsische Gemeindeverfassungsrecht gegenstandslos. Es überrascht nach der oben beschriebenen Rechtsordnung nicht mehr, dass sich die Anpassung der sächsischen Gemeindeverwaltung an die Deutsche Gemeindeordnung hauptsächlich auf einige Bezeichnungsänderungen beschränkte. So wurden die Mitglieder körperschaftlicher Gemeinderäte und Gemeindeälteste mit eigenen Aufgaben als Beigeordnete im Sinne der §§ 34, 35 und 44 DGO definiert. Die Gemeindeverordneten wurden zu Mitgliedern der Gemeindevertretungen nach § 48, womit sich ihre tatsächlichen Aufgaben kaum änderten, die Gemeindeausschüsse zu Beiräten nach §§ 58 und 74 DGO. In einem schleichenden Prozess war das Selbstverwaltungsrecht der sächsischen Gemeinden und ihre Leitung durch gewählte Vertreter beseitigt worden.

Die Stellung der Gemeinden zum Staat

Die erste Sorge der Gemeinden bei Einführung der Deutschen Gemeindeordnung galt selbstverständlich ihrem Fortbestand. Die unübersehbaren zentralistischen Tendenzen ließen eine neue Eingemeindungswelle befürchten, zumal die neue Gemeindeordnung nur ein Anhörungsrecht, aber kein Rechtsmittel gegen die Entscheidung des Reichsstatthalters vorsah. Im Nachhinein betrachtet, ist der Befund hier zwiespältig. Einerseits wurden Bad Elster, Flöha, Klotzsche, Markkleeberg, Coswig, Oberlungwitz, Oberfrohna und Wilkau-Haßlau zu Städten erhoben, obwohl diese Bezeichnung im Gesetz beseitigt worden war. Auch bei der Vergabe schmückender Titel wie Kurort und Bad, um die die betreffenden Orte zum Teil lange gekämpft hatten, zeigte sich der Staat großzügig: allein 1933 erhielten fünf Gemeinden die entsprechenden Genehmigungen. Andererseits setzte sich der Trend zu Vereinigungen und Eingemeindungen ungebrochen fort. Nicht nur die Groß- und Mittelstädte sogen weiterhin umgebende Landgemeinden in sich auf, es kam jetzt auch vermehrt zur Bildung größerer Landgemeinden durch Zusammenschluss.[291]

Während der Zeit des Nationalsozialismus bestand fortwährend ein Konflikt zwischen den Vertretern der Stadt oder des Dorfes und den örtlichen Parteispitzen. Für die Politik der NSDAP in und gegenüber den Gemeinden war das Gauamt für Kommunalpolitik zuständig, das dem Gauleiter unterstand und so Mutschmanns maßgeblichen Einfluss, besonders auf die Personalpolitik, sicherte. In gleicher Weise, jedoch mit deutlich weniger Kompetenzen, waren die Ämter für Kommunalpolitik der Kreise den NSDAP-Kreisleitern untergeordnet. Leiter des Gauamtes Sachsen war Erich Kunz, ein Autodidakt, der sich seit seinem Beitritt zur NSDAP 1922 auf Kommunalpolitik spezialisiert hatte und es so zum Vorsitzenden des Deutschen Gemeindetages brachte.[292]

Zuerst schien eine Personalunion von Gemeinde- und NSDAP-Vertretern, wie die Ernennung des NSDAP-Kreisleiters zum Bürgermeister, das beste Mittel zur Sicherung von Parteiinteressen zu sein. Kompromisse waren in diesem Fall für den Amtsinhaber aber unvermeidlich, und nicht wenige Bürgermeister besannen sich auf ihre Verpflichtungen gegenüber der Gemeinde. Deshalb wurde 1937 die Vermischung der Ämter auf der Ebene der Oberbürgermeister und Landräte verboten. Statt dessen sollten die Gemeindevertreter in untergeordneten Parteifunktionen arbeiten, und die örtlichen Leiter der NSDAP wurden angewiesen, Entscheidungen informell zu beeinflussen. Diese Änderung der Politik konnte für Bürgermeister, die sich zu sehr mit der Gemeindeverwaltung identifiziert hatten, das Ende ihrer Karriere bedeuten. Ein Beispiel dafür ist Hans Lenk. Noch 1933 war er der verantwortliche Korrespondent für Sachsen beim Mitteilungsblatt für die Nationalsozialisten in den Parlamenten und gemeindlichen Vertretungskörpern. Lenk hatte eine Berufslaufbahn in der Kommunalverwaltung angetreten, als er 1923, bereits Mitglied der NSDAP, nach Aue kam, wo er 1929 mit 25 Jahren Stadtverordneter und 1933 zweiter Bürgermeister wurde. 1933/34 in Schöneck und 1934 bis 1939 in Falkenstein leitete er die Geschäfte der Städte als überzeugter Nationalsozialist, seine Arbeit als Korrespondent stellte er ein. Wie freiwillig seine Meldung in die besetzten Gebiete 1939 war, ist nicht mehr zu bestimmen.[293]

Direkte Beeinflussung der Gemeindebeamten durch ideologische Schulungen, die als Beförderungsvoraussetzung an die Seite der Verwaltungsausbildung traten und sie zum Teil dominierten, sollte ein Übriges tun. Die Einstellung leitender Beamter wurde von einer politischen Unbedenklichkeitsbescheinigung des Gauamtes für Kommunalpolitik abhängig gemacht.[294] Gleichzeitig brach eine Flut von Lehrgangsverpflichtungen über die Beamten und Angestellten herein, für die sie vom Dienst freigestellt, »einberufen« und nach Möglichkeit kasernenartig untergebracht wurden. Am 4. Mai 1937 wurde die Gauschule für Kommunalpolitik in Pulsnitz eingeweiht, in der künftig in Pflichtlehrgängen eine Mischung aus militärischer, ideologischer und Verwaltungsfortbildung der Gemeindebeamten erfolgte. Die einzelnen Kreise hatten zu jedem der 14-tägigen Lehrgänge drei bis vier Ehrenbeamte zu entsenden, von April 1937 bis März 1938 waren das insgesamt 1729 Pflichtteilnehmer. Träger der Schule war der Verein »Schule für Kommunalpolitik und Verwaltung e.V.«, dem automatisch alle Stadtkreise, vertreten durch die Oberbürgermeister, und Landkreise, vertreten durch die Amtshauptleute, angehörten. Über die Jahresbeiträge der Gemeinden wurde die Schule finanziert, die Lehrgangsteilnehmer hatten aber Fahrgeld und 18 RM Gebühr selbst zu tragen; der entgangene Verdienst wurde ihnen nicht ersetzt.[295]

Kommunalpolitische Großkundgebungen wie im Juni 1937 sollten die Bürgermeistertage der Weimarer Republik – eines der wichtigsten Mittel, das Selbstbewusstsein der Gemeinden gegenüber dem Staat zu zeigen – in den Schatten stellen. Der Sächsische Gemeindetag hatte 1933 zu den ersten gleichgeschalteten Organisationen gehört, und dem Deutschen Gemeindetag fehlte es gerade auf der Ebene der Gaue an Durchsetzungsvermögen. Wie sehr das Führerprinzip die Reste gemeindlicher Rechte dominierte, zeigt der Führerbefehl vom 28. August 1939, der Gemeinden und Gemeindeverbände der unbegrenzten Weisung der Aufsichtsbehörden noch einmal ausdrücklich unterstellte.[296] In voller Tragweite war der Erlass während des Krieges nicht umzusetzen, aber er führte den Gemeindebeamten in zahlreichen Auseinandersetzungen mit den Behörden ihre Rechtlosigkeit vor Augen.

Die Gemeindeaufgaben

Die drückenden Probleme der Gemeinden auf den Gebieten der Finanzen und der Daseinsvorsorge rasch zu lösen, das hatte die NSDAP nach ihrem Machtantritt versprochen, und sie versäumte es nicht, Fortschritte auf diesen Gebieten als Beweise für eine gestärkte Selbstverwaltung darzustellen. Durch das Gemeindeumschuldungsgesetz und die Veränderungen in der Arbeitslosenunterstützung im September 1933 wurde die Liquidität der Gemeinden auch relativ rasch hergestellt. Zwischen 1936 und 1938 erfolgte die Neuordnung der kommunalen Finanzen im gesamten Reich. Dabei hatte die Realsteuerreform im Dezember 1936 die größte Bedeutung, denn sie überließ den Gemeinden vollständig die Erträge der Grundvermögens- und Gewerbesteuer. Damit verfügten sie über eine Einnahmequelle, die auf die Konjunkturentwicklung reagierte, gleichzeitig auch relativ unbeschadet ökonomische Krisen überstehen konnte. Daneben unterlagen aber die Gemeindebetriebe der Körperschaftssteuer, und die Grunderwerbssteuer stand nunmehr dem Reich zu. Die Gemeindefinanzen waren in diesem System wieder stärker von dem eigenen Steueraufkommen abhängig, das durch Reichszuweisungen auf der Basis wirtschaftspolitischer Kriterien ergänzt wurde.[297]

Die Haushaltrechnungen, deren Ergebnisse hier ohne den rechnerischen Zusammenhang dargestellt werden, zeigen steigenden Finanzbedarf und steigendes Steueraufkommen, wobei die Gesamtabschlüsse durch Abbau der Vorjahresdefizite ausgeglichener wurden. Die Gesamtverschuldung ging langsam zurück.

Sächsische Gemeinden	Zuschussbedarf	Allgemeine Deckungsmittel	Gesamt-abschluss	Gesamtverschuldung jeweils zum 31.3.
1933	280 523	292 613	- 64 523	
1934	297 768	336 026	- 27 287	1 228 491
1935	303 027	324 742	- 9 964	1 240 970
1936	307 647	333 887	+ 5 077	1 215 752
1937	315 138	370 788	+ 22 545	1 175 331
1938	330 470	387 878	+ 35 526	1 133 644

Gemeindehaushalte 1933–1938 in 1000 RM[298]

Der äußere Schein der Zahlen täuscht über die reale Lage hinweg. Kommunale Finanzen haben die Aufgabe, die Handlungsspielräume bei der Daseinsvorsorge zu gewährleisten. Der konkurrierende direkte und indirekte Zugriff der NSDAP und ihrer Organisationen auf die Finanzkraft der Gemeinden und die schrankenlosen Genehmigungsrechte des Staates koppelten die Haushalte von der Verfügbarkeit über die Finanzen weitgehend ab.

Für jede Aufgabe hatten die Gemeinden nun mit staatlichen und besonders mit Parteiorganisationen zusammenzuarbeiten und befanden sich ihnen gegenüber oftmals in der Defensive. Die Gemeindepolizei wurde dem Aufbau der staatlichen Schutzpolizei angeglichen, wobei die Stabsoffiziere der Schutzpolizei ihre Dienstvorgesetzten wurden. Die Kriminalpolizei der Gemeinden wurde schrittweise völlig herausgelöst.[299]

Auf dem Gebiet der Wohlfahrtspflege, einer grundlegenden Gemeindeaufgabe, war es besonders der Konflikt mit der Nationalsozialistischen Volkswohlfahrt (NSV), der die Kompetenzen der Gemeinden beschränkte. Das Hauptamt für Volkswohlfahrt beanspruchte, alle Arten von Wohlfahrtspflege im nationalsozialistischen Sinne zu leiten. Zunächst sollte das durch die Beschränkung der Gemeinden auf Pflichtaufgaben geschehen, während die NSV einziger freier Träger der Wohlfahrtspflege werden wollte. Schritt für Schritt drängte die NSV unter dem Vorwand, dass die Leistungen der Gemeinden ungenügend wären, in deren Bereich hinein. So wurden 1934 in Leipzig – nach massiver Intervention der Organisation – alle der freien Wohlfahrtspflege unter Jugendlichen zugehörigen Aufgaben der NSV übertragen. Nur solche Jugendliche, die im Sinne ihrer Ideologie unwürdig waren, wurden von konfessionellen und kommunalen Einrichtungen betreut, wobei die »erbbiologische« Auswahl an das städtische Gesundheitsamt delegiert wurde.[300] Dieses sächsische Modell bildete 1935 die Grundlage eines Entwurfes für das gesamte Reich, der aber nicht durchgesetzt wurde. Schien die Übergabe von Kindereinrichtungen an die NSV die Städte zunächst zu entlasten, so zeigte sich bald, dass das Nebeneinander verschiedener Verantwortlicher zu Lasten der Effizienz beim Einsatz der Mittel und der Planungssicherheit ging.

Die NSV erwirkte in Sachsen einen Ministerialerlass, der sie zur alleinigen Trägerin aller Kindertagesstätten bestimmte, und beanspruchte damit auch die kommunalen Einrichtungen für sich.[301] Beschwerden beim Reichsminister des Innern blieben erfolglos. Nur den personellen und finanziellen Grenzen der NSV war es geschuldet, dass die Gemeinden nicht restlos aus der Jugendfürsorge verdrängt wurden.

Auf dem Gebiet des Wohnungsbaus waren es die Heimstättenämter und die Deutsche Arbeitsfront, die mit den gemeindlichen Kompetenzen konkurrierten. Die kommunale Gesundheitsfürsorge wurde durch die Rassenpolitischen Ämter bzw. Beauftragten und die Ämter für Volksgesundheit reglementiert. Die Schulaufsicht ging weitgehend auf das Reich über. Die Hitler-Jugend hatte außerordentlich große Rechte bei der Gestaltung des Stundenplans und der Nutzung der Schulgebäude; der Nationalsozialistische Lehrerbund kontrollierte die Personalpolitik an den Schulen. Die Gemeinden verloren ihre Entscheidungsbefugnisse über die kommunalen Schulen und die dort angestellten Lehrer.

Reichsinnenminister Frick fasste bereits 1934 die Machtverteilung folgendermaßen zusammen: »Die Gemeinden erscheinen nur noch äußerlich als verwaltungsmäßige Träger der von ihnen geschaffenen Einrichtungen, sachlich aber entscheiden nicht die Gemeinden, sondern zentrale ständische Organe. Trotzdem bleibt die finanzielle Verantwortung bei den Gemeinden.«[302]

Der schöne Schein

Zwar wurde die kommunale Selbstverwaltung immer mehr beschnitten, doch blieb sie ein zentraler Bestandteil der Propaganda, und die NSDAP ließ sich durch ihre Ideologen, so Ley, Freisler und Himmler, als »Retter« der Selbstverwaltung und der Gemeinden darstellen. Diese Beschwörung der Gemeinden als konstituierendem Element der Gesellschaft musste mangels tatsächlicher Verwirklichung in Symbole verlagert werden. Besonders augenfällige Gelegenheiten waren dabei die Inszenierungen von lokaler Geschichte im Fest und die Loyalitätserklärungen der Gemeinden durch symbolische Handlungen. Für derartige Erklärungen standen den Gemeinden besonders zwei Mittel zur Verfügung: die Erteilung des Ehrenbürgerrechts und die Verleihung von Namen an kommunale Einrichtungen.

Dass dieser Symbolik sowohl von der Seite der NSDAP und ihrer Gliederungen als auch durch die Vertreter der verfassungsmäßigen Kommunalverwaltungen bereits 1933 ein hoher Stellenwert beigemessen wurde, zeigt der »Flaggenstreit«, der die meisten Städte in den ersten Märztagen bewegte. Während besonders die lokalen SA-Stürme bestrebt waren, durch Hissen der Hakenkreuzfahne an den öffentlichen Gebäuden und namentlich an den Rathäusern Macht zu demonstrieren, kämpften zumindest einige der Bürgermeister und Beamten in den Stadtverwaltungen dagegen. So versuchte

Wilhelm Külz in Dresden am 7. März 1933 offenbar mehrere Stunden lang zu verhindern, dass die Hakenkreuzfahne auf dem Rathaus gehisst wurde.[303] Auch für Pirna und Leipzig sind uns Berichte überliefert, die der Farbe der Flagge auf dem Rathaus geradezu entscheidende Bedeutung beimessen.[304] Man hat sich zu vergegenwärtigen, dass das Aufziehen einer Parteifahne sowie der Fahne des Kaiserreiches auf öffentlichen Gebäuden einen sichtbaren Bruch der ja weiterhin gültigen Weimarer Reichsverfassung und der Verfassung für den Freistaat Sachsen darstellten. Insofern zeigte auch der Flaggenstreit die Besonderheit der Situation in der ersten Hälfte des Jahres 1933, ehe die Bemühungen der NSDAP um einen »geordneten« Übergang zum Tragen kamen.

Mit großer Eile betrieben die neuen nationalsozialistisch bestimmten Stadtverwaltungen die Verleihung der Ehrenbürgerschaft an Hitler und Hindenburg, die als obligatorisch angesehen werden kann. Deshalb galt das Bestreben weniger der bloßen Annahme durch die Genannten als der Möglichkeit, die Bürgerbriefe persönlich zu überreichen. Der Sächsische Gemeindetag hatte bereits am 1. Mai 1933, um die Flut zu steuern, der Ausfertigung gemeinsamer Ehrenbürgerbriefe der sächsischen Städte und Gemeinden zugestimmt. Damit verbunden war das Ziel, beide »durch eine kleine Abordnung des Vorstandes in Berlin persönlich überreichen zu lassen«.[305] Im Februar 1934 war Hitler bereits in etwa 1800 sächsischen Gemeinden Ehrenbürger.

Eine Welle von Änderungen der Straßennamen erfasste die sächsischen Städte, besonders in den Jahren 1934 bis 1938, wobei Benennungen nach Adolf Hitler an erster Stelle standen. Als Beispiele seien nur der Theaterplatz in Dresden, der die Altstadt umschließende Donatsring bzw. Meißner Ring in Freiberg und die Gartenstraße in Pirna genannt. Größtenteils waren es völlig unpolitische Straßennamen, die durch die Namen von Idolen ersetzt wurden. So zum Beispiel in Radebeul: Hohe Straße in Hans-Schemm-Straße; Brand-Erbisdorf: Freiberger Straße in Hindenburgstraße; Frankenberg: Seminarstraße in Ludendorffstraße. Des Weiteren wurden selbstverständlich die Namen politischer Gegner und mit der nationalsozialistischen Rassenideologie nicht vereinbare Benennungen beseitigt: z. B. in Brand-Erbisdorf: Karl-Marx-Straße in Wettinstraße, Bebelstraße in Horst-Wessel-Straße, Rathenaustraße in Bismarckstraße. Regelmäßig fielen auch die nach Adolf Damaschke benannten Siedlungsstraßen unter das Verdikt der Umbenennung. Die hohe politische Bewertung dieser Symbolik zeigte sich in Plauen, wo am 23. Februar 1933 die Umbenennung der Breiten Straße in Adolf-Hitler-Straße zunächst scheiterte. Das sei ein »ungeheuerliches Verhalten«, mit dem sich »der größte Teil des Rates für alle Zeiten ein unrühmliches Denkmal gesetzt habe«, kommentierte die offiziöse Tageszeitung »Vogtländischer Anzeiger und Tageblatt« am 17. März. 1933, als durch Manipulation bei den Sitzungseinladungen eine künstliche Mehrheit den Beschluss doch noch gefasst hatte.[306] Die Alltagssprache hintertrieb freilich bald einen Teil der Bemühungen: Die 1938 mit viel Pomp nach Mutschmann benannte Neubausiedlung in Freiberg hieß selbst in den offiziellen Akten bereits ein Jahr später lakonisch »M. M.-Siedlung«.[307] Ebenfalls hauptsächlich in die Jahre 1934 bis 1939 fallen Änderungen der Gemeindenamen, die u. a. Zusammensetzungen mit Juden- bzw. Jüden- und Wendisch- beseitigten. Bevorzugt wurde dabei die Eingemeindung der betreffenden Orte in solche mit weniger »anstößigen« Namen.[308] Es fällt die von keiner historischen Überlegung getrübte Vordergründigkeit dieses Vorgehens auf, denn hätte man slawische Ortsnamen beseitigen wollen, wären vor allem die zahlreichen sächsischen Orte auf -itz und -atz umzubenennen gewesen, von den slawischen Wurzeln vieler Städtenamen ganz zu schweigen. Hier wird die auf das äußere Bild und nicht auf den Zusammenhang gerichtete Funktion der symbolischen Handlungen besonders deutlich.

Sowohl nach außen, an die Zuschauer und Gäste, als auch nach innen, an die Mitwirkenden und Einwohner, richteten sich die Jubiläumsfeierlichkeiten städtischer und ländlicher Gemeinden. Ein erstes Indiz für die Inszenierung der Geschichte als Propagandamittel findet sich in Bemühungen, jene Feiern, die den Problemen der Weltwirtschaftskrise zum Opfer gefallen waren, möglichst rasch nachzuholen. Bautzen kam so zur Tausendjahrfeier der Burg, die 1933 binnen weniger Wochen organisiert wurde. In Reichenbach im Vogtland setzte man sich über die historische Forschung hinweg, damit das Stadtjubiläum ins Jahr 1934 passte.[309]

Für die nähere Betrachtung bieten sich die 700-Jahr-Feier in Pirna 1933 und die 750-Jahr-Feier in Freiberg 1938 an. Beide Jubiläen in Städten ähnlicher Größe und ähnlichen Alters sind gut überliefert[310] und fallen in verschiedene Perioden der nationalsozialistischen Herrschaft. Während in Pirna nur zwei Monate seit dem Hissen der Hakenkreuzflagge auf dem Rathaus vergangen waren, fand das Freiberger Jubiläum schon unter der Deutschen Gemeindeordnung statt, bei gefestigter Macht des nationalsozialistischen Staates.

Die Vorbereitungen für die Feiern reichten bis in die Zeit der Weimarer Republik zurück. In beiden Städten verteilten sich die Veranstaltungen auf mehrere Festtage mit durchkomponiertem Programm. Der historische Teil in Festschrift, Festzug und Ausstellungen wurde profunden Kennern der Stadtgeschichte übertragen. Auch die Programme ähnelten einander: Gottesdienste und Schulfeiern, Festansprachen, Festzug, Beleuchtung und Schmuck der Stadt, Aufführung von Laienspielen. Die NSDAP-Funktionäre des Gaus Sachsen ließen sich den Besuch als willkommene Gelegenheit zur Selbstinszenierung nicht nehmen, so erschien Mutschmann in Pirna als Ehrengast und Fritsch in Freiberg. Unterschiede zeigen sich vor allem in der Durchdringung der Feierlichkeiten mit nationalsozialistischen Ritualen. So erscheinen in Pirna die Verleihung der Ehrenbürgerwürde an Hindenburg, Hitler und Mutschmann sowie die Bezugnahme auf die »nationale Revolution« noch als merkwürdig angehängtes Apropos, dem in der Festschrift auf Seite 42 ganze sechs Zeilen gewidmet wurden. Der geschichtliche Teil des Festzuges endete 1918, und im zweiten Teil, der Leute von heute präsentieren sollte, findet sich ein bunter Mix aus Sportvereinen, Innungen, Schulen und Wehrverbänden sowie Arbeitsdienst. In Freiberg bildeten dagegen die »Weihe« der Martin-Mutschmann-Siedlung, die Grundsteinlegung für ein HJ-Heim, Kreisappell und Kreisarbeitstagungen der NSDAP zentrale Bestandteile der Feierlichkeiten. Das Wiederaufleben des rüstungswichtigen Bergbaus wurde in Parade und Schau als direkte Rettungstat der Nationalsozialisten dargestellt. Es ist ein Hang zur Überorganisation mit minutengenauen Treffpunkten und ständigen Befürchtungen zu erkennen, die ehrenamtlichen Mitwirkenden nicht genau genug unter Kontrolle halten zu können. Vom Bestreben, die wohl vorhandenen wirtschaftlichen Verbesserungen und den ebenfalls sichtbaren Enthusiasmus der Bevölkerung durch Anweisungen, Empfehlungen und Inszenierungen zu einem gewaltigen, jede Gegenmeinung erdrückenden Schauspiel zu steigern, zeugt letztlich auch das Defizit von 60 000 RM, das der Stadt Freiberg aus dem Fest verblieb.

Was in Pirna nur in ersten Ansätzen zu sehen und noch explizit ein Politikum war, zeigt die Freiberger Feier völlig integriert und als Normalität: die Darstellung des Nationalsozialismus als neue und selbstverständlich beste Epoche der Stadtgeschichte, vor allem als eine alternativlos gute. Die Projektion der lokalen Geschichte in die Propaganda lässt sich auch an Anachronismen wie der Wiedereinführung von Trachten für Ratsherren und Amtsketten sowie an der Hinwendung zur ortsgeschichtlichen Forschung beobachten. Gerade die Qualität letzterer hing entscheidend von der Einstellung der beteiligten Personen ab und reicht von simpler Geschichtsklitterung im Dienste der Machthaber bis zu anspruchsvollen Untersuchungen, deren Anpassung sich im Vorwort erschöpfte.

Im Krieg

Bei Kriegsbeginn war das nationalsozialistische System der Gemeindeverwaltung konsolidiert. Die negativen Folgen der Weltwirtschaftskrise waren in vielen Orten, wenn auch nicht überall, überwunden und sowohl das Budget für Daseinsvorsorge wie die Gemeindefinanzen überhaupt auf niedrigem Niveau gefestigt. Auf die zusätzlichen Aufgaben der Kriegszeit schien man vergleichsweise gut vorbereitet, da Erfahrungen aus dem Ersten Weltkrieg genutzt werden konnten.

So erfolgte zunächst auch kein Einbruch der Gemeindehaushalte. Die Kommunen hatten einen besonderen Kriegsbeitrag an das Reich abzuführen – in Sachsen 1939: 56 Millionen RM, 1940: 101 Millionen, 1941: 105 Millionen, und damit ein Viertel ihres Steueraufkommens.[311] Von der Rüstungskonjunktur profitierende Orte konnten ihre Schulden dennoch weiter abbauen und den Wert des städtischen Eigentums erhöhen, zumal durch Verbote im Bausektor und bei Investitionen dessen produktive Nutzung kaum noch möglich war. Durch Familienunterhalt für die Angehörigen der Eingezogenen, Begräbnisbeihilfen und soziale Unterstützung der Witwen und Waisen wurden die

Wohlfahrtshaushalte der Gemeinden wieder stärker belastet. Die Gemeindefinanzen verloren jedoch gegen Kriegsende ihre zentrale Bedeutung als Mittel der kommunalen Selbstverwaltung, da Gebrauchsgüter für die Bevölkerung wichtiger waren als die Verfügbarkeit von Geld und ein ausgeglichener Haushalt.[312]

Sehr wesentlich waren dagegen die Eingriffe, denen die Gemeinden durch die Kriegswirtschaft und die Abordnung kommunaler Beamter und Angestellter in die besetzten Gebiete ausgesetzt waren. An vorderer Stelle ist dabei die Einrichtung der Ernährungs- und Wirtschaftsämter zu nennen, die die Verwaltung der Lebensmittelkarten, der Futterversorgung, der Versorgung mit Heizstoffen, Seife, Kleidern und Schuhen und der entsprechenden Karten zu leisten hatten. Da die Daseinsvorsorge mit zunehmender Kriegsdauer und weiteren Einberufungen nicht mehr allein durch das verbliebene Verwaltungspersonal zu lösen war, übernahmen Parteidienststellen kommunale Aufgaben, wie in Freiberg, wo sie die Lebensmittelkarten verteilten.[313] Außerdem wurden wieder Frauen und ehrenamtliche Helfer herangezogen. Von Freiwilligen bis zu Dienstverpflichteten reichte das Spektrum dieser Aushilfskräfte, Bildung und Motivation waren folglich sehr verschieden. Zudem setzten einige Städte auch Zwangsarbeiter für kommunale Aufgaben ein.

Um gemeindeeigene Betriebe entbrannte bald ein Machtkampf zwischen Gemeinden und Staat. Die größeren Städte mit eigener Elektrizitäts-, Gas- und Wasserversorgung sträubten sich gegen ihre weitere Entrechtung. Als nach dem Führerbefehl vom 6. August 1943 eine Verordnung erging, dass die gesamte Strom- und Gasversorgung für die Kriegsdauer in die Verwaltung des Staates übergehen sollte, unternahm der Freiberger Oberbürgermeister »entsprechende Schritte zur Wahrung unserer Selbständigkeit«, ein bemerkenswerter, wenn auch wenig erfolgreicher Versuch.[314] Der Wohnungsbau wurde verboten und kam bis auf wenige Ausnahmen trotz erhöhten Bedarfes zum Erliegen. Erwerb und Betrieb von Gemeinschaftsunterkünften, zunächst für mehrere tausend Kinder aus dem Westen des Reiches, dann zunehmend auch für Evakuierte, Flüchtlinge und Ausgebombte traten in den Vordergrund der Wohnungsfürsorge. Das Schulwesen musste wegen der Nutzung von Schulen als Lazarette neu organisiert werden. Zu einer zentralen Aufgabe wurde der Luftschutz, der in der Vorkriegszeit und den ersten Kriegsjahren oft mehr ein Disziplinierungsmittel als von praktischer Bedeutung war. So lieferte der Deutsche Gemeindetag erst am 19. November 1942 den Oberbürgermeistern der Großstädte Orientierungshilfen für die Verwaltungstätigkeit nach Luftangriffen.[315] Neben der Einrichtung öffentlicher Luftschutzräume wurden entsprechende Einbauten in Häusern forciert. Die Schulung der Bevölkerung umfasste sowohl das Verhalten bei Luftangriffen als auch ideologische Beeinflussung. Wie ungenügend die verantwortlichen Stellen vorbereitet waren, zeigte der Angriff auf Leipzig am 4. Dezember 1943, der nur deshalb nicht noch mehr Menschenleben forderte, weil sich eine große Anzahl Leipziger über die Befehle der Verantwortlichen hinwegsetzte.[316]

Zu einer Stärkung der kommunalen Selbstverwaltung wie gegen Ende des Ersten Weltkrieges kam es nicht. Die Macht der örtlichen Parteigliederungen nahm im Gegenteil weiter zu, da sie über die größeren Ressourcen an Personal verfügten und Entscheidungen schneller fielen.[317] Gerade in den von Luftangriffen betroffenen Städten spielten symbolische Aktionen weiterhin ein große Rolle. Als in Freiberg am 7. Oktober 1944 mindestens 130 Personen umkamen und etwa 1500 Haushalte in unterschiedlichem Maße zerstört wurden, dauerte die Beratung der Ratsherren über Hilfe und Wiederaufbau nach einer zufällig entstandenen Randnotiz 20 Minuten, eine folgende Kundgebung auf dem Obermarkt, zu der alle befohlen wurden, die in der Stadt einer Befehlshierarchie unterstellt waren, wesentlich länger.[318]

Vor einer schwierigen Entscheidung standen schließlich kommunale Vertreter und Beamte, wenn die alliierten Truppen sich ihrem Ort näherten. Sollte Widerstand geleistet werden, wie es Staat und Partei verlangten, oder wog die Pflicht gegenüber der Stadt oder Gemeinde und der Bevölkerung schwerer? Musste man also alles versuchen, den eigenen Ort möglichst unversehrt zu erhalten? Es liegt in der Natur der Sache, dass die Überlieferung solcher Übergaben sehr unzuverlässig und von Legenden umrankt ist und deshalb keine allgemeine Aussage getroffen werden kann. Selbst für größere Städte widersprechen sich oftmals die Zeitzeugenberichte. Die Entscheidung für die weiße Fahne war angesichts des blutigen Endterrors der NS-Herrschaft wie auch der nicht voraussagbaren Reaktion der heranrückenden Truppen in doppelter Weise gefährlich.

Die kommunale Selbstverwaltung wurde zwischen 1933 und 1945 in einem schleichenden Prozess ausgehöhlt, der widersprüchlich verlief und die Konkurrenz verschiedener Interessengruppen in NSDAP und Staat widerspiegelte. Nach großen Hoffnungen auf Vereinfachung und Beschleunigung der Daseinsvorsorge wurde erst allmählich das Konfliktfeld zwischen originär kommunalen Interessen einerseits und Partei- und Staatsintentionen andererseits deutlich. Diese Auseinandersetzung wurde durch den Krieg verschärft und war auch bei Kriegsende noch nicht abgeschlossen. Während des gesamten Zeitraums blieben die Gemeinden ein zentraler Bestandteil der nationalsozialistischen Propaganda, die in der Öffentlichkeit ein idealisiertes Bild ihrer Entwicklung verbreitete.

Parteikreis	Anteil der Nationalsozialisten an der Gesamtzahl der Gemeindeverordneten (%)	Orte mit absoluter nationalsozialistischer Mehrheit
Vogtland	50,4	21
Obervogtland	44,7	22
Flöha	41,8	5
Obererzgebirge	39,0	16
Mittweida	35,97	8
Aue	33,2	3
Zwickau	31,97	7
Freiberg	31,96	3
Stollberg	30,9	1
Großenhain	30,8	19
Chemnitz	29,69	0
Kamenz	27,6	2
Oschatz	27,1	1
Meißen	26,7	3
Döbeln	26,2	2
Grimma	25,4	1
Dresden	24,4	0
Dippoldiswalde	20,6	1
Glauchau	20,3	2
Löbau	18,9	0
Zittau	18,4	0
Borna	15,93	4
Pirna	13,78	0
Leipzig	12,4	0
Bautzen	12,2	0

Quelle: Kurt Gruber: 4000 NS-Gemeindeverordnete. In: Der Freiheitskampf, Nr. 22, vom 26.1.1933.

Thomas Schaarschmidt

Kulturpolitik im Lande eines Kunstbanausen? Die sächsische Gauleitung und das »Heimatwerk Sachsen«

»Mutschmann spielt den Kulturtyrannen, und es ist nicht leicht, mit ihm auszukommen. Die Folge seines diktatorischen Vorgehens ist, daß die Dresdner Kunstinstitute immer mehr verfallen. Auch die Künstler wollen nicht mehr in Dresden bleiben, weil sie dort keine Entwicklungsmöglichkeit mehr sehen«, notierte Joseph Goebbels im November 1941 in sein Tagebuch, und er fügte hinzu, »ich werde doch gezwungen sein, diese Frage schon im Interesse der Kulturgeltung Dresdens gelegentlich einmal dem Führer vorzutragen. Es geht ja nicht an, daß ein Reichsstatthalter, der gänzlich kunst- und kulturfremd ist, auf die Dauer die kulturelle Entwicklung einer so großen und kulturell so bedeutenden Stadt hintanhalten kann.«[319] Zehn Tage später nutzte der Reichspropagandaminister eine Aussprache mit Hitler, um ihm »den Fall Mutschmann-Dresden« vorzutragen. »Mutschmann«, so Goebbels, »betätigt sich im sächsischen, vor allem im Dresdner Kulturleben wie ein Elefant im Porzellanladen.« Obwohl auch Hitler Mutschmann für einen Kulturbanausen reinsten Wassers hielt, machte er Goebbels wenig Hoffnung. Als Ergebnis der Beratung hielt der Minister in seinem Tagebuch fest: »Ändern kann man im Augenblick nicht viel daran, denn Mutschmann ist zu vierschrötig, als daß er auf fundierte Argumente eingingе.«[320]
Offensichtlich sah der sächsische Kulturtyrann und »Elefant im Porzellanladen« seine Rolle in der Kulturpolitik ganz anders. Auf einer Festkundgebung anlässlich der zweiten sächsischen Gaukulturwoche erklärte Mutschmann am 10. Oktober 1937 im Bautzner Stadttheater: »Die kulturelle Tradition des Sachsengaues verpflichtet uns zu den höchsten Anstrengungen. Zu allen Zeiten hat Sachsen seinen Anteil dem deutschen Volke gegeben, an allen Kulturepochen Deutschlands war Sachsen entscheidend beteiligt. Aus diesem flächenmäßig kleinen Raum strömten die genialen Kräfte hinaus in das große Vaterland.« Die Genialität von Leibniz, Fichte, Lessing, Nietzsche und anderen großen Sachsen »soll uns nicht nur mit Stolz erfüllen«, so der Gauleiter weiter, »sondern uns anspornen, aus ihren Werken zu lernen und ihnen nachzueifern«.[321]
Ganz ähnlich hieß es in einer Broschüre der Sächsischen Staatskanzlei unter der Überschrift »Kulturland Sachsen. Ein Zentrum deutscher Kunst und

Wissenschaft«: »Ein Volksstamm von solch schöpferischer Gestaltungskraft und so unbändigem Bildungswillen wie der obersächsische wird im Konzert der gesamtdeutschen Kunst und Kultur auch in Zukunft eine tonangebende Rolle spielen. Erst recht im neuen Reich, das sich auf der Grundlage der deutschen Kultur aufbaut. Kultur ist nicht, wie falsche Propheten glauben machen wollten, eine Angelegenheit für verweichlichte, am Internationalen haftende Intellektualitäten. Gewiß, Kunst und Wissenschaft sollen sich nicht engstirnig abschließen von dem Schaffen anderer Völker und gerade Sachsens Erfolge sind Beweis dafür; sie müssen aber zunächst aus dem Boden gewachsen sein, um aus dem Vollen schöpfen zu können. Hier liegt die große Zukunftsaufgabe der verantwortlichen Stellen, Hüter der unvergänglichen Werke aus einem Jahrtausend sächsischer Kulturgeschichte zu sein und gleichzeitig Anreger und Befruchter für den kulturellen Aufbau im nationalsozialistischen Geiste.« Dass dieser Anspruch bereits realisiert wurde, belegte die Broschüre mit verschiedenen Beispielen: »In Leipzig erfüllt sich die Sehnsucht der älteren und der jüngeren Generation in der Schaffung des deutschen Nationaldenkmals für Richard Wagner, in Dresden zeigte die Reichstheaterwoche, daß der Führer dieser ersten Theaterstadt des Reiches die ihr gebührende Stellung einräumt. In den Grenzstädten werden die zugrunde gegangenen Theater wieder aufgerichtet, auf dem Lande und in der Kleinstadt erhält die Kunstbetätigung wieder Auftrieb. Wie die alten verwitterten Prachtbauten in Dresden und anderwärts unter Hammer und Meißel wieder zu neuem Leben erstehen, so schaffen die geistigen Steinmetzen unserer Zeit dem Volk ein neues kulturelles Gewand. Alles ist noch im Gären und Beginnen, aber die Bahn ist wieder frei. Kunst und Kultur sind nicht mehr Stiefkinder!«[322]

Die Kulturvorstellungen des sächsischen Gauleiters

War Sachsen im Dritten Reich kulturelle Wüste oder eine blühende Kulturlandschaft? Goebbels' Urteil und die Selbstdarstellung der sächsischen Partei- und Staatsführung konnten kaum unterschiedlicher ausfallen. Geradezu idealtypisch repräsentierten die beiden Einschätzungen die unterschiedlichen Kulturauffassungen des Nationalsozialismus. Während der Reichspropagandaminister die Pflege des nach seinen Maßstäben zurechtgestutzten klassischen deutschen Kulturerbes favorisierte, orientierte sich die sächsische Führung am völkischen Ideal einer in Boden und Stamm verwurzelten Kultur, die letztlich alle Lebensbereiche erfassen sollte. Der von Mutschmann verwendete Kulturbegriff sollte seiner Rede in Bautzen zufolge »der ganzen Totalität unserer Weltanschauung« entsprechen. »Eine weltanschaulich und technisch gut ausgerichtete politische Kundgebung«, erläuterte er diese Vorstellung, »wird ein größeres Kulturerlebnis sein als eine mittelmäßige Kunstausstellung, die den Volksgenossen nicht überzeugt und erwärmt.« Was der sächsische

Gauleiter unter Kultur verstand, war einerseits völlig entgrenzt, andererseits politisch-ideologisch sehr eng gefasst, denn er fuhr fort: »Es kann uns nicht gleichgültig sein, aus welchen Quellen der schaffende Mensch seine kulturelle Ausrichtung erhält. Jeder einzelne muß geistig und seelisch so stark gemacht werden, daß er in den lebensnotwendigen Kämpfen unserer Nation seinen Mann steht. Vor allem gilt das für unsere Jugend, die mit einem hohen Gedankenflug die Zukunftsaufgaben unseres Volkes meistern soll. Wir wollen nicht nur körperlich-rassisch das tüchtigste Volk der Erde sein, sondern auch geistig und seelisch.«[323]

Wie sich der Gauleiter den Zusammenhang von Kultur und Leistungsbereitschaft vorstellte, erklärte er in Bautzen mit den Worten: »Wir brauchen die Kenntnis der sächsischen Leistungen und Vorgänge als Grundlage eines echten Heimatstolzes in aller Bescheidenheit. Aus diesem Beitrag an das Reich erkennen wir unsere Leistungsfähigkeit, erkennen wir aber auch zugleich unsere Verpflichtung, dem neuen Reich von uns aus alles beizusteuern, was wir überhaupt zu tun in der Lage sind.«[324] In gewisser Weise determinierte dieses utilitaristische Kulturverständnis die Entgrenzung des Kulturbegriffs. Letztlich konnte alles als Kultur definiert werden, was der Mobilisierung der Bevölkerung diente.

Obwohl sich der Gauleiter immer wieder auf die sächsischen Geistesgrößen berief, blieb ihm die »Hochkultur« erstaunlich fremd. Hingegen zeigten sich in seinen Äußerungen deutliche Anklänge an Alfred Rosenbergs »Volkskultur«-Ideale, wie sie von der Nationalsozialistischen Kulturgemeinde und in den ersten Jahren des Dritten Reiches vom »Reichsbund Volkstum und Heimat« propagiert worden waren. Dessen Vorsitzender Werner Georg Haverbeck hatte den Begriff »Volkskultur« in der ersten Ausgabe seiner Verbandszeitschrift »Volkstum und Heimat« 1934 folgendermaßen definiert: »Volkskultur ist der elementare, kultische Ausdruck der Weltanschauung eines Volkes, ist letztes und höchstes Symbol der seelischen Gemeinsamkeit, ist Sichtbarmachung des heiligsten Gutes eines Volkes. Durch die Volkskultur spricht der seelische Erbstrom eines Volkes am deutlichsten.«[325] Nach Rosenbergs Theorien sollte die Wiedererweckung dieser weitgehend verschütteten, deutschen Volkskultur den Weg zur nationalsozialistischen Volksgemeinschaft bahnen,[326] die eines der zentralen Ziele der NS-Ideologie darstellte.

In seiner Bautzner Rede griff Mutschmann Rosenbergs Forderung auf: »Wir müssen die Menschen wieder als tragende Glieder hineinstellen in die deutsche Volksgemeinschaft. Wir müssen ihr Verständnis wecken für das geschichtliche und kulturelle Erbe, das ihnen durch ihre bluts- und stammesmäßigen Bindungen an ihre Landschaft als ein wertvolles Stück deutschen Bodens überkommen ist. Wir müssen den völkischen und rassischen Spuren unserer Väter nachgehen und den Symbolgehalt des Brauchtums und all der Lebensweisheiten unserer Vorfahren verständlich machen.« Was er sich darunter vorstellte, erklärte Mutschmann mit den Worten: »In unserer Sprache, in unserem Volkslied, im landschaftsgebundenen Haus, in der Festgestaltung, in der Tracht und im Brauchtum bekennen wir uns zu unserem Volkstum. Das alles ist in unserem völkischen Instinkt immer vorhanden gewesen und war nur verschüttet durch eine Zeit, in der eine volksfremde Asphaltliteratur und Kunst vorübergehend die Oberhand gewinnen konnte.«[327]

Von der Pflege der »Volkskultur« versprach sich der sächsische Gauleiter, »den Typus des schöpferischen und kämpferischen Menschen zu prägen, der im Dritten Reich Träger des Willens und der Idee sein soll«.[328] Wie diese Charaktererziehung vor sich gehen sollte, erklärte ein Mitarbeiter Mutschmanns Anfang 1939: »Es ist die Aufgabe unserer Zeit, die Menschen zu Gliedern einer Gemeinschaft zu erziehen, die in der Lage ist, das Leben der Nation zu erhalten und immer wieder solche Menschen zu formen, die für diese Gemeinschaft unter Umständen bereit sind, ihr Leben zu geben, und die ihr eigenes Leben stets unter das Gesetz der Gemeinschaft stellen. Wenn sich das Volkstum in seinem tiefsten Wesen zeigen soll, dann möchte ich sagen: das Volkstum hat die seelischen Werte, die den Menschen zu höchster Leistung befähigen, zu lenken und zu fördern; es hat ihn zu Charakterfestigkeit, zu stolzer und herrischer Haltung zu erziehen; es muß seinen Alltag verinnerlichen und ihm so letzten Endes zur Religion werden.«[329] Nach diesen Vorstellungen gingen Charaktererziehung auf der Grundlage des im Stamm manifestierten »Volkstums« und die Förderung des »Heimatstolzes« der sächsischen »Volksgenossen« Hand in Hand, um sie zum selbstlosen Einsatz für die politischen, wirtschaftlichen und militärischen Ziele des NS-Regimes anzuspornen.

Die Verteilung der kulturpolitischen Kompetenzen bis 1936

Als die Sächsische Staatskanzlei Anfang 1936 daranging, eine neue Konzeption der Kultur-Propaganda auszuarbeiten, spielte der sächsische Gauleiter nur eine untergeordnete Rolle in der Kulturpolitik des Landes. Wie die Kompetenzen verteilt waren, zeigte sich noch im Oktober 1936 bei der Ausrichtung der ersten sächsischen Gaukulturwoche. Während Mutschmann lediglich als schmückendes Beiwerk in Erscheinung trat, lag die Initiative in den Händen der Landesstelle Sachsen des Reichspropagandaministeriums, der Gaukulturstelle der NSDAP, der Landesleitung der Reichskulturkammer, der NS-Gemeinschaft »Kraft durch Freude«, der Nationalsozialistischen Kulturgemeinde und anderer parteinaher Organisationen.[330] Tatsächlich handelte es sich dabei vor allem um zwei Personen, den Landesstellenleiter Heinrich Salzmann, der in Personalunion Landesleiter der Reichskulturkammer und Leiter des Gaupropagandaamts war,[331] und um Willy Korb, der seit August 1934 gleichzeitig als Gauamtsleiter für Kultur, Gauwart der NS-Gemeinschaft »Kraft durch Freude« und Gauobmann der NS-Kulturgemeinde fungierte.[332] Obwohl beide theoretisch zur Gauleitung gehörten, waren sie fest in die Strukturen des Goebbels-Ministeriums beziehungsweise der zentral gelenkten Kulturorganisationen Robert Leys und Alfred Rosenbergs eingebunden.[333]

Ausdruck dieser von Berlin gesteuerten Kulturpolitik waren beispielsweise die »Stätten der Volksgemeinschaft«, die in den dreißiger Jahren wie überall im Reich auch in den sächsischen Städten Kamenz, Borna und Schwarzenberg errichtet wurden. Zigtausende sächsischer »Volksgenossen« kamen während der folgenden Jahre auf den Thingstätten in den zweifelhaften Genuss weihevoller Inszenierungen chorischer Theaterstücke, die sich durch Unmengen von Komparsen, schlichte Botschaften und unsägliche Monotonie auszeichneten. Ein Meisterwerk dieses Genres war das auf der Bornaer »Stätte der Volksgemeinschaft« aufgeführte Propagandastück »Schicksal Kohle«, in dem sich die Chöre verschiedener Bevölkerungsgruppen und eine mystische »Stimme aus der Ferne« wechselseitig davon überzeugten, dass die Braunkohle nach Klassenkampf und Ausbeutung in der »Systemzeit« im neuen »Reich der Volksgemeinschaft« zum »Blut der Gemeinschaft« geworden sei, deren Abbau allen nutze.[334]

Neben den großen Propagandaausstellungen des Goebbels-Ministeriums, die als Wanderschauen in ganz Deutschland zu sehen waren, bemühte sich auch die Nationalsozialistische Kulturgemeinde Rosenbergs, ihre kulturpolitischen Leitvorstellungen zu präsentieren. Bewusst brachte sie in der Ausstellung »Grenzlandschaffen«, die 1936 im erzgebirgischen Olbernhau stattfand, Schöpfungen bekannter sächsischer Künstler und Werke der Volkskunst zusammen, um die gemeinsamen »Wurzeln des nationalen Ausdrucksschaffens« aufzuzeigen.[335] »In diesem volkhaften Schaffen«, so ein Artikel des »Erzgebirgischen Generalanzeigers«, »liegt bereits der Schlüssel zur Vereinigung der Laienkunst unsrer Schnitzer und der schöpferischen Kunst unsrer Berufskünstler. Im strengsten Gegensatz zu früher finden sich beide Gattungen zusammen: jene hat sich über das Dilettantentum zur werkgerechten Darstellung des Schönen erhoben; diese hat sich vom Fluch des Selbstzwecks der Kunst zur Bildnerin und Gestalterin des Volksgefühls und der völkischen Grundlage, der Landschaft und des Blutes, gereinigt. So wird hier Kunst aus dem Volk einträchtig neben der Kunst für das Volk um Verständnis der Volksgenossen werben und sich zu einem Gesamteindruck von beseelter Formgestaltung ergänzen.«[336] Dem Grenzland kam für dieses Kunstverständnis eine besondere Rolle zu, da es nach den Vorstellungen der NS-Kulturgemeinde in besonderer Weise verpflichtet war, »den Geist des neuen Deutschlands gegen die Einflüsse fremder, undeutscher Kulturen zu schützen«.[337]

Parallel zu den zentralen Instanzen und Organisationen wirkten die Kommunen als wichtigste Impulsgeber der regionalen Kulturpolitik.[338] Sie initiierten Ausstellungen wie die große »Mitteldeutschland«-Schau, die Carl Goerdeler als eine seiner letzten Amtshandlungen im Oktober 1936 eröffnete,[339] förderten die Errichtung repräsentativer öffentlicher Gebäude und Plätze oder verunzierten das Stadtbild mit gigantischen Plastiken, unter denen das Zwickauer »Denkmal der Arbeit« schon rein optisch hervorstach. Die von dem Dresdner Bildhauer Hermann A. Raddatz in realistisch-heroisierender Manier geschaffene viereinhalb Meter große Bronzeplastik eines Bergmanns wurde am 28. Mai 1938 anlässlich der Eröffnung einer großen Regionalausstellung auf eine zehneinhalb Meter hohe Säule gehievt und dominierte fortan den Bahnhofsvorplatz.[340]

Im Vergleich dazu, aber auch im Vergleich zu anderen Regionen Deutschlands verzögerten sich die Planungen der sächsischen Gauleitung für Repräsentationsbauten so lange, dass sie nicht mehr zur Ausführung kamen. Auf Anordnung Mutschmanns hatte der Architekt des Hygienemuseums Wilhelm Kreis 1937/38 eine monumentale Umgestaltung des Dresdner Stadtzentrums im neoklassizistischen Stil entworfen. Wichtigste Elemente des von Hitler gebilligten Plans waren das Gauhaus, die »Sachsenhalle« mit 40 000 Sitzplätzen, ein Aufmarschplatz für 200 000 Menschen und ein 75 Meter hoher Glockenturm. »Die Architektur des Gauhauses und der Sachsenhalle«, begeisterten sich die »Dresdner Neuesten Nachrichten« 1938, »hält sich auf der Linie jener geraden, klaren und feierlichen Schönheit, die, ein Hauptmerkmal des neuen deutschen Baustils, sichtlich Ausdruck des disziplinierten, strengen, stolzen Lebensgefühls des neuen deutschen Menschen und seiner politischen Daseinsauffassung geworden ist.«[341] Letzter »Leiter der Durchführungsstelle für die Neugestaltung Dresdens« wurde 1939 Hitlers Schwager Martin Hammitzsch, dessen Name sich in Dresden gemeinhin mit der 1907 bis 1909 errichteten »Tabakmoschee Yenidze« verbindet.[342]

Die »Sachsenaktion« und der Vormarsch der »Sachsenmacher«

Erwies sich Mutschmann in seinem Bemühen um repräsentative Selbstdarstellung weniger erfolgreich als viele seiner Kollegen, so gehörte er zu den ersten, die die Pflege regionaler Kulturtraditionen systematisch in den Dienst der nationalsozialistischen Politik zu stellen versuchten. Ausgehend von seinem schwammig-utilitaristischen Kulturverständnis, konzipierten die führenden Mitarbeiter der Sächsischen Staatskanzlei 1936 zunächst die »Sachsenaktion« und anschließend das »Heimatwerk Sachsen«. Vordenker dieser Kulturpropaganda waren der Chef der Staatskanzlei Curt Robert Lahr[343] und der Leiter ihrer Nachrichtenstelle Arthur Graefe.[344] Letzterer hatte seinen Posten schon vor der nationalsozialistischen Machtergreifung innegehabt und war 1933 relativ problemlos übernommen worden.[345] Bereits unter der Regierung Manfred von Killingers hatte Graefe in verschiedenen halboffiziellen Publikationen ein Sachsen-Bild konstruiert, das konventionelle Facetten, wie landschaftliche Schönheit, Gewerbefleiß und kulturelle Leistungen, mit Versatzstücken der revisionistischen Grenzlandpropaganda, völkischen Stammestheorien und Bekenntnissen zur Reichs- und Parteiführung kombinierte. In seiner Argumentation erschienen die Obersachsen als ein kämpferischer Volksstamm, der im Zuge der mittelalterlichen Ostkolonisation als optimale Blutsmischung aller deutschen Altstämme entstanden und daher zu höchsten soldatischen, wirtschaftlichen und kulturellen Leistungen befähigt war. Ausdruck dieser Leistungskraft waren angeblich der jahrhundertelange Grenzkampf gegen das Slawentum, die Erfindung der deutschen Hochsprache und die Stärke der nationalsozialistischen Bewegung in Sachsen.[346]

Im Unterschied zu Graefe war Curt Robert Lahr 1935 ein Neuling auf dem Gebiet der Kulturpropaganda. Er gehörte zu den Kreaturen Mutschmanns, die mit der nationalsozialistischen Machtergreifung in verantwortliche Positionen katapultiert wurden, ohne dass sie fachlich darauf vorbereitet waren.[347] Das wäre angesichts der schrittweisen Auszehrung der Länderkompetenzen nicht so dramatisch gewesen, hätte Mutschmann nicht daran gelegen, gerade die Staatskanzlei als zentrale Instanz seiner Diktatur in Sachsen auszubauen. Dieser Prozess deutete sich bereits nach Mutschmanns Übernahme der Landesregierung an und zielte darauf ab, die begrenzten Handlungsspielräume der Gauleitung zu erweitern. Indem die kulturpolitischen Initiativen des Gauleiters von 1936 an seinen politischen Erziehungsauftrag anknüpften und in der Staatskanzlei verankert wurden, hatte er gute Aussichten, gegenüber den Einflussmöglichkeiten zentraler Instanzen Terrain zurückzugewinnen und es institutionell abzusichern.

Das Sachsen-Bild, das seit 1936 von der Staatskanzlei propagiert wurde, verband Ideen und Argumentationsmuster Graefes mit Ansätzen einer regionalkulturellen Selbstdarstellung, wie sie seit 1934 in den obererzgebirgischen Kreisen Annaberg, Marienberg und Aue zu beobachten gewesen waren. Unter Federführung des Annaberger Kreisleiters Werner Vogelsang[348] und der Kreiskulturwarte Max Günther und Friedrich Emil Krauß[349] hatte die Pflege erzgebirgischer Traditionen einen Aufschwung erlebt, der beispielsweise in der ersten »Deutschen Krippenschau« 1934 in Aue[350] und der Annaberger Ausstellung »Weihnachtsglück im Erzgebirge« von 1935[351] zum Ausdruck kam. In Zusammenarbeit mit dem »Erzgebirgsverein«, der zunehmend in politisches Fahrwasser geriet,[352] wurde ein Selbstbild des erzgebirgischen Grenzlands entworfen, das dieses als Keimzelle der nationalsozialistischen Volksgemeinschaft darstellte. Egal, ob Volkslied oder Weihnachtskrippe, ob Erzgebirgstracht oder »Pyramide für alle«, die alten und neuen Bräuche sollten dazu dienen, die Menschen über die Regionalkultur in die Volksgemeinschaft zu integrieren.

Wie das »Heimatwerk Sachsen« zielte die »Sachsenaktion« darauf ab, die Bedeutung Sachsens gegenüber der Außenwelt und den sächsischen »Volksgenossen« herauszustellen, den Stolz der Sachsen auf ihre Heimat zu wecken, ihre »blutsmäßigen Stammeseigenschaften« wieder zu beleben und sie auf diese Weise zu Höchstleistungen zu mobilisieren. Zunächst jedoch konzentrierte man sich darauf, das vermeintlich schlechte Ansehen Sachsens zurechtzurücken. Nach den Vorstellungen der führenden Köpfe in der Staatskanzlei hatte sich nach dem Ersten Weltkrieg das Bild einer »Sachsentype« verbreitet, »die gegenüber anderen Stammesvertretern wie eine Strohpuppe oder ein Gummimännchen neben Figuren kraftvoll gediegener Holzschnittkunst wirkt«.[353]

Die Schuld an diesem »Zerrbild des sächsischen Menschen«[354] traf vor allem »Sachsenkomiker, Witzefabrikanten und verjüdelte Literaten«, die als »Kulturbolschewisten« das Ansehen Sachsens durch ihre stereotypen Sachsenwitze und die Erfindung der »Bliemchen-Sprache [...], die gemeinhin als der ›sächsische Dialekt‹ überhaupt betrachtet wird«,[355] systematisch in den Schmutz getreten hätten. Da »sich viele Volksgenossen, Sachsen und Nichtsachsen« dieser »verderblichen Seuche« »widerstandslos« ergäben,[356] wandten sich die Bemühungen der Staatskanzlei zum einen gegen die »Sachsenkomiker« und zum anderen an die angeblich von Minderwertigkeitskomplexen befallenen sächsischen »Volksgenossen«.

Mit penetranter Hartnäckigkeit verfolgten Mutschmann und seine Mitstreiter in den folgenden Monaten und Jahren jede noch so unbedeutende Anspielung auf Sachsen in Kabarett, Theater, Rundfunk, Kino, Literatur, Presse und jedem anderen Bereich des öffentlichen Lebens. Während sie beispielsweise durch direkten Druck auf Buchhändler und Verlage sowie durch Interventionen bei der Reichsschrifttumskammer die »Bliemchenliteratur« auszurotten versuchten, hieß es in einem Arbeitsbericht der »Sachsenaktion« über die Theater: »Den Autoren, die immer wieder die Schablone des dämlichen und albernen Sachsen für ihre Stücke bevorzugen, wird man am wirksamsten entgegentreten, wenn die sächsischen Theater, Kabaretts usw. sämtliche Stücke dieser Theaterdichter – auch die ohne Sachsentypen – grundsätzlich ablehnen. Wer ein Stück mit einer sächsischen Type geschrieben hat, ist für sächsische Bühnen so lange nicht zu berücksichtigen, bis er alle seine Stücke im Manuskript bereinigt hat und den Nachweis erbringt, daß alle Theater, die ein solches Werk angenommen haben, ihre Regie-Anweisungen geändert haben. [...] *Den Theatern wird bekanntgegeben, welche Autoren darunter fallen. Angenommene Stücke sind vom Spielplan abzusetzen.*«[357] Konnte die Staatskanzlei im Land selbst versuchen, durch einen Boykott Zensur auszuüben, so blieb sie im übrigen Reichsgebiet von der Unterstützung zentraler Stellen abhängig, die in der Regel wenig Bereitschaft zur Kooperation zeigten. Noch 1942 spottete Goebbels über eine erneute Intervention Mutschmanns gegen Sachsenwitze im Rundfunk: »Er wacht wie ein Schießhund, ob irgend etwas gegen die Sachsen unternommen wird. Im großen und ganzen macht er damit die Sachsen noch lächerlicher, als sie in Wirklichkeit sind.«[358]

Kulturpolitik im Zeichen des »Heimatwerks Sachsen«

Erst mit der Gründung des »Heimatwerks Sachsen« im Oktober 1936 konnte die Staatskanzlei von der Abwehr zur Offensive übergehen. Nicht zufällig wurde es just in den Tagen aus der Taufe gehoben, als in Dresden der »Tag für Denkmalpflege und Heimatschutz« stattfand. Dieses Ereignis demonstrierte noch einmal die Stärke der traditionellen Heimatbewegung in Sachsen, markierte aber gleichzeitig das Ende ihrer Zusammenarbeit mit der

Landesregierung.³⁵⁹ Wenn es in der Satzung des als Verein gegründeten »Heimatwerks« hieß: es habe »den Zweck, die sächsischen heimatlichen Belange auf allen Gebieten zu pflegen und zu fördern«, es sei »der Mittelpunkt dieser Bestrebungen« und solle »für planmäßige Zusammenarbeit gleich- oder ähnlich gerichteter Organisationen sorgen«³⁶⁰ – so war das eine glatte Kampfansage an die traditionellen regionalkulturellen Dachorganisationen, wie den Landesverein Sächsischer Heimatschutz und die sächsischen Gebirgsvereine, die für ihre Mitglieds- und Zweigvereine exakt dieselbe Funktion erfüllten. Sie sollten zwar in Zukunft in einem »weiteren Beirat« des »Heimatwerks« vertreten sein, der aber faktisch nur ihrer Unterordnung diente.

Es mag auf den ersten Blick überraschen, daß die neue Zentrale der sächsischen Kulturpolitik die Form eines Vereins hatte. Für den Gauleiter und seine Mitarbeiter bot diese Konstruktion jedoch unübersehbare Vorteile. Zunächst lässt schon die Zusammensetzung der Gründungsmitglieder erkennen, dass der Vereinsstatus lediglich ein Kunstgriff war. Von den sieben beteiligten Personen gehörten drei der Sächsischen Staatskanzlei an, zwei waren NSDAP-Kreisleiter und die anderen beiden Kreiskulturwarte. Handelte es sich bei den Regierungsvertretern mit Lahr, Graefe und Georg Hartmann³⁶¹ um die treibenden Kräfte der »Sachsenaktion«, so stellten die Protagonisten der obererzgebirgischen Heimat-Propaganda Werner Vogelsang, Max Günther und Friedrich Emil Krauß drei der vier Parteivertreter. Der ungewöhnliche Brückenschlag zwischen Staatskanzlei und Obererzgebirge wurde dadurch besiegelt, dass Krauß den Vorsitz übernahm und Graefe sein Stellvertreter wurde.³⁶² Letzte Illusionen, dass es sich beim »Heimatwerk Sachsen« um einen privaten Kulturverein handeln könnte, wurde durch die Bestimmung der Satzung beseitigt, wonach der Reichsstatthalter und Gauleiter die Schirmherrschaft übernehmen und den Vorstand ernennen sollte.³⁶³

Wie Hartmann nach dem Abschluss des organisatorischen Aufbaus zugab, handelte es sich beim »Heimatwerk Sachsen« gar nicht um einen »neuen Verein [...], sondern den organisatorisch in die Sächsische Staatskanzlei eingebauten Zusammenschluß aller an der Heimatarbeit interessierten Stellen«.³⁶⁴ Unter Graefes Leitung entstand innerhalb der Staatskanzlei die neue Abteilung I C, die in den folgenden Jahren so stark expandierte, dass ihr Personalbestand mehr als ein Drittel der gesamten Behörde umfasste.³⁶⁵ Als Lahr im Januar 1937 davon sprach, das »Heimatwerk« sei »der Generalstab für alle Stellen des Staates, der Partei und der Verbände, die sich mit der Arbeit an der Heimat befassen«,³⁶⁶ meinte er damit de facto die entsprechende Abteilung der Staatskanzlei.

Wenn der Chef der Staatskanzlei bei anderer Gelegenheit erklärte, das »Heimatwerk« sei keine »Sonderorganisation außerhalb oder neben der Partei«, sondern stehe »mitten in der Partei«,³⁶⁷ verklausulierte er nur die Tatsache, dass die Beauftragten des »Heimatwerks« auf Kreis- und Ortsebene durchgängig mit den Kreis- und Ortsgruppenleitern der Partei identisch waren.³⁶⁸ Zwischen der Hierarchieebene der Kreisbeauftragten und der »Heimatwerks«-Zentrale

Adolf Hitler im Fluge über Deutschland

Ueberwältigender Auftakt: Ganz Sachsen im Zeichen Hitlers

Ueber eine Viertelmillion hören den Führer in Dresden, Leipzig, Chemnitz und Plauen — Ungeheure Begeisterung — Sieg der Wahrheit — Adolf Hitler zerbricht die Bürgerkriegs- und Inflationslügen der Hindenburgfront — Bericht vom Bord des D 1720 am 3. April 1932

Der Flug von München nach Dresden

80 000 in Dresden

Der Kronprinz für Adolf Hitler

1 »Adolf Hitler im Fluge über Deutschland«. Aus »Der Freiheitskampf« vom 4. April 1932

Vom Flughafen bis zur Radrennbahn eine einzige jubelnde Menschenmauer

So empfangen die Sachsen Adolf Hitler in Dresden

2 Adolf Hitler wird am 3. April 1932 auf der Radrennbahn in Dresden empfangen und auf dem Leipziger Messegelände

70000 in den riesigen Ausstellungshallen des Leipziger Messegeländes

3 Manfred von Killinger im April 1932

4 Cuno Meyer im April 1932

5 Erster Spatenstich für einen Thingplatz 1935. Anschließend Übergabe des Spatens an Gauleiter Martin Mutschmann

6 Das sächsische Kabinett vom 6. Mai 1933. Von links: Otto Thierack (Justizminister), Georg Schmidt (Arbeits- und Wohlfahrtsminister), Rudolf Kamps (Finanzminister), Manfred von Killinger (Ministerpräsident), Martin Mutschmann (Reichsstatthalter), Wilhelm Hartnacke (Volksbildungsminister), Karl Fritsch (Innenminister), Friedrich Günther (Chef der Staatskanzlei), Georg Lenk (Wirtschaftsminister), Wilisch (Ministerialrat in der Staatskanzlei)

7 Polizei marschiert in Chemnitz

8 Kundgebung in Dresden auf dem Adolf-Hitler-Platz (Theaterplatz) am 1. Mai 1933

9 Bücherverbrennung in Dresden auf dem Wettiner Platz (Fritz-Heckert-Platz) am 8. März 1933

Entartete Kunst

Diese Ausstellung soll zeigen, in welchen Sumpf von Gemeinheit, Unfähigkeit und krankhafter Entartung die vordem so hohe, reine und edle deutsche Kunst in 15 Jahren bolschewistisch-jüdischer Geistesherrschaft hinabgesunken war.

Die Ausstellung soll weiterhin ein Spiegelbild sein von der alles Gute, Wahre und Schöne zersetzenden, jede Form auflösenden Sitte und Scham und Ehre verhöhnenden Weltanschauung, die uns 15 Jahre lang bedrohte und noch heute bedroht, und von der uns der Nationalsozialismus Adolf Hitlers errettet hat.

Die Ausstellung soll endlich den verheerenden Einfluß zeigen, den der Einbruch des uns Deutschen wesensfremden, mit unseren Begriffen von Kunst und Sitte unvereinbaren jüdischen Geistes in die deutsche Kunst ausgeübt hat; denn was hier an entarteter Kunst gezeigt wird, ist entweder jüdische Arbeit oder solche, die von Halbjuden (Kritikern, Sammlern, Schriftstellern, Museumsleitern) begünstigt und gefördert wurde, so daß ungeheure Summen aus den Taschen der Steuerzahler verschwendet worden sind.

Heil Hitler!

Oberbürgermeister Zörner.

10 Geleitwort des Dresdner Oberbürgermeisters Ernst Zörner zur ersten Ausstellung so genannter Entarteter Kunst 1933

11 Der Leipziger Oberbürgermeister Carl Friedrich Goerdeler (Mitte) bei einem Empfang 1936

12 Die Gestapo Leipzig 1936, nach Dienstschluss (oben), SS in Zittau (unten)

13 Petrus Legge, Bischof von Meißen   **14** Georg Prater   **15** Hugo Hahn

16 Fronleichnamsprozession in Bautzen 1937

17 Die Mitglieder der Sächsischen Landessynode 1933

18 Die Sturmschar in Schirgiswalde

19 Die »Stätten der Volksgemeinschaft«: der 1935 eingeweihte Thingplatz (Hutbergbühne) in Kamenz

20 Erzgebirgsschau 1934, Gruppenbild mit Darstellung typischer Berufe und Tätigkeiten

21 Erntedankfest 1933

22 Ankunft Adolf Hitlers am Leipziger Hauptbahnhof, 26. März 1938

23 Minister marschieren! Martin Mutschmann (dritter von links), rechts daneben Georg Lenk und Karl Fritsch im Zieleinlauf bei der Prüfung zum SA-Sportabzeichen am 17. Juni 1938

24 Heimkehr der Deutschen Wehrmacht nach Überfall und Besetzung westeuropäischer Staaten durch Deutschland im August 1940

25 Martin Mutschmann besichtigt die Cinna Gläser-Karosserie am 20. Januar 1944

26 Wilhelm Külz

27 Prinz Ernst Heinrich von Sachsen

28 Curt Robert Lahr

29 Herbert Wilcke

in der Staatskanzlei wurden fünf Volkstumsbezirke definiert, die Regionen mit gemeinsamen kulturellen Traditionen entsprechen sollten. Sie unterstanden jeweils einem Volkstumsbeauftragten, der wiederum in Personalunion Kreisleiter der NSDAP sein musste. Welche kulturpolitischen Kompetenzen sich die Gauleitung mit der Etablierung des »Heimatwerks Sachsen« anmaßte, geht aus einer Verordnung Mutschmanns hervor, die Lahr im August 1937 erläuterte: »Wir fassen also in Zukunft die gesamte kulturelle Arbeit in der Hand des Kreisleiters zusammen, der jede volkstumsmäßige Veranstaltung, ganz gleich welcher Art und auch ganz gleich, von wem sie veranstaltet wird, verbieten kann, wenn er der Meinung ist, daß eine solche Veranstaltung nicht in dem Sinne erfolgt, wie wir das haben wollen.«[369] Indem die lokalen Parteifunktionäre für die Ziele des »Heimatwerks« eingespannt wurden, gelang es, einen Zugriff bis in die kleinste Gemeinde zu gewährleisten, ohne dass eine neue Organisation aufgebaut zu werden brauchte.

Die Nutzung der Parteistrukturen durch das »Heimatwerk Sachsen« war in zweifacher Hinsicht charakteristisch für die besonderen Verhältnisse in Sachsen. Mit seinem Bestreben, die regionale Parteiorganisation auf dem Feld der Kulturpolitik der Anleitung einer staatlichen Behörde zu unterwerfen, machte der Gauleiter erstmals deutlich, dass für ihn die Staatskanzlei und nicht die Gauleitung die zentrale Schaltstelle seiner Politik darstellte. Das führte in der Praxis zu dem später von Heinrich Himmler beklagten Phänomen, dass die Politik in Sachsen oft von Vertretern der alten Ministerialbürokratie bestimmt wurde und nicht von »alten Parteigenossen«.[370] Die personelle Zusammensetzung der »Heimatwerks«-Zentrale stand in besonders auffälligem Kontrast zu seinen Funktionsträgern »vor Ort«. Wurde die Organisation in Kreisen und Gemeinden von langjährigen Parteimitgliedern vertreten, so gab es in der Abteilung I C der Staatskanzlei kaum »alte Kämpfer«, dafür aber einige Mitarbeiter, die bis zu ihrer Einstellung Distanz zum Nationalsozialismus gehalten hatten. Daraus ableiten zu wollen, dass die Führung des »Heimatwerks Sachsen« ein Hort der politisch Verfolgten gewesen sei, wie es Graefe nach dem Krieg suggerierte,[371] wäre indes völlig verfehlt. Es war reiner Pragmatismus, wenn sich das »Heimatwerk«, das beanspruchte, die führende Kulturorganisation in Sachsen zu sein, die Mitarbeit ausgewiesener Fachleute sicherte, die letztlich die ihnen zugewiesenen Aufgaben zur vollen Zufriedenheit des Gauleiters erfüllten.

Demselben Ziel, qualifizierte Mitarbeiter für das »Heimatwerk Sachsen« zu gewinnen, diente die Einrichtung von über 40 Fachreferaten auf Landesebene sowie eine ähnliche Bandbreite auf Kreis- und Ortsebene.[372] Untergliedert in die Hauptabteilungen »Allgemeines«, »Wissenschaft und Volkskunde«, »Schrifttum und Kunst«, »Volkstumspflege« und »Schönheit und Heimat«, deckten die Fachreferate alle Arbeitsfelder des »Heimatwerks« ab.[373] Ihre Hauptaufgabe bestand darin, die traditionellen Kräfte der regionalkulturellen Arbeit an die Organisation zu binden, ihre Kompetenz zu nutzen und gleichzeitig ihre Arbeit zu kontrollieren und anzuleiten. Wenn Graefe auf der ersten

Jahrestagung im Dezember 1937 in Schwarzenberg erklärte, das »Heimatwerk« habe »nicht etwa den Ehrgeiz, die wichtige und notwendige Einzel- und Kleinarbeit zu leisten und den zuständigen Organisationen die Verantwortung abzunehmen«, sondern es wolle »nur jeweils die Richtung geben und die Aufgaben, wo es sich nötig macht, organisatorisch zusammenfassen«,[374] deutete er lediglich die Tatsache an, dass das »Heimatwerk« auf ihre Zusammenarbeit angewiesen war, wenn es seine ehrgeizigen Ziele verfolgen wollte.

In letzter Konsequenz strebten Mutschmann und seine Mitarbeiter in der Staatskanzlei an, weite Kreise der sächsischen Bevölkerung in das »Heimatwerk« zu integrieren und sie für die Unterstützung der nationalsozialistischen Politik zu mobilisieren. Da 1936 noch die zum 1. Mai 1933 verhängte Aufnahmesperre der NSDAP in Kraft war, bot ein Gaukulturverband als politische Vorfeldorganisation gute Möglichkeiten, auch Nichtmitglieder an die Partei zu binden. Nachdem Georg Hartmann 1936 das Ergebnis der »Sachsenaktion« mit den Worten resümiert hatte, dass »jede Stelle, jeder Volksgenosse [...] positiv mitarbeiten« müsse, damit »der letzte Erfolg auch sicher« sei,[375] hieß es ein Jahr später in einem Werbeschreiben des »Heimatwerks«: »Die Arbeit des ›Heimatwerks Sachsen‹ durch Mitarbeit und Erwerbung der Mitgliedschaft nach Kräften zu unterstützen, ist Pflicht jedes Volksgenossen im Gau.«[376] Von der Idee her war das »Heimatwerk« als Organisation der deutschen Volksgemeinschaft auf sächsischem Boden konzipiert, aber schon bevor dieser angestrebte Idealzustand erreicht war, bot das Instrumentarium des »Heimatwerks« vielfältige Möglichkeiten, die Bevölkerung propagandistisch zu bearbeiten.

Nach einer ersten Welle von Informationsveranstaltungen und Presseberichten über die Ziele des »Heimatwerks Sachsen« im Winter 1936/37[377] versuchte die Staatskanzlei, die sächsischen »Volksgenossen« seit Juni 1937 durch eine dichte Folge von Kundgebungen, Ausstellungen, Wettbewerben, Heimatabenden und Publikationen anzusprechen. Diese erschienen in vielen Fällen vordergründig unpolitisch und transportierten ihre politische Botschaft oft auf sehr subtile Weise. Ein Paradebeispiel dafür ist das erzgebirgische Mundartstück »Der Stein« des späteren »Heimatwerk«-Mitarbeiters Kanut Schäfer, das als »das große Theaterereignis der Gaukulturwoche« 1937 angekündigt wurde[378] und in geschickter Form gängige Klischees des Volkstheaters mit Inhalten der nationalsozialistischen Volksgemeinschafts-Propaganda verband. Der Held des Stückes, ein nationaler Sozialist aus dem Erzgebirge, erfüllt im Kampf gegen Kapitalismus und Kommunismus das Vermächtnis des Weltkrieges, indem er die zerstrittenen Bewohner seines Dorfes durch die Besinnung auf den Wert der Heimat in der Volksgemeinschaft eint.[379] Geradezu perfekt setzte Schäfer die zentrale Botschaft des »Heimatwerks Sachsen« um, weiteste Kreise der Bevölkerung durch das Bekenntnis zur Region für die Ziele des Nationalsozialismus zu gewinnen.

Um Schriftsteller, Künstler, Wissenschaftler, Journalisten und Architekten zur Mitarbeit an der Sachsen-Propaganda der Staatskanzlei heranzuziehen, hatte Gauleiter Mutschmann schon auf der ersten sächsischen Gaukulturwoche 1936 eine lange Liste von Wettbewerben angekündigt.[380] Nach diesem Rundumschlag konzentrierten sich die Kunstpreise der Gauleitung in den folgenden Jahren markanterweise auf die Förderung der Volkskunst. Bis 1944 wurden jedes Jahr zur Adventszeit die Staatskunstpreise im Rahmen der »Heimatwerks«-Jahresversammlungen an Schnitzer und seit 1939 auch an Klöpplerinnen verliehen. Welche Bedeutung Mutschmann der Volkskunst beimaß, wird daraus ersichtlich, dass er es sich mit Ausnahme der Kriegsjahre 1941 und 1942 nicht nehmen ließ, die Preise persönlich zu überreichen.[381] Analog zur inflationären Häufung von Kunstpreisen im übrigen Reichsgebiet wurden während des Krieges auch in Sachsen weitere Auszeichnungen gestiftet, die sich in den meisten Fällen wiederum durch ihre regionale Färbung auszeichneten. So erinnerte die 1943 und 1944 an gefallene Kriegsdichter verliehene »Theodor-Körner-Plakette« an den sächsischen Helden der Befreiungskriege. Es war wohl auch kein Zufall, daß der 1943 erst- und letztmals vergebene Gaukulturpreis ausgerechnet an den sächsischen Heimatschriftsteller Kurt Arnold Findeisen ging, der schon lange zum Mitarbeiterstamm des »Heimatwerks Sachsen« gehört hatte.[382]

Epilog im totalen Krieg

Obwohl auch die »Heimatwerk«-Arbeit während der letzten Kriegsjahre Einschränkungen unterworfen war, erwuchsen der Organisation neue Aufgaben, die zumeist an ihre bisherigen Tätigkeitsfelder anknüpften. So wurde das »Heimatwerk« in Sachsen zum Träger der Kulturarbeit auf dem Lande, deren »Aktivierung« die NSDAP-Reichsleitung wenige Wochen nach dem Angriff auf die Sowjetunion angeordnet hatte, um der Landflucht und Schwächung des deutschen Bauerntums entgegenzuwirken.[383] Noch größere Energien beanspruchte die kulturelle Betreuung der sächsischen Wehrmachtsangehörigen und der in Sachsen gelegenen Lazarette. Dazu dienten die Truppenzeitschrift »Sachsenpost«, die bis zur Bombardierung Dresdens erschien und während des »totalen Krieges« zum wichtigsten Informationsblatt des »Heimatwerks« wurde, und vor allem die Auftritte von Volkskunstgruppen. Nachdem das »Heimatwerk« bereits 1938 und 1939 regelrechte »Volkstums«-Tourneen durch das Reich veranstaltet hatte,[384] gingen diese nach Kriegsausbruch nahtlos in die Unterhaltungsprogramme für die sächsischen Soldaten über, die an die Heimat erinnert und zu neuen Heldentaten angespornt werden sollten.[385]
Noch 1944, als der Luftkrieg bereits weite Teile der Leipziger Innenstadt in Trümmer gelegt hatte, beschwor das »Heimatwerk« die »Kulturgüter der Heimat«, um »den tapferen Kämpfern an der Front und in der Heimat« die Fortsetzung des Krieges plausibel zu machen. Im Vorwort eines von Arthur Graefe herausgegebenen Bildbandes »Wofür wir kämpfen« hieß es unter dem Namen des Gauleiters: »Kein deutscher Mann wird die Not und Schande,

den Verlust der Freiheit, seiner Kulturgüter und seiner Heimat einem Kampf bis zum Äußersten vorziehen. Wenn wir für unsere Kultur und damit für alles, was uns das Leben lebenswert macht, kämpfen, dann stehen wir damit zugleich ein für die unantastbare Größe unseres Volkes und unseres Reiches.«[386] Während Soldaten und Zivilbevölkerung noch mit Durchhalteparolen berieselt wurden, fiel gerade Graefe als dem Leiter des »Heimatwerks« die Aufgabe zu, von der sächsischen Kultur zu retten, was sich in Burgkellern und Bergwerksschächten verstecken ließ. Nachdem ihm im September 1944 die Aufsicht über alle Museen, Schlösser und Gärten in Sachsen übertragen worden war, wurde die Evakuierung der Dresdner Kunstschätze bis zum Kriegsende zu seiner wichtigsten Aufgabe.[387] In geradezu makabrer Weise vollendete sich damit die Mission des »Heimatwerks Sachsen«.

Das Organigramm auf Seite 117 basiert auf einer Schautafel für die Ausstellung »Sachsen am Werk«; abgedruckt in: Sachsen, 2.1938.4, S. 30

Organisatorischer Aufbau des »Heimatwerks Sachsen e.V.«*
Schirmherr: Reichsstatthalter u. Gauleiter Martin Mutschmann
Landesleitung: Vors. Friedrich Emil Krauß
Geschäftsstelle (Abteilung I C der Sächsischen Staatskanzlei): Geschäftsführer Arthur Graefe

Engerer Beirat
- Staatskanzlei
- Gauleitung
- Landesstelle Sachsen des RMfVuP
- Sächsisches Ministerium für Wirtschaft und Arbeit
- Volkstumsbeauftragte

Weiterer Beirat
- Gauschulungsamt
- Landesstelle zur Förderung des deut. Schrifttums (Volksbildungsministerium)
- Gaupropagandaamt
- Gaupresseamt
- Gauamt für Kommunalpolitik
- Gauamt für Beamte/RDB
- Gauamt für Erzieher/NSLB
- DAF
- NSG KdF
- Nationalsozialistische Kulturgemeinde
- NS-Frauenschaft
- NSStB
- HJ
- BDM
- SA
- SS
- NSKK
- Kreisbeauftragte/NSDAP-Kreisleiter
- Sächsisches Finanzministerium
- Reichspostdirektion
- KVG
- Amt für Erwachsenenbildung
- Reichsschrifttumskammer
- Reichstheaterkammer
- Fachschaft Artistik
- Landesverband der deutschen Presse
- Reichssender Leipzig
- Reichsnährstand
- RAD
- Deutscher Gemeindetag
- Wirtschaftskammer
- Verwaltungsakademien
- Landesfremdenverkehrsverband
- VDA
- Deutscher Reichsbund für Leibesübungen
- Deutscher Sängerbund
- Sächsischer Altertumsverein
- LVSH
- Landsmannschaften

Fachreferate

Allgemeines
- Presse
- Lichtbildwesen
- Wirtschaft
- Ausbildungswesen
- Sprecherziehung
- Schule
- Elternhaus
- Parteigliederungen und Verbände
- Sachsenzeichen
- Organisation
- Verlagslektorat

Wissenschaft und Volkskunde
- Vorgeschichte
- Politische Geschichte
- Kulturgeschichte
- Kunstgeschichte
- Wehrgeschichte
- Volkskunde
- Mundartforschung
- Wissenschaftliche Arbeitsgemeinschaft

Schrifttum und Kunst
- Schrifttum
- Mundartschrifttum
- Theater
- Kleinkunst
- Film
- Rundfunk
- Bildende Kunst
- Heimatmuseen

Volkstumspflege
- Brauchtum
- Trachten
- Volks- und Feierabendkunst
- Feierabendgestaltung
- Heimatfeste und -spiele
- Laien- und Puppenspiele
- Musik, Tanz, Konzert
- Heimatlied
- Grenzlandarbeit
- Landsmannschaften

Schönheit und Heimat
- Natur- und Denkmalschutz
- Landschaftsgebundene Bauweise
- Entschandelung in Stadt und Land
- Heimatliche Wohnkultur
- Fremdenverkehrswerbung
- Fremdenführer, Reiseleiter und Museumsaufseher

Volkstumsbeauftragte (NSDAP-Kreisleiter) jeweils mit Beiräten und Fachreferaten

Elbe	Leipziger Land	Vogtland	Erzgebirge	Lausitz
4 Kreise	6 Kreise	3 Kreise	10 Kreise	4 Kreise

Kreisbeauftragte (NSDAP-Kreisleiter) jeweils mit Beiräten und Fachreferaten

Ortsbeauftragte (NSDAP-Ortsgruppenleiter) jeweils mit Beiräten und Fachreferaten

287 Ortsgruppen	307 Ortsgruppen	158 Ortsgruppen	517 Ortsgruppen	151 Ortsgruppen
3333 Mitglieder	1141 Mitglieder	545 Mitglieder	4106 Mitglieder	1039 Mitglieder

Stand: Juni 1938

Michael Parak

Hochschule und Wissenschaft: Nationalsozialistische Hochschul- und Wissenschaftspolitik in Sachsen 1933–1945

Stählung der Körper und Erweckung des Kampfgeistes sollten die ersten Aufgaben der Erziehung sein, so forderte es Adolf Hitler. Erst in zweiter Linie war an die »Ausbildung der geistigen Fähigkeiten« gedacht.[388] Universitäten und Hochschulen hatten somit nicht nur als Stätten der Forschung, sondern verstärkt als Stätten der Erziehung im Sinne des Nationalsozialismus zu wirken.[389]

»Studenten greifen an«[390] – Politische Radikalisierung an sächsischen Hochschulen 1931/32

Die politische Radikalisierung der Hochschulen erfolgte nicht erst mit dem 30. Januar 1933, sondern spätestens im Zuge der Weltwirtschaftskrise. Als der Leipziger Rektor Hermann Braun im Oktober 1931 die Amtsgeschäfte an seinen Nachfolger Theodor Litt übergab, betonte er ausdrücklich, dass man das vergangene Jahr nicht als glücklich bezeichnen könne. Auf wirtschaftlichem Gebiet hob er vor allem die sächsische Notverordnung vom 21. September 1931 hervor, die den unter der Not der Zeit leidenden Studenten neue Gebührenlasten auferlege und alte verbriefte Rechte der Professoren beseitige.[391] Zudem hatte sich die sächsische Staatsregierung auf Grund der wirtschaftlichen Misere genötigt gesehen, den Etat der sächsischen Hochschulen 1932 von 18,27 auf 13,54 Millionen RM zu kürzen.[392]
Junge Akademiker, die ihre Stellung verloren hatten oder sich keinerlei Aussicht auf eine dauerhafte Anstellung ausrechneten, da beispielsweise der Bedarf an höheren Lehrern bereits auf 19 Jahre hinaus gedeckt schien, waren für radikale Parolen besonders anfällig. Davon profitierte der 1926 in Leipzig gegründete NS-Studentenbund (NSDStB), dem es bei den Wahlen zu den Allgemeinen Studentenausschüssen (AStA) reichsweit gelang, Mehrheiten zu erringen, darunter auch an der Universität Leipzig und an der Technischen Hochschule Dresden.[393] Zunehmend bestimmten nun politische Auseinandersetzungen den Hochschulalltag, was dem traditionellen Selbstverständnis der Universität zuwiderlief, die sich als parteipolitisch neutraler Boden betrachtete.

Wurden im Dezember 1930 nationalsozialistische Studenten, die in Parteiuniform die Mensa der Universität Leipzig betreten hatten, noch des Speisesaales verwiesen, was die NS-Presse erbost mit »Skandal – Nationalsozialistische Studenten erhalten kein Essen«[394] kommentierte, so duldete der Dresdner Rektor Binder im November 1931, dass die Mitglieder des NSDStB in Parteiuniform seiner Festrede zur Langemarckfeier[395] beiwohnten. Mit dieser öffentlich sichtbaren und durchaus wohlwollenden Tolerierung wurde symbolisch ein entscheidender Schritt auf dem Weg zur Anerkennung der nationalsozialistischen Bewegung durch die »offizielle« Hochschule geleistet. Im Zuge von Tumulten nationalsozialistischer Studenten in der Wandelhalle der Universität Leipzig sah sich Rektor Litt am 7. Juni 1932 sogar genötigt, kurzzeitig die Universität zu schließen. Seine Strategie, einerseits mit Sanktionen gegen die einseitige Polarisierung der Universität vorzugehen, andererseits aber die Studenten wieder zu Ruhe und Ordnung zu bringen, fruchtete in der aufgeheizten politischen Atmosphäre nicht mehr.

Demokratisch engagierte Studenten bildeten innerhalb der Studentenschaft nur eine Minderheit, doch konnten sie über den Wirtschaftsausschuss des AStA und den Verein »Wirtschaftsselbsthilfe e.V.« einen gewissen Einfluss auf studentische Angelegenheiten ausüben. Mit nur 1,7 Prozent der Stimmen hatte sich die kommunistische Studentenfraktion, die sich als »Gegner der heutigen Hochschule, wie [als] Gegner des heutigen Staates« bezeichnete, nicht an der Leipziger Universität etablieren können.[396]

Zwar gehörte die Mehrzahl der Professoren im Jahre 1932 keiner politischen Partei an, doch die Tatsache, dass sich knapp ein Fünftel der Hochschullehrer der Philosophischen Fakultät in Leipzig, die damals auch die Naturwissenschaften umfasste, in einer Partei oder politischen Organisation betätigte, widerlegt die Legende vom »unpolitischen Professor«. Das republikanische Potential umfasste nur 4,7 Prozent, während dem Mitte-Rechts-Spektrum, das sich in der Ablehnung der Weimarer Demokratie einig war, 12,9 Prozent der Hochschullehrer zuzurechnen sind. Aktive Nationalsozialisten machten 1932 3,5 Prozent des Lehrkörpers aus, unter ihnen befanden sich mit Arthur Golf, Johannes Ueberschaar, Hans Volkelt und Georg Gerullis auch planmäßige Professoren.[397]

Beispielhaft für die politische Radikalisierung ist das Schicksal des Leipziger Nationalökonomen Gerhard Kessler. Er zählte zu den wenigen Hochschullehrern, die offen für Demokratie eintraten, und zog im November 1932 als Kandidat der Deutschen Staatspartei in den Reichstagswahlkampf. Nachdem er in seinem Zeitungsartikel »Deutschland erwache!«[398] eindringlich vor der NSDAP gewarnt hatte, wurde seine Vorlesung von nationalsozialistischen Studenten derart gestört, dass sich der Rektor, der Kirchenrechtler Hans Achelis, genötigt sah, diese auszusetzen. Bezeichnenderweise führte der Verstoß der Studenten gegen jegliche akademische Tradition und Disziplin zu keiner Solidarisierung im Kollegenkreis. Zwar verurteilte der akademische Senat der Universität die Ausschreitungen, zugleich bedauerte er aber auch, dass der Artikel Kesslers Anlass zu den unliebsamen Vorkommnissen gegeben habe. Als die Professoren Theodor Frings, Levin Schücking und Karl Hermann Scheumann die Anfrage an den Senat stellten, mit welchem Recht er über die Tätigkeit eines Kollegen außerhalb der Universität Werturteile fälle und warum der Senat auf eine Strafverfolgung der Unruhestifter verzichte, lautete die Antwort lapidar, dass der Senat dieses Recht seit jeher besitze und man nicht verpflichtet sei, über Motive der Beschlüsse Auskunft zu geben.

Wenngleich sich nur eine Minderheit der Hochschullehrer offen für den Nationalsozialismus aussprach, so war die innere Distanz zur Weimarer Republik allgemein so groß, dass von den Professoren ein beherztes Eintreten für die Republik nicht zu erwarten war. Wie der Historiker Walter Goetz in seinen Erinnerungen festhielt, war es eine »vollkommen vergebliche Sache, an der Universität gegen den Nationalsozialismus aufzutreten, denn ein erheblicher Teil der Dozentenschaft neigte den Ideen dieser radikalen Rechtsparteien zu oder hatte keine Lust, sich gegenüber der sichtbar aufsteigenden neuen Macht die Finger zu verbrennen«.[399]

»In den Dienst der Volksgemeinschaft und damit des Staates hat sich auch die Hochschule mit allen ihren Gliedern zu stellen«[400] – Die Umgestaltung der sächsischen Hochschulen im Zuge der Machtergreifung

Am 8. März 1933 wurde auf dem Hauptgebäude der Leipziger Universität die Hakenkreuzflagge gehisst. »Wohl 60 000 Menschen standen entblößten Hauptes auf dem Augustusplatz, und als die Kapellen das Deutschlandlied anstimmten, sang alles begeistert mit.« Angehörige der Bergakademie begingen den »Tag von Potsdam«, an dem der greise Reichspräsident Hitler symbolisch die Hände reichte, mit einem Fackelzug der nationalen Verbände.[401] Die Hochschulen standen im Zeichen des Hakenkreuzes. Rückblickend auf das Jahr 1933 konnte der abtretende Rektor Achelis nur hervorheben: »Wohl denen, die die Zeichen der Zeit zur rechten Zeit verstanden.«[402]

Zu jenen, die schon vor 1933 die rechte Gesinnung gezeigt hatten und dafür nach der Machtübernahme mit einflussreichen Posten belohnt wurden, zählte der Dresdner Professor Alfred Baeumler, der zum Direktor des Instituts für Politische Pädagogik an der Berliner Universität bestellt wurde. War Baeumler schon 1930 als einer der Gründungsväter des von Alfred Rosenberg inspirierten »Kampfbundes für deutsche Kultur« hervorgetreten, blieb seine Karriere auch weiterhin mit dem »Amt Rosenberg« verknüpft, wo er die Abteilung Wissenschaft leiten sollte. Für den Slawisten Georg Gerullis und den Physiologen Johann Daniel Achelis sollte die Aktivität in der »Kampfzeit« eine Rangerhöhung zum Ministerialdirektor bzw. Ministerialrat im gleichgeschalteten preußischen Kultusministerium bringen. Um Gerullis hatte sich sowohl die sächsische als auch die preußische NS-Führung bemüht. Obwohl am 1. April mit der kommissarischen Verwaltung des Hochschulreferates betraut und am 6. Mai sogar zum sächsischen Volksbildungsminister berufen, entschied sich Gerullis im Mai für die Leitung der preußischen Hochschulabteilung, die ihm mehr Gestaltungsmöglichkeiten bot.[403]

Nicht alle Hochschullehrer waren bereit, den Weg der Mitarbeit oder Anpassung zu gehen, bzw. konnten dies gar nicht, da die Nationalsozialisten sie von vornherein als Gegner brandmarkten. So konstituierte sich am 30. März 1933 ein »Nationaler Ausschuss für Erneuerung der Universität Leipzig«, der zur »Durchführung des Boykotts gegen die Juden« ein Aktionskomitee bildete und einen »Sicherheitsdienst der Studentenstürme« einrichtete, um Übergriffe erregter Studenten möglichst zu verhindern.[404]

Erste Opfer nationalsozialistischer Politik waren der schon zuvor erwähnte Kessler und der Osteuropahistoriker Georg Sacke. Dass im Juli 1933 nicht die zuständigen Instanzen, sondern Parteiorgane die treibende Kraft waren, zeigt sich besonders im Fall Kessler, der auf Veranlassung der Leipziger NSDAP in Schutzhaft genommen wurde.[405] Nach seiner Entlassung konnte Kessler in die Türkei emigrieren, wo er an der Universität in Istanbul lehrte.

Die politischen Säuberungen des Jahres 1933 basierten vor allem auf dem »Gesetz zur Wiederherstellung des Berufsbeamtentums« (BBG) vom 7. April 1933. Gegen Hochschullehrer wurde aus rassischen (§ 3 BBG) und politischen Gründen (§ 4 BBG) vorgegangen sowie mittels Maßnahmen zur Vereinfachung der Verwaltung (§ 6 BBG).[406] Eine Besonderheit bildete der so genannte Frontkämpferparagraph (§ 3 Abs. 2 BBG), wonach Juden, die im Ersten Weltkrieg an der Front gekämpft hatten, nicht entlassen werden sollten. Diese Ausnahmeregelung stellte jedoch nur einen bedingten Schutz dar, da zunehmend der Paragraph zur Verwaltungsvereinfachung als Begründung herangezogen wurde, um die letzten jüdischen Lehrkräfte von den Hochschulen zu entfernen. So ahnte der Dresdner Romanist Victor Klemperer schon ab Sommer 1934, dass seine Entlassung, die schließlich im April 1935 erfolgte, nur noch eine Frage der Zeit sein würde.[407] Auch an der Universität Leipzig wurden zum selben Zeitpunkt die letzten jüdischen Hochschullehrer pensioniert.

Dabei ist bemerkenswert, dass diese Entlassungen auf Geheiß des sächsischen Gauleiters und Reichsstatthalter Martin Mutschmann zu einem Zeitpunkt erfolgten, als die »Frontkämpferklausel« formal noch gültig war. Das Auswärtige Amt war »mit Mutschmanns neuester Raserei gegen jüdische Hochschulreste wenig einverstanden«, und auch in der Leipziger Philosophischen Fakultät äußerten einige Naturwissenschaftler ihr Befremden über die Entlassungen. Bartel von der Waerden formulierte den zutreffenden Verdacht, dass es sich nicht um dienstliche Gründe handele, sondern um Maßnahmen gegen Juden. Werner Heisenberg hob hervor, dass Frontkämpfer zur Volksgemeinschaft gehörten und es eine kameradschaftliche Pflicht sei, Menschen zu helfen, »die ihr Leben für uns eingesetzt haben«. Friedrich Hund und Bartel van der Waerden gaben zu verstehen, dass man die Entlassung der Frontkämpfer als Missachtung des BBG auffassen könne, worauf sie vom nationalsozialistischen Prorektor Arthur Golf scharf zurechtgewiesen wurden.[408] Die Zivilcourage der Leipziger Professoren blieb jedoch ohne Erfolg, da durch das Reichsbürgergesetz vom September 1935 die generelle Entlassung aller jüdischen Hochschullehrer verfügt wurde.[409]

Nach dem BBG wurden insgesamt in Sachsen – gemessen am Personalstand von 1937 – bis April 1938 5,3 Prozent des Personals der wissenschaftlichen Einrichtungen entlassen. Besonders stark war dabei die Hochschullehrerschaft betroffen, da 42 beamtete Lehrkräfte (11,8 Prozent) und 31 nichtbeamtete Lehrkräfte (10 Prozent) zwangsweise pensioniert wurden.[410] Neben der formalisierten Vorgehensweise nach dem Berufsbeamtengesetz kamen in der nationalsozialistischen Repressionspolitik auch andere Methoden zum Einsatz. So wurde beispielsweise dem Philosophen Hans Driesch nahegelegt, um seine Emeritierung zu ersuchen, da er sonst entlassen werden müsse. Auch Theodor Litt wurde zur Aufgabe seines Lehramtes genötigt.[411]

Im Umkehrschluss des Berufsbeamtengesetzes galt für Hochschullehrer, dass sie die Gewähr dafür bieten mussten, sich jederzeit »rückhaltlos« für den nationalsozialistischen Staat einzusetzen. Die für Berufungen und andere Zwecke angefertigten Gutachten dieser Zeit zeichnen jedoch ein differenziertes Bild des sächsischen Lehrpersonals. Aktive und einsatzbereite Kämpfer bzw. ausgesprochene Nationalsozialisten bildeten die eine Seite des Spektrums. Viele Hochschullehrer wurden auch als politisch zuverlässig oder einwandfrei eingeschätzt, obwohl ihr Engagement für den Nationalsozialismus nicht unbedingt mit tiefer innerer Überzeugung einherging. So ist in Beurteilungen von »konjunkturbedingtem Eifer« die Rede, oder der Betroffene wird gar als »Mitläufer« bezeichnet. Dem Gros der Hochschullehrer wurde attestiert, zwar nicht offen für die NS-Bewegung einzutreten, doch zumindest einwandfrei national zu denken oder ehrliche Loyalität zu zeigen. Auch der Typ des »Nurwissenschaftlers«, der neben seinen Berufsinteressen nicht viel Einsatz für politische Arbeit aufbrachte oder völlige Teilnahmslosigkeit an den Tag legte, ist zu beobachten. Auf der anderen Seite gab es Hochschullehrer, die dem Nationalsozialismus innerlich ablehnend gegenüberstanden, wobei insbesondere eine kirchliche Bindung den Gutachtern von Partei und Staat suspekt erschien. Schließlich waren da Professoren, die generell als politisch unzuverlässig beurteilt, aber nicht ihres Amtes enthoben wurden.[412]

Auch von den Eintrittsdaten der Hochschullehrer in die NSDAP können Rückschlüsse auf die politische Motivation gezogen werden. Während nur ein Bruchteil vor dem 30. Januar 1933 der NSDAP beigetreten war, machten die »Märzgefallenen«, d. h. diejenigen, die noch vor der Aufnahmesperre im Mai 1933 die Mitgliedschaft beantragt hatten, das Gros der Parteimitglieder aus. In der Folge trat vor allem der akademische Nachwuchs, der sich in noch ungesicherter wirtschaftlicher Stellung befand, der Partei bei, so dass gegen Kriegsende rund die Hälfte der sächsischen Hochschullehrer Parteigenossen waren.[413]

Die Politisierung des Lehrkörpers spiegelte sich auch in einer Neuregelung der Verwaltungsorgane der Hochschulen wider. Indem das nationalsozialistische »Führerprinzip« auf die Hochschulen übertragen wurde, sollte der Rektor nicht mehr die Rolle eines »Primus inter pares« einnehmen, sondern im Auftrag des Wissenschaftsministers als »Führer« über die Belange der Hochschulen bestimmen. Die Wahl aus dem Kollegenkreis wurde zugunsten von Voten abgeschafft, die keinerlei verbindliche Wirkung besaßen. Nach seiner Ernennung durch den Wissenschaftsminister sollte der Rektor als wissenschaftlicher und politischer »Führer« der Hochschule agieren. Damit war de facto die Hochschulautonomie abgeschafft, wenngleich Selbständigkeitsbestrebungen, vor allem auf Fakultätsebene, weiterhin lebendig blieben.[414]

Obwohl schon am 11. Oktober 1933 auf Erlass des preußischen Kultusministers Dozentenschaften als Untergliederung der »Reichsfachschaft Hochschullehrer« im NS-Lehrerbund (NSLB) gegründet worden waren, wurde in Sachsen erst im Juni 1934 die sächsische Dozentenschaft gebildet, zu der alle nichtplanmäßigen Professoren, Privatdozenten, Lektoren und Assistenten zählten.[415] Eine Neuregelung der Parteikompetenzen im Hochschulbereich sollte ab 1935 alle Lehrkräfte, d. h. auch die beamteten Hochschullehrer, in der Dozentenschaft mittels einer Zwangsmitgliedschaft erfassen, so wie für die Studenten die Studentenschaft gebildet wurde. Neben diesen auf Kollektivmitgliedschaft beruhenden Ständevertretungen bildeten NSDStB und NS-Dozentenbund (NSDDB), der mit der »Durchführung aller Maßnahmen zur körperlichen, geistigen und charakterlichen Erziehung eines gesunden nationalsozialistischen Hochschullehrernachwuchses« beauftragt wurde, die Parteigliederungen der NSDAP an den Hochschulen, wobei der Führer des NS-Dozentenbundes meist in Personalunion der Dozentenschaft vorstand.[416]

Obwohl NSDDB und Dozentenschaft neben der Schulung des akademischen Nachwuchses weitere Felder, wie z. B. die Erstellung von Gutachten bei Berufungen, für sich in Anspruch nahmen, ist der tatsächliche Einfluss dieser Gliederungen nicht allzu hoch zu bewerten. Ab Mai 1938 wurde die Kompetenz des NSDDB zur Erstellung von Gutachten bei Berufungen auf ein Minimum reduziert. Symptomatisch für das Auseinanderklaffen von Anspruch und Realität ist auch die finanzielle und materielle Ausstattung der örtlichen Dozentenschaften: die Leipziger Dozentenschaft besaß zeitweise nicht einmal eine eigene Schreibmaschine.[417]

Natürlich wirkte sich die Umgestaltung der sächsischen Hochschulen in Lehre und Forschung aus. Aus dem weitgespannten Lehrangebot in Sachsen, das – mit Ausnahme der katholischen Theologie und einiger technischer Sondergebiete – alle Lehrgebiete umfasste, sollen hier exemplarisch die Fächer Physik und Medizin herausgegriffen werden.

Das Beispiel der Leipziger Physik zeigt, dass die nationalsozialistische Wissenschaftspolitik auch vor höchst renommierten Wissenschaftlern keinen Halt machte. Mit den Nobelpreisträgern Werner Heisenberg und Peter Debye war die physikalische Forschung zu einem der »größten internationalen Aktivposten der Universität« geworden.[418] Zusammen mit Friedrich Hund, Bartel van der Waerden, Eberhard Hopf, der noch 1936 durch ein Sondervotum aus den Vereinigten Staaten berufen worden war, und Karl Friedrich Bonhoeffer, einem Bruder des Theologen und späteren Widerstandskämpfers Dietrich Bonhoeffer, bildeten sie ein Zentrum neuester physikalischer Forschung, das aber von Vertretern der »Deutschen Physik« angegriffen wurde. Auch im sächsischen Volksbildungsministerium scheint man sich nach 1933 über das wissenschaftliche Kapital der Leipziger Physik nicht im Klaren gewesen zu sein, wurde doch allen Ernstes die Einziehung eines der beiden Ordinariate des Doppellehrstuhls für Theoretische Physik im Zuge künftiger Sparmaßnahmen in Erwägung gezogen. Den Höhepunkt erreichten die Angriffe 1937, als die SS-Zeitung »Das Schwarze Korps« gegen den angeblich noch existierenden jüdischen Geist in der deutschen Physik zu Felde zog und Heisenberg als »Ossietzky der Physik« und »Statthalter des Judentums« beschimpfte.[419] Schließlich gebot Himmler, nachdem sich Heisenberg mit einer Denkschrift zur Wehr gesetzt hatte, dass solche Angriffe in Zukunft zu unterbleiben hätten.

Zu den Kernpunkten der nationalsozialistischen Wissenschaftspolitik gehörte neben der Errichtung neuer Institute – vor allem zur Wehrwissenschaft, Vor- und Frühgeschichte und Volkskunde – die Rassenhygiene. Hier muss zwischen der eher geisteswissenschaftlich orientierten Rassenkunde als Sozialanthropologie und der im engeren Sinne medizinischen Rassenhygiene unterschieden werden, der es um eine medizinisch gesteuerte Auslese ging. Obwohl Otto Reche schon seit 1927 Veranstaltungen mit rassekundlichem Anspruch abhielt, kam es an der Landesuniversität zu keiner Errichtung eines eigenen rassehygienischen Lehrstuhls, so dass dieses Fach nur über die Vergabe von Lehraufträgen und Honorarprofessuren in den Kanon der Universität aufgenommen wurde.[420]

Während sich die meisten Institute vor allem mit wissenschaftlichen Gutachten und Forschungstätigkeiten in den Dienst der NS-Ideologie stellten, erreichte die Beteiligung der Leipziger Universitätskinderklinik an den Verbrechen des NS-Staates eine neue Qualität. Mit etwa tausend Begutachtungen pro Jahr war Prof. Werner Catel einer der Hauptbeteiligten der Kindereuthanasie im »Reichsausschuß zur Erfassung erb- und anlagebedingter Leiden«. Noch bei einer Vernehmung im Jahre 1964 offenbarte Catel, der seit 1954 wieder als Ordinarius in Kiel lehrte, seine menschenverachtende Einstellung: »Vollidiotische Wesen sind auch religiös betrachtet keine Menschen, da sie eben über keine Personalität verfügen. Die Auslöschung dieser Wesen bedeutet also weder Mord noch Tötung, sondern etwas Drittes, das bisher in der Rechtsprechung nicht berücksichtigt wurde. Ich gebrauche vorläufig dafür den Ausdruck ›Auslöschung‹.«[421]

Die Beurteilung der Lehr- und Forschungsleistungen in der Zeit des Dritten Reiches muss zwiespältig bleiben. War es auf der einen Seite durchaus möglich, »anständige und saubere« Wissenschaft zu betreiben, so ist auf der anderen Seite die Verbindung von Wissenschaft und Zielsetzungen des

NS-Staates zu konstatieren. Hier ist das häufig benutzte Wort vom »Missbrauch der Wissenschaft« fehl am Platze: »Im Gesamtsystem drängte die Wissenschaft zum politisch-technischen Gebrauch, in einem borniertem eigenen Interesse. Diese Kollaboration fand statt, und zwar immer dort, wo die Experten gebraucht wurden.«[422]

»Deutscher Student, es ist nicht nötig, dass du lebst, wohl aber, dass du deine Pflicht gegenüber deinem Volk erfüllst!«[423] – Studenten im Nationalsozialismus

Trotz des bestehenden Überangebots an Akademikern waren an der Universität Leipzig im Wintersemester 1932/33 7224 Studenten eingeschrieben, so viele wie nie zuvor. Die Technische Hochschule Dresden zählte 3461, die Bergakademie Freiberg 161 und die Handelshochschule Leipzig 628 Studierende.[424] Mit der Einführung von Zulassungsbeschränkungen, namentlich dem »Gesetz gegen die Überfüllung deutscher Hochschulen« vom 27. April 1933,[425] sank die Anzahl der immatrikulierten Studenten rapide ab.

Die Zulassungsbeschränkungen betrafen zuallererst jüdische Studenten, deren Anteil an den jährlichen Neuimmatrikulationen auf 1,5 Prozent beschränkt wurde. Seit dem Wintersemester 1933/34 sorgten zudem besondere Ausweiskarten in gelber Farbe für die sichtbare Diskriminierung der Juden. Im Wintersemester 1935/36 waren an sächsischen Hochschulen nur mehr 68 jüdische Studenten eingeschrieben, von denen 40 nicht die deutsche Staatsangehörigkeit besaßen. Die letzten jüdischen Studenten wurden noch vor dem Novemberpogrom 1938 von den sächsischen Hochschulen verdrängt.[426]

Neben dem Ausschluss bzw. der Beschränkung der Anzahl jüdischer Studenten gehörte die Rückkehr zur Vollbeschäftigung für Männer zu den politischen Primärzielen in den Anfangsjahren des Dritten Reiches. In der Folge wurden Frauen von den Hochschulen verdrängt, weil deren Rolle vor allem über Ehe und Mutterschaft definiert wurde. Der Numerus clausus von April 1933 beinhaltete die Festlegung einer Frauenquote von zehn Prozent der jährlich zugelassenen Neuimmatrikulationen. Bis zum Wintersemester 1934/35 führte die Maßnahme zum gewünschten Rückgang: An sächsischen Hochschulen pegelte sich der Frauenanteil auf etwas über zehn Prozent ein, wobei diese überwiegend an der Landesuniversität und nicht an den technisch geprägten Hochschulen studierten. Somit reduzierte sich die Anzahl sächsischer Studenten von 11 474 im Wintersemester 1932/33 durch Zulassungsbeschränkungen und Relegationen auf nur noch 6801 im Wintersemester 1934/35.[427]

Hatten sich der NSDStB und die Deutsche Studentenschaft in den Jahren vor 1933 als Vorkämpfer der nationalsozialistischen Bewegung profiliert, so wuchs ihr Einfluss im Jahr der Machtübernahme besonders. Kommunistische und sozialistische Studentengruppen wurden verboten, die studentische Selbstverwaltung beseitigt. Mit der Schaffung des Reichsstudentenwerkes am 1. Mai 1933 wurden oppositionell eingestellte Kreise endgültig aus der Studentenpolitik ausgeschaltet.[428] Auch der alte Streit um das Tragen von Uniformen nationaler Verbände an sächsischen Hochschulen wurde im März 1933 zugunsten der nationalsozialistischen Studenten geregelt.[429] Für den erwähnten »Nationalen Ausschuß für Erneuerung der Universität Leipzig« zeichneten neben Prof. Gerullis der Hochschulgruppenführer des NSDStB, Wolf Friedrich, und der Kreisleiter IV der Deutschen Studentenschaft, Herbert Hahn, verantwortlich. Wilhelm Hartnacke, der im März 1933 neu ernannte Volksbildungsminister, war sich mit Ministerpräsident Manfred von Killinger und dem Landtagspräsidenten Walther Dönicke darin einig, dass es bedenklich sei, wenn sich Studenten durch selbständige Aktionen in die Regelung staatlicher Angelegenheiten einmischten. Gemeinsam mit Reichsinnenminister Frick beschloss Hartnacke, »alles [zu] vermeiden, was irgendwie zur Erschütterung des Vertrauens der nationalsozialistischen Regierung führen kann«.[430] So wurde Ende 1933 der Einfluss des NSDStB zurück gedrängt und das Primat der Hochschulverwaltung wieder hergestellt.

Anlässlich der Umbenennung der Leipziger Hochschulzeitung in »Offenes Visier« beschrieb Mutschmann den »neuen Typus« des Studenten, den der Nationalsozialismus heranziehen wollte: »Der feudale Student der Vergangenheit ist im neuen Deutschland ebenso unmöglich, wie der reaktionär-spießerische, der konfessionell-engstirnige oder der pazifistisch-marxistische. Die Zukunft gehört dem nationalsozialistischen deutschen Studenten. Eine akademische Jugend, die den Weg vom Jungvolk über die Hitlerjugend zum Arbeitsdienst und zum Wehrdienst gegangen ist, wird mitten drin im deutschen Volkstum stehen. Sie wird uns ein wertvoller Helfer sein, dass Staat und Volk in allen Lebensäußerungen durchdrungen werden von der Idee der Bewegung.«[431]

Bezeichnend für die nationalsozialistische Erziehung war die Einführung eines obligatorischen Arbeitsdienstes für Studenten zu Ostern 1934, der ein halbes Jahr vor der Immatrikulation zu leisten war. Dabei wurden die künftigen Studenten als erste gesellschaftliche Gruppe der Arbeitsdienstpflicht unterworfen, die im Juni 1935 auf alle jungen Männer ausgeweitet wurde.[432] Das Ziel des Studiums, »Charakter und Wissen in einem geübten Körper zur nationalsozialistischen Persönlichkeit zu bilden«,[433] sollte in Kameradschaften erreicht werden. Individuelle Lebensgestaltung und Privatsphäre hatten zugunsten einer Gemeinschaft, die das »Leben in seiner Ganzheit umschließt«, zu verschwinden. Einen Kristallisationspunkt dieser Erziehung zum »politischen Soldatentum« bildeten die so genannten Stammhäuser, in denen die Verbindung von Politik und Studium gelebt werden sollte. Das erste Haus des NSDStB wurde am 19. April 1936 von Alfred Rosenberg in Dresden eingeweiht.[434]

Ganz im Sinne der »totalen Erziehung« sollte neben der wissenschaftlichen Ausbildung die gleichberechtigte Erziehung des Charakters und des Leibes treten. Die Studenten hatten deshalb an einer dreisemestrigen Grundausbildung teilzunehmen. Dabei standen so genannte Kampfsportarten wie Boxen

und Ballspiel sowie Fechten als Vorbereitung der Ehrenordnung im Vordergrund. An den Hochschulen wurden Institute für Leibesübungen geschaffen und sportliche Erfolge – wie die Silbermedaille im Weitsprung bei der Berliner Olympiade, die der Leipziger Student Lutz Long errungen hatte – hervorgehoben. Allerdings konnte sich der Hochschulsport nie ganz des Beigeschmacks einer pflichtmäßig betriebenen Angelegenheit entledigen.[435]
Unverkennbar war das Studium in der Zeit des Dritten Reichs politisiert worden. Schon auf Grund der politischen Einstellung des Gros der Hochschulangehörigen und der wirtschaftlichen Misere bildeten die Hochschulen wenig Nährboden für aktiven Widerstand gegen den Nationalsozialismus. Dass die Studenten zu unentwegtem politischen Aktionismus bereit waren, ist allerdings in Frage zu stellen. Der Mehrheit ging es vielmehr um die Erfüllung von Pflichten und die Wahrung persönlicher Lebenschancen.

»Die Hochschule als Einrichtung, in ihren sachlichen Beständen, ist also gaueigen«[436] – Sächsische Hochschulverwaltung zwischen Zentralisierung und Eigenständigkeit

Im Zuge der nationalsozialistischen Machtübernahme wurden die Befugnisse der Länder weitgehend beschnitten. Da Schul- und Hochschulangelegenheiten zu den Kernelementen des kooperativen Kulturföderalismus gehörten, stellte die Errichtung des Reichsministeriums für Erziehung, Wissenschaft und Kunst (REM) am 1. Mai 1934 einen tiefen Einschnitt in der Hochschulverwaltung dar. Zu den Kompetenzen, die das neue Ministerium für sich reklamierte, gehörte insbesondere die Personalpolitik. Nach Erlassen zum Berufungswesen, zur Einsetzung der Rektoren und der Reichshabilitationsordnung resümierte Reichsminister Bernhard Rust am 23. Februar 1935: »Somit ist die gesamte Personalpolitik in meinen Händen vereinigt.«[437]
Dass Erlasse und Verordnungen eher einen Herrschaftsanspruch als dessen konkrete Umsetzung widerspiegeln, zeigte sich auch im Falle der sächsischen Hochschulverwaltung. Versuche des Reichserziehungsministeriums, die Hochschulreferenten der Länder unter Ausschaltung des jeweiligen Volksbildungsministeriums als nachgeordnete Beamte direkt der Reichsbehörde zu unterstellen, scheiterten am Widerstand der Länder. Schließlich musste das Reichserziehungsministerium den Geschäftsverkehr wieder über die Landesregierungen und Reichsstatthalter abwickeln.[438] Obwohl in Berlin weiterhin auf eine konsequente Zentralisierung der Hochschulverwaltung gedrängt wurde, fanden diese Bestrebungen nach dem Stillstand der Reichsreform im Jahre 1937 ihr vorläufiges Ende: »Man werde daher wohl nicht mehr auf Teilverrechtlichungen zukommen, sondern auf Übernahme in Bausch und Bogen. Nur einen Teil einer Verwaltung herauszunehmen und zu verreichlichen, wie z. B. die Hochschulverwaltung, sei daher unmöglich. Wie die Reichsreform aussehen werde, schwebe noch völlig im Dunkeln.«[439]

Die Landeshochschulverwaltungen konnten ihre Stellung behaupten und teilweise sogar personell ausbauen, was jedoch nicht als Konflikt zwischen zentralistischer Diktatur und föderal oder gar demokratisch denkenden Landesbeamten interpretiert werden sollte. Die Konfliktlinien verliefen zwischen Nationalsozialisten auf Reichs- und Nationalsozialisten auf Länderebene, die Satrapen der Länder versuchten vor allem ihre Macht und ihren Einfluss gegenüber Berlin zu wahren. So war 1933 einer der beiden sächsischen Hochschulreferenten, Prof. Robert Ulich, der der SPD angehörte, nach dem Berufsbeamtengesetz aus dem Volksbildungsministerium und seinem Lehramt an der Technischen Hochschule entlassen und durch den Leipziger Privatdozenten Heinrich Lange, ein altes Parteimitglied, ersetzt worden. Nach dessen Berufung zum ordentlichen Ordinarius in Königsberg übernahm 1934 Werner Studentkowski das Hochschulreferat. Für den Leiter des Gauschulungsamtes der NSDAP wurde eine eigene Stelle als Oberregierungsrat im sächsischen Volksbildungsministerium geschaffen. Damit sollte die NS-Bewegung weiter in den Staat »eingebaut« werden. Studentkowski bestimmte nun bis zu seinem Weggang zur Reichspropagandaleitung nach Berlin 1941 maßgeblich die sächsische Hochschulpolitik.[440] Ihm zur Seite stand Ministerialrat Max Otto von Seydewitz, ein alter Beamter aus dem Kaiserreich, dessen Aufgaben ab 1935 bezeichnenderweise auf die Bearbeitung von juristischen Fragen beschränkt wurden.[441]

Studentkowski und der 1935 neu bestallte Volksbildungsminister Arthur Göpfert, der bisherige Leiter des sächsischen NSLB und des NS-Gauamtes für Erzieher,[442] machten sich schnell die Beharrungstendenzen der Bürokratie zu eigen und versuchten ihre Kompetenzen zu sichern. Neben einem Ressortegoismus, der Personalstand und Einfluss zu wahren sucht, ist aber auch ein wirkliches Interesse an der Arbeitsfähigkeit der »eigenen« Hochschulen zu beobachten. Während des Dritten Reiches wehrte sich die sächsische Kultusbürokratie erfolgreich gegen eine Degradierung ihrer Bildungsstätten zu preußischen »Provinzuniversitäten«.

Als im Zuge des Zweiten Weltkrieges die Zentralisierungsbestrebungen des Reichserziehungsministeriums auf unbestimmte Zeit zurückgestellt wurden, bekräftigte Göpfert noch einmal – entgegen den bestehenden Reichsbestimmungen – den Herrschaftsanspruch der sächsischen Gauleitung und Verwaltung: »Die Hochschule als Einrichtung, in ihren sachlichen Beständen, ist also gaueigen. Der sachliche Träger ist der Gau Sachsen, das Land, die Landesregierung. Aus dieser Feststellung ergeben sich Darlegungen, die nur angedeutet sein sollen, denen aber unbedingt nachgekommen werden muss. Die Verwaltung und Betreuung liegt bei unserem Reichsstatthalter und seinen Beauftragten [...] Vom jüngsten Studenten bis hinauf zum Rektor ist ein jeder in seiner Haltung dem Gauleiter verantwortlich, hat sich ein jeder in Treue und Disziplin dem Gauleiter zu unterstellen.«[443]

In letzter Konsequenz konnte Reichsminister Rust eine verwaltungsmäßige Zentralisierung nicht durchsetzen, die sächsische Landeshochschulverwaltung blieb erhalten und wurde sogar auf drei Referentenstellen ausgebaut. Das

Neben- und Gegeneinander der Instanzen sorgte für lange Verwaltungswege und eine ineffektive Hochschulpolitik. Für diejenigen, die im Rahmen des NS-Systems zu taktieren verstanden, eröffneten sich damit aber auch Handlungsspielräume.

»Kampf der Naturforscher, der Techniker, der Ingenieure und der Chemiker der einzelnen Völker gegeneinander«[444] – Autarkiepolitik, Kriegsvorbereitungen und Zweiter Weltkrieg

Schon in der Weimarer Republik war die Schaffung einer kontinentalen Großraumwirtschaft unter deutscher Führung diskutiert worden. Die räumliche Verlagerung des deutschen Handels in Richtung Südosteuropa, die Reduzierung der Importabhängigkeit wichtiger Rohstoffe und der Ausbau einer Ersatzproduktion waren Maßnahmen mit kriegswichtiger Bedeutung. Mit der Ausrufung des Vierjahresplans auf dem Parteitag 1936 wurden neue Anforderungen an Forschung und Wissenschaft gestellt: Dem »Führer« und der Nation sollte nicht nur mit politischem Wollen, sondern »vor allem mit unserer besonderen wissenschaftlichen Begabung, mit dem durch zähe Arbeit erworbenen hochwertigen Wissen und Können und mit erfolgreicher Forschung« wirksam geholfen werden.[445]

Mehr und mehr wurden die rigide Zulassungspolitik und die latente Wissenschaftsfeindlichkeit beklagt, die zu einem Nachwuchsmangel an Fachkräften geführt hatten. Kamen in der Weimarer Republik noch knapp 20 Studenten auf 10 000 Einwohner, so waren es im Deutschen Reich im Wintersemester 1936/37 nur noch zehn, womit sogar der Ausbildungsstand in der Zeit vor dem Ersten Weltkrieg unterschritten wurde.[446] Neben dem bestehenden Fachkräftemangel erwies sich vor allem die Importabhängigkeit der deutschen Wirtschaft als Hemmnis für die Rüstungsbestrebungen. Als Koordinierungsorgan kriegswichtiger Arbeiten wurde deshalb 1937 der Reichsforschungsrat ins Leben gerufen und der Autarkie- und Kolonialgedanke propagiert: »Deutsche Wissenschaftler und Ingenieure werden dafür sorgen, dass einheimische Rohstoffe anstatt fremder Verwendung finden und zu vollwertigem Ersatz entwickelt werden.«[447]

Zur Autarkiepolitik gehörte auch die Wiederaufnahme des sächsischen Erzbergbaues und die Veredelung von Braunkohle, die neben Kali ein rüstungswirtschaftlich bedeutender Rohstoff war, über den das Dritte Reich, insbesondere in Mitteldeutschland, in großen Mengen verfügte. Aufgrund des gewachsenen Bedarfs an Treibstoffen arbeitete das Freiberger Braunkohlen-Forschungsinstitut an der Umwandlung von Braunkohle in Elektroenergie und der Herstellung von Kraft- und Schmierstoffen.[448] An der Technischen Hochschule Dresden bestanden Kontakte zum Reichsministerium für Rüstung, zum Oberkommando der Wehrmacht, zum Reichsluftfahrtministerium und zur Verwaltung des Generalgouvernements. Zu den Forschungsprojekten zählten unter anderem Untersuchungen zur Herstellung von beschussfestem Eisenbeton für den Bunkerbau, Bauplanungen für Flugzeugwerke sowie Entwicklungsarbeiten an Fahrgestellen, Motoren und Antriebstechnik für Militärfahrzeuge. Auch am Raketenprojekt »Vorhaben Peenemünde« waren Mitarbeiter der Technischen Hochschule beteiligt.

In Kriegszeiten ging das Primat der Rüstungsindustrie so weit, dass keine Ingenieure der Luftfahrtindustrie hauptamtlich an die Hochschulen berufen werden sollten.[449] Sogar der wegen seiner Ehe mit einer jüdischen Frau wiederholt zum Opfer von Anfeindungen gewordene Prof. Friedrich Tobler konnte, obwohl Mutschmann alles in seiner Macht Stehende tat, um ihn zu entlassen, weiter forschen und lehren, da er als Fachmann für Faserstoffe unentbehrlich war.[450]

An den Hochschulen wurde nicht nur die Herstellung kriegswichtiger Güter und Ersatzstoffe vorangetrieben; die Expansionsbestrebungen des NS-Regimes wurden auch im Lehrangebot deutlich. Mit der Angliederung einer Abteilung für Kolonialarbeit an das Außeninstitut der Bergakademie im Sommersemester 1937 sollte ein Beitrag zu »den zukünftigen Aufgaben zur Erforschung und Nutzbarmachung der Mineralschätze deutscher Kolonien« und der »Heranbildung von kolonialem Nachwuchs und Anregung zu fachlicher kolonialer Arbeit« geleistet werden.[451] In Leipzig wurde 1936 ein Südosteuropa-Institut gegründet, dessen Abteilungen sich im Zuge der Besetzungen ständig veränderten.

Mit Kriegsbeginn am 1. September 1939 wurden zunächst alle deutschen Hochschulen geschlossen. Allerdings konnte in Leipzig schon am 11. September als einer von vier deutschen Universitäten der Unterricht wieder aufgenommen werden, wobei der Theologischen Fakultät die Wiedereröffnung untersagt blieb. In Auseinandersetzung mit dem sächsischen Reichsstatthalter und Gauleiter gelang den Leipziger Theologen jedoch die Wiederaufnahme der Lehrveranstaltungen im Januar 1940. Ein weiterer Versuch Mutschmanns zur Eliminierung der theologischen Ausbildung im Wintersemester 1942/43 konnte ebenfalls verhindert werden, da die Fakultät das für das NS-System so typische Geflecht rivalisierender Kompetenzvielfalt zu nutzen verstand und über Reichsminister Rust den sächsischen Gauleiter im November 1942 zur Annullierung der Schließungsverordnung bewegen konnte.[452] Überhaupt wurden weiterreichende strukturelle Änderungen durch Reichsinstanzen auf die Zeit nach dem Kriegsende vertagt, so dass auch die Pläne des sächsischen Volksbildungsministeriums zur Errichtung einer Staatswissenschaftlichen Fakultät an der Alma mater Lipsiensis erfolglos blieben.[453]

Nach der Wiederaufnahme des allgemeinen Lehrbetriebes an den deutschen Hochschulen am 8. Januar 1940 bestimmte der Zweite Weltkrieg zunehmend den universitären Alltag. In Leipzig war aufgrund der Schließung anderer Hochschulen ein kurzfristiger Anstieg der Studentenzahlen zu beobachten, doch die Zusammensetzung der Studentenschaft und die Studienbedingungen änderten sich merklich: Etwa die Hälfte der eingeschriebenen Studenten war

zum Wehrdienst beurlaubt, verstärkt nahmen Frauen, Verwundete, Ausländer und zeitweilig zum Studium abkommandierte Soldaten deren Plätze ein.[454] Um Kräfte für den Krieg zu mobilisieren, verkündete der sächsische Volksbildungsminister Göpfert eine Art Burgfrieden: »Im Angesichte der Nation und im Schatten ihres Schicksals ist aller Streit um freie oder angewandte Wissenschaft müßig. Es ist keiner mehr unter uns, der nicht seinem Führer und seinem Vaterland mit allen Kräften zu dienen bereit ist.«[455]
Allerdings war die Bereitschaft, an der Front zu kämpfen, unterschiedlich ausgeprägt. UK-Stellungen waren begehrt, brachten sie doch die Freistellung vom Wehrdienst. Der Gefahr des unmittelbaren Kampfeinsatzes entronnen, konnten so »Grüße an die Front« übermittelt werden: »Als schaffende Männer der Gruben und Hütten, als Arbeiter in den Forschungsaufgaben der Hochschulen wirken wir mit an der entscheidenden Aufgabe, Deutschlands Waffen so schneidig und ausgiebig zu machen, dass jeder Gegner an ihnen zuschanden wird.«[456] Trotzdem mussten neben Studenten zunehmend auch Hochschullehrer in den Krieg ziehen. Knapp ein Drittel der Professoren und Dozenten der Universität Leipzig standen im Dienste der Wehrmacht. Die Listen der gefallenen Hochschulangehörigen wurden immer länger. An der Technischen Hochschule Dresden waren mindestens 302, an der Universität Leipzig 542 Gefallene zu beklagen.[457]
Nach dem Fall Stalingrads wurde der Lehrbetrieb der Hochschulen »auf das aus militärischen, kriegswirtschaftlichen und außenpolitischen Gründen unerlässliche Maß unter Verstärkung des kriegswichtigen Forschungsbetriebes« eingeschränkt.[458] Zunehmend waren auch Hochschuleinrichtungen von alliierten Luftangriffen betroffen. Die Bombardierung Leipzigs am 4. Dezember 1943 zerstörte 58 der 92 Institute und Kliniken teilweise, 20 Studierende fanden den Tod. Bis Kriegsende trafen alliierte Bomben 70 Leipziger Institute, nahezu 64 Prozent der Universitätsgebäude wurden zerstört. Zu den Aufräumarbeiten wurden auch Kriegsgefangene herangezogen.[459]
Waren schon zuvor vereinzelt Hochschullehrer mit Durchhalteparolen an die Öffentlichkeit getreten, so schlug das Reichspropagandaamt Sachsen Ende 1944 vor, die »intelligenten Volksschichten« sollten sich als »Helfer in der politisch-propagandistischen Arbeit« engagieren.[460] Im totalen Kriegseinsatz sollten Wissenschaftler, Künstler und Wirtschaftsführer den propagandistischen »Wertfaktor« ihres Wortes in die Waagschale des Endsiegs werfen. Weitergehende Auswirkungen hatten diese Gedankenspiele freilich nicht mehr. Der Studienbetrieb war praktisch zum Erliegen gekommen. Nach dem Bombardement Dresdens am 13. Februar 1945, bei dem die Gebäude der Technischen Hochschule zu mehr als 85 Prozent zerstört wurden, erfolgte deren Schließung. In Leipzig fanden bis zum Einmarsch amerikanischer Truppen im April noch Habilitationskolloquien und akademische Prüfungen statt; die Bergakademie Freiberg blieb von Zerstörungen weitgehend verschont. Die Ausgangsbedingungen für einen Wiederaufbau der sächsischen Hochschulen nach 1945 waren also recht unterschiedlich.

Trotz regionaler Differenzen erfolgte die Umgestaltung der sächsischen Hochschulen im Sinne des Nationalsozialismus in ähnlicher Weise. Im Zuge der Weltwirtschaftskrise und begünstigt durch eine konservativ-bürgerliche Einstellung der Hochschullehrerschaft hatte sich der NSDStB schon in der Weimarer Republik an sächsischen Lehranstalten etablieren können. Umfangreiche Entlassungen aus politischen und rassischen Gründen prägten die Personalpolitik im Dritten Reich. Zwar veränderten Zulassungsbeschränkungen und Relegationen die Zusammensetzung der Studentenschaft, doch das Ansinnen, dass sich alle Studenten voll in den Dienst der NS-Bewegung zu stellen hatten, konnte nicht in Gänze verwirklicht werden. Trotzdem wurde ab Mitte der dreißiger Jahre an Sachsens Hochschulen verstärkt im Dienste des Nationalsozialismus geforscht. Schließlich konnte im Zweiten Weltkrieg nur noch ein Notbetrieb aufrechterhalten werden, Bombenangriffe führten zur Zerstörung vieler Forschungseinrichtungen.

Zwar waren die sächsischen Hochschulen in die nationalsozialistische Politik eingebunden; der Beteiligungsgrad einzelner Institute und Wissenschaftler muß jedoch differenziert betrachtet werden, um das Spektrum von Aktivität im Sinne des Nationalsozialismus bis hin zu Resistenz und Widerstand beleuchten zu können.

Georg Wilhelm

Die Evangelisch-lutherische Landeskirche Sachsens im »Dritten Reich«

»Es ist wohl kaum eine Landeskirche gewesen, die so zerstört und zerrissen worden ist, wie unsere sächsische Landeskirche.«[461]

Als zu Beginn der dreißiger Jahre der Nationalsozialismus seinen Siegeszug durch die Parlamente von Reich und Ländern antrat, wurden angesichts der rapide angestiegenen Kirchenaustrittszahlen in der Landeskirche jene Stimmen laut, die in der neuen politischen Bewegung die Chancen für einen volksmissionarischen Aufbruch sahen. Erste Ansätze zur Sammlung von Geistlichen, die dem Nationalsozialismus nahe standen, reichen in das Jahr 1931 zurück, als sich in Chemnitz eine Arbeitsgemeinschaft nationalsozialistischer Pfarrer konstituierte.[462] Die NSDAP, die in dieser Zeit besonders kirchenfreundliche Töne anschlug, traf so nicht nur beim evangelischen Kirchenvolk, sondern auch bei der Pfarrerschaft auf breite Resonanz. Wenn auch die Rassenutopien des Nationalsozialismus auf weitgehende Ablehnung stießen, so glaubten doch viele Geistliche – als Folge der massiven Kirchenaustritte nach 1919, besonders in der Arbeiterschaft –, auf keinen Fall den Anschluss an die neue nationale Bewegung verpassen zu dürfen. Theologische Kräfte, die dem Nationalsozialismus skeptisch bzw. ablehnend gegenüberstanden, waren in der vom Luthertum geprägten Landeskirche nur schwach vertreten.

Der Staat hilft nach – die »Machtergreifung« der Deutschen Christen

Nach dem Antritt der Regierung von Killinger versprach der neue sächsische Volksbildungsminister Wilhelm Hartnacke, die Anliegen der Kirchen im Erziehungsbereich stärker zu berücksichtigen. Am 18. März 1933 versicherten sich die Landeskirchenleitung und die Landesregierung des gegenseitigen Vertrauens. In der nationalen Aufbruchstimmung des Frühjahrs 1933 war auch Landesbischof Ludwig Ihmels wie viele andere Kirchenführer bereit, mögliche Einwände gegen den Nationalsozialismus hintanzustellen und im Vertrauen auf die kirchenpolitischen Versprechen der NSDAP an die Begründung einer neuen Gemeinschaft zwischen Volk und Kirche zu glauben, wie er im Kanzelaufruf vom 20. März 1933 deutlich machte: »Die Kirche will Volkskirche sein. [...] Als

Volkskirche aber darf und soll sie sich auch all der Freude mitfreuen, die Gott ihrem Volke schenkt. Wie sollte sie dann nicht in ehrfürchtiger Dankbarkeit die ungeahnte Wandlung begrüßen, die sich vor ihr vollzogen hat. Sie kann nur den Versuch machen, diese Wandlung durch die Predigt, die ihr befohlen ist, in der Tiefe, in Gott selbst zu verankern. Darum darf es ihr eine besondere Freude sein, dass jene Bewegung selbst schon den Zusammenhang mit Gott sucht und bewusst pflegt.«[463] Hob der Aufruf vor allem auf die innerkirchliche Erneuerung ab, so konnten ihn die sächsischen Nationalsozialisten doch als eindeutige Unterstützung ihrer Politik verbuchen.

Aufgrund gesundheitlicher Probleme stellte Ihmels im April den Antrag an das Landeskonsistorium, ihn in den Ruhestand zu versetzen. Die »Arbeitsgemeinschaft nationalsozialistischer evangelischer Pfarrer« unter der Führung des Dresdener Pfarrers und Gaufachberaters für kirchliche Angelegenheiten bei der NSDAP-Gauleitung, Friedrich Coch, bedrängte Ihmels, im Amt zu bleiben, weil die Arbeitsgemeinschaft in der amtierenden Synode keine Mehrheit besaß. Ihmels starb jedoch am 7. Juni 1933. Da die Leitung der Landeskirche zögerte, griff der sächsische Innenminister Karl Fritsch am 30. Juni 1933 mit der »Verordnung zur Behebung des Notstandes im kirchlichen Leben der evangelisch-lutherischen Landeskirche Sachsens« ein und stattete Coch mit umfassenden diktatorischen Vollmachten aus. Am nächsten Tag löste Coch alle gewählten kirchlichen Vertretungen auf, besetzte das Landeskonsistorium mit ihm passendem Personal und beurlaubte missliebige Superintendenten und Pfarrer. Viele Geistliche schlossen sich nun der Glaubensbewegung »Deutsche Christen« (DC) an, die sich auf Reichsebene schon 1932 konstituiert hatte, in Sachsen aber erst im August 1933 in Erscheinung trat. Die Deutschen Christen propagierten die weitgehende äußere wie innere Gleichschaltung der evangelischen Kirche mit dem Nationalsozialismus. In Sachsen verstanden sie sich als »volksmissionarische Arbeits- und Stoßtruppe des nationalsozialistischen Kirchenregiments«. Der »volksmissionarische« Aufbruch erreichte nun auch das Kirchenvolk. Hatten 1932 noch 28 000 Personen der evangelischen Kirche den Rücken gekehrt, so standen 1933 8000 Austritten fast 48 000 Übertritte von Konfessionslosen gegenüber.[464]

Bei den Kirchenwahlen vom 23. Juli 1933 erreichten die Deutschen Christen dank Einheitsliste zirka 75 Prozent der Sitze und konnten somit auch die Landessynode dominieren, die 54 neue Mitglieder und nur sechs altgediente Synodale aufwies. Am 11. August trat das neu gewählte Kirchenparlament zusammen, das ganz offiziell als »Braune Synode« bezeichnet wurde, da der Großteil der Synodalen in Uniformen von NSDAP-Gliederungen erschienen war. Der Präsident der Synode hob besonders hervor, dass es gelingen müsse, »die irdischen Gruppen des Dritten Reiches mit dem soldatischen Christentum dem einen Ziele eines gläubigen nationalsozialistischen Volkstums zuzuführen«.[465] Die Synode wählte Coch einstimmig zum neuen Landesbischof und verabschiedete ein »Ermächtigungsgesetz«, das ihn mit weitgehenden Vollmachten ausstattete. Die neue Kirchenleitung mit dem Präsidenten Max

Schreiter an der Spitze wusste die sächsischen Partei- und Staatsstellen hinter sich.

Zu ihrem Programm zählte auch die Einführung des »Arierparagraphen«, der mit der »Verordnung zur Herbeiführung eines kirchlichen und nationalsozialistischen Berufsbeamtentums« am 16. September 1933 in der sächsischen Landeskirche umgesetzt werden sollte. Die Bestimmung sah vor, dass Geistliche und Kirchenbeamte, die nichtarischer Abstammung oder mit einer Person nichtarischer Abstammung verheiratet waren, in den Ruhestand zu versetzen seien.[466] Da die Verordnung aber sogar über die Bestimmungen des entsprechenden Reichsgesetzes hinausging, musste sie auf Verlangen der Landesregierung ausgesetzt werden.

Nachdem die Reichsleitung der Deutschen Christen im November 1933 infolge eines politischen Skandals drastisch an Ansehen verloren hatte, trennte sich der Gau Sachsen von ihr und nannte sich fortan »Volksmissionarische Bewegung Sachsens (Deutsche Christen)«. Zentraler programmatischer Bestandteil des »sächsischen« Weges waren die am 10. Dezember 1933 von der Landessynode einstimmig verabschiedeten »28 Thesen der sächsischen Volkskirche zum inneren Aufbau der Deutschen Evangelischen Kirche«.[467] In diesen Thesen »bekennt sich die Volkskirche zu Blut und Rasse«. – »Die spezifisch jüdische Volkssittlichkeit und Volksreligion ist überwunden«.

An der Einführung des Arierparagraphen in die kirchliche Gesetzgebung entzündete sich starker innerkirchlicher Widerstand. Im September 1933 entstand auf Initiative des Berliner Pfarrers Martin Niemöller der Pfarrernotbund, der ein Zusammenschluss aller bekenntnistreuen Pfarrer in der Deutschen Evangelischen Kirche sein sollte. Das Zentrum des Pfarrernotbundes in Sachsen bildete Dresden, wo der Superintendent Hugo Hahn einen Kreis Gleichgesinnter um sich sammeln konnte. Bis Dezember 1933 vergrößerte sich die Gruppe der Notbundpfarrer von anfänglich 100 auf 300 Personen; ferner gehörten ihr 15 der 31 Superintendenten an.[468] Am 7. Dezember 1933 beschloss die 1. Tagung des Pfarrernotbundes in Sachsen, Landesbischof Coch nicht als geistlichen Führer anzuerkennen. Die nun einsetzende Spaltung reichte bis in die Gemeinden: je nach kirchenpolitischer Ausrichtung der Pfarrer waren Kirchenmitglieder gezwungen, den Gottesdienst in einer Nachbargemeinde zu besuchen. Schwere Auseinandersetzungen gab es, wenn zwei Pfarrer mit unterschiedlicher Gruppenzugehörigkeit in derselben Gemeinde tätig waren, wobei die Austragung der innerkirchlichen Konflikte bis zur Denunziation bei NS-Stellen reichen konnte. Nicht selten wurden in einer Gemeinde das landeskirchliche Kirchenblatt und das Pendant der Bekennenden Kirche verteilt.

Auch die Innere Mission, die für die sozialen Anliegen der evangelischen Kirche zuständig war, begrüßte zunächst die Machtübernahme durch die Nationalsozialisten und setzte beispielsweise das Führerprinzip in ihrer Leitung um. Sie blieb jedoch nicht von den Auseinandersetzungen zwischen Bekennender Kirche und Deutschen Christen verschont. Außerdem bekam sie Konkurrenz durch die NS-Volkswohlfahrt (NSV), die Träger der freien Wohlfahrtspflege wie die Innere Mission zu verdrängen suchte. Das Regime beschnitt letzterer die Mittel, indem es ab November 1934 öffentliche Sammlungen deutlich erschwerte. 1937 mussten sie in Sachsen ganz eingestellt werden.

Die Eingliederung der evangelischen Jugendverbände Ende 1933 in die Hitler-Jugend ging auf die Initiative von Reichsbischof Ludwig Müller zurück und traf in weiten Kreisen der sächsischen Pfarrerschaft auf Kritik. Die landeskirchliche Jugendarbeit konstituierte sich nun als »Evangelischer Jugenddienst« und zielte auf den Aufbau einer »nationalsozialistischen evangelischen Jugendgemeinde«. Erlaubt war allerdings nur noch die rein religiöse Betätigung; bündische Formen, die seit den zwanziger Jahren auch das Bild evangelischer Jugendarbeit prägten, wurden verboten. Faktisch bedeutete die Eingliederung, dass sich die evangelische Kirche auf die über 18 Jährigen konzentrieren musste. Zugleich bemühte sich die Bekennende Kirche, eigene Zirkel der religiösen Jugendarbeit aufzubauen.

Ende Januar 1934 leitete das Landeskirchenamt, die oberste kirchliche Verwaltungsbehörde, Disziplinarverfahren gegen jene Pfarrer ein, die eine Kanzelabkündigung gegen den so genannten »Maulkorberlass« des Reichsbischofs verlesen hatten, in dem Müller jegliche öffentliche Kritik an der Reichskirchenregierung untersagt hatte. Die Gestapo verhaftete wenige Tage darauf zwölf Notbundpfarrer und dem Notbund nahestehende Laien, musste diese aber nach einer Intervention des Volksbildungsministeriums umgehend wieder freilassen. Vermittlungsversuche des Ministerpräsidenten von Killinger zwischen den kirchlichen Gruppen scheiterten, vielmehr wurden bis zum 11. April 1934 durch das Landeskirchenamt 51 Superintendenten und Pfarrer beurlaubt oder abgesetzt. Um den Aktionsradius des Pfarrernotbundes, der sich im April 1934 mit der entsprechenden Laienbewegung zur »Bekenntnisgemeinschaft der evangelisch-lutherischen Kirche in Sachsen« zusammengeschlossen hatte, einzuschränken, verbot der sächsische Innenminister Fritsch deren Versammlungen. Ohnehin hatte sich in vielen Orten zwischen den Polizeistellen und den deutschchristlichen Pfarrern eine intensive Zusammenarbeit zur Blockade des Pfarrernotbundes angebahnt.

Anfang Mai 1934 wurde die Eingliederung der sächsischen Landeskirche in die Reichskirche gegen den Widerstand der Bekenntnisgemeinschaft vollzogen. Auf der 1. Bekenntnissynode der Deutschen Evangelischen Kirche in Barmen war die sächsische Bekenntnisgemeinschaft mit zwölf Synodalen vertreten. Am 19. Juni 1934 wurde der Landesbruderrat, das Leitungsgremium der Bekenntnisgemeinschaft, gebildet. Den Vorsitz übernahm Superintendent Hahn, der mittlerweile aus dem landeskirchlichen Dienst entlassen worden war. Im Herbst 1934 schloss sich die Bekenntnisgemeinschaft den Entscheidungen der 2. Bekenntnissynode von Berlin-Dahlem an, die das kirchliche Notrecht proklamiert hatte. Danach sollten im ganzen Reich den deutschchristlich beherrschten Kirchenleitungen – von der Gemeinde bis zu den

Synoden – bekenntnistreue Leitungsorgane gegenübergestellt werden. Dieser Beschluss wurde durchaus kritisch aufgenommen, da er faktisch nicht durchzuhalten war.

Im Kampf gegen den Landesbischof bekam die Bekenntnisgemeinschaft im Herbst 1934 Unterstützung durch die »Mitte«, die ein im Vergleich zu den Deutschen Christen und dem Pfarrernotbund lose organisiertes Sammelbecken der zirka 800 »neutralen« Pfarrer, mit Schwerpunkt in Leipzig, darstellte. Sie kritisierte die Verletzung des Bekenntnisses durch die Kirchenleitung, konnte sich aber nicht zu einer offenen Opposition durchringen. Aus diesem Grund blieb das Verhältnis zum Pfarrernotbund trotz zeitweiser Zusammenarbeit zumeist gespannt. Am 26. November richtete die »Mitte« ein Schreiben an die rund 1200 geistlichen Amtsträger der sächsischen Landeskirche, in dem sie den Rücktritt Cochs forderte. Das Ergebnis der Umfrage war eindeutig: 769 Pfarrer stimmten dafür, nur 41 sprachen sich für Coch als Landesbischof aus.[469]

Im Frühjahr 1935 wurden die mit unveränderter Schärfe ausgetragenen kirchenpolitischen Kämpfe in Sachsen durch die Auseinandersetzung mit der »Deutschen Glaubensbewegung«, einem Zusammenschluss verschiedener nicht- bzw. antichristlicher Gruppierungen, überlagert. Der Landesbruderrat gab für den 31. März 1935 eine Kanzelbotschaft gegen das »Neuheidentum« heraus, die mit einer Fürbitte für die im KZ Dachau inhaftierten Pfarrer aus Hessen-Nassau verbunden war. Trotz polizeilichen Verbotes wurde der Text von zirka 200 Pfarrern verlesen. Daraufhin wurden 20 Geistliche und ein Chemnitzer Studienrat von der Gestapo verhaftet und ins KZ Sachsenburg verbracht.[470] Auf Druck von Reichsinnenminister Frick, der um das außenpolitische Ansehen des NS-Regimes besorgt war, wurden die Inhaftierten am 4. Juni wieder freigelassen. Die Kirchenleitung jedoch begrüßte die Maßnahmen der Gestapo, so erklärte Oberlandeskirchenrat Johannes Liebsch auf einer Kundgebung Ende April: »Mit demselben Recht, mit dem der Staat vor zwei Jahren die Kommunisten ins KZ gebracht hat, sind auch die Pfarrer ins Schutzhaftlager gekommen, die in der Kanzelabkündigung vom 31. März gegen den Staat Stellung genommen haben.«[471]

Die kirchenpolitische Verschnaufpause in der Phase des Landeskirchenausschusses

Reichskirchenminister Hans Kerrl, der das neugeschaffene Amt am 16. Juli 1935 übernommen hatte, bemühte sich zunächst, die verfahrene kirchenpolitische Situation im Reich und in den Ländern zu entspannen. Er setzte im Herbst 1935 einen Landeskirchenausschuss ein, in dem die Deutschen Christen (DC), die »Mitte« und die Bekennende Kirche (BK) vertreten waren. Als Vorsitzender amtierte der Dresdner Superintendent Johannes Ficker (BK). Dem Kirchenausschuss gelang eine weitgehende Beruhigung der innerkirchlichen Lage, und er genoss deshalb das Vertrauen des größten Teils der Pfarrerschaft. Der sächsische Reichsstatthalter Martin Mutschmann, der im selben Zeitraum seine Macht in Sachsen erheblich ausbaute, setzte sich hingegen kirchenpolitisch dezidiert von Kerrls Politik ab und kürzte insbesondere die Staatsleistungen an die Kirchen. Im April 1937 wurden diese Zahlungen in Sachsen völlig eingestellt. Das eigenmächtige Vorgehen Mutschmanns konterkarierte die Politik Kerrls und steht für die Rivalität zwischen dem Reichsstatthalter und dem Reichskirchenminister, die als Konstante die gesamte kirchenpolitische Entwicklung in Sachsen nachhaltig beeinflusste.

Alle Mitglieder des Landeskirchenausschusses – bis auf den Vorsitzenden – gehörten der NSDAP an. Am 28. November 1935 trat der Ausschuss mit einem Aufruf an die Öffentlichkeit: »Wir sehen im nationalsozialistischen Staat die uns von Gott geordnete Wirklichkeit, in der die Kirche ihren Dienst tut. [...] Wir ermahnen alle Glieder unserer Kirche, mit uns in Fürbitte und Treue zum Führer zu stehen.«[472] Der Landesbruderrat erkannte den Landeskirchenausschuss als rechtmäßiges Organ der Landeskirche an. Die Deutschen Christen in Sachsen gerieten in Opposition zum Landeskirchenausschuss und schlossen sich 1936 der radikalen Thüringer Richtung an. Die kirchenfeindliche Einstellung von Partei- und Staatsstellen machte sich nun um so mehr bemerkbar, als sie nicht mehr von innerkirchlichen Auseinandersetzungen überlagert wurde. Es häuften sich die Fälle, in denen staatliche Behörden eigenmächtig gegen die Bekennende Kirche vorgingen. So verbot der sächsische Innenminister im Sommer 1936 mehrfach kirchliche Veranstaltungen. Gleichzeitig wurden die Erteilung des Konfirmandenunterrichts und die kirchliche Jugendarbeit durch die gezielte Inanspruchnahme der Kinder und Jugendlichen in der Hitler-Jugend erschwert. Eine neue Dimension erreichten die Konflikte, als die staatlichen Verordnungen auch die Aktivitäten von Vereinen und Verbänden erfassten und reglementierten. So untersagte eine Verordnung des sächsischen Innenministeriums vom 1. Oktober 1935 konfessionellen Vereinen und Verbänden rein weltliche Veranstaltungen wie Wanderungen, Gesangs- und Theatervorführungen.[473] Hinzu kamen Einschränkungen der kirchlichen Pressearbeit.

Kirchenleitung von Mutschmanns Gnaden: Die Ära Klotsche

Die Auflösung des Landeskirchenausschusses war eine längerfristig geplante Aktion, die im Kern auf den Stellvertreter Kerrls, Hermann Muhs, zurückging. Dem früheren Adjutanten Cochs, Oberkirchenrat Johannes Klotsche, gelang es am 9. August 1937 mit Hilfe der Polizei, den Landeskirchenausschuss aus dem Gebäude des Landeskirchenamtes zu vertreiben. Am Tag darauf wurden die Mitglieder des Ausschusses durch den Reichskirchenminister abberufen. Die administrative Leitung der Landeskirche lag nun in den Händen Klotsches. Um seine Position gegen den Widerstand von Bekennender Kirche und »Mitte« zu sichern, ging er mit einer Fülle disziplinarischer Verfügungen gegen seine innerkirchlichen Gegner vor. Hierbei wurde er vom sächsischen Innenminister unterstützt, der am 2. Oktober 1937 anordnete, dem Kirchenregiment Klotsches jegliche polizeiliche Hilfe zu gewähren. Angesichts der schwachen Position Klotsches innerhalb der Pfarrerschaft bildete weniger die Unterstützung durch das Reichskirchenministerium, dessen Kompetenzen immer stärker eingeengt wurden, als vielmehr die enge Bindung an Reichsstatthalter Mutschmann die eigentliche Machtgrundlage der neuen Kirchenleitung. In einer Kanzelerklärung vom 13. Februar 1938 griff die Bekennende Kirche Klotsche massiv an und benannte das Ausmaß der von ihm initiierten Disziplinarmaßnahmen. Nach ihren Angaben waren elf Superintendenten, d. h. etwa ein Drittel, aus dem Amt entfernt sowie 29 Vikare, die es ablehnten, sich der Kirchenleitung Klotsches zu unterstellen, entlassen worden. Des Weiteren waren noch etliche Geldstrafen verhängt worden.[474] Superintendent Hahn, der Vorsitzende des Landesbruderrates, wurde nach der Verlesung der Erklärung von der Gestapo verhaftet, kurzzeitig inhaftiert und daraufhin vom Dienst suspendiert. Am 12. Mai 1938 wurde er auf Initiative Mutschmanns des Landes verwiesen.

Ab dem Jahr 1937 schlugen sich die Entkirchlichungsbestrebungen von Partei und Staat auch in der Statistik deutlich nieder. Die Zahl der Kirchenaustritte stieg binnen eines Jahres sprunghaft von 8272 (1936) auf 38 014 Fälle im Jahr 1937 an, 1939 waren es gar 58 721 (vgl. die Statistik Seite 154). Kurz vor Kriegsbeginn unternahm Reichskirchenminister Kerrl einen Anlauf, die angespannte Lage zu beruhigen, indem er versuchte, die Vertreter der kirchenpolitischen Hauptrichtungen in die bestehenden Kirchenleitungen zu integrieren. In Sachsen scheiterte dieses Vorhaben am Widerstand des Reichsstatthalters, der keine Veränderung in der Leitung der Landeskirche wünschte. Als Kompromisslösung wurde dem Leipziger Superintendenten Heinrich Schumann (»Mitte«) im Dezember 1939 die Bearbeitung der Personalangelegenheiten im Landeskirchenamt übertragen. Auf Drängen der Bekennenden Kirche wurde der im Landesbruderrat für Volksmission und Gemeindearbeit zuständige Pfarrer Georg Prater zur kommissarischen Dienstleistung in das Landeskirchenamt beordert. Die Bekennende Kirche war dafür bereit, das Landeskirchenamt als Verwaltungsbehörde anzuerkennen, jedoch nicht als geistliche Leitung. In dieser Zeit gelang es, Pfarrer und Vikare, die vom Kirchenregiment Klotsches außer Dienst gestellt worden waren, wieder einzugliedern.

Die Zusammenarbeit mit dem Landeskirchenamt währte allerdings nicht lange, da Prater wegen angeblicher staatsfeindlicher Tätigkeit am 30. November 1941 festgenommen und bis zum 23. April 1942 in Haft gehalten wurde. Nach dessen Entlassung lehnte Klotsche aufgrund politischer Rücksichtnahme Praters weitere Mitarbeit im Landeskirchenamt ab. Ebenfalls auf Druck des Reichsstatthalters traten Klotsche und sein theologischer Berater,

Heinrich Seck, im Februar 1941 aus der deutsch-christlichen Bewegung aus. Das Landeskirchenamt entpuppte sich so immer mehr als ein Amt von Mutschmanns Gnaden.

Mit großem Eifer betrieb Klotsche die Ausgrenzung der Christen jüdischer Abstammung aus der kirchlichen Gemeinschaft. Bereits nach der Reichspogromnacht 1938 gehörte Sachsen zu den fünf evangelischen Landeskirchen, die die Aufnahme von Juden verboten und den Pfarrern entsprechende Amtshandlungen untersagten. Der von der Kirchenkanzlei der Deutschen Evangelischen Kirche im Dezember 1941 beschlossene Ausschluss von »Nichtariern« aus der Kirche ging wesentlich auf die Initiative Klotsches zurück. In der Frage der Ausgrenzung der so genannten »Judenchristen« aus der kirchlichen Gemeinschaft nahm die sächsische Landeskirche seit 1933 eine Vorreiterrolle ein. Diese Politik wurde von einer radikal deutsch-christlichen Kirchenleitung forciert, die in einer besonderen kirchenpolitischen Situation an die Macht gekommen war und – wenn überhaupt – nur für eine kurze Zeit die Mehrheit der sächsischen Pfarrerschaft und Gemeinden repräsentierte. Der scharf antisemitische Kurs der Kirchenleitung traf sicherlich auf antijudaistische Strömungen innerhalb der Pfarrerschaft, ging aber in seiner Radikalität weit darüber hinaus. Obwohl Klotsche 1941 aus kirchenpolitischen Gründen seinen Austritt aus den Deutschen Christen erklärte, repräsentierte er zweifellos den Typus eines radikalen Antisemiten. Diese Einstellung führte zusammen mit der prekären Situation Klotsches in der Landeskirche und der politischen Entwicklung im NS-Regime, dessen antichristliche Züge immer stärker hervortraten, zu einem besonders aggressiven Vorgehen bei der Ausgrenzung der Christen jüdischer Herkunft. Die Politik der Kirchenleitung folgte damit der Politik Mutschmanns, der sich eifrig für die Verwirklichung des antisemitischen Programms des Nationalsozialismus einsetzte. Auf der anderen Seite unterstützte der sächsische Landesbruderrat die reichsweiten Bemühungen des »Büro Grüber«, das Hilfestellung für die nichtarischen Christen leistete, und setzte in Chemnitz, Dresden und Leipzig Vertrauensleute ein, die ihre Tätigkeit allerdings zum Jahresende 1940 einstellen mussten.

Nach Kriegsbeginn war die Situation in der evangelischen Kirche sowohl von den Einschränkungen, die sich aus dem Krieg ergaben, als auch durch den intensivierten Fortgang der Entkirchlichung geprägt. Die Landeskirche hingegen unterstützte die nationalsozialistische Expansionspolitik ideell. Kundgebungen zu Kriegsbeginn, zu verschiedenen Feldzügen und Dankgottesdienste zu Hitlers Geburtstag stellten eine klare Unterstützung des Nationalsozialismus dar. Es überraschte die Kirchenführung daher, dass das nationalsozialistische Regime keinen generellen »Burgfrieden« anbot, vielmehr wechselten sich entsprechend dem Charakter der NS-Diktatur repressive Maßnahmen und tendenzielle Zurückhaltung ab, so dass der kirchenpolitische Schwebezustand als »unsicherer« bzw. »falscher Burgfrieden« angemessen charakterisiert ist. Einerseits gab der Reichsstatthalter Mutschmann Klotsche die Weisung, sich in Personalangelegenheiten Zurückhaltung aufzuerlegen; andererseits erfolgte die Auflösung des CVJM und des Jungmännerwerks. Ohnehin waren die Verfolgungsorgane des NS-Staates gut über die Lage im Landeskirchenamt informiert, da zwei Oberlandeskirchenräte – Ernst Klemich und Johannes Liebsch – als V-Leute für den Sicherheitsdienst der SS arbeiteten.[475] 1942 waren 552 Geistliche, d. h. nahezu jeder zweite Pfarrer der sächsischen Landeskirche, zur Wehrmacht eingezogen.[476] Das kirchliche Leben litt aber auch unter den Einberufungen der Angestellten und der aktiven kirchlichen Laien. Ebenso mussten kirchliche Bauvorhaben zurückgestellt werden. Vor allem unter dem Vorwand »kriegsnotwendiger Einschränkungen« wurden jetzt kirchliche Handlungsfelder eingeengt, wobei dieser Begriff in den einzelnen Ländern ganz unterschiedlich interpretiert wurde. In Sachsen führten mehrere Anordnungen des Volksbildungsministers Arthur Göpfert im Jahr 1940 dazu, dass der Religionsunterricht an den Volksschulen faktisch verschwand, an den Oberschulen durfte er sich nicht mehr unmittelbar an den übrigen Unterricht anschließen. Das Vorhaben, den Religionsunterricht – wie es in Württemberg der Fall war – durch einen so genannten »Weltanschauungsunterricht« zu ersetzen, scheiterte am Widerstand des Reichserziehungsministers Rust, »um einer unerwünschten Beunruhigung der Bevölkerung während des Krieges entgegenzutreten«.[477] Anfang 1941 mussten in Sachsen die evangelischen Kindergärten, Kinderhorte und Kindertagesstätten auf Anordnung des sächsischen Innenministers ihre Arbeit einstellen, weil sie »als Repräsentanten konfessioneller Aufsplitterung« galten.[478] Sie wurden von der NSV übernommen. Auch im Bereich des kirchlichen Schrifttums und der Pressearbeit setzten mit Kriegsbeginn weitere Restriktionen ein. Dazu kamen die Folgen des Bombenkrieges. Insgesamt wurden in Sachsen 47 Kirchen, 38 Pfarrhäuser und 69 sonstige Gebäude zerstört, beschädigt wurden 299 Kirchen, 119 Pfarrhäuser und 168 sonstige kirchliche Gebäude.

Eine landeskirchliche Statistik aus dem Jahr 1947 weist für die evangelische Landeskirche mehr als 2500 Maßregelungen durch Partei- und staatliche Stellen in der Zeit des Nationalsozialismus aus.[479] Zwei sächsische Pfarrer verloren durch Verfolgungsmaßnahmen des NS-Regimes ihr Leben: Der Wilsdruffer Pfarrer der Bekennenden Kirche, Paul Richter, verstarb im August 1942 im KZ Dachau. Pfarrer Karl Talazko aus Gersdorf wurde kurz vor Kriegsende von der SS erschossen, weil eine weiße Fahne auf dem Kirchturm seiner Pfarrkirche gehisst worden war. Trotz der verstärkt ab 1937 einsetzenden Entkonfessionalisierungsbestrebungen gelang dem NS-Regime jedoch kein dauerhafter Einbruch in die volkskirchlichen Strukturen der evangelischen Kirche. 1933 hatten der evangelischen Kirche 87 Prozent der Sachsen angehört. Nach Kriegsende konnte sie einen Teil der Ausgetretenen wieder zurückgewinnen, so dass ihr Anteil in Sachsen 1946 über 83 Prozent betrug.[480]

Der Vergleich mit der katholischen Kirche verdeutlicht, wie stark kirchenpolitische Entwicklungen im »Dritten Reich« konfessionell bedingt waren.

Zählten auf katholischer Seite die ersten Jahre der NS-Herrschaft zu den verhältnismäßig ruhigen, so galt dies keineswegs für die evangelische Landeskirche. Gerade in Sachsen ging das deutsch-christliche Kirchenregiment von Anfang an rigoros gegen die innerkirchliche Opposition vor und wurde dabei von sächsischen Partei- und Staatsstellen massiv unterstützt. Eine Beruhigung trat lediglich während der Tätigkeit des Landeskirchenausschusses ein. Je länger die NS-Herrschaft andauerte, desto mehr machten sich in Sachsen die von Reichsstatthalter Mutschmann geförderten Entkirchlichungsmaßnahmen bemerkbar. Sie konnten zwar die volkskirchliche Substanz nicht aushöhlen, doch musste die evangelische Kirche zum Teil empfindliche Einbußen ihrer zentralen Handlungsfelder hinnehmen. Nach 1945 ließen in der sowjetischen Besatzungszone weder die Besatzungsmacht noch KPD/SED den volkskirchlichen Neuaufbau in früherer Breite zu.

Birgit Mitzscherlich

Das Bistum Meißen in der NS-Zeit

»Beide Angeklagte sind fanatische Anhänger der römisch-katholischen Kirche und Aktivisten des politischen Katholizismus, der katholischen Aktion. In typisch-heuchlerischer, aber durchsichtiger Spiegelfechterei geben sie an, als gute katholische Menschen positiv zum Staat in seiner politischen Ordnung eingestellt zu sein, aber wegen einzelner Streitpunkte, z. B. auf dem Gebiete der Jugenderziehung, den Nationalsozialismus noch nicht bejahen zu können.«[481] Mit diesen Einleitungssätzen begann die Urteilsschrift gegen zwei katholische Jugendliche des Sondergerichts Freiberg vom 28. Mai 1936. Sie charakterisieren die Atmosphäre jener Jahre und sind Ausdruck einer zunehmenden Radikalisierung der NS-Kirchenpolitik, die sich deutlich von den in Sachsen vergleichsweise ruhigen Jahren 1933 und 1934 abhob.
Im Folgenden sollen die Grundzüge der nationalsozialistischen Herrschaftspraxis gegenüber der katholischen Kirche im Bistum Meißen dargestellt werden. Dabei können nicht detailliert alle einzelnen Entwicklungen nachgezeichnet werden, vielmehr geht es um die Darstellung der Grundkonflikte in ihrem landesspezifischen Gehalt.[482] Im Mittelpunkt stehen vor allem die Konfliktbereiche, nicht jedoch die ganze Breite der kirchlichen Tätigkeit, ihre Erfolge und Defizite.[483]

Die Ausgangssituation 1933

Die Katholiken des Landes Sachsen in seiner Gestalt bis 1945[484] gehörten überwiegend zum 1921 wiedererrichteten Bistum Meißen, das auch einige wenige thüringische Gebiete umfasste. Dem Bistum stand seit Oktober 1932 der ehemalige Propst von Magdeburg, Petrus Legge, als Bischof vor. Er behielt dieses Amt bis zu seinem Tod im März 1951. Sachsen zählte im Jahr 1933 rund 197 000 Katholiken, das waren vier Prozent der Bevölkerung.[485] Diese den sächsischen Katholizismus kennzeichnende und ihn in gleicher Weise prägende Diasporasituation hatte zur Folge, dass die katholische Kirche nicht im Mittelpunkt des Interesses staatlicher Stellen stand. Das sollte sich während der ersten beiden Jahre der nationalsozialistischen Herrschaft als ein gewisser Schutz erweisen, zumal auch das für Kirchenfragen zuständige

Sächsische Ministerium für Volksbildung dem Christentum gegenüber vergleichsweise positiv eingestellt war.

Die Machtübernahme Hitlers wurde von den sächsischen Katholiken recht verhalten, das heißt ohne erkennbaren Jubel, jedoch auch keineswegs eindeutig ablehnend aufgenommen; die politischen Konsequenzen erahnten nur wenige. Einen großen Einfluss auf die politische Meinungsbildung besaß die sächsische Zentrumspartei, die trotz ihres geringen Organisationsgrades als politisches Sprachrohr und Interessenvertretung der Katholiken fungierte. Die politischen Positionen der Zentrumspartei vertrat in der Öffentlichkeit die »Sächsische Volkszeitung«, deren Kommentierung wohl als repräsentativ für die Haltung eines nicht unbeträchtlichen Teils der aktiven Katholiken gelten kann.

In den Wochen zwischen Hitlers Antritt als Reichskanzler und der Wahl des neuen Reichstags wandte sich das Zentrum mit warnenden Appellen an die Wählerschaft, da man bei einem Sieg der NSDAP die Demokratie gefährdet sah. Die sächsische Zentrumspartei erreichte bei der Reichstagswahl am 5. März 1933 das zweitbeste Ergebnis ihrer Geschichte.[486] Doch angesichts der politischen Umstände war die Freude über den Erfolg eher gedämpft. Wenige Wochen später sollte sich dieses Wahlergebnis dennoch als Landtagsmandat auszahlen, da aufgrund des Gleichschaltungsgesetzes alle Landtage entsprechend der Stimmenverteilung bei der Reichstagswahl neu besetzt wurden. In Anbetracht der Tatsache, dass dem sächsischen Zentrum nur einmal – 1920 – der Einzug in den sächsischen Landtag geglückt war, wurde dieses Mandat sehr wohl als Erfolg gefeiert. Die sich damit eröffnenden politischen Optionen wurden jedoch zurückhaltend bewertet und, wie sich kurz darauf herausstellen sollte, von der Realität noch unterboten. Das führte letztlich dazu, dass sich der Zentrumsabgeordnete Richard Müller als Hospitant der NSDAP-Fraktion anschloss, ein Weg, der wenige Wochen später auch von Zentrumsmandatsträgern anderer Landtage gegangen wurde. Am 5. Juli 1933 löste sich die Zentrumspartei angesichts der politischen Perspektivlosigkeit und des wahrscheinlichen Verbots durch die Nationalsozialisten selbst auf, womit auch die Existenz des sächsischen Landesverbandes beendet war.[487]

Ein positives Signal in Richtung Kirchen sandte der Kommissar und spätere Minister des sächsischen Volksbildungsministeriums, Dr. Wilhelm Hartnacke, als er mit einer Verordnung »über vaterländische und christliche Schulerziehung« vom 14. März 1933 die christliche Erziehung als Grundlage schulischer Erziehung benannte.[488] Die katholischen Volksschulen sahen sich damit in ihrem Grundanliegen bestätigt und vorerst auch in ihrer Existenz gesichert. Die Bekenntnisschule war in Sachsen eher eine Ausnahmeerscheinung. Es gab solche vor allem in den Städten; in Dörfern waren sie fast nur in der sorbischen Oberlausitz vorhanden.[489] Nach der Einführung des sächsischen Übergangsschulgesetzes vom 22. Juli 1919[490] waren die Bekenntnisschulen aufgehoben und der Religionsunterricht an öffentlichen Schulen abgeschafft worden. Aufgrund eines Urteils des Reichsgerichts wurde jedoch die Regelung zum Religionsunterricht rückgängig gemacht.[491] Für die Weiterführung der Bekenntnisschulen wurden hingegen meist lokale Vereinbarungen mit der örtlichen Schulgemeinde getroffen, weshalb deren rechtliche Situation fragil blieb. Da sich die Auseinandersetzungen mit der sozialdemokratisch-kommunistischen Landesregierung in der Weimarer Republik besonders auf diesen kirchlichen Interessenbereich konzentriert hatten, war eine Sicherung der bestehenden Bekenntnisschulen und kurzzeitig sogar die Aussicht auf die Einrichtung neuer Schulen aus kirchlicher Sicht zweifellos ein Pluspunkt auf dem Konto der neuen Machthaber. Dies wurde durch den Abschluss des Reichskonkordats am 20. Juli 1933 bestätigt, das besonders im Artikel 23 die Beibehaltung von Bekenntnisschulen zusicherte.[492]

Getrübt wurden diese vordergründigen Erfolge durch die Alltagserfahrungen der Katholiken. Die Benachteiligung ehemaliger Zentrumsfunktionäre war in Sachsen jedoch weniger stark ausgeprägt als in anderen Teilen Deutschlands. Der (ehemalige) Landesvorsitzende, Pfarrer Ludwig Kirsch, war dienstlich ohnehin kaum angreifbar; bis zu seiner Verhaftung im September 1935 konnte er sogar wöchentlich mit seinem Namenskürzel gezeichnete Leitartikel in der »Sächsischen Volkszeitung« publizieren. In der Redaktion arbeitete auch der ehemalige Landessekretär des sächsischen Zentrums, Dr. Gerhard Desczyk, mit. Die Verlagsleiter, Theodor und Georg Winkel, hatten mit der Zensur zu kämpfen und mussten sich weitgehend arrangieren. So wurde die Zeitung gleich nach der Machtergreifung durch die Nationalsozialisten im März 1933 für eine Woche verboten, doch nach einer Loyalitätserklärung gegenüber der neuen Regierung vorfristig wieder zugelassen. Im Juni 1933 erfolgte ein zweites Verbot, diesmal für 14 Tage, das nochmals die Grenzen der freiheitlichen Kommentierung deutlich machte. Die Redaktion stellte sich darauf ein, so dass für die Zeit bis 1935 zwar gelegentlich Verwarnungen und Ermahnungen nachweisbar sind, jedoch keine direkten Eingriffe in die Redaktionsgeschäfte. Der Wirkungsbereich der »Sächsischen Volkszeitung« blieb allerdings auf katholische Kreise beschränkt. Die höchste Auflage, die im Frühjahr 1935 erreicht wurde und dann wieder zurückging, lag bei 5300 Abonnenten. Die ebenfalls von den Gebrüdern Winkel verlegte Katholische Sonntagszeitung »St. Benno-Blatt« konnte sich bis 1936 mit religiösen und seelsorglichen Fragen vergleichsweise freizügig auseinandersetzen, erst danach folgten massivere Eingriffe.

Die katholische Jugend war von Beginn der nationalsozialistischen Herrschaft an mit Problemen konfrontiert. Immer wieder kam es zu Reibereien und Auseinandersetzungen mit der staatlich geförderten Hitler-Jugend auf lokaler Ebene. Dabei passierte es gelegentlich, daß bei Anrufung staatlicher Stellen und entsprechender Beschwerden die Entscheidung zugunsten der kirchlichen Vereine und nicht der HJ fiel. Anfang Juli 1933 wurde auch in Sachsen systematisch gegen den Katholischen Jungmännerverband vorgegangen.[493] Nach einem Funkspruch des sächsischen Innenministeriums an die lokalen Polizeistellen – mit offenkundiger Anweisung aus Berlin – mussten die Maßnahmen wieder rückgängig gemacht werden. Nach der Eingliederung der evangelischen Jugend in die Hitler-Jugend musste die katholische Jugend 1934 plötzlich feststellen, dass sie nun »die einzige große Jugendgruppe wurde und blieb, die es neben der Staatsjugend noch gibt. Das hat gerade bei uns in der Diaspora dem Selbstbewußtsein unserer verhältnismäßig kleinen Schar starken Auftrieb gegeben.«[494]

Zu einem Problem wurde allerdings zunehmend der Eintritt katholischer Jugendlicher in die HJ. Dabei musste es sich nicht unbedingt um eine größere Anzahl handeln, doch in den relativ kleinen Gruppen der katholischen Gemeinden konnte gelegentlich schon der Übertritt von zwei oder drei aktiven Jugendlichen die Überlebensfähigkeit dieser Gruppen bedrohen. Waren die Jugendlichen in der Hitler-Jugend, begannen meist die seelsorglichen »Folgeprobleme«, da nach staatlicher Interpretation der HJ-Dienst Vorrang vor dem sonntäglichen Gottesdienst hatte. Außer in großen Städten gab es in der Diaspora jedoch selten mehrere Gottesdienstmöglichkeiten, die den Besuch vor dem HJ-Dienst ermöglicht hätten.

Die Existenz konfessioneller Vereine sowie der Bekenntnisschulen war durch das Reichskonkordat formalrechtlich abgesichert. Aber die endlosen Verhandlungen um die Ausführungsbestimmungen des Artikels 31 des Reichskonkordats, der eine Unterteilung der Vereine in karitativ-religiöse und somit »geschützte« sowie in »politische« und damit nicht geschützte beinhaltete, wobei die Zuordnung nicht geklärt werden konnte, machten vollends deutlich, dass eine Selbstorganisation der Katholiken nicht erwünscht war.

Trotz aller Schwierigkeiten konnte man auf katholischer Seite hinsichtlich der ersten beiden Jahre nationalsozialistischer Kirchenpolitik in Sachsen eine gemäßigt positive Bilanz ziehen. Wie aus den Akten im Einzelnen erkennbar ist, trug dazu wesentlich das für Kirchenfragen verantwortliche Referat im Volksbildungsministerium bei, das Kurt von Zimmermann leitete. Hinzu kam, dass andere Ministerien sowie die Geheime Staatspolizei nur bedingt in die Regelung der Vorgänge involviert waren. Die Kirchenleitung im Bistum Meißen trat in den ersten beiden Jahren nationalsozialistischer Herrschaft kaum öffentlich in Erscheinung. Bischof Petrus Legges Hirtenbriefe ließen eine ausgesprochen seelsorgliche Orientierung seiner Amtsführung erkennen. Eingaben an staatliche Stellen waren selten, aber auch nur selten notwendig. Vielmehr wurde die interne Stabilisierung der kirchlichen Selbstorganisation und -verwaltung, ein schon seit der Wiedererrichtung des Bistums 1921 andauernder Prozess, weiter vorangetrieben – noch vergleichsweise wenig beeinflusst von äußeren Faktoren oder Zwangsmaßnahmen.

Konflikte zwischen Kirche und Regime 1935–1939

Die Situation änderte sich schlagartig 1935. Schon die verschärfte Zensur der »Sächsischen Volkszeitung« seit dem Frühjahr ließ erkennen, dass das aufziehende Lüftchen nur das Gewitter schneller herantrieb. Im März 1935 wurde der Generalvikar des Bistums, Dr. Wilhelm Soppa, im Zuge von Ermittlungen wegen Devisenvergehen verhaftet. Doch bevor es im Herbst zum Prozess kommen sollte, stand noch ein »heißer« Sommer bevor. Am 8. Juni wurden in Dresden unter dem Vorwand der Verbreitung marxistischer Schriften zwei Kapläne, Joseph Schwarz und Fritz Kenter, verhaftet. Wenig später wurden in diesem Zusammenhang drei Jugendliche, die im katholischen Jugendsekretariat der Stadt bzw. im Katholischen Jungmännerverband (KJMV) aktiv engagiert waren, von der Gestapo abgeholt. Der Diözesanleiter des KJMV, Johannes Henke, wurde kurze Zeit darauf wieder entlassen; die Urteilsschrift gegen die anderen beiden, Gerhard Pätzold und Bernhard Hagemeier, ist eingangs zitiert worden. Im September 1935 kam Pfarrer Ludwig Kirsch ins KZ Sachsenburg. Während Kaplan Schwarz im Dezember aus der Untersuchungshaft entlassen wurde, musste sich Kaplan Kenter vor dem Volksgerichtshof verantworten. Er wurde im Februar 1936 zu zwei Jahren Gefängnis verurteilt, die zwar als hartes Urteil empfunden und in der vatikanischen Zeitung »Osservatore Romano« entsprechend kommentiert wurden, jedoch unter den vom Staatsanwalt geforderten sechs Jahren Zuchthaus blieben.

Als verhängnisvoll für das Bistum erwies sich der zu dieser Zeit schon verhandelte Devisenprozess gegen Bischof Petrus Legge und Generalvikar Soppa.[495] Der Bischof war am 9. Oktober 1935 auf einer Firmungsreise im thüringischen Altenburg verhaftet worden und verblieb bis zu seinem Prozess vor dem Landgericht Berlin, der vom 14. bis 23. November stattfand, in Untersuchungshaft. Bischof Legge war der einzige deutsche Bischof, der von den Nationalsozialisten inhaftiert wurde.

Die Hintergründe dieses Prozesses sind vielschichtig und können an dieser Stelle nicht ausführlich erörtert werden. Als kurzer Hinweis muss genügen, dass das Bistum Meißen im Jahre 1926, wie damals auch verschiedene andere kirchliche Einrichtungen und Diözesen, in Holland eine Anleihe aufgenommen hatte, deren Abzahlung in holländischen Gulden, also in Devisen, zu erfolgen hatte. Schon unter Reichskanzler Brüning war angesichts der desolaten Wirtschaftslage in Deutschland die Devisenausfuhr beschränkt worden, nach der nationalsozialistischen Machtergreifung wurde sie nahezu unmöglich. Dennoch waren unter maßgeblicher Beteiligung der Münsteraner Universum-Bank und ihres Direktors Dr. Friedrich Hofius auf das Bistum Meißen lautende Schuldscheine aufgekauft und die dafür nötigen Devisen nach Holland transferiert worden.

Der Prozess gegen den Bischof und den Generalvikar, in den auch der Bruder des Bischofs, der Generalsekretär der Akademischen Bonifatiuseinigung

Dr. Theodor Legge, verwickelt war, verfolgte neben dem devisenrechtlichen Hintergrund eine politische Absicht. Er war einer von mehreren Devisenprozessen, die die Nationalsozialisten damals gegen kirchliche Einrichtungen führten. Nach fünf Verhandlungstagen wurde am 23. November 1935 das Urteil verkündet. Bischof Legge erhielt wegen »Fahrlässigkeit« und »mangelnder Aufsichtspflicht« eine Geldstrafe von 100 000 RM, von der 40 000 RM durch die Untersuchungshaft abgegolten waren. Da er entgegen den Befürchtungen nicht ins Gefängnis musste, galt das Urteil als vergleichsweise milde. Generalvikar Soppa und Theodor Legge wurden hingegen zu einer Strafe von drei bzw. fünf Jahren Zuchthaus und jeweils 70 000 RM Geldstrafe verurteilt. Dennoch sollte es nahezu anderthalb Jahre dauern, bis Bischof Legge wieder in sein Bistum zurückkehren konnte, das seit Oktober 1935 vom Berliner Bischof Konrad Graf von Preysing als Administrator mitverwaltet wurde. Zugleich wurde Petrus Legge vom Vatikan im April 1937 als Koadjutor mit dem Recht der Nachfolge Heinrich Wienken beigeordnet,[496] der nach Legges Tod 1951 Bischof von Meißen wurde.

Trotz der Abwesenheit des Bischofs ging der Ausbau der Seelsorge im Bistum Meißen weiter. So konnten bis zum Kriegsbeginn sechs neue Pfarrvikarien errichtet werden, die perspektivisch zur Pfarrei ausgebaut werden sollten. Eine neue Herausforderung für die innerkirchliche Entwicklung stellte in der zweiten Hälfte der dreißiger Jahre die NS-Kirchenaustrittspropaganda dar, die nicht ohne Folgen blieb. In den Jahren 1937 bis 1939 verlor das Bistum Meißen jährlich zirka 1,6 Prozent seiner Mitglieder durch Austritt.[497] Wie die Statistik (vgl. Tabelle Seite 154) zeigt, war der prozentuale Anteil der ausgetretenen Katholiken höher als bei den Protestanten, obwohl auch die Evangelisch-lutherische Landeskirche ab 1937 von einer Austrittswelle erfasst wurde. Dies stellt eine Besonderheit im Vergleich zur reichsweiten Entwicklung dar, wo das Verhältnis meist umgekehrt war und die Austritte aus der katholischen Kirche im Durchschnitt weniger als ein Prozent der Mitglieder betrugen.

Der Gottesdienstbesuch blieb im Bistum Meißen mit ungefähr 27 Prozent stabil. Das gleiche gilt für den Anteil der Osterkommunionen, einem religionssoziologischen Indikator der Kirchenbindung, der seit Jahren bei 30 Prozent lag und weder Einbrüche noch eine Intensivierung erfuhr. Diese Stabilität in den kirchlichen Kernbereichen legt die Interpretation eines »Bröckelns an den seelsorglich kaum erfaßten Rändern«, die jedoch eine Breite von mehr als 50 Prozent aufwiesen, nahe und zeigt im Umkehrschluss, dass selbst von den Katholiken, die dem Gemeindeleben fern standen, sich noch vergleichsweise viele der Kirche zugehörig fühlten.

In der katholischen Jugendarbeit wurde nach 1935 eine organisatorische Wandlung vollzogen. Im Sommer 1935 verhängte das sächsische Innenministerium gegenüber den »konfessionellen Jugend- und Standesvereinigungen« ein Uniform- und Sportverbot, wenig später wurden »Betätigungen jeglicher Art außerhalb des kirchlichen, religiösen und karitativen Gebietes« untersagt.[498] Im August 1935 demonstrierte das Innenministerium mit einem ausdrücklichen Verbot der »Christus-Jugend« in Schirgiswalde, dass die katholische Jugend dort, wo sie auf eine gewisse lokale Machtstellung verweisen konnte – was in Sachsen selten genug vorkam –, nicht geduldet wurde. Als Reaktion auf die verschiedenen Verordnungen erfolgte eine Hinwendung zur seelsorglich ausgerichteten Jugendarbeit. Sie sollte einerseits auch jene katholischen Jugendlichen erfassen, die nicht in Vereinen organisiert waren, andererseits bedeutete das einen Rückzug in den katholischen Binnenraum. Diese Entwicklung dauerte eine Weile, zumal die Diözesanverwaltung, das Ordinariat in Bautzen, während der interimistischen Abwesenheit des Bischofs keine endgültigen Entscheidungen fällen wollte, die denen des Bischofs vorgriffen. Letztlich wurde zum 16. Oktober 1937 ein Diözesanjugendseelsorgeamt eingerichtet, dessen Leitung Dr. Bernhard Wensch übernahm, der somit der erste hauptamtliche Diözesanjugendseelsorger im Bistum Meißen wurde. Die Veränderungen der äußeren Organisation, insbesondere die Abkehr von der Vereinsstruktur, wirkte sich jedoch auf die inhaltliche Arbeit weniger einschneidend aus, als dies zu vermuten wäre. Vielmehr gelang es relativ reibungslos, die Vereinsarbeit – und damit auch gelegentlich die Konkurrenzsituation verschiedener Jugendvereine vor Ort überbrückend – innerhalb der Pfarrjugend weiter zu führen und dort die Jugendlichen allgemein zu erfassen.

Die Vereine blieben vorerst formal erhalten und standen deshalb immer wieder im Mittelpunkt staatlicher Aufmerksamkeit und Überwachung. Als beispielsweise im Sommer 1937 Jugendliche, die überwiegend Mitglieder der Kolpingfamilie am Kloster St. Marienstern in Panschwitz waren, nach einer Andacht gemeinsam einen Tanzabend besuchten, wurden sie wegen angeblicher Übertretung des Betätigungsverbots verhört, und man hat ein Verfahren vor dem Sondergericht in Freiberg angestrengt.[499] Gerade im Sommer/Herbst 1937 gab es eine offenkundig im größeren Rahmen durchgeführte Überprüfungsaktion der Kolpingfamilie in Sachsen, da verschiedene Pfarrämter an das Ordinariat über Ermittlungen der Gestapo berichteten.

Die endgültige Auflösung der Vereine erfolgte in Sachsen, verglichen mit anderen Teilen Deutschlands, erstaunlich spät. Zudem gab es mit Ausnahme der Pfalz Meißen des Bundes Neudeutschland und dem erwähnten Fall der Schirgiswalder Christus-Jugend keine Einzelverbote auf lokaler oder regionaler Ebene. Als der Katholische Jungmännerverband des Bistums am 7. Februar 1939 durch eine flächendeckende Aktion der Gestapo in ganz Sachsen verboten wurde, geschah dies zwei Wochen nach dem Auflösungserlass Himmlers, des Reichsführers der SS und Chefs der Deutschen Polizei, und einen Tag nach der entsprechenden Anordnung des Geheimen Staatspolizeiamtes Berlin. Im Vollzug dieser Anordnung war die Zentrale der KJMV, das Düsseldorfer Jugendhaus, von zirka 140 Gestapo-Beamten besetzt worden. In Sachsen kamen aus gleichem Grund zwei Beamte nach Bautzen, um im Ordinariat einschlägige Akten zu beschlagnahmen, was auch von verschiedenen Pfarrämtern gemeldet wurde.

In der Schulfrage änderte sich die Situation nach der anfänglich entgegenkommenden Politik ebenso, als 1935 Arthur Göpfert, ein »alter Kämpfer« und Gauobmann des Nationalsozialistischen Lehrerbundes, die Leitung des sächsischen Volksbildungsministeriums übernahm. Dabei ist auffällig, dass die Probleme erst lokal und dann in einzelnen Amtshauptmannschaften konzentriert auftraten. Wenn das Bautzener Ordinariat darauf mit einer Beschwerde reagierte, stand das Ministerium stets auf Seiten der z. T. mit harten Mitteln regierenden Schulräte. Die ersten Konflikte gab es – inhaltlich unterschiedlich gelagert – in Wurzen, Kamenz und Sebnitz. Im Sommer/Herbst 1937 wurden die Amtshauptmannschaften Bautzen und Kamenz von den Bestrebungen nach einer Vereinheitlichung des Schulwesens erfasst. Das kam für die kirchlichen Stellen nicht unerwartet, gab es doch solche Kämpfe in Bayern schon seit 1936.

Die sächsische Variante unterschied sich nicht nur zeitlich, sondern auch argumentativ. Denn die Propaganda für die Gemeinschaftsschule wurde nicht als solche betrieben. Ebenso kam es nicht zu den aus anderen Reichsgebieten bekannten Scheinabstimmungen für und gegen die Gemeinschaftsschule der Kommunen, die meist von korrektiven Abstimmungen der Kirchengemeinden begleitet waren. Statt dessen postulierten Erlasse des Volksbildungsministeriums das »gleiche Recht auf Beschulung« aller Schüler eines Ortes.[500] Sie hatten jedoch nur in den Amtshauptmannschaften Bautzen und Kamenz konkrete Auswirkungen. Eine nach dem sächsischen Schulbezirksgesetz vom 17. Juli 1926 bestehende Ausnahmeregel für Kinder, die im benachbarten Bezirk eine Schule der eigenen Konfession besuchen durften, galt als überholt. Vielmehr wurde von staatlicher Seite auf das Reichskonkordat verwiesen, welches »die Frage des katholischen Schulwesens grundlegend und erschöpfend regelt, ohne dabei einen besonderen Schutz des Besuchs katholischer Schulen durch katholische Schüler aus Nachbargemeinden vorzusehen«.[501] Der Text wurde also entgegengesetzt zur Intention der kirchlichen Verhandlungsführer ausgelegt, die damit die Erhaltung der Bekenntnisschulen angestrebt hatten.

Nun traf dieses Vorgehen vor allem die katholischen Schulen im sorbischen Siedlungsgebiet wie auch in Schirgiswalde, das bis 1845 zu Böhmen gehört hatte und überwiegend katholisch geblieben war. Entsprechend aufgeregt war die Stimmung, was zu verschiedenen Protesten führte: von vielfältigen Eingaben über die Beauftragung eines Rechtsanwaltes durch die Gemeinde Storcha bis hin zu Verhandlungen von Elterndelegationen und Priestern im sächsischen Volksbildungsministerium und sogar im Reichserziehungsministerium. Dieser Einsatz konnte die verfügten Anordnungen nicht rückgängig machen. Staatlichen Stellen verdeutlichte er aber in einem spezifischen Politikbereich die mangelnde Unterstützung durch die Bevölkerung.

Im Zuge dieser Aktion wurde im Herbst 1937 zirka die Hälfte der 52 bis dahin bestehenden katholischen Schulen in Sachsen geschlossen bzw. in Gemeinschaftsschulen umgewandelt. Die Auflösung der übrigen Schulen in Westsachsen und in den Großstädten folgte im Frühjahr 1938. Eine schon erfolgte Anweisung zur Umschulung der Schüler wurde vorübergehend zurückgenommen, was wahrscheinlich mit einer Anordnung des »Stellvertreters des Führers« im Zusammenhang stand. Darin wurde verfügt, dass alle Eingriffe in konfessionelle schulische Angelegenheiten bis zum 30. April 1938, also bis nach der Abstimmung über den Anschluss Österreichs, zu unterbleiben haben. Nach diesem Datum, überwiegend in der ersten Maiwoche des Jahres 1938, wurde dann in Sachsen die Schließung der katholischen Schulen durchgesetzt.

Das katholische höhere Schulwesen in Sachsen bestand lediglich aus zwei Schulen: der Domstiftlichen Katholischen Oberschule mit Aufbauklasse in Bautzen und dem St.-Benno-Gymnasium in Dresden. Um die Bautzener Schule gab es aufgrund der Situation vor Ort schon länger Diskussionen; ihre Verlegung und schließliche Auflösung zum 1. April 1938 kam nach dreijähriger Auseinandersetzung und nicht durchgängig überzeugenden Argumenten der Kirche wenig überraschend. Das St.-Benno-Gymnasium – dessen Besuch staatlicherseits immer wieder als für Katholiken ausreichende Möglichkeit zu höherer Schulbildung angeführt wurde – konnte sich als Privatschule und ohne staatliche finanzielle Beihilfen bis zum Dezember 1939 halten. Doch die Schule war seit 1935 so vielfältigen Einschränkungen in der Betriebsführung und bei der Schüleraufnahme ausgesetzt, dass wegen mangelnder Rentabilität auch kirchlicherseits die Schließung in Erwägung gezogen worden war.

Angesichts der Bedeutung, die das Bekenntnisschulwesen in der Diaspora für die Gemeindebildung und -integration wie auch für die konfessionell gebundene Sozialisation und Bildung der katholischen Kinder hatte, ist der Verlust der Schulen und das Bedauern darüber in den Pfarrgemeinden kaum hoch genug zu veranschlagen. Doch zeigte sich, dass, unterstützt vom zeitlichen Vorlauf der Schulschließungen in den verschiedenen Regionen, kirchlicherseits eine gewisse Kompensation durch die Sammlung der Schüler und die Intensivierung des Religionsunterrichts geleistet werden konnte. Dieser verblieb vorerst in den Schulen, seine Durchführung war jedoch von der Anzahl der katholischen Schüler abhängig und daher in vielen Orten unrealistisch. Die Pfarrer sammelten Kinder und Jugendliche zunehmend in eigenen Kinderseelsorgestunden und außerschulischem Religionsunterricht. Zugleich wurde die Durchführung des Religionsunterrichts in der Schule nach und nach normalen Lehrkräften übertragen, Priester wurden von diesen Aufgaben verdrängt. Als in einigen Schulaufsichtsbezirken aufgrund einer Verordnung des sächsischen Volksbildungsministeriums vom 18. Dezember 1938 die Einführung eines »interkonfessionellen Religionsunterrichts« angeordnet wurde, was den Protest auch der obersten kirchlichen Stellen in Deutschland herausforderte, mussten Eltern, die ihre Kinder davon abmeldeten und sie in den pfarrgemeindlichen Unterricht sandten, Verhöre durch die Gestapo und Geldstrafen auf sich nehmen.[502]

Die konfessionelle Presse, die »Sächsische Volkszeitung«, das »St. Benno-Blatt« und das als Jahreskalender gestaltete Hausbuch »St. Benno-Kalender«, die zwar nicht unabhängig von staatlichen Vorgaben erschienen, aber eine Nische für eine begrenzte Leserschaft auszufüllen vermochten, konnten bis 1941 weiter existieren. Die vielfältigen Eingriffe, Verbote und Verfahren gegen die Verlagsleiter können hier nicht im Einzelnen nachgezeichnet werden. In der Forschung gibt es speziell zur Rolle der konfessionellen Presse sehr differierende Auffassungen. Grundsätzlich galten die Katholiken als eine Bevölkerungsgruppe, die der nationalsozialistischen Ideologie tendenziell distanziert gegenüberstand. Die konfessionelle Presse war jedoch zur Anpassung an die ideologischen Vorgaben des Regimes gezwungen. So stellt sich die Frage, inwieweit kirchliche Publikationen ihren Lesern den Zugang zu nationalsozialistischem Gedankengut überhaupt erst ermöglichten. Im Hinblick auf die sächsische katholische Presse ist hierzu – mit aller Zurückhaltung – zu bemerken, dass angesichts der extremen Gleichschaltung jegliche Form der Abweichung von den damaligen Lesern weitaus sensibler wahrgenommen wurde, als dies heute im Rückblick erscheinen mag. Die Alltagspropaganda der NS-Diktatur erwies sich aufgrund der Monotonie des Geäußerten vermutlich als nicht so wirksam. Größere Aufmerksamkeit fanden Interpretationen, die von der gängigen Propaganda abwichen, sie ignorierten oder aber offenkundig nur halbherzige Lippenbekenntnisse darstellten, wie sie bei den katholischen Verlagserzeugnissen zu finden waren. Damit sollen die Anpassungstaktiken nicht ignoriert werden. Der auch sonst im sächsischen Katholizismus zu beobachtenden »Wagenburgmentalität« entsprach in der Presse wohl das Motto: »Wir schreiben für uns und wir wissen schon, wie es gemeint ist.«

Kriegsjahre 1939–1945

Nach dem Beginn des Zweiten Weltkrieges und der weitgehenden Auflösung kirchlicher Institutionen, die in die Gesellschaft hineinwirkten, wurde der katholischen Kirche von staatlichen Stellen wieder weniger Aufmerksamkeit geschenkt. Innerkirchlich bedeutete das einen Rückzug auf die Seelsorge in ihren verschiedenen Ausformungen – von Gottesdiensten bis zur Seelsorge an einzelne Gruppen der Gläubigen –, was weitgehend in die Zuständigkeit des Klerus fiel.
Die Ausbildung der sächsischen Priester war bis 1939 relativ problemlos vonstatten gegangen. Nach Studienjahren, meist in Paderborn oder auch in Münster, kamen die jungen Theologen ins diözesaneigene Priesterseminar nach Schmochtitz bei Bautzen, um dort die pastorale Ausbildung vor der Priesterweihe zu erhalten. Auch die Zahl der Neupriester galt für sächsische Verhältnisse als ausreichend; im Durchschnitt gab es in den Vorkriegsjahren jährlich sieben bis neun Priesterweihen. Mit Beginn des Zweiten Weltkrieges

änderte sich die Situation, da die Theologiestudenten nun zum Kriegsdienst herangezogen wurden. Während des Krieges wurden insgesamt zehn Priester für die Diözese geweiht. Je vier Weihen – von Kandidaten, die das universitäre Theologiestudium bei Kriegsbeginn schon abgeschlossen hatten – fanden in den Jahren 1940 und 1941 statt. Im Jahr 1942 und im Frühjahr 1945 gab es jedoch nur noch je eine Weihe. Von den zum Kriegsdienst eingezogenen 41 Theologiestudenten der Diözese fielen zehn.

Ebenso musste ein nicht unbeträchtlicher Teil der Priester die Diözese verlassen, da sie als Feldgeistliche eingezogen wurden. Nur die Verwalter einer eigenen Pfarrei oder Pfarrvikarie – sei es als Pfarrer oder als Pfarrvertreter – blieben davon verschont. Drei Priester des Bistums Meißen kehrten aus dem Krieg nicht zurück. Noch mehr Opfer forderte der verheerende Luftangriff auf Dresden in der Nacht vom 13. zum 14. Februar 1945, bei dem vier Priester, viele Ordensleute und ungezählte katholische Gläubige umkamen.

Auch aus politischen Gründen mussten Priester zunehmend ihre Stellen verlassen. Entgegen der Beruhigungsstrategie in kirchlichen Fragen, die Hitler aus Kriegsinteressen heraus eine Zeit lang verfolgte, wurden im Bistum Meißen Anfang der vierziger Jahre massiv Geistliche verhaftet. Die im Bistum tätigen Ordensmänner eingeschlossen, waren nach 1939 mehr als dreißig Priester zeitweise in Haft, davon elf im KZ. Dort ließen drei von ihnen ihr Leben.[503] Im Unterschied zum gut dokumentierten sächsischen Klerus fehlt leider eine verlässliche Erhebung der im Nationalsozialismus verfolgten oder in diesen Jahren umgekommenen Laien; ihre Zahl dürfte quellenmäßig kaum zu erfassen sein.

Eine letzte Besonderheit des sächsischen Katholizismus soll noch erwähnt werden, deren religionspolitische Brisanz sich besonders im Jahr 1940 auswirkte. Im Bistum Meißen liegt ein Teil des Siedlungsgebiets der Sorben, die hier überwiegend katholischer Konfession sind. In einer Vermischung von Religions- und Nationalitätenpolitik wurde im Herbst 1940 aus Berlin die Versetzung der sorbischen Geistlichen angeordnet.[504] Die katholische Kirche führte diese Maßnahme relativ zügig durch und konnte dabei erreichen, dass die Priester zumindest in der Diözese verblieben. Anstelle der versetzten Priester wurden die sorbischen katholischen Gemeinden überwiegend von Franziskanerpatres übernommen, die nach einer Eingewöhnungsphase in die spezifischen lokalen Verhältnisse unerwartet gut mit den dortigen Gläubigen zurechtkamen – sehr zum Unwillen der staatlichen Stellen, mit denen sie immer wieder in Konflikt gerieten. Bemerkenswert ist, dass die Maßnahme der Zwangsversetzung offenkundig nicht in Sachsen initiiert worden war bzw. die Beteiligung sächsischer Stellen bisher nicht nachweisbar ist. Hier musste sich die Landesregierung, die versucht hatte, in wichtigen politischen Problemfeldern das Heft in der Hand zu behalten, in einer regionalpolitischen Frage von Berlin aus hereinregieren lassen, ohne sich durch eigenes Engagement zu empfehlen oder auf die Durchsetzung wirklich Einfluss zu nehmen.

Im Gegensatz zur Entwicklung in den Jahren 1937/38 stabilisierten sich während der Kriegszeit die Zahlen, welche Kirchenzugehörigkeit und seelsorgliche Erfassung widerspiegeln. So sank ab 1942 die Anzahl der Kirchenaustritte trotz vereinfachter gesetzlicher Regelungen auf die niedrigsten Werte seit Anfang der zwanziger Jahre.[505] Der auf 25 Prozent gesunkene Anteil der Osterkommunikanten und die Verringerung des Kirchenbesuchs auf etwas mehr als 20 Prozent dürfte vermutlich, zumindest teilweise, in der kriegsbedingten Abwesenheit der Väter und daraus folgenden »Problemen« wie Kinderbetreuung, Erwerbstätigkeit der Frauen usw. begründet sein.

Durch die Minderheitssituation der Katholiken in Sachsen waren diese während des Nationalsozialismus für eine gewisse Zeit weniger angreifbar und aus staatlicher Perspektive auch weniger interessant. Die ersten beiden Jahre der nationalsozialistischen Herrschaft, noch begleitet von der gemäßigten Politik des sächsischen Volksbildungsministeriums und dem nicht erfolgten Eingreifen von Ministerpräsident oder Reichsstatthalter, konnte das Bistum Meißen zur internen Stabilisierung und Weiterentwicklung nutzen. Die »zweite Machtergreifung in Sachsen« 1935 zeigte für die katholische Kirche ebenfalls Konsequenzen, wenngleich sich zu dieser Zeit auch auf Reichsebene Verschärfungen in der Kirchenpolitik abzeichneten. Danach war das Bistum Meißen vielfältigen An- und Eingriffen ausgesetzt, deren es sich mit verstärktem Rückzug auf innerkirchliche Aufgaben erwehrte, was von außen gleichermaßen erwünscht und befördert wurde. In dieser Nische der Religiosität versuchten die sächsischen Katholiken zu überwintern, ohne zu ahnen, dass sich statt des erhofften nachnationalsozialistischen Frühlings eine sozialistische Eiszeit einstellen würde.

	Nichtkatholiken	Katholiken	Kirchenaustritte	in Prozent	Protestanten	Austritt	in Prozent
1932	5 176 804	195 150	2 335	1,2%	4 463 626	29 023	0,7%
1933	5 239 933	193 112	1 698	0,9%	4 463 803	8 011	0,2%
1935	5 235 518	201 883	1 587	0,8%	4 472 172	2 917	0,1%
1936	5 355 767	201 606	2 150	1,1%	4 533 574	8 272	0,2%
1937	5 402 940	206 251	3 583	1,7%	4 501 110	38 014	0,8%
1938	5 379 246	209 444	3 237	1,5%	4 552 045	44 326	1,0%
1939	5 378 911	215 642	3 403	1,6%	4 521 771	58 721	1,3%
1940	5 161 739	229 291	2 541	1,1%	4 474 590	32 462	0,7%
1941	5 596 430	233 699	2 781	1,2%	4 474 590	41 073	0,9%
1942	5 292 319	234 122	1 699	0,7%	4 474 590	19 510	0,4%
1943	5 397 203	241 835	1 037	0,4%	4 474 590	9 408	0,2%
1944	4 562 396	256 229	721	0,3%			

Kirchenaustritte
Quellen: Katholiken 1932–1944 DADM 164.00 I, Protestanten Mitgliedschaft 1932–1941, Kirchliches Gesetz- und Verordnungsblatt der Landeskirche Sachsen, Austritte 1932–1937, Kirchliches Gesetz- und Verordnungsblatt der Landeskirche Sachsen, 1938–1943 Archiv des Bezirkskirchenamtes Leipzig, A 98.
Anmerkung: »Mitgliedschaft Protestanten für 1940 und 1941 gleich angegeben, lt. KGVB ›Evangelische‹ inkl. Freikirchen u.a.; 1942 und 1943 k. A.«, zur Prozentberechnung wird Wert von 1940 übernommen.

Winfried Süß

Von der Gesundheitspolitik zum Krankenmord. Medizin im Zeichen der Rassenhygiene

Bürger, die im Januar 1938 in Dresden die Ausstellung »Ewiges Volk« besichtigten, konnten dort eine Schautafel betrachten, die den menschlichen Organismus als »Staatswesen im Kleinen« präsentierte. Hierbei ging es nicht um die didaktische Aufbereitung medizinischer Zusammenhänge. Jedes Körperteil, so die Botschaft der Ausstellungsmacher aus dem Deutschen Hygienemuseum, habe seine Aufgabe. »Gesunderhaltung und Leistung« seien »nur durch das Zusammenspiel aller Teile möglich«. Den einzelnen Organen wurden in naiver Weise gesellschaftliche Funktionsbereiche zugeordnet, die auf die politische Situation im nationalsozialistischen Deutschland bezogen waren. So stand die Haut, ihrer Bedeutung als empfindliches Sinnesorgan entkleidet, stellvertretend für Schutzaufgaben des Staates, im Schaubild dargestellt durch eine kräftige, mit Kriegsgerät bewehrte Ummantelung, die den »Volkskörper« gegenüber der Außenwelt abschirmen sollte. Dem Gehirn, so suggerierte die Schautafel, entsprach die politische Führung, versinnbildlicht durch einen Hoheitsadler und stilisierte Parteibauten der NSDAP. Weitere Schauräume brachten dem Betrachter die Grundsätze der nationalsozialistischen »Erb- und Rassenpflege« nahe und stellten auch deren »Hüter« vor: deutsche Ärzte, organisiert in NSDAP und SS. Ein »Bilderbogen deutscher Rassengeschichte«, der bei den Germanen begann und mit der Fotomontage eines zum Aufmarsch trommelnden Hitlerjungen als jüngstem Teil einer »geschlossenen Blutskette« endete, ordnete die Gegenwart aus der Perspektive der nationalsozialistischen Geschichtsinterpretation in ihre historischen Bezüge ein. Der Bildtext verwies zugleich auf die Zukunftsorientierung nationalsozialistischer Gesundheitspolitik: »Gesunde Jugend von heute – ein starkes Volk morgen.«[506]

Zwischen Rassenhygiene und »Neuer Deutscher Heilkunde«

Vergleicht man diese Impressionen aus einer nationalsozialistischen Propagandaausstellung mit einem anderen, nur wenige Jahre älteren Produkt des Dresdner Hygienemuseums, wird deutlich, wie sehr sich die Sicht auf Kranksein und Gesundsein seit der nationalsozialistischen Machteroberung in Deutschland gewandelt hatte: Mit dem 1931 erstmals ausgestellten »Gläsernen

Menschen« wurde ein einzelner Körper und seine Funktionsweise ins Zentrum eines didaktisch innovativen Ausstellungskonzepts gestellt.[507] Nationalsozialistische Gesundheitspolitik richtete ihr Hauptaugenmerk dagegen nicht mehr auf den kranken Körper des Einzelnen, sondern auf die Beschaffenheit eines imaginären Kollektivsubjekts – des deutschen »Volkskörpers«.[508] Diese biologistische Metapher bezeichnete die durch den gemeinsamen Genpool von anderen unterschiedene »überindividuelle Einheit dauernden Lebens, die die gegenwärtige Zeugungsgemeinschaft ebenso wie die vorausgehenden und nachfolgenden Generationen umschließt«.[509] Im politischen Sinn umfasste der »Volkskörper« das hierarchisch gegliederte und im Verhalten gleichgeschaltete Staatsvolk des »Dritten Reiches«, dessen einzelne Teile auf ein von der NS-Führung vorgegebenes Ziel hin ausgerichtet wurden.

Die Sozialhygiene als gesundheitspolitisches Leitbild der Weimarer Republik hatte gruppenspezifische Gesundheitsbeeinträchtigungen als Folge unterschiedlich verteilter Lebenschancen in industriellen Gesellschaften begriffen und daraus eine öffentliche Pflicht zur Bekämpfung gesundheitsschädlicher Verhältnisse abgeleitet. Auf dieser Basis etablierte sich seit der Jahrhundertwende ein überwiegend von den Kommunen getragenes System gesundheitlicher Fürsorge. Dessen einzelne Zweige wandten sich besonders gesundheitsgefährdeten Teilgruppen der Bevölkerung zu (z. B. Schwangeren, Säuglingen und Schulkindern), strebten die Verbesserung gesundheitsschädlicher Lebensverhältnisse an (z. B. in der Wohnungsfürsorge) oder dienten der Bekämpfung verbreiteter Krankheiten (z. B. der Tuberkulose). Solchen Maßnahmen lag ein egalitäres Menschenbild zugrunde. Nationalsozialistische Mediziner waren dagegen von der qualitativen Ungleichheit der Menschen überzeugt. Die Behandlung richtete sich nicht mehr nur nach medizinischen Erfordernissen, sondern auch nach dem »Erbwert« des Kranken und sozialen Nützlichkeitserwägungen, insbesondere seiner potentiellen Arbeitsproduktivität. Der Medizinalschriftsteller Karl Kötschau hat diesen Gedanken so formuliert: Am »Studium der Pathologie und Klinik eines Erbleidens« sei man »nicht sonderlich interessiert«, künftiges Ziel müsse es vielmehr sein, »eine Pathologie, Klinik und Therapie der Auslesefähigen zu schaffen, d. h. der Menschen, deren Anlagen und Eigenkräfte zu den höchsten Leistungen befähigen, zu jenen Leistungen, von deren Erhaltung auch der Fortbestand unserer hochwertigen Rasse und Erbmasse abhängt«.[510] In der gesundheitspolitischen Praxis konnte dies eine Verschlechterung der medizinischen Versorgungssituation für bestimmte Patientengruppen, etwa chronisch Kranke und geistig behinderte Patienten, bedeuten, während z. B. »erbgesunde« Mütter und Kinder von einer verbesserten Gesundheitsbetreuung profitierten. Für andere Bevölkerungsteile entwickelte sich die medizinische Versorgungssituation ambivalent. Im »Dritten Reich« gehörte die Sicherstellung eines möglichst großen Arbeitskräftepotentials zu den vordringlichen politischen Zielvorgaben, nach denen sich das Gesundheitssystem zu richten hatte. Um »eine vom gesundheitlichen Standpunkt aus möglichst restlose

Ausnutzung der Arbeitskraft«[511] zu erreichen, kombinierte der NS-Staat seit Mitte der dreißiger Jahre speziell auf die Bedürfnisse von Industriearbeitern zugeschnittene Maßnahmen der Gesundheitsfürsorge und Krankheitsprävention mit einer verschärften Krankenstandsüberwachung, die vor allem im Krieg gesundheitsbezogene Kriterien zunehmend den Produktivitätserwägungen unterordnete.[512]

Statt des Zusammenhangs von Gesundheit und sozialer Lage stellte die Rassenhygiene die Bedeutung der Erbanlagen als Krankheitsursache in den Vordergrund und verband medizinische Ziele mit gesellschaftssanitären Visionen. Es ging darum, »die wertvollen Erbanlagen im Volke mit allen Mitteln zu fördern und die minderwertigen zu bekämpfen, die sich auf Kosten der hochwertigen auszubreiten drohen und zu einer Volksentartung führen können«.[513] Gleichzeitig sollte die Rassenhygiene Wege aufzeigen, »wie eine unerwünschte Rassenmischung zu verhindern ist [...], die den Bestand der im deutschen Volke führenden, kulturschöpferisch höchstwertigen Rassen gefährdet«. Dabei traten Maßnahmen der medizinischen Akuthilfe zunehmend hinter die hypertrophe Utopie einer durch genetische Homogenisierung krankheitsfreien Gesellschaft zurück, deren als »rassefremd« und »erbkrank« definierte Teile zuvor gewaltsam aus dem genetischen Bestand des »Volkskörpers« ausgegrenzt worden waren.

Mit dem »Gesetz zur Verhütung erbkranken Nachwuchses«,[514] das Anfang Januar 1934 in Kraft trat, setzte das NS-Regime seine destruktive Utopie einer »inneren Reinigung« durch den gewaltsamen Fortpflanzungsausschluss aller Träger von als minderwertig erachteten Erbanlagen in die politische Praxis um. Abweichend von den Regelungen anderer Länder sah das Gesetz ausdrücklich Sterilisationen auch ohne Einwilligung der Betroffenen vor, sofern der Kranke an psychischen Erkrankungen oder angeborenen Körperbehinderungen litt.[515] Der Gesetzestext erklärte zudem – ohne Erblichkeitsbegründung – schwere Formen des Alkoholismus zum Sterilisationsgrund.

Die Sterilisationsverfahren wurden auf Antrag der Amts- oder Anstaltsärzte vor eigens zu diesem Zweck eingesetzten Erbgesundheitsgerichten durchgeführt. Die justizförmige Prozedur, der eine pseudowissenschaftliche Begutachtung der Sterilisanden vorausging, sollte die wissenschaftliche Fundierung und den rechtsstaatlichen Vollzug der Zwangsmaßnahme suggerieren. Bis Kriegsende wurden im Gebiet des Deutschen Reiches wenigstens 480 000 Verfahren eingeleitet, wobei mindestens 360 000 Personen unfruchtbar gemacht wurden.[516] Dies entsprach etwa einem Prozent der deutschen Bevölkerung im Alter zwischen 16 und 50 Jahren.

Die Mehrzahl der in sächsischen Gesundheitsämtern durchgeführten Zwangssterilisationen entfiel auf die Jahre 1934 bis 1937.[517] Mit Kriegsbeginn ging die Zahl der Verfahren merklich zurück. Neue Anträge sollten nur noch in Fällen »dringender Fortpflanzungsgefahr« gestellt werden.[518] Diese Verordnung wurde von einigen Amtsärzten dahingehend interpretiert, die Sterilisationen während des Krieges weitgehend einzustellen. Das sächsische

Innenministerium drängte allerdings darauf, dass Sterilisationsanträge auch während des Krieges bearbeitet wurden.[519]

Die Zwangssterilisationen trafen beide Geschlechter in ähnlicher, verschiedene Bevölkerungsschichten jedoch in sehr unterschiedlicher Weise. Unter den Sterilisationsopfern waren Berufslose, Industrie- und Landarbeiter deutlich überrepräsentiert. Angestellte, Beamte und Akademiker gerieten dagegen nur selten in die Mühlen der sächsischen Gesundheitsbürokratie.[520] Dies hatte seine Ursache vor allem in der schärferen Anzeigepraxis bei sozial Schwachen und Fürsorgeempfängern, aber wohl auch darin, dass Gebildete sich, sofern ein Verfahren eröffnet wurde, in der akademisierten Welt des Gerichtsverfahrens oftmals besser zurechtfanden.

Allgemeine Aussagen über die Sterilisationspraxis in Sachsen sind beim derzeitigen Stand der Forschung nur schwer möglich. Schon vor 1933 galt das Land als Hochburg der Sterilisationsbefürworter. Bereits 1911 war auf der 1. Internationalen Hygieneausstellung in Dresden eine Sonderschau zum Thema Rassenhygiene gezeigt worden. In den zwanziger Jahren führten sächsische Ärzte in mehreren Fällen illegale Sterilisationen an zumeist minderjährigen Insassen von Fürsorgeheimen und Heil- und Pflegeanstalten durch. Die wachsende Zustimmung zu solchen Maßnahmen zeigte sich, als ein 1924 durch den Zwickauer Kreisarzt Gerhard Boeters ausgearbeiteter Gesetzesentwurf, der einen weitgefassten Katalog sozialer Sterilisationsdiagnosen enthielt, vom sächsischen Justizminister mit einer zustimmenden Stellungnahme versehen und an die zuständigen Reichsbehörden weitergeleitet wurde.[521] Ein Vergleich der Sterilisationspolitik in Leipzig mit der anderer nichtsächsischer Städte legt allerdings den Schluss nahe, dass sich die sächsischen Gesundheitsbehörden eher eng an die gesetzlichen Vorgaben hielten und diesen Rahmen nicht selbständig zu erweitern suchten. So war der Anteil der stark mit sozialen Werturteilen aufgeladenen Diagnosekategorien »erblicher Schwachsinn« und »Alkoholismus« mit 54,4 bzw. 1,1 Prozent deutlich niedriger als etwa in Hamburg, wo insgesamt 70 Prozent der Sterilisationen auf diese Diagnosen entfielen.[522] Man kann das als Indiz dafür werten, dass eine eigenständige Radikalisierung der Erbgesundheitspolitik, wie sie z. B. im Nachbargau Thüringen durch die Mittelinstanzen von Partei, Staat und SS vorangetrieben wurde, in Sachsen nicht stattfand.

Eine mögliche Erklärung für diesen Befund bietet der Umstand, dass die sächsische Erbgesundheitspolitik nicht wie in Thüringen durch ein eigenes Landesamt für Rassewesen koordiniert wurde,[523] sondern Angelegenheit des öffentlichen Gesundheitsdienstes war. Dessen Aufgabenbereich wurde durch das im April 1935 in Kraft getretene »Gesetz zur Vereinheitlichung des Gesundheitswesens«[524] neu geordnet und erheblich erweitert. Der Tätigkeitsbereich der Gesundheitsämter vereinigte die bislang von den staatlichen Medizinalverwaltungen betreuten Arbeitsgebiete Gesundheitsaufsicht und Seuchenpolizei mit der kommunalen Gesundheitspflege und erweiterte sie um erb- und rassenhygienische Aufgabenstellungen, so dass die Gesundheitsämter künftig als »Transmissionsriemen der NS-Gesundheitspolitik«[525] agieren konnten. Wie sehr erbbiologische Maßnahmen deren verändertes Tätigkeitsspektrum bestimmten, zeigt ein Blick auf die personelle Entwicklung des Leipziger Gesundheitsamtes. Anfang 1934 wurden Erbgesundheitsfragen dort von einem nebenamtlichen Arzt und einem Bürobeamten bearbeitet. 1937 beschäftigte dieselbe Dienststelle bereits 15 Ärzte und 12 Bürokräfte.[526]

In ländlichen Regionen verfügte das staatliche Gesundheitswesen nur über eine rudimentäre Infrastruktur, so dass binnen kurzer Zeit zahlreiche Gesundheitsämter neu errichtet werden mussten, rund 40 allein in Sachsen.[527] In den Städten konnten bestehende Einrichtungen ausgebaut werden. In Leipzig, wo seit 1904 ein städtisches Gesundheitsamt existierte, waren bereits während der Weltwirtschaftskrise Strukturen geschaffen worden, die die Durchsetzung der nationalsozialistischen Erbgesundheitspolitik erleichterten. Nachdem die Stadtverwaltung bereits im Frühjahr 1931 alle Aufgabenfelder der kommunalen Gesundheitspflege im städtischen Gesundheitsamt konzentriert hatte, um Verwaltungskosten zu sparen, bedrohten einschneidende Kürzungen die Funktionsfähigkeit der Heilanstalten, der Schulgesundheitspflege und der kommunalen Mütterberatungsstätten.[528] Vor dem Hintergrund der im Verlauf der Weltwirtschaftskrise dramatisch sinkenden finanziellen Verteilungsspielräume gewannen Konzepte, die Teile der Sozialstaatsklientel von sozialpolitischen Leistungen ausschlossen, an Attraktivität. Hieran konnte der Nationalsozialismus, freilich in einer radikalisierten und rassistisch aufgeladenen Form, anknüpfen. Anknüpfen konnte er auch an sozialhygienisch motivierte Strukturen zur bürokratischen Erfassung der Empfänger von Wohlfahrtsleistungen, die in der Weimarer Zeit etabliert worden waren. So wurden in Leipzig nach der nationalsozialistischen Machtübernahme in der Kinder- und Schulfürsorge gesammelte Daten, die ursprünglich zur Ermittlung der Empfänger von Schulspeisungen und der Kandidaten für die Erholungsfürsorge gedient hatten, an die Gesundheitsbehörden weitergegeben.[529] Das Gesundheitsamt agierte hierbei als »Schaltzentrale«,[530] in der die Daten sämtlicher Leipziger Fürsorgeeinrichtungen zusammenliefen und zur Vorbereitung rassenhygienischer Maßnahmen ausgewertet wurden.

Als Sitz des Deutschen Hygienemuseums und der ihm angegliederten Hygiene-Akademie verfügte Dresden über eine bis in die Zeit vor dem Ersten Weltkrieg zurückreichende Tradition sozialhygienischer Gesundheitsaufklärung. Sie wurde 1933 abrupt unterbrochen: Die meisten Wissenschaftler im Museum und in der Akademie verloren ihre Arbeit, teils weil sie der Sozialdemokratie nahe standen, teils wegen ihrer jüdischen Abstammung.[531] An ihre Stelle traten exponierte Nationalsozialisten wie Hermann Vellgut[532] und Theodor Pakheiser[533], die das Hygienemuseum innerhalb kurzer Zeit in eine Propagandaeinrichtung der nationalsozialistischen Erbgesundheitspolitik verwandelten. Die Hygiene-Akademie, ehedem eine der modernsten sozialhygienischen Ausbildungsstätten der Weimarer Republik, wurde geschlossen und 1934 als Staatsakademie für Rassen- und Gesundheitspflege neu eröffnet.

Fortgeführt wurde in Dresden hingegen die Hinwendung zu alternativen Heilmethoden. Für diesen Traditionsstrang standen Firmen wie das auf homöopathische Produkte spezialisierte Unternehmen Madaus, vor allem aber bedeutende Naturärzte wie Heinrich Lahmann und Friedrich Eduard Bilz, die in Dresden und in der Umgebung der Stadt gewirkt hatten.[534]

An diese Tradition konnte die Stadtverwaltung anknüpfen, als sie ihr modernstes Hospital, das 1901 erbaute und auf dem Höhepunkt der Weltwirtschaftskrise geschlossene Krankenhaus Dresden-Johannstadt für die Erprobung alternativer Heilmethoden zur Verfügung stellte. Oberbürgermeister Zörner versprach sich davon, das Profil Dresdens als »Stadt der Volksgesundheit«[535] zu schärfen. Der Reichsärzteführer Gerhard Wagner förderte das Projekt ebenfalls nach Kräften. Ihm ging es darum, ein Modellkrankenhaus zur Synthese von Schulmedizin und »Neuer Deutscher Heilkunde« zu etablieren, einem zweiten Ideenkern der NS-Gesundheitspolitik, dessen von prominenten Nationalsozialisten geförderte Postulate die gesundheitspolitische Rhetorik in den Anfangsjahren des NS-Regimes beherrschten.[536] War die Erbgesundheitspolitik des »Dritten Reiches« eng an zeitgenössische Strömungen in den Naturwissenschaften angelehnt, so entstand die »Neue Deutsche Heilkunde« als Gegenbewegung zur etablierten naturwissenschaftlich orientierten Medizin.[537] Bei ihr handelte es sich nicht um ein geschlossenes medizinisches Gedankengebäude, sondern um ein amorphes, teilweise höchst irrationales Konglomerat, das einzelne Elemente der Lebensreformbewegung, traditionelle Naturheilverfahren und spezifisch nationalsozialistische Denkfiguren zu einem ganzheitlich ausgerichteten Medikalisierungskonzept verband. Die »Neue Deutsche Heilkunde« legte besonderes Gewicht auf Maßnahmen zur Krankheitsvorbeugung. Sie vertraute auf die »Naturheilfähigkeit«[538] des menschlichen Organismus und sie forderte von den Ärzten als »Gesundheitsführer«[539], den »Gesundheitswillen« ihrer Patienten zu stärken.

Im Juni 1934 wurde das ehemalige Johannstädter Krankenhaus als »Forschungs- und Lehranstalt für biologische Heilweisen«[540] wieder eröffnet und nach dem »Stellvertreter des Führers« Rudolf Heß benannt. Zusätzlich zu den verkleinerten Abteilungen für Chirurgie und Innere Medizin erhielt das Krankenhaus eine Klinik für Naturheilkunde mit 250 Betten, die nach mehreren gescheiterten Berufungen von Alfred Brauchle übernommen wurde, einem anerkannten Naturheilarzt, der zuvor das Prießnitz-Krankenhaus in Berlin-Mahlow geleitet hatte. Mit Louis R. Grote, der in den Jahren 1924 bis 1928 Chefarzt des bekannten Lahmann'schen Sanatoriums auf dem Weißen Hirsch gewesen war, stand auch der Inneren Abteilung ein Klinikdirektor vor, der für eine Öffnung der Schulmedizin gegenüber alternativen Heilverfahren eintrat.[541] Dem Krankenhaus war zudem eine Schwesternschule angegliedert, die als Reichsmutterhaus der »Braunen Schwestern« diente, einem nationalsozialistisch geprägten Krankenpflegeverband, der als Konkurrenz zu den konfessionellen Krankenpflegeorden gegründet worden war. Die eigentliche Besonderheit des Krankenhauses bildeten zwei Gemeinschaftsstationen, auf denen Ärzte der Inneren und der Naturheilkundlichen Klinik gemeinsam behandelten. Dort sollte mit modernen internistischen Instrumenten diagnostiziert, mit den Mitteln der Naturheilkunde therapiert und anschließend das Ergebnis der Behandlung evaluiert werden, um so »im Volk verwurzelte Überlieferungen und ihre Erfolge am Krankenbett [...] vorurteilsfrei«[542] zu prüfen und den Methoden der »Neuen Deutschen Heilkunde« die fehlende wissenschaftliche Anerkennung zu verschaffen.

Anfangs strahlte das Rudolf-Heß-Krankenhaus als Zentrum der »Neuen Deutschen Heilkunde« weit über die Grenzen Dresdens aus, weniger wegen der etwa 3000 Patienten, die bis 1943 auf seinen Gemeinschaftsstationen behandelt wurden,[543] sondern vor allem aufgrund der Kurse zur »Naturheilkunde im Rahmen der Gesamtmedizin«, die es seit 1935 im Rahmen der ärztlichen Pflichtfortbildung anbot und an denen insgesamt rund 1000 Ärzte teilnahmen.[544] Gleichwohl war dem »großen Experiment«[545] einer Synthese von Schulmedizin und Naturheilkunde keine lange Lebensdauer beschieden. Mit dem Beginn der Hochrüstungsphase und vor allem im Krieg verschob sich die gesundheitspolitische Interessenlage wieder zugunsten der naturwissenschaftlich orientierten Medizin, die allein kurzfristige Behandlungserfolge garantieren konnte.

Sachsen – Zentralregion der »Euthanasie«

Der Krankenmord begann in Sachsen. Er begann in enger Verknüpfung mit der Entfesselung des Zweiten Weltkrieges. Und er begann mit der Tötung eines besonders schwachen und schutzbedürftigen Bevölkerungsteils: den behinderten Kindern. Im Juli 1939 füllten Ärzte auf der Kinderstation der Leipziger Universitätsklinik eine Spritze mit einer tödlichen Schlafmitteldosis und verabreichten sie dem schwerstbehinderten Kind der Familie Kretschmer. Die von der Familie gewünschte, vom Parteiapparat der NSDAP vorbereitete, von Hitler gebilligte und von seinem Begleitarzt Karl Brandt überwachte Tötung des erst wenige Monate alten Kleinkindes bildete den Auftakt der nationalsozialistischen Euthanasieverbrechen.[546] Euthanasie – mit diesem aus dem Griechischen entlehnten Kunstwort, das sinngemäß übersetzt »guter« bzw. »leichter« Tod bedeutet, umschrieben die Machthaber des »Dritten Reiches« den wissenschaftlich angeleiteten Massenmord an rund 200 000 Kranken durch Gas, Hunger und tödliche Medikamente.[547] Das sächsische Gesundheitswesen war darin auf dreifache Weise involviert:

– Erstens zählte der Direktor der Leipziger Universitätskinderklinik, Werner Catel[548], als medizinischer Gutachter des »Reichsausschusses zur Erfassung erb- und anlagebedingter Leiden« zu den Hauptverantwortlichen eines Teilprogramms der »Euthanasie«, dem bis Kriegsende wenigstens 5000 Kinder und Jugendliche zum Opfer fielen.[549] Seit 1941, möglicherweise auch schon vorher, war eine als »Kinderfachabteilung« des Reichsausschusses getarnte

Tötungsstation in seine Klinik integriert. Dort hat der überzeugte Euthanasiebefürworter die Ermordung einer nicht mehr feststellbaren Zahl von Kindern teils eigenhändig vorgenommen, teils seinen Assistenzärzten übertragen.[550] Mit großer Wahrscheinlichkeit waren einige der Kinder vorher zu Forschungszwecken missbraucht worden.[551]

– Zweitens wurde eine der sechs Tötungsanstalten, die das NS-Regime im Rahmen der »Aktion T4« errichtete, auf dem Gelände der sächsischen Heil- und Pflegeanstalt Pirna-Sonnenstein gebaut.[552] Dem zentral organisierten Programm zur Vergasung erwachsener Psychiatriepatienten, das nach dem Dienstort der »Euthanasie«-Bürokratie in der Berliner Tiergartenstraße Nr. 4 benannt wurde, fielen in den Jahren 1940 und 1941 rund 70 000 geistig behinderte Menschen zum Opfer.

– Drittens schließlich entwickelte sich Sachsen nach dem offiziellen Abbruch der zentralisierten »Euthanasie« im August 1941 zu einer Kernregion der dezentralisierten Krankenmorde, in deren Verlauf neueren Schätzungen zufolge wenigstens 90 000 Psychiatriepatienten, zunehmend aber auch Alte und chronisch Kranke, umkamen.[553]

Der Patientenmord begann nicht über Nacht, sondern schloss an mehrere Jahre an, in denen die Lebensgrundlagen geistig behinderter Anstaltspfleglinge in Sachsen systematisch geschmälert worden waren. Bereits im Dezember 1935 hatte der Leiter der Medizinalabteilung im sächsischen Innenministerium, Ernst Wegner[554], bei seinen Vorgesetzten angeregt, »die in den letzten Jahren eingesetzten Bestrebungen der Sparsamkeit in den Betrieben der Irrenanstalten durchzusetzen und dafür lieber notwendige Bedürfnisse von allgemeinen Krankenanstalten und die Förderung der erbgesunden und hochbegabten Kinder unseres Volkes zu unterstützen«.[555] In der zweiten Hälfte der dreißiger Jahre gingen die staatlichen Heil- und Pflegeanstalten zunehmend dazu über, die Ernährung nach der Arbeitsfähigkeit der Patienten zu bemessen. Den Anfang machte 1936 die traditionsreiche Anstalt Pirna-Sonnenstein. 1938 erhielt rund ein Viertel der Kranken in sächsischen Heil- und Pflegeanstalten eine fett- und vitaminarme »Sonderkost«. Ende 1939 war es bereits fast die Hälfte.[556] Auf diese Weise wurden die Verpflegungskosten in der unteren Verpflegungsklasse, der ein Großteil der Patienten angehörte, um ein Drittel gesenkt. Die Sterblichkeit unter den Anstaltsinsassen stieg im selben Zeitraum spürbar, allein in der Anstalt Sonnenstein um mehr als ein Viertel von 5,9 auf 7,5 Prozent im Jahr.[557]

Parallel dazu begannen Ärzte, geistige Störungen mit immer aggressiveren Therapien zu behandeln. Dies konnte bei bestimmten Diagnosen zu einer Besserung des Krankheitsbildes führen, zog jedoch häufig schwere, bisweilen tödliche Nebenwirkungen für den Patienten nach sich. Ein Blick in den Jahresbericht der Anstalt Leipzig-Dösen zeigt, wie sehr therapeutisches Bemühen bereits mit dem Ziel verbunden war, möglichst viel Geld und Personal bei der Betreuung der Psychiatriepatienten einzusparen. Dösen führte seit 1938 »fast ohne Rücksicht auf die Diagnose« an den »schwierigsten, unruhigsten, stumpfesten Kranken [...] ganz gleich ob frisch erkrankt oder alter Fall« Krampfschockbehandlungen mit Cardiazol durch, das schwere Nebenwirkungen wie Koma- und Angstzustände auslösen konnte. Über das Ergebnis der Behandlungen vermerkte der Jahresbericht zufrieden: »Die Kranken wurden ruhiger, verloren ihre Aggressivität, waren nicht mehr so unruhig und störend. Bei einigen Kranken wurden ganz unerwartete und völlig verblüffende Remissionen erzielt. [...] Es ist im Laufe des Jahres gelungen, eine wesentliche Beruhigung der Abteilung herbeizuführen. [...] Der anschaulichste Beweis für die Wirkung des Cardiazols dürfte der Verlauf des Verbrauchs von Beruhigungsmitteln sein. Es zeigt sich, dass 1937 die Ausgaben für Trional, Veronal und Paraldehyd monatlich rund 100 RM betrugen. Seit Juni 1938 betragen die Ausgaben im Durchschnitt monatlich keine 5 RM mehr. Es zeigt sich, dass die Abteilung seit der Einführung der Cardiazolbehandlung mit den Ausgaben für Cardiazol einen niedrigeren Geldbedarf für Medizin hat, als vor der Einführung des Cardiazols.« Daher sei die Verwendung der für die Patienten überaus peinigenden Behandlung »rein volkswirtschaftlich [...] eine absolute Forderung des Tages«.[558]

Als der Krieg näher rückte, lösten sich die Grenzlinien zwischen der Vernachlässigung und der gezielten Tötung der Psychiatriepatienten zunehmend auf. Im Sommer 1939 forderte Alfred Fernholz[559], der neue Leiter der Gesundheitsabteilung im sächsischen Innenministerium, die ihm unterstellten Anstaltsdirektoren auf, unruhige Kranke mit Hilfe erhöhter Beruhigungsmitteldosen zu sedieren, um Pflegepersonal einzusparen. Parallel dazu wurden die Lebensmittelzuteilungen an die Heil- und Pflegeanstalten weiter reduziert.[560] Dabei nahm man bewusst in Kauf, »dass der Kranke infolge der höheren Medizingaben möglicherweise vorzeitig starb«.[561] »Das Ziel der Tablettenaktion sollte sein«, so Fernholz, »dass die Kranken, wenn es hoffnungslose Fälle waren, nicht auf Kosten ihrer Umgebung, der Mitkranken und des Personals durchgeschleppt werden sollten«,[562] mit dem Effekt, dass noch vor Beginn der Aktion T4 die Sterberate in sächsischen Heil- und Pflegeanstalten um rund das Sechsfache anstieg.[563]

Parallel zu den sächsischen Initiativen bereitete eine Gruppe von Ärzten und Parteibürokraten aus der Kanzlei des Führers seit dem Sommer 1939 – mit ausdrücklicher Billigung Hitlers – ein umfassendes Programm zum Mord an Psychiatriepatienten vor. Einiges spricht dafür, dass der bevorstehende Krieg diese Planungen beschleunigt hat. Durch die Ermordung zehntausender erwachsener Psychiatriepatienten sollten Krankenbetten und Pflegepersonal für Lazarette und Hilfskrankenhäuser verfügbar gemacht werden.[564] Ab Oktober 1939 wurden die Insassen der deutschen Heil- und Pflegeanstalten »planwirtschaftlich« erfasst. Auf der Grundlage von Meldebögen, die von den Ärzten der Heimatanstalten ausgefüllt wurden, entschieden externe Gutachter, die mehrheitlich dem Kreis der führenden Anstaltsdirektoren und Psychiatrieordinarien angehörten, über Leben und Tod der Patienten. Im Januar 1940 setzten nach einem ausgeklügelten

System organisierte Patiententransporte in eigens zu diesem Zweck eingerichtete Tötungsanstalten ein.

Waren die zwangsweisen Sterilisierungen der als »erbkrank« Stigmatisierten in den dreißiger Jahren noch in aller Öffentlichkeit durchgeführt worden, achtete das Regime jetzt peinlich darauf, dass ein Mantel des Schweigens über den staatlich organisierten Massenmord gebreitet wurde. Zur Durchführung der Tötungen und zur Täuschung der Opfer und ihrer Angehörigen schuf das Regime ein Netzwerk bürokratischer Tarnorganisationen. Sonderstandesämter stellten falsche Todesbescheinigungen aus, eine »Trostbriefabteilung« benachrichtigte die Angehörigen: zunächst, dass die Anstaltsinsassen aus Kriegsgründen verlegt worden seien, wenig später, um ihnen die Nachricht vom plötzlichen »Krankheitstod« ihrer Verwandten zu übermitteln. Damit die gehäuften Todesfälle nicht einzelnen Anstalten direkt zugerechnet werden konnten, transportierte die eigens zu diesem Zweck gegründete »Gemeinnützige Krankentransportgesellschaft« Patienten über mehrere Umwege in die Tötungszentren. In Sachsen leisteten die Zwischenanstalten Arnsdorf, Großschweidnitz[565], Waldheim[566] und Zschadraß diesen Zubringerdienst zum Krankenmord.

Anfangs wurden sächsische Psychiatriepatienten in Brandenburg ermordet. Im April 1940 begannen auf dem ehemaligen Pirnaer Burgberg Sonnenstein Bauarbeiten, in deren Verlauf elf Gebäude der dortigen Heil- und Pflegeanstalt zur Krankentötung umgerüstet wurden.[567] Mit der Ankunft des ersten Transports aus Waldheim am 28. Juni 1940 nahm die Tötungsanstalt ihren Betrieb auf. Bis zur Einstellung der Vergasungen im August 1941 wurden im Monatsdurchschnitt etwa 900 Patienten dorthin transportiert; auf diese Weise verloren mehr als 13 000 psychisch Kranke in Sonnenstein ihr Leben. Die Ermordeten stammten zumeist aus sächsischen Familien. Über die Zwischenanstalten wurden aber auch Patienten aus Thüringen, Franken, Schlesien, dem Sudetenland und wahrscheinlich auch aus Ostpreußen ins Gas geschickt. Bei etwa zwei Dritteln der Opfer handelte es sich um Langzeitpatienten, die mehr als fünf Jahre in Anstalten verbracht hatten.[568]

Auch für die nicht getöteten Kranken verschlechterten sich die Lebensumstände während der Kriegsjahre tiefgreifend. Psychiatriepatienten wurden längst nicht mehr als hilfsbedürftige Menschen behandelt, sondern als krankes »Glied des Volkskörpers, welches diesen durch Verminderung seiner Erbgesundheit schädigen kann und [...] im Falle der Unheilbarkeit wertvolle Staatsmittel auf längere Zeit zu ungunsten förderungswürdiger Bevölkerungsteile aufzuzehren imstande ist«.[569] Sachsen verlor durch die Aktion T4 beinahe die Hälfte seiner Psychiatriepatienten, gleichzeitig jedoch wurden bis Anfang 1942 fast zwei Drittel der Anstaltsbetten dem ursprünglichen Verwendungszweck entzogen, so dass der Raum für die Betreuung psychisch Kranker nun noch knapper war als vor dem Beginn der Krankenmorde. Hauptsächlicher Nutznießer dieser Zweckentfremdung von Anstaltsraum war die Wehrmacht. Sie konnte in Sachsen rund 4800 ehemalige Psychiatriebetten als Reservelazarett und rund 1400 weitere Plätze teils für Schulungszwecke, teils als Kriegsgefangenenlager nutzen. Rund 2200 weitere Betten entfielen auf die Volksdeutsche Mittelstelle, die in Sachsen mehrere Umsiedlerlager unterhielt. Das zivile Gesundheitswesen profitierte kaum von den Umwandlungen. Lediglich etwa 400 der verlorenen Anstaltsplätze entfielen auf Hilfskrankenhäuser.[570]

Da die mitteldeutschen Regionen aufgrund ihrer Lage als vergleichsweise luftsichere Gebiete galten, versuchten die seit dem Frühjahr 1942 zunehmend von Flächenbombardements betroffenen Städte Nord- und Westdeutschlands, einen Teil ihrer Kranken dorthin zu evakuieren. Die Rheinprovinz und die Stadt Berlin verschickten Psychiatriepatienten, evakuierte Krankenhausinsassen sowie mehrere hundert Alterskranke nach Sachsen. Im Zuge solcher Verlegungen wandelte sich das bestehende Konkurrenzverhältnis zwischen hierarchisch differenzierten Patientengruppen; es mündete in einen Prozess wechselseitiger Verdrängung: potentiell Produktive beanspruchten die medizinischen Ressourcen jener Personen, die in der Kriegswirtschaft als »unverwertbar« galten; Wehrmachtsangehörige schoben Zivilkranke beiseite; Alte und Sieche, die selbst aus ihren Einrichtungen vertrieben wurden,[571] drängten in die wenigen Einrichtungen, die den Psychiatriepatienten noch verblieben waren. Diese mussten Kranke selbst dann noch aufnehmen, als ihre Kapazitätsgrenzen längst überschritten waren. Der Reichsbeauftragte für die Heil- und Pflegeanstalten forderte die psychiatrischen Krankenhäuser auf, ihre Belegdichte »mit allen Mitteln« zu steigern. Ein gangbarer Weg sei beispielsweise die Aufstellung von Doppelstockbetten in den Schlafsälen. Keinesfalls dürfe es dazu kommen, »dass etwa körperlich Kranke im Freien oder unter primitivsten Verhältnissen untergebracht werden müssen, während für die pflegebedürftigen Geisteskranken Betten der Anstalten reserviert bleiben«.[572] Allein nach Großschweidnitz, einer der größten noch zur Pflege von Geisteskranken genutzten sächsischen Anstalten, die für etwa 1200 Patienten ausgelegt war, wurden im Laufe des Jahres 1943 mehr als 900 zusätzliche Kranke verlegt. Als Folge dieser Transporte verschlechterten sich die Lebensumstände in den Heil- und Pflegeanstalten dramatisch. Um Platz für körperlich Kranke zu schaffen, wurden psychiatrische Patienten in eilig errichteten Baracken, in Kellerräumen, Speisesälen oder umgewandelten Andachtsräumen zusammengepfercht. Eine ärztliche Betreuung fand in den zu bloßen Bewahrhäusern reduzierten Anstalten kaum noch statt.[573]

Bis zum Frühjahr 1943 nahmen sächsische Behörden westdeutsche Luftkriegsopfer bereitwillig auf, auch wenn diese Solidarität vor allem zu Lasten der psychisch Kranken geübt wurde. Seit dem Frühsommer 1943 stießen solche Verlegungen jedoch auf zunehmenden Widerstand der sächsischen Gesundheitsverwaltung. Die dortigen Anstalten, so erklärte man der für Patientenverlegungen zuständigen Berliner Reichsarbeitsgemeinschaft für die Heil- und Pflegeanstalten, seien »bis auf den letzten Platz besetzt« und ihre Wirtschaftseinrichtungen völlig überlastet.[574] Zudem reklamierten sächsische Krankenhäuser, die inzwischen immer häufiger von alliierten Bombern getroffen wurden, die örtlichen Einrichtungen der psychiatrischen Fürsorge als Ausweichquartier für den Fall eigener Luftkriegsschäden.[575]

In dieser zugespitzten Situation stellte die Provinz Westfalen im Juni 1943 nach schweren Luftangriffen auf das Ruhrgebiet, die in einigen Städten die Kapazität der Krankenhäuser um die Hälfte dezimiert hatten, die Verlegung ihrer gesamten Psychiatriepatienten nach Sachsen in Aussicht.[576] Deren Übernahme hätte selbst bei vollständig geleerten Anstalten die dort vorhandenen Möglichkeiten bei weitem überstiegen. Zwar konnten die sächsischen Gesundheitsbehörden eine Überführung der westfälischen Geisteskranken verhindern, doch erzwang die Reichsarbeitsgemeinschaft für Heil- und Pflegeanstalten durch die Einschaltung von Hitlers Beauftragtem für das Sanitäts- und Gesundheitswesen, Karl Brandt, mehrfach die Aufnahme auswärtiger Kranker. Diese erfolgte zum Teil gegen den erbitterten Widerstand der sächsischen Behörden, die sich hierin durch Gauleiter Mutschmann gedeckt wussten.[577] Hierdurch entstand im Sommer 1943 eine Situation, die durch die wachsende Überforderung des Anstaltspersonals und den Zwang zu immer kurzfristigeren Lösungen in der Unterbringungsfrage gekennzeichnet war.

In dieser Situation kam Hermann Paul Nitsche[578], dem ehemaligen sächsischen Landespsychiater, der als Leiter der medizinischen Abteilung eine zentrale Stellung in der Bürokratie des Krankenmords innehatte, eine Schlüsselrolle bei der Wiederaufnahme der Patiententötungen zu. Nitsche erklärte nach dem Krieg, er sei, offenbar von sächsischen Kollegen dazu gedrängt, an Brandt herangetreten und habe durch dessen Vermittlung bei Hitler eine erneute Freigabe der Krankenmorde erreicht. Ob und in welcher Form ein solches Gespräch stattgefunden hat, ist umstritten. Karl Brandt, der vor dem Nürnberger Militärgericht sehr offen über seine Mitwirkung an den Krankenmorden aussagte, hat den Sachverhalt jedenfalls bis zuletzt bestritten. Nitsche allerdings gab im August 1943 eine Euthanasieermächtigung an das sächsische Innenministerium weiter und berief sich auch im internen Schriftverkehr der Euthanasiebürokratie auf einen »E-Auftrag. Prof. Br.«.[579] Die Gesundheitsabteilung des sächsischen Innenministeriums leitete die Vollmacht den ihr unterstehenden Anstaltsdirektoren zu.[580] Anders als bei der Aktion T4 verfügten die am Patientenmord beteiligten Mediziner diesmal über beträchtliche Handlungsspielräume, da die vom Innenministerium vorgegebenen Selektionskriterien vage gehalten und Entscheidungen über Leben und Tod ausdrücklich in das Ermessen der Anstaltsärzte gestellt waren.[581] Am Zweck der Tötungen ließ das Ministerium dagegen keinen Zweifel: Den Ärzten »war nur die Aufgabe gestellt«, so einer der später angeklagten Psychiater, »dass es unbedingt erforderlich ist, die Räume von Unheilbaren zu befreien«.[582] Bereits wenige Wochen später starben in den sächsischen Landesanstalten Waldheim und Leipzig-Dösen, später auch in Großschweidnitz und Zschadraß, Patienten durch hohe Dosen der Schlafmittel Veronal, Luminal und Morphium-Scopolamin. Allein in Großschweidnitz, wo Teile der Patienten-

statistik erhalten sind, kamen auf diese Weise bis September 1944 etwa 2400 Patienten ums Leben. Rund 80 Prozent davon waren im Zuge überregionaler Evakuierungsmaßnahmen dorthin verlegt worden.[583]
Die Bedeutung dieser Euthanasieermächtigung im Gesamtzusammenhang der zweiten Euthanasiephase ist strittig. Einige Forscher sehen in ihr den Auftakt zur Wiederaufnahme der zentral organisierten Krankenmorde in verwandelter Form.[584] Aus den Quellen lässt sich dies jedoch nicht belegen. Ein Gauleiter, der als erklärter Euthanasiebefürworter galt,[585] die Verbindung zum sächsischen Innenministerium, das bereits die T4-Morde nach Kräften unterstützt hatte, die Scharnierfunktion von Alfred Fernholz, der dort gleichzeitig das Amt des Gesundheitsreferenten bekleidete und als Leiter des Gauamtes für Volksgesundheit den Gauleiter beriet, die begrenzte Form der Ermächtigung[586] und die vor allem in sächsischen Anstalten nachweisbare Intensivierung des Mordens lassen den Schluss zu, dass die Euthanasieermächtigung vom August 1943 auf Mitteldeutschland konzentriert war und ihren Schwerpunkt in Sachsen hatte. Sie diente dazu, den durch die Transporte aus Westdeutschland ausgelösten Überfüllungsdruck auf die dortigen Anstalten mittels Krankenmord zu mindern und gleichzeitig Platz für neue Verlegungen zu erhalten, um auf diese Weise gesundheitspolitischen Handlungsspielraum zurückzugewinnen. Die Vorgänge in Sachsen machen zweierlei deutlich: Erstens unterstreichen sie die gewachsene Bedeutung regionaler Akteure in der zweiten Euthanasiephase. Zweitens verweisen sie auf die enge Beziehung der zweiten Welle der Krankenmorde zu den Versuchen, die Folgen des Luftkriegs katastrophenmedizinisch zu bewältigen. Für die Zielsetzung der zweiten Euthanasiephase ist bezeichnend, dass die Tötungen teilweise unmittelbar auf Transportwellen reagierten, die durch die Folgen des Luftkriegs ausgelöst wurden. Direkt wird dieser Zusammenhang in einem Schreiben des Waldheimer Anstaltsdirektors angesprochen. »Die Arbeit in der Anstalt«, berichtete Gerhard Wischer nach Berlin, sei »reichlich, sehr viele Zugänge, vor allem nach dem Terrorangriff auf Leipzig [...] desgleichen viele Abgänge, die ganz reibungslos sich erledigen.«[587] Eine Kausalitätskette nach dem Muster Bettennot plus Luftkrieg gleich Krankenmord zu konstruieren, hieße allerdings, die Dinge unangemessen zu vereinfachen. Zwar bewirkte die wachsende Intensität der Luftangriffe gesundheitspolitisch einen Radikalisierungsschub, doch wurde dessen Richtung von der nationalsozialistischen Gesundheitsdoktrin bestimmt, die Kranke in sozialutilitaristischer Weise hierarchisierte. Den Kern des gesundheitspolitischen Problembestands hatten die sächsischen Gesundheitsbehörden mit erzeugt, indem sie bereitwillig Anstaltsraum an fremde Bedarfsträger abtraten. Und auch der Radikalisierungspfad unterschied Sachsen von anderen Regionen, etwa von den preußischen Westprovinzen, die ihre Kapazitätsprobleme durch die Verschickung ihrer Kranken zu lösen versuchten. Anfang 1943 war die Bereitschaft zum Krankenmord unter den sächsischen Anstaltspsychiatern offenbar größer als in den meisten anderen Regionen des Deutschen Reiches.

Während viele Ärzte dem Krankenmord in ihren Anstalten mit Zurückhaltung begegneten, gewannen Mitarbeiter der Euthanasiezentrale bei ihren Besichtigungsreisen den Eindruck, dass in Sachsen »die Leiter der Anstalten bzw. Heime, abgesehen von wenigen Klerikalen [...] dem Euthanasieproblem durchaus positiv gegenüberstanden«.[588] Erklären lässt sich diese Haltung nicht zuletzt aus den Praktiken, die in Sachsen bald nach der nationalsozialistischen Machtübernahme den Umgang mit geistig Kranken prägten. Anders als in den preußischen Provinzen Rheinland und Westfalen, wo schmälernde Eingriffe in die Lebensverhältnisse der Anstaltsbevölkerung nicht zuletzt mit Rücksicht auf die starke Konkurrenz konfessionell geprägter psychiatrischer Versorgungsstrukturen nie mit derselben Intensität wie in Sachsen umgesetzt wurden, gehörten Praktiken der Selektion, der Hierarchisierung und ungleichen Verteilung von Lebenschancen ebenso wie die Verabreichung gesundheitsschädlicher Dosen von Schlaf- und Beruhigungsmitteln bereits vor dem Krieg zum festen Inventar der Problembewältigungsstrategien sächsischer Psychiater. Beim Krankenmord der Jahre 1943 bis 1945 konnten sie nahtlos daran anknüpfen.

Ausblick: Die Strafverfolgung der Euthanasie-Verbrechen im geteilten Deutschland

Bereits wenige Wochen nach dem Ende des »Dritten Reiches« leiteten Dienststellen der Sowjetischen Militäradministration Ermittlungen zur Euthanasie in sächsischen Anstalten ein. Im Januar 1947 erhob das Dresdner Landgericht Anklage gegen zehn Mitarbeiter sächsischer Heil- und Pflegeanstalten. Wenig später wurde die Anklage auf 18 Personen erweitert. Direktoren, Ärzte und Pflegepersonal – das gesamte Spektrum des Anstaltspersonals war auf der Anklagebank vertreten. Rechtsgeschichtlich ist der Dresdner Euthanasieprozess in dreifacher Hinsicht bemerkenswert: Erstens war die Verhandlung vor dem Dresdner Schwurgericht der erste und insgesamt umfassendste Versuch einer strafrechtlichen Aufarbeitung der Euthanasieverbrechen auf dem Gebiet der SBZ/DDR. Zweitens sprechen Indizien dafür, dass er als Parallelprozess zu einem ähnlichen Verfahren angelegt war, das seit Oktober 1946 vor einem amerikanischen Militärgericht in Nürnberg verhandelt wurde.[589] Drittens stand der strafrechtlich nur selten verfolgte regionale Patientenmord der Jahre 1943 bis 1945 im Zentrum des Dresdner Verfahrens. Am 7. Juli 1947, nach 15 Verhandlungstagen, verkündete das Gericht sein Urteil: Acht Angeklagte erhielten Haftstrafen zwischen drei Jahren und lebenslänglich. Vier Angeklagte, Hermann Paul Nitsche, den Arnsdorfer Anstaltsarzt Ernst Leonhard und die Sonnensteiner Pfleger Hermann Felfe und Karl Erhard Gäbler, verurteilte das Gericht zum Tode.[590] Ein ähnliches Schicksal ereilte einige Jahre später den ehemaligen Waldheimer Anstaltsdirektor Gerhard Wischer, der 1950 nach einem allerdings nicht rechtsstaatlichen Schnellverfahren hingerichtet wurde.[591]

Nicht jeder Mitwirkende am Krankenmord musste sich für seine Taten strafrechtlich verantworten. Mancher hatte seinem Leben nach dem Untergang des »Dritten Reiches« ein Ende gesetzt, wie der sächsische Anstaltsdezernent Fritz Pfotenhauer. Andere profitierten von Aktenvernichtungen kurz vor Kriegsende, einer bundesdeutschen Rechtsprechung, die Schuldausschließungsgründe und Tatbestandsmerkmale in sehr täterfreundlicher Weise auslegte, und nicht zuletzt vom Kalten Krieg, der die zonenübergreifende Strafverfolgung der Euthanasieverbrechen erschwerte. Die Spur von Alfred Fernholz verlor sich in der amerikanischen Besatzungszone. Werner Catel hatte sich ebenfalls in den Westen abgesetzt und wurde 1954 auf den kinderheilkundlichen Lehrstuhl der Kieler Universität berufen, obwohl die Medizinische Fakultät von seiner Tätigkeit für den Reichsausschuss wusste. Nachdem ein »Spiegel«-Artikel über die Vergangenheit Catels erhebliches Aufsehen erregt hatte, ließ er sich im September 1960 – widerwillig und stets aufs Neue seine Unschuld betonend – emeritieren. Strafrechtlich hatte die Mitwirkung an der Kindereuthanasie für Catel keine Konsequenzen. Er überstand zwei letztlich folgenlose Ermittlungsverfahren, da ihm »nicht widerlegt werden konnte, dass er der Überzeugung gewesen sei, durch seine Mitarbeit im Reichsausschuss das Beste für die Kinder zu tun, weshalb es sich in seinem Fall nicht um Mord, sondern um Totschlag gehandelt habe und die Strafverfolgung somit nach 15 Jahren verjährt sei«.[592] Horst Schumann, als Direktor der Tötungsanstalt Sonnenstein einer der Hauptverantwortlichen für den Krankenmord in Sachsen, entzog sich den Gerichten fast zwanzig Jahre. Nach der Entlassung aus amerikanischer Kriegsgefangenschaft praktizierte er mehrere Jahre unbehelligt als Arzt in Westfalen und setzte sich rechtzeitig vor seiner Verhaftung nach Afrika ab. Ein Prozess, den das Landgericht Frankfurt am Main nach seiner Auslieferung gegen ihn anstrengte, verlief 1971 im Sande, weil der Angeklagte immer wieder Gesundheitsgründe vorschützen konnte, die schließlich eine Einstellung des Verfahrens erzwangen.[593] Das Verfahren gegen seinen Untergebenen Klaus Endruweit, der nach dem Krieg in Hildesheim praktizierte, wurde 1990 eingestellt – ebenfalls aus Gesundheitsgründen. Auch für den Sonnensteiner Assistenzarzt Kurt Borm blieb die Mitwirkung an den Krankentötungen strafrechtlich folgenlos. Ihn hatte das Landgericht Frankfurt bereits 1962 vom Vorwurf der tausendfachen Beihilfe zum Mord an den Geisteskranken freigesprochen, da er aus nationalsozialistischer Verblendung von der Gültigkeit der Hitlerschen Euthanasieermächtigung ausgegangen sei und daher das Unerlaubte seines Tuns nicht habe erkennen können.[594]

Carsten Schreiber

Täter und Opfer: Der Verfolgungsapparat im NS-Staat

»Der Spucker mit den irren dunklen Augen ist Kommissar, der andere (blassblaue, kleine, harte Augen, vorspringende Nase, Hütl auf dem blonden Kopf) hat als Sturmbannführer Hauptmannsrang; sie heißen Weser und Clemens«, notierte der jüdische Universitätsprofessor Victor Klemperer am 19. August 1942 in sein Tagebuch.[595] Ein Mitglied der jüdischen Gemeinde berichtete dem entlassenen Dresdner Professor über die alltägliche Brutalität der beiden Männer von Gestapo und SS: »Sie benahmen sich wie die Tiere, prügelten unvermittelt auf ihn und Frau Hirschel ein [...].«[596]
Geheime Staatspolizei (Gestapo) und die Schutzstaffel (SS) Heinrich Himmlers bildeten den inneren Kern des verzweigten Verfolgungsapparates im Nationalsozialismus. Klemperer hat die beiden Organisationen, die für Terror, Mord und Leid stehen, in seinem Tagebuch beschrieben und ihre wichtigsten Männer in Dresden beim Namen genannt. Dresdens entrechtete Juden bezeichneten ihre »Quälgeister«[597] als den »Spucker« und den »Boxer«: Arno Weser von der Gestapo spuckte seinem Gegenüber als erstes ins Gesicht, und Hans Clemens von der SS benutzte seine Fäuste. Der gescheiterte Pianist hatte ein feines Gespür dafür, wie er seine Opfer demütigen konnte. Professor Klemperer drückte er, um ihn lächerlich zu machen, den Strohhut seiner Frau auf den Kopf.[598]
Der Polizeiapparat des »Dritten Reiches« bestand neben seinem besonders verbrecherischen Kern – der unter Reinhard Heydrich zur Sicherheitspolizei zusammengefassten Gestapo und Kriminalpolizei – aus der personell wesentlich umfangreicheren Schutz- und Gemeindepolizei. Repräsentant der Macht Himmlers in den Städten und Gemeinden Sachsens war weniger der Angst einflößende Gestapobeamte im Ledermantel als der Schutzmann an der Ecke. Neben der Rolle von Polizei und Justiz, die sich als willfährige Erfüllungsgehilfin des »Führers« verstand, untersucht dieser Beitrag das System der Konzentrationslager, das das ganze Land überspannte.
Der Totalitätsanspruch des nationalsozialistischen Regimes erstreckte sich bis auf die regionale und lokale Ebene. Entsprechend war auch in Sachsen der Herrschaftsapparat keine statische Organisation, sondern seinerseits der ständigen Entwicklung und Radikalisierung des Regimes unterworfen. Die

Politische Polizei wandelte sich zu einer rassistischen Präventivpolizei, der immer weitere Gruppen der Gesellschaft zum Opfer fielen. Diese Dynamik war ein wesentliches Charakteristikum des NS-Maßnahmestaates.

Die Gestapo als »Arzt am Volkskörper«

Der Chefjurist der Gestapo, Dr. Werner Best, legte dem Terror seiner Institution die Theorie einer »völkischen Polizei« zugrunde: Die Verneinung aller individuellen Menschenrechte durch die NS-Ideologie mündete in ein biologistisches Politikverständnis, da die deutsche Gesellschaft als ein einziger, unteilbarer Organismus – als »Volkskörper« – verstanden wurde. Dieser werde von der gleichsam als Gesundheitspolizei agierenden Gestapo geschützt, die, so Best, »den politischen Gesundheitszustand des deutschen Volkskörpers sorgfältig überwacht«. Jeder Mensch mit einer konträren Meinung, einer anderen Abstammung oder einer sonstigen Abweichung von der Norm bedrohe dessen Gesundheit und müsse als »Krankheitserscheinung« oder besser schon vorsorglich als potentieller »Zersetzungskeim« rücksichtslos »ausgemerzt« werden. Gestapo und SS seien allein dem Führerwillen Adolf Hitlers verantwortlich und bewegten sich daher außerhalb jeglicher Gesetze und Normen.[599]

Die SS hatte sich aus Hitlers persönlicher Leibwache entwickelt, die ihm bedingungslos ergeben war und, so Hitler, »sogar gegen ihre eigenen Brüder marschieren würde«.[600] In Sachsen entstand die SS in den frühen nationalsozialistischen Hochburgen im westsächsischen Raum. In Plauen stellte der 21-jährige Werner Heinke Ende 1925 die erste kleine Staffel der SS auf, die von Anfang an durch antisemitische Übergriffe von sich reden machte. So wurden Juden aus Osteuropa überfallen, und bereits 1926 skandierte die SS in Plauen, dass das »Judengesindel in Deutschland ausgerottet werde«[601] – allerdings fanden diese Parolen damals kaum Anklang in der Bevölkerung.

Diszipliniert wurde die Schutzstaffel durch Himmler, der sie Anfang der dreißiger Jahre von einer Prügeltruppe zu einer straff geführten Parteipolizei ausbaute, die in den eigenen Reihen und unter den politischen Gegnern spionierte. Dafür stellte Himmler 1931 einen eigenen SS-Geheimdienst, den Sicherheitsdienst (SD), auf, der von Reinhard Heydrich geführt wurde. Himmler organisierte die SS als einen verschworenen, pseudo-religiösen Orden und als selbsternannte rassische Elite. Für den Tag der Machtübernahme standen Himmler und Heydrich bereit, die Kontrolle über die Polizei zu übernehmen. Himmler war zugleich Ideologe und Bürokrat, er war der Architekt der »Endlösung« und ihr penibler Organisator. Er betrachtete seine Opfer nicht als Menschen, sondern als Ungeziefer und Schädlinge, die es auszurotten galt.[602] Auch in Sachsen waren die Weltanschauungskrieger in schwarzer Uniform die Exekutoren des Rassenhasses, dessen zerstörerische Dynamik sie auf die Polizei übertrugen: »Ich hasse dich so furchtbar, sei gewiss, ich mache dich noch einmal kalt!«, schrie etwa SS-Hauptsturmführer Hans Clemens 1942 einen Dresdner Juden an. Auf dessen Frage »Warum hassen Sie mich so?«, antwortete er nur: »Das kann ich dir ganz genau sagen: Weil du Jude bist.«[603]

Polizei und Machtergreifung 1933

Mit der Ernennung Hitlers zum Reichskanzler am 30. Januar 1933 begann der gewaltsame Prozess der Machtergreifung durch die Nationalsozialisten. Der entscheidende Hebel war hierbei die Eroberung der Kommandohöhen der Polizei, die in Sachsen 11 220 Mann stark war. Im Unterschied zu Preußen blieb die Lage in Sachsen jedoch noch bis zum Reichstagsbrand am 28. Februar 1933 in der Schwebe. In Leipzig stand der seit 1923 amtierende sozialdemokratische Polizeipräsident Heinrich Fleißner auf verlorenem Posten und konnte die Entwicklung nur noch verzögern, bis ihn der sächsische Innenminister Friedrich Wilhelm Richter am 1. März 1933 »angesichts der Zuspitzung der Lage«[604] in vorauseilendem Gehorsam gegenüber den neuen Machthabern absetzte.

In den ersten Tagen des März 1933 begann in Sachsen der Terror. Für kurze Zeit verlor die Polizei die Kontrolle über die Straße, und die Nationalsozialisten ergriffen die Gunst der Stunde. Sie nahmen grausame Rache an ihren langjährigen politischen Gegnern. Jeder Nationalsozialist hatte die Möglichkeit, persönliche Rechnungen zu begleichen. SA-Trupps brachen Haustüren auf und verschleppten ihre Gegner. Die Polizei hielt sich angesichts der unklaren Machtverhältnisse abseits, während die Nationalsozialisten ihre Gegner prügelten, töteten und ihre Parteilokale in improvisierte Haft- und Folterstätten umwandelten. Neben dem ungezügelten Straßenterror der SA ging ab dem 1. März auch die Politische Polizei, die als eine besondere Abteilung den Polizeipräsidien zugeordnet war, gegen die KPD vor und verhaftete deren Funktionäre.

Der nächste Schritt erfolgte am 3. März mit der Aufstellung einer Hilfspolizei von 1500 Mann, die aus »persönlich einwandfreien, zuverlässigen und national gesinnten Deutschen« bestehen sollte, sich in Wirklichkeit aber aus SA, SS und den rechten Wehrverbänden rekrutierte.[605]

Am 9. März 1933 wurde im Zuge der Gleichschaltung der Länder Manfred von Killinger, ein SA-Führer, als »Reichskommissar für Sicherheit und Ordnung« in Sachsen eingesetzt. Innerhalb von zwei Tagen brachte er alle strategischen Kommandohöhen des Landes unter nationalsozialistische Kontrolle und besetzte die Leitung der Polizeipräsidien in Dresden, Leipzig, Chemnitz, Plauen und Zwickau mit Personen, die dem neuen Regime ergeben waren.

Die langjährige kriminalistische Erfahrung der Politischen Polizei, die ursprünglich im Freistaat Sachsen 1923 von einer sozialdemokratischen Regierung zum Schutz der Weimarer Republik gegründet worden war, im Umgang mit der Kommunistischen Partei Deutschlands machten sich jetzt die Nationalsozialisten zu Nutze. Die alten Beamten kannten das Milieu und die führenden Funktionäre in ihrer Stadt und hatten vor 1933 beklagt, dass ihnen in der Demokratie die Hände gebunden seien. Ohne die als Fesseln empfundene Rechtsstaatlichkeit konnten sie jetzt gegen die verhassten »Bolschewisten« vorgehen und aus ihnen Geständnisse herausprügeln. Nach den Kommunisten wurden die Sozialdemokraten zum Opfer der nächsten Verfolgungswelle. Der neue Leipziger Polizeipräsident Oskar Knofe, von Reichskommissar Killinger am 9. März ins Amt gebracht, ließ sogleich das traditionsreiche »Volkshaus« der SPD durchsuchen. Nach den Polizisten stürmten SA und SS das Gebäude und verwüsteten es unter den Augen der Beamten. Die Parteitruppen richteten dort eines ihrer vielen »wilden« Konzentrationslager ein.[606] Am 7. April verhafteten Leipziger Polizisten ihren ehemaligen Vorgesetzten, den sozialdemokratischen Polizeipräsidenten Heinrich Fleißner.

Die Errichtung von Konzentrationslagern war eine Notwendigkeit nach dieser ersten Verfolgungswelle, sie wurden zum Synonym für den NS-Terror. »Du Schwein, dich schaffen wir nach Hohnstein, wo dir der Bart bis auf den Fußboden wächst«, drohte Gestapokommissar Herbert Wilcke 1933 einem Kommunisten, der standhaft blieb.[607] Für die Gestapo war die Einweisung in Konzentrationslager wie Hohnstein das stärkste Druckmittel. Die Burg Hohnstein in der Sächsischen Schweiz, ein Gemäuer aus dem 16. Jahrhundert, galt mit ihren Verliesen als eines der grausamsten Lager in ganz Deutschland. Neuankömmlinge wurden schon am Burgtor mit Peitschenhieben empfangen und waren den demütigenden Exzessen der betrunkenen SA-Wachen ausgesetzt.

Nach zwei Jahren wurden die alten Festungen und Burgen, die als KZ gedient hatten, geschlossen und das größere KZ Sachsenburg, ein für mehrere tausend Insassen bei Frankenberg angelegtes Lager, zum einzigen KZ in Sachsen. Sachsenburg entsprach schon mehr dem bekannten Bild eines Konzentrationslagers mit Stacheldraht und Wachtürmen. Der Befehl für die SS-Wachen auf den Türmen war eindeutig: »Bewegen sich größere Gefangenenmassen ohne Aufsicht gegen den Drahtzaun, dann ist ohne jede Warnung mit Maschinengewehrfeuer die Ordnung wieder herzustellen. Bei ausbrechenden Revolten ist der Drahtzaun mit Sperrfeuer zu belegen. Bei Nacht ist jeder Häftling, der sich ohne Aufsicht an der Lagerumzäunung zu schaffen macht, ohne Anruf zu erschießen.«[608]

Die neuen Polizeipräsidenten

Die im März 1933 von den Nationalsozialisten eingesetzten fünf Polizeipräsidenten in Leipzig, Dresden, Chemnitz, Plauen und Zwickau waren die bestimmenden Kräfte in der Verfolgung des Widerstandes, denn sie befehligten die Politische Polizei, die von 1933 bis 1937 in Sachsen die Funktion der Gestapo wahrnahm. Es fällt auf, dass alle fünf nicht aus der NS-Bewegung kamen, sondern zuvor der Republik gedient hatten. Sie waren keine gescheiterten

Existenzen oder Schlägertypen aus der SA, sondern langjährige und erfolgreiche Polizeioffiziere aus dem Beamtenapparat des Freistaates. Die hohen SA- und SS-Führer, die sich ausgerechnet hatten, diese prestigeträchtigen und gut dotierten Posten zu besetzen, gingen dagegen leer aus. Polizeipräsident in Zwickau wurde Richard Dünnebier, in Plauen Hermann Franz. Letzterer war dekorierter Kriegsteilnehmer und seit 1920 bei der Polizei. Genauso lange im Dienst waren auch der neue Dresdner Polizeipräsident, der 49-jährige Ernst Walter Hille, und der Leipziger Polizeipräsident Oskar Knofe, Fliegerheld des Ersten Weltkrieges. Keiner von ihnen hatte bis 1933 der NSDAP angehört.

Die neuen Polizeipräsidenten fühlten sich den Nationalsozialisten verpflichtet. Das gemeinsame Ziel, die verhasste Linke aus dem politischen Leben auszuschalten, verband sie. Loyalitätsbekundungen sollten der Bevölkerung deutlich machen, auf wessen Seite die Polizei jetzt stand. Am 14. April 1933 marschierten die Dresdner Bereitschaften der Schutzpolizei zum ersten Mal mit Hakenkreuzfahnen durch die Stadt.[609] Trotz ihrer loyalen Haltung versuchten die Polizeipräsidenten ihre Behörden in den folgenden Jahren vom Einfluss der Partei weitgehend freizuhalten, denn sie bestanden darauf, dass nur die Polizei kriminalistische Professionalität gewährleisten könne.

Keiner der fünf Polizeipräsidenten ließ sich während seiner Amtszeit in Sachsen mit Himmlers SS ein. Knofe in Leipzig prangerte sogar den Terror der SS, die für ihn eine disziplinlose Knüppelgarde darstellte, scharf an. Allerdings war er mitnichten ein Antifaschist, wie seine weitere Karriere zeigt. Mit 50 Jahren trat Knofe 1939 in die Schutzstaffel ein und wurde als SS-Brigadeführer – nur sechs von Himmlers Polizisten besaßen einen höheren Rang –, ein wichtiger Exekutor der nationalsozialistischen Besatzungspolitik. Mit dem Überfall auf Polen rückte Knofe zum Befehlshaber der Ordnungspolizei im annektierten Warthegau auf und war in dieser Funktion verantwortlich für die Gettoisierung der Juden.[610]

Die Zentrale in der Landeshauptstadt: Das Sächsische Geheime Staatspolizeiamt

Die am 20. März 1933 in Dresden eingerichtete »Zentrale für Umsturzbekämpfung« hatte zunächst nur koordinierende Aufgaben, da die Politische Polizei weiterhin den Polizeipräsidenten unterstellt blieb. Aus dieser Zentralstelle entstand am 5. Juli 1933 das »Sächsische Geheime Staatspolizeiamt«,[611] das jedoch keinen organisatorischen Unterbau besaß und sich vor Ort weiterhin der Politischen Polizei bediente. Im Gegensatz zu Preußen, wo Göring schon 1933 die gesamte Politische Polizei aus der regulären Verwaltung herausgelöst und sich selbst unterstellt hatte, blieben das Geheime Staatspolizeiamt in Dresden und die Politischen Abteilungen der Polizeipräsidien bis zur Übernahme in die Hoheit des Reiches 1937 ein Bestandteil der regulären sächsischen Polizei.

Um das Funktionieren der personell schwach besetzten Gestapo zu gewährleisten, wurden die Kriminal- und die Schutzpolizei angewiesen, über alle politischen Fälle »unaufgefordert und unmittelbar« der Staatspolizei zu berichten. Das war um so wichtiger, da die Gestapo auf dem »platten Land«, so der amtliche Ausdruck, über keine eigenen Kräfte verfügte. In der Praxis ergab sich daraus, dass die Gemeindepolizei der Kleinstädte und die Landgendarmerie als Handlanger der Gestapo arbeiteten.

Personell setzte sich die Dresdner Gestapozentrale vorrangig aus erfahrenen Beamten der Dresdner Kriminalpolizei zusammen, darunter der langjährige Leiter der Mordkommission, Kriminalrat Erich Vogel. An die Spitze des Amtes wurden dagegen zwei Männer aus der SS gestellt. Präsident wurde SS-Brigadeführer Friedrich Schlegel aus Chemnitz, der bereits seit 1927 die SS in Sachsen führte. Schlegel kam zwar aus der SS, galt aber nicht als Mann Himmlers, sondern als Vertrauter des Gauleiters Martin Mutschmann. Als Gegengewicht installierte Himmler seinen Vertrauten, den Chemnitzer Rechtsanwalt und SS-Untersturmführer Dr. Herbert Mehlhorn. Gauleiter Mutschmann, der seinen Herrschaftsbereich nach außen möglichst abschotten wollte, war es ein Dorn im Auge, dass über Mehlhorn Interna aus Sachsen auf Himmlers Schreibtisch gelangten. 1935 versuchte der Gauleiter deshalb, ihn aus dem Staatspolizeiamt zu verdrängen, und drohte gar mit der Auflösung der Gestapo.[612]

Der kontinuierliche Aufstieg Himmlers und der SS war aber selbst von mächtigen Gauleitern wie Mutschmann nicht aufzuhalten. Der Reichsführer SS hatte es seit Übernahme der Politischen Polizei in Bayern im März 1933 verstanden, bis zum Frühjahr 1934 nach und nach zum Kommandeur aller Politischen Polizeien in Deutschland ernannt zu werden. Lässt man den Zwergstaat Schaumburg-Lippe außer Acht, so war Sachsen neben Preußen, das von Göring dominiert wurde, dasjenige Land, das sich ihm bis zuletzt verweigerte. Himmler, der bis zur Machtübernahme eher eine Randfigur gewesen war, gelang es jedoch, Hitler von seinem Konzept einer »weltanschaulichen Ausrichtung der deutschen Polizei nach den Grundsätzen der SS«[613] zu überzeugen. Im Januar 1934 gab Mutschmann seinen Widerstand auf und ernannte Himmler zum »Kommandeur der Sächsischen Politischen Polizei«, ohne dass ihm damit allerdings eine Befehlsgewalt in Sachsen zugestanden worden wäre.

Die Pattsituation zwischen Himmler und Mutschmann bestand so lange weiter, wie die Politische Polizei Teil des sächsischen Staatsapparates war. Am 1. Oktober 1936 beendete Himmler den Sonderweg der Gestapo in Sachsen. In seiner neuen Machtposition – als von Hitler ernannter Chef der Deutschen Polizei – benannte der Reichsführer SS die bisherigen Politischen Abteilungen in »Staatspolizeistellen« um, wie es im Reich allgemein üblich war.[614] Das bisherige Sächsische Geheime Staatspolizeiamt ging in der neuen Staatspolizeileitstelle Dresden auf. Der abschließende Schritt, die Herauslösung aus dem sächsischen Staatsapparat, folgte ein halbes Jahr später, als

Himmler am 10. April 1937 die Staatspolizeileitstellen zu selbständigen Behörden des Reiches umwandelte.[615]

Mutschmann wurde zwar vom Leiter der Staatspolizeileitstelle Dresden weiterhin über die Lage in seinem Gau auf dem Laufenden gehalten, konnte aber nicht mehr in die Gestapo hineinregieren. Das Jahr 1937 stellt damit die entscheidende Zäsur in der Organisation der Gestapo in Sachsen dar, die seitdem keine »sächsische« Gestapo mehr war.

Mit der Reorganisation der Gestapo im Frühjahr 1937 begann das Personalkarussell zu rotieren. Himmler persönlich entschied von Berlin aus über die Neubesetzungen.[616] Zum ersten Chef der neuen Staatspolizeileitstelle Dresden ernannte er Wilhelm Koppe, einen Nicht-Sachsen und ihm treu ergebenen SS-Führer. Der ehemalige Großhändler für Lebensmittel und Tabak führte die Gestapo Dresden bis Oktober 1939 und wurde dann einer der zentralen Akteure des Holocaust in Polen. Im Krieg rückten auf die Posten der Gestapochefs junge Juristen von Mitte dreißig nach, Angehörige einer radikalen und bedenkenlosen Akademikergeneration. Als Prototyp dieser Gruppe kann der Chemnitzer Gestapochef gelten. Der 1906 in Chemnitz geborene Dr. Johannes Thümmler trat nach dem Studium direkt in den Dienst der Gestapo ein, rückte bis 1941 zum Leiter der Staatspolizeistelle Chemnitz auf und organisierte in dieser Funktion die Deportation der ortsansässigen Juden.[617] »Thümmler ist ein guter Jurist, der jedoch nicht am Buchstaben klebt«, wie die SS anerkennend urteilte.[618] Eine Ausnahme unter den sächsischen Gestapochefs bildete Dr. Ernst Kaussmann, der die Gestapo in Leipzig leitete. Der Sohn eines Leipziger Buchhändlers hatte an der Universität zwölf Semester Geschichte und Germanistik studiert und eine Doktorarbeit über die Oden Klopstocks verfasst.[619] Sein Lebensweg ist ein Beleg dafür, dass ein bürgerlicher Bildungshintergrund, die Liebe zu schöngeistiger Literatur und die Mitarbeit am nationalsozialistischen Mordprogramm einander nicht ausschlossen.

Die Gestapo und ihre Helfer

Die Gestapo war kein riesiger Apparat, wie dies nach dem Krieg kolportiert wurde, um zu rechtfertigen, weshalb sich die deutsche Bevölkerung in ihrer überwältigenden Mehrheit so passiv verhalten hatte. Die Staatspolizeileitstelle Dresden zählte 1938 gerade einmal 255 Mitarbeiter, inklusive Kraftfahrer, Sekretärinnen, Küchenpersonal, Reinigungsfrauen und Hausmeister.[620] Obwohl mit Beginn des Krieges der Terror verschärft wurde und der Gestapo immer mehr Aufgaben zufielen, wurde sie personell nicht aufgestockt. 1941 sah der Haushaltsplan für Dresden 199, für Chemnitz 164 und für Leipzig 133 Planstellen vor.[621] Diese 496 Beamten waren für die Überwachung der ganzen Bevölkerung des Landes Sachsen mit rund fünf Millionen Menschen zuständig. Eine flächendeckende Überwachung war mit einer so dünnen Personaldecke nie durchführbar. Auch ein Vergleich mit der Personalstärke

An das Polizeiamt O 27.

Als Bewohner des Hauses Schwarzuckerstraße 13 mache ich die Polizei darauf aufmerksam, daß seit kurz nach dem Umschwung ins dritte Reich bei uns auf dem Vorboden eine schwere Kiste, vermutlich mit verbotenen Druckschriften steht, dem ehemaligen Armenpfleger Carl Höpfner gehörend. Ich ersuche, die Angelegenheit zu prüfen.

Mit Heil Hitler!

Ein Bewohner der No. 13.

30 Denunziation Carl Höpfners vom 26. Januar 1934

31 Das Reichsgericht in Leipzig, Sitz des höchsten deutschen Gerichtshofes

32 Reichsarbeitsdienst bei Böschungs- und Befestigungsarbeiten im Südwestlausitzer Hügelland, 1938

33 Bau der Autobahnbrücke bei Weißensand/Kreis Reichenbach, 1938

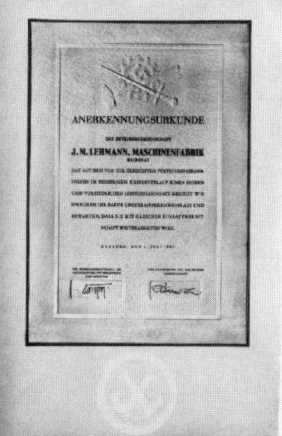

34 Werkaushang der Maschinenfabrik J. M. Lehmann für vorbildliche Leistung in der nationalsozialistischen Kriegswirtschaft, ausgestellt am 1. Juli 1943

35 Zigarettenfabrik Yenidze in Dresden, Frauen beim Zigarettendrehen in einem Arbeitssaal

36 Jüdische Geschäfte – wie hier das Kaufhaus Joske in Leipzig – werden boykottiert, April 1933

Kauft nicht beim Juden!
Kauft nur bei unseren Inserenten!

Welche Verheerungen die jüdischen Warenhäuser und marxistischen Konsumvereine in der deutschen Volkswirtschaft angerichtet haben, ermißt man erst, wenn man bedenkt, daß einerseits jede neugegründete Filiale der Tod einer ganzen Anzahl selbständiger deutscher Existenzen bedeutet und andererseits durch die Schaffung internationaler Großeinkaufsorganisationen und eigener Produktionsstätten die deutsche Industrie in Mitleidenschaft gezogen wird, sowie die Lieferanten von Warenhäusern und Konsumvereinen durch Preisdrückereien häufig über kurz oder lang zugrunde gerichtet werden.

Darüber hinaus schadet sich aber jeder deutsche Volksgenosse selbst, der in jüdischen Warenhäusern und marxistischen Konsumvereinen kauft, weil er die Waren dort durchaus nicht billiger erhält, im Gegenteil, sogar in den meisten Fällen für teures Geld eine viel schlechtere, minder-

Es ist daher vornehmste Pflicht aller unserer Parteigenossen, bei Einkäufen nur noch unsere Inserenten zu berücksichtigen. Wir Nationalsozialisten sind nach der Sozialdemokratie die stärkste Partei! Das bedeutet eine auch in der heutigen Zeit wirtschaftlicher Sorgen entscheidende Kaufkraft, die wir einzusetzen haben.

Wir betrachten es als Ehrenpflicht, die Existenz derjenigen Geschäftsleute zu stärken, die den Mut zeigen, offen bei uns zu inserieren! Kauft in den Geschäften, die ihr Deutschtum bekunden! Der Anzeigenteil des „Freiheitskampf" zeigt auch den Weg zu ihnen! Beruft euch bei euren Einkäufen auf die Anzeige im „Freiheitskampf"!

Meidet solche Geschäfte, die von uns nichts wissen wollen! Unterstützt auch nicht solche Firmen, die zu feige sind, bei uns zu inserieren, trotzdem sie so skrupellos sind, dies in marxistischen Blättern zu tun!

37 Aufruf zur Judenhetze in »Der Freiheitskampf« bereits am 25. Oktober 1930

38 Lebensmittelkarte für jüdische Bürger

39 Jüdische Familien finden Zuflucht im Polnischen Konsulat in Leipzig, Wächterstraße 32, 28. Oktober 1938

40 Aus Deutschland abgeschobene polnische Juden in einem provisorischen Flüchtlingslager in Zbąszyn, 29. Oktober 1938

41 Barackenlager des »Judenlagers Hellerberg« im Norden Dresdens am 24. November 1942

42 Sowjetische Kriegsgefangene im Lager Zeithain im Herbst 1941, aufgenommen von einem Wachmann der Wehrmacht

43 Kriegsgefangene sowjetische Frauen: Evgenija Zarkiljan (1. v. l.), Anna Pimenova (2. v. l.), Evgenija Popova (M.) und Anna Markson (2. v. r.). Die fünfte Person ist namentlich nicht bekannt, vermutlich 1942

Aufruf des Gauleiters an die Bevölkerung Dresdens

Dresdner Partei- und Volksgenossen!

In kurzen Abständen haben sich die Luftgangster Dresden zum Ziele ausgesucht. Die Gegner unseres Sozialstaates, den wir aufbauen wollen und trotzdem aufbauen werden, setzen ihren ganzen teuflischen Haß daran, soviel als möglich zu zerstören. Hier zeigt sich, wie so oft, die wahre Fratze des immer verhetzenden und mordenden Juden. So erbarmungslos Menschen und Wohnungen zu zerstören, Familien zu morden, Kinder hinzuschlachten, das bringt nur der Jude fertig. Tat er es früher mit kapitalistischen Mitteln, so tut er es heute mit Spreng-, Phosphor- und Brandbomben. Es kann keine deutsche Frau, keinen deutschen Mann, kein deutsches Kind mehr geben, das nach dieser entsetzlichen Mordbrennertat den Juden und seine Helfershelfer nicht aus größtem Zorn haßt. Was hier in unserer Gauhauptstadt geschehen ist, das hat mit Krieg nichts zu tun, das ist Mord, ganz erbärmlicher Mord an Greisen, Frauen und Kindern. Die Luftgangster haben die Krankenhäuser, die Lazarette, die Arbeiterwohnungen zerstört und sich damit außerhalb jeder menschlichen Gesellschaft gestellt. Wenn einer bisher den Juden noch nicht erkannt haben sollte, jetzt sieht er sein wahres Gesicht.

Dresdner, bewahrt auch weiterhin eure vorbildliche Disziplin und Ruhe. Die Partei hat alle nur möglichen Hilfsmaßnahmen eingeleitet. Die Obdachlosen werden ausnahmslos untergebracht. Viele Maßnahmen sind bereits begonnen und immer neue laufen noch an.

In den ersten Stunden muß aber erst einmal jeder selbst Hand anlegen und überall dort mithelfen, wo er gebraucht wird. In den schweren Zeiten der Not wollen wir zusammenstehen wie eine einzige große Familie. Dann wird es uns gelingen, auch den Willen derer wieder zu stärken, die unter der Wucht der Ereignisse einmal in ihrer Seele matt werden. Jedes Zupacken, jedes gute Wort, jede hilfreiche Hand und jede gute Tat bedeuten hier einen besonders großen Schritt vorwärts.

Volksgenossen! In dieser Notzeit müssen sich der Führer und die an den Fronten so tapfer kämpfenden Soldaten auf uns verlassen können. Wir wollen also sofort die Not lindern und im Rahmen der Möglichkeiten dieses Krieges helfen, wo es nur geht. Hauptsache ist aber jetzt, daß sich jeder einzelne seelisch wieder fängt und mit aller Willensstärke an die Ueberwindung der augenblicklichen Not herangeht.

Gleichgültigkeit bedeutet Schwäche. Zusammenhalt und Willensstärke aber überwinden die Not. Der Führer hat das in allen schweren Stunden bewiesen. So wollen auch wir Dresdner uns der Größe des Schicksals weiterhin würdig zeigen, und nur so werden wir es meistern.

Martin Mutschmann

44 Aufruf des Gauleiters Martin Mutschmann am 17./18. Februar 1945 anlässlich der Bombardierung Dresdens. Aus »Der Freiheitskampf«, vom 17./18. Februar 1945

45 Leichenverbrennung auf dem Altmarkt in Dresden am 25. Februar 1945

46 Pirna, Altstadt und Sonnenstein 1932

47 Angeklagte im Dresdner »Euthanasie«-Prozess. Von links nach rechts: Schwester Puschmann, Oberschwester Sachse, die Oberpfleger Gäbler und Felfe, Dr. Leonhard (stehend), Dr. Langer, Prof. Dr. Hermann Paul Nitsche, darunter Schwester Ackermann, die beiden Schwestern Friedrichs, Schwester Wedel, Dr. Schulze und die Ärztin Dr. Walther

48 Anstalt Sonnenstein, Haus C 16

49 Georg Schumann

```
Der Oberstaatsanwalt.           Dresden, den   12. Januar 1945.
    22 AR 2/45
zu: IVg 10a 5011/44g.

Betrifft: Vollstreckung der
          Todesurteile gegen       Herrn
          Georg Schumann und       Reichsminister der Justiz
          2 Andere.
                                      in  Berlin W 8.
gemäß:    Verfügung vom 19.2.39
          - 4417 - IIIa 4 318/39. über den
                                   Herrn Oberreichsanwalt beim Volksgerichts
Anlagen:  Erlaß vom 21.Dezember         hof - 9 J 187.44 g -
          1944,
          1 Urteilsabdruck,              in  Potsdam
          1 Vollstreckungsauftrag,           Kaiser Wilhelmstr. 8.
          2 Durchschriften für
          Herrn Oberreichsanwalt.

          Ich zeige an, daß die Verurteilten am 11.Januar 1945
     in einem umschlossenen Hofe des Landgerichtsgebäudes am Münchner
     Platz hingerichtet worden sind und zwar
               S c h u m a n n   abends 18 Uhr 27 Minuten,
               E n g e r t       abends 18 Uhr 29 Minuten,
               K r e s s e       abends 18 Uhr 31 Minuten.
          Die Vorgänge haben bei  S c h u m a n n   15 Sekunden,
                                  E n g e r t       13 Sekunden,
                                  K r e s s e       14 Sekunden
     in Anspruch genommen. Zwischenfälle haben sich nicht ereignet.

                                      In Vertretung:
                                         Breiting.
```

50 Vollstreckungsurkunde der Todesurteile gegen die Widerstandskämpfer Georg Schumann, Otto Engert und Kurt Kresse, 12. Januar 1945

Die Stunde der Rache ist gekommen!

Der Oberbefehlshaber unserer Panzerarmee, General der Panzertruppe Gräser, hat am 23. 4. 45 folgenden Tagesbefehl erlassen:

Soldaten und Volkssturmmänner meiner Armee!

Die Frontlücke in unserer Abwehrfront nördlich Görlitz ist durch den heldenmütigen Kampf unserer tapferen Divisionen geschlossen. Damit sind alle in die Tiefe unseres Kampffeldes vorgeprellten roten Horden von jeder weiteren Verstärkung, jeglichem Nachschub und ihrer taktischen Führung abgeschnitten.

Die Stunde der Rache ist gekommen!

In konzentrischen Angriffen werden wir die bolschewistische Soldateska vernichten.

Wir greifen an!

Es geht dem Ende der Schlacht in Sachsen entgegen. Wir werden den Sowjets als alte Ostkämpfer zeigen, daß ihnen die kampferprobte 4. Panzerarmee gegenübersteht. Besonders von allen Verbänden in der Tiefe des Kampffeldes erwarte ich jetzt, daß sie die ungeordneten und vielfach zersplitterten Sowjetgruppen angreifen, jagen und zerschlagen, wo sie sie treffen.

Die Sowjets sind eingekesselt. Vergeltet an ihnen, was sie unserem Volke angetan haben! Jetzt gibt es kein Pardon mehr!

Der Oberbefehlshaber der 4. Panzerarmee
Gräser
General der Panzertruppe

51 Tagesbefehl General Gräsers vom 22. April 1945

52 Ausgebombt, Plauen am 17. April 1945

53 Am 19. April 1945 entdeckten amerikanische Soldaten die Opfer eines Massakers, das einen Tag vorher im Lager Abtnaundorf stattgefunden hatte

54 Marschierende US-Infanterie in Plauen auf der Hofer Straße am 17. April 1945

55 Selbstmord des Leipziger Oberbürgermeisters Alfred Freyberg 1945

56 Soldaten der 69th Infantry Division in Leipzig 1945

57 Die Rote Armee marschiert nach dem Abzug der Amerikaner in Leipzig ein, 2. Juli 1945

des Ministeriums für Staatssicherheit der DDR zeigt die personelle Schwäche der Gestapo: 496 Planstellen für die Gestapo in ganz Sachsen standen bei der Staatssicherheit allein in der MfS-Bezirksverwaltung Leipzig 2401 hauptamtliche Mitarbeiter gegenüber.[622]

Warum war die Gestapo mit so wenig Personal dennoch – gemessen an ihren eigenen Maßstäben – so überaus erfolgreich? Immerhin war das NS-Regime nicht von innen zu stürzen gewesen, sondern musste von den Armeen der Alliierten militärisch niedergerungen werden. Dass die Gestapo ihr Programm von Einschüchterung, Verfolgung und Terror umsetzen konnte, ermöglichten erst ihre Handlanger und Zuträger: die Kriminalpolizei, die Schutzpolizei und die erschreckend zahlreichen Denunzianten unter der deutschen Bevölkerung.

Gestapo und Kripo waren die exponierten Institutionen des NS-Terrors. Weniger bekannt ist, dass die Alltagsarbeit der Verfolgung von der Ordnungspolizei geleistet wurde. In Sachsen bestand die Ordnungspolizei aus der Schutzpolizei, der Gemeindepolizei und der Gendarmerie. Während sich die Gestapo bewusst das Image von Verschlagenheit und Gewalt zulegte, zeichnete die Propaganda die Schutzpolizei als besonders menschenfreundlich. »Die Polizei – Dein Freund und Helfer«[623] hatte der Dresdner Polizeipräsident als Motto ausgegeben. Als »sichtbares Zeichen ihrer Volksverbundenheit« sammelten die Beamten für bedürftige Volksgenossen Geldspenden und bastelten im Winter Holzspielzeug für Kinder.[624] Der Schupo an der Ecke war nicht allein für Verkehrssünder und Fahrraddiebstähle zuständig. Zahlen aus Leipzig belegen die breite Kollaboration von Schutzpolizisten mit der Gestapo. Allein 1934 führte die Schutzpolizei im Auftrag der Gestapo 1221 Hausdurchsuchungen durch und nahm dabei 1371 Personen fest.[625] Verfolgung des Widerstandes war für einen Schutzpolizisten in den dreißiger Jahren Alltagsroutine. Die Leipziger Gestapo, die nie mehr als 100 Beamte besaß, wäre in Arbeit erstickt, wenn ihr die 1489 Schutzpolizisten nicht die Routinearbeit abgenommen hätten.

Nicht minder bedeutend für den Erfolg der Gestapo war die Bereitschaft zur Denunziation, die auch in Sachsen ein Massenphänomen darstellte. Schon einer der ersten verhafteten Funktionäre der KPD, Alfred Kästner, wurde am 11. März 1933 Opfer eines anonymen Denunzianten, der der Polizei den Tipp gab, Kästner »auf die Finger zu sehen«.[626] Für die Gestapo waren Denunziationen ein zweischneidiges Schwert: Einerseits war die personell schwach besetzte Gestapo auf die Mitarbeit der Bevölkerung angewiesen, andererseits wurden die Polizisten von der Flut der Denunziationen überschwemmt. Der Terror wurde für persönliche Zwecke instrumentalisiert, denn es war einfach, mit einer Anzeige persönliche Rechnungen zu begleichen.[627]

Manchmal trieb Denunzianten einfach ihr politischer Eifer. Opfer einer verblendeten Hitlerverehrerin wurde die Putzfrau Jette K. Sie hatte im Dezember 1941 lange Zeit keine Nachricht von ihrem Bräutigam an der russischen Front erhalten und teilte ihre Angst einer Kollegin mit: »Der Krieg braucht nicht zu sein. Nur Hitler ist schuld daran.« Die 22-jährige Zuhörerin empörte sich darüber, denn sie glaubte noch fest an den »Führer«. Am nächsten Tag berichtete sie einer Freundin von dem Gespräch, deren Mann NSDAP-Funktionär war. Über diesen gelangten die Unmutsäußerungen von Jette K. an die Gestapo, und das Sondergericht Leipzig verurteilte sie wegen »Heimtücke« zu neun Monaten Gefängnis.[628]

Verrat kam auch innerhalb der Familie vor. Hier lagen zumeist weniger differierende politische Standpunkte als Familienstreitigkeiten zu Grunde. Weil er sie schlug, zeigte Gertrud B. 1934 in einem anonymen Schreiben ihren Ehemann an, dass dieser mit dem kommunistischen Widerstand Kontakt hielt.[629] Denunziation war nicht nur eine Waffe des »schwachen Geschlechts«, auch Männer wussten das Instrument zu nutzen: So behauptete Walter G. aus Mutzschen gegenüber der Polizei, der heimliche Geliebte seiner Frau sei ein »von kommunistischen Ideen ganz und gar durchseuchter Mensch«.[630] Es waren »Anzeigen aus dem Publikum«, wie Leipzigs Gestapochef Kaussmann erklärte, die ihn auf die Spur seiner Opfer brachten. Die rassistische Politik und Propaganda, so die Gestapo Dresden, »stößt in allen Bevölkerungskreisen auf Verständnis und ist bereits in vielen Fällen ein Ansporn zur Mitarbeit gewesen«.[631]

Erfolgreiche Schläge gegen den organisierten linken Widerstand gelangen der Gestapo vor allem dadurch, dass Kommunisten »umgedreht« und auf ihre ehemaligen Genossen angesetzt wurden. Entweder Gewaltandrohung oder die Chance, sich von der ehemaligen Mitgliedschaft in der KPD rein zu waschen, machten aus einem Kommunisten einen V-Mann der Gestapo. Im Krieg verschärfte die Gestapo ihre Methoden. Um Gegner aufzuspüren, war den Beamten jetzt ausdrücklich jedes Mittel erlaubt. Gefangene wurden gefoltert; in den KZ dem Tod entgegensehende Mitglieder von Widerstandsgruppen wurden zu Spitzeldiensten gepresst. Die Gestapo bot ein mörderisches Tauschgeschäft an: Dein Leben – gegen das Leben deiner Freunde.

Diesen Tausch akzeptierte auch der ehemalige KPD-Funktionär Fritz Brüderlein, der nach 1933 den Kampf der Genossen im Untergrund organisiert hatte und über Jahre der meistgesuchte Kommunist in Sachsen gewesen war. Nach seiner Enttarnung wurde er von der Gestapo vor die Wahl gestellt, im KZ den sicheren Tod zu finden oder in ihre Dienste zu treten. Brüderlein wählte das Leben, kam frei und wurde 1943/44 Maulwurf der Gestapo innerhalb des Nationalkomitees Freies Deutschland (NKFD). Die Widerstandsgruppe vertraute Brüderlein, denn er hatte den gleichen »Stallgeruch«.[632] Der Agent rückte bis in den inneren Zirkel des NKFD auf. Die Gestapo war bestens unterrichtet und schlug erst zu, als die Gruppe auf dem Höhepunkt ihrer Arbeit war.[633] Erpresste V-Leute wie Brüderlein handelten unter extremen Umständen; sie waren zugleich Täter und Opfer der Gestapo.

»Asoziale« und Juden: Neue Opfer der Gestapo

Die Gestapo hatte den Bürgerkrieg gegen die organisierte Linke im Wesentlichen schon 1935 gewonnen. Nach zwei Jahren der Gewalt und der Massenverhaftungen war der organisierte Widerstand der Sozialdemokraten und der Kommunisten gebrochen, nachdem in einer letzten großen Welle 1935 noch einmal 2000 Personen inhaftiert worden waren. Jetzt hielt auch das Staatspolizeiamt Sachsen den Untergrund für ausgetrocknet.[634] Allerdings war die NS-Führung keinesfalls gewillt, nun die Repression zurückzufahren. Ganz im Gegenteil, der Terror der Gestapo wurde ausgeweitet. Es ist ein Merkmal totalitärer Regime, dass deren Führer immer neue Teile der eigenen Bevölkerung zu Staatsfeinden erklären.

Anhand der überlieferten Verhaftungszahlen des Sächsischen Geheimen Staatspolizeiamtes für den Monat Juli 1935 lässt sich die Radikalisierung der Verfolgung erkennen.[635] An erster Stelle standen jetzt nicht mehr Festnahmen aus dem parteipolitischen Widerstand, sondern 112 Personen, die allein wegen »staatsfeindlicher Äußerungen« in ein Konzentrationslager eingewiesen wurden. Sie hatten politische Witze erzählt, über den »Führer« geschimpft oder sich an der Verbreitung der damals in Sachsen umlaufenden Gerüchte beteiligt, dass die Dresdner Parteiführung korrupt sei und ein Luxusleben führe. Des Weiteren wurden 34 Männer und Frauen aufgrund des neuen Deliktes der »Rassenschande« verhaftet. Darunter befanden sich 14 »arische Mädchen«, die sich durch Geschlechtsverkehr mit einem Mann jüdischer Abstammung nach den Nürnberger Rassegesetzen schuldig gemacht hatten. Zur Unterstützung der Gestapo veröffentlichte die Presse die Namen der Paare und stachelte die Bevölkerung zu einer wahren Hexenjagd auf.

Eine weitere Opfergruppe neben den Juden waren schon im Juli 1935 die so genannten »Asozialen«. Sechs Männer wurden in diesem Monat ins KZ Sachsenburg verbracht, weil sie ihre Familie vernachlässigt und die Sozialhilfe vertrunken hätten. Neun Firmen- und Hausbesitzer, die ihre Arbeiter und Mieter schlecht behandelt haben sollen, wurden ebenfalls als »Asoziale« verhaftet. Die Wahnidee einer kriminalitätsfreien Gesellschaft brachte Tausende von Personen wegen ihres unangepassten Lebensstils hinter Stacheldraht: Bettler, Obdachlose, Müßiggänger, Kleinkriminelle, Vagabunden, Alkoholiker, Sinti und Roma wurden von der Gestapo und Kripo nach eigenem Ermessen als »Asoziale«, »Arbeitsscheue« oder »Berufsverbrecher« abgestempelt.[636]

Nach den »Asozialen« nannte die Statistik 14 verhaftete »Bibelforscher«. Den Zeugen Jehovas, die den Eid auf Hitler und den Wehrdienst verweigerten, warf die Gestapo »unsinniges und oft hochverräterisches Treiben« vor; sie würden daher »restlos abgelehnt und ausgemerzt«.[637] Auch der Kirchenkampf gegen die katholische Kirche schlägt sich in der Statistik der Gestapo von Juli 1935 nieder. Er konzentrierte sich in Sachsen auf Dresden und die Lausitz, wo die Gestapo in diesem Monat zwei Kaplane und drei Leiter katholischer

Jugendverbände festnahm, weil sie sich staatsfeindlich geäußert hätten. 1935 begann auch die Verfolgung von Homosexuellen, die als »Sittlichkeitsverbrecher« unter den § 175 des Strafgesetzbuches fielen. Während im Juli 1935 in Sachsen lediglich ein Homosexueller in ein Konzentrationslager eingeliefert wurde, stellte diese Minderheit in den späteren Jahren eine quantitativ große Opfergruppe dar. 1937 und 1938 ermittelte allein die Leipziger Kriminalpolizeistelle gegen insgesamt 898 der Homosexualität beschuldigte Männer.[638]

Zwei Lebensgeschichten sollen das Schicksal von Menschen veranschaulichen, die aufgrund des Delikts der »Rassenschande« bzw. des Vorwurfs der »Asozialität« verfolgt wurden. Der 28-jährige Walter H., nach den Kriterien des NS-Regimes Halbjude, war 1941 mit 85 Reichsmark in der Tasche aus Frankfurt geflohen und in Leipzig unter falschem Namen untergetaucht. Um sich über Wasser halten zu können, stahl er Fahrräder, die er weiterverkaufte. Tagsüber bummelte er durch die Innenstadt, wo er vor dem Kino oder im Kaffeehaus den Kontakt zu Frauen suchte. So lernte er die 21-jährige Charlotte R. kennen, die mit ihm auf sein Hotelzimmer kam. Bei einer routinemäßigen Hotelkontrolle wurden die beiden von der Kripo im Bett überrascht. Das Sondergericht Leipzig verurteilte Walter H. wegen »Rassenschande« zum Tode. Er wurde am 6. Juni 1942 hingerichtet.[639]

Im KZ endete auch das Leben des Obdachlosen Heinrich M., der 1938 bei einer Razzia der Kripo Leipzig aufgegriffen wurde. Aus seinen Vorstrafen: grober Unfug, Diebstahl, Zuhälterei und Nächtigen im Freien konstruierte die Kripo das Bild eines Menschen, der auf dem besten Wege sei, »ein vollkommen arbeitsscheuer und asozialer Mensch zu werden«. Heinrich M. wurde von der Kripo in das KZ Sachsenhausen überstellt, denn dort »dürfte es möglich sein, ihn zu einem brauchbaren Gliede der menschlichen Gemeinschaft zu erziehen«.[640] Das war reiner Zynismus, denn Zweck der Konzentrationslager war nie die Umerziehung, wie die Propaganda behauptete. In Wahrheit waren die Lager – vor allem im Krieg – Orte des Schreckens, aus denen die wenigsten lebend zurückkehrten. Der erwähnte Gelegenheitsgauner Heinrich M. starb am 22. Januar 1940 an »Körperschwäche«, so die offizielle Todesursache. Der KZ-Kommandant teilte den Angehörigen brieflich mit, sie könnten die Urne beim Krematorium in Sachsenhausen anfordern.[641]

Kontrolle, Sanktion und »Sonderbehandlung« der Fremdarbeiter

Mit Beginn des Krieges kam für die Gestapo eine neue Aufgabe hinzu, die einen Großteil ihrer Kräfte absorbierte. Sie war nun für die Kontrolle und Unterdrückung des Millionenheeres von ausländischen Arbeitern zuständig, die, aus ihrer Heimat verschleppt, für das Reich Zwangsarbeit leisten mussten. Sachsen war mit einem Netz von Lagern für »fremdvölkische Arbeiter« überzogen, allein 341 in Leipzig und Umgebung.[642] Zur Abschreckung ging die Gestapo im letzten Kriegsjahr dazu über, straffällige Ausländer direkt auf dem Betriebsgelände, vor den Augen ihrer Landsleute hinzurichten. In Chemnitz wurden am 26. Februar 1944 zum ersten Mal drei Todesurteile im Ostarbeiterlager der Reichsbahn vollstreckt. Um auch die Arbeiter anderer Betriebe abzuschrecken, plakatierte die Gestapo die Todesurteile in der Stadt.[643]

»Rundfunkverbrecher« und »Wehrkraftzersetzer«: Die politische Justiz

Eine Säule des staatlichen Verfolgungssystems war auch die Justiz. Vor die Gerichte brachte die Gestapo politische Delikte wie Vorbereitung zum Hochverrat, worunter jeder auch nur ansatzweise organisierte Widerstand fiel. Das »Gesetz gegen heimtückische Angriffe auf Staat und Partei« vom 20. Dezember 1934 stellte alle regimekritischen Äußerungen unter Strafe. Zur Aburteilung dieser Vergehen wurden als Ausdruck einer explizit politischen Justiz zusätzliche »Sondergerichte« installiert, in Sachsen ab April 1933 in Freiberg.[644]
Scharf gingen die Gerichte gegen »Rundfunkverbrecher« und »Wehrkraftzersetzer« vor, die auf der Skala ihres Volksempfängers Feindsender eingestellt hatten. Aus diesem Grund verurteilte das Oberlandesgericht Dresden den Bäckergesellen Otto Heinze im Herbst 1944 zum Tode. Er hatte seiner Vermieterin von einer Meldung des Senders Radio Moskau erzählt, dass die Rote Armee schnell auf Deutschland vorstoße.[645] Sie denunzierte ihn.
Die Kompetenz der Justiz wurde im Dritten Reich immer stärker unterhöhlt, denn die Gestapo hatte seit der Reichstagsbrandverordnung von 1933 das Recht, Verhaftete direkt in ein Konzentrationslager zu bringen. Das geschah immer dann, wenn die Gestapo mit einer ihrer Meinung nach zu »milden« Urteil der Gerichte rechnen musste. Leipzigs Gestapochef Kaussmann riet daher, Schwarzhörer nur der Justiz zu übergeben, wenn mit einer drastischen Strafe zu rechnen sei, sonst seien sie gleich in ein KZ einzuliefern.[646]
Die Macht von Gestapo und Kripo, jederzeit Menschen ohne Gerichtsurteil einzusperren, kehrte das traditionelle Verhältnis zwischen Polizei und Justiz, zwischen Exekutive und Judikative, radikal um und machte die Polizei zur ausschlaggebenden Instanz. Angebliche Fehlurteile der Gerichte korrigierte die Gestapo, indem Angeklagte nach einem Freispruch noch im Gerichtssaal wieder in Schutzhaft genommen wurden: Als der Tischler Gustav Liebmann, Kommunist seit 1919, vom Oberlandesgericht Dresden 1936 freigesprochen wurde, sorgte Gestapokommissar Herbert Wilcke dafür, dass er trotzdem in ein Konzentrationslager kam: »Liebmann ist und bleibt Kommunist, der sich nie den neuen Verhältnissen anpassen wird.«[647]
Nicht untypisch für die Scharfmacher unter Sachsens Richtern war Landgerichtsrat Dr. Walter Tränkmann, der von 1938 bis 1945 am Chemnitzer Sondergericht amtierte.[648] Der Rechtsstaat, »von dem das demokratische Zeitalter so viel gefaselt hat«, gehöre der Vergangenheit an. »Bei uns steht das Recht der Volksgemeinschaft über dem Recht des Einzelnen.« Tränkmann verstand sich als Diener des »Führers« Adolf Hitler, von dem er sagte, »die

Verkündung der höchsten Gerechtigkeit« liege immer in dessen Hand. Tränkmann war ein fanatischer Nationalsozialist, der wie so viele unbeirrt an den Endsieg glaubte. Als er nach der Niederlage von Stalingrad 1943 spürte, dass die sächsische Bevölkerung immer weniger Vertrauen in die NS-Führung aufbrachte, vertrat er gegenüber den Ängstlichen und den Zweiflern mit ihren »gehässigen und hetzerischen Äußerungen« eine unbarmherzige Linie. Tränkmann, der dem Chemnitzer Bürgertum entstammte, war ein Kenner und Verehrer Goethes; seinen rassistischen Hetzreden stellte er jeweils ein Zitat des Dichters voran. Im Angesicht der Niederlage des Regimes flüchtete er sich in die heroische Tragik Friedrich Nietzsches und stilisierte sich zu einer Faustischen Existenz. Zentrum seines Denkens blieb bis zuletzt sein Hass auf die Juden: »Unser Feind ist der Jude. Wir haben den Juden ausgemerzt und gegen die Reste des in unserem Volke hier und da noch vorhandenen jüdischen Geistes kämpfen wir an.«[649]

Als im Frühjahr 1945 die US-Armee von Westen und die Rote Armee von Osten vordrangen, machten sich die Männer der Gestapo daran, die Spuren ihrer Verbrechen zu beseitigen. Zuerst verbrannten sie ihre Akten oder warfen sie in die Elbe, dann stellten sie sich Personalausweise mit falschem Namen aus, und zuletzt – als man den Geschützdonner der anrückenden Truppen schon hören konnte – beseitigten sie die letzten Zeugen, die Gefangenen in ihren Gefängnissen und Kellern. Der letzte Kommandeur in Leipzig, SS-Standartenführer Heinz Seetzen, befahl deren Hinrichtung auf genau jene Weise, wie er im Russlandfeldzug tausendfach sowjetische Juden hatte exekutieren lassen. Die 52 letzten Leipziger Gefangenen mussten einzeln an einem Bombentrichter niederknien und wurden durch Genickschuss aus der Dienstwaffe der Beamten ermordet. Auch bei ihrer letzten sinnlosen Gewaltaktion blieb die Gestapo eine bürokratische Organisation, denn den zu ermordenden Gefangenen war zuvor korrekt ihr Entlassungsschein ausgestellt worden.[650]
Mit einem letzten Ausbruch zügelloser Gewalt stürzte der Nationalsozialismus 1945 zusammen. Viele der Täter blieben unbehelligt. Die führenden Köpfe der Gestapo in Sachsen erklärten später, sie hätten nur Befehle ausgeführt und ihre Pflicht erfüllt. Johannes Thümmler, Chef der Gestapo Chemnitz von 1941 bis 1943, wurde bis zu seinem Tod im Jahre 2000 von der Justiz nicht belangt. Als erfolgreicher Manager im bundesdeutschen Wirtschaftswunder bestand er immer darauf, eine weiße Weste gehabt zu haben: »Ich selbst habe auch in Bezug auf Chemnitz und meine dortige Tätigkeit als Leiter der Stapo nicht das geringste Bewusstsein, jemals rechtswidrig oder aus einer verwerflichen oder niedrigen Gesinnung heraus gehandelt zu haben. Das hätte meinem Wesen und auch meinem Verhalten während des ganzen Krieges widersprochen.« Dass er die Chemnitzer Juden nach Auschwitz gebracht hatte, bestritt er nicht. Er sei dabei jedoch menschlich vorgegangen und habe für die Deportation Personenwaggons angeordnet statt wie vorgesehen Viehwagen – es war ein »anständiger Transport nach dem Osten«.[651]

Mike Schmeitzner

Ausschaltung – Verfolgung – Widerstand. Die politischen Gegner des NS-Systems in Sachsen 1933–1945

Folgt man der Begrifflichkeit Richard Löwenthals, so lassen sich für die Zeit des »Dritten Reiches« drei Grundformen des antitotalitären Widerstandes unterscheiden: die politische Opposition, die gesellschaftliche Verweigerung und die weltanschauliche Dissidenz.[652] Im Mittelpunkt der nachfolgenden Betrachtungen steht die politische Opposition im engeren Sinne, die auf den Sturz des NS-Regimes abzielte. Sie war in Sachsen breit gefächert und umfasste die klassische Weimarer Bandbreite, die von den Kommunisten über die verschiedenen sozialistischen Splitterparteien und die Sozialdemokraten bis zu Liberalen und Konservativen reichte. Das Spektrum dessen, was als Widerstand zu bezeichnen wäre, fasste dabei solch unterschiedliche Kategorien wie abfällige Äußerungen über das Regime, Flugblattaktionen, Rüstungssabotage und letztlich auch den Staatsstreichversuch. Neben der Darstellung dieser Facetten soll den Trägern der politischen Opposition, ihren Motiven und Konzepten Raum gegeben werden. Hierzu gehören auch Fragen nach dem Übergang einzelner politischer Formationen von der legalen zur illegalen Opposition, der Ausschaltungs- und Verfolgungspraxis sowie nach den Phasen und dem Umfang des Widerstandes.

Zwischen Ausschaltung und Selbstauflösung: Das Ende der Parteien 1933

Mit der Ernennung Hitlers zum Reichskanzler am 30. Januar 1933 setzte der Prozess der »Machtergreifung« ein, der in den folgenden Wochen und Monaten auch die Länder erfasste. In Sachsen wurde der SA-Führer Manfred von Killinger von Hitler am 8. März mit der kommissarischen Leitung der Landespolizei betraut; zwei Tage später avancierte er nach dem erzwungenen Rücktritt der Beamtenregierung Schieck zum sächsischen Ministerpräsidenten. Die Verfolgung politischer Gegner hatte aber schon einige Tage vorher begonnen: Die rechtliche Basis dafür bildete die »Verordnung des Reichspräsidenten zum Schutz von Volk und Staat« vom 28. Februar 1933, die wesentliche Grundrechte der Verfassung außer Kraft setzte. Die von Reichspräsident Hindenburg zur »Abwehr kommunistischer staatsgefährdender Gewaltakte« erlassene Verordnung bildete die formalrechtliche Grundlage zur reichsweiten Verfolgung der Kommunisten, auch wenn ein »offizielles« Verbot der KPD nie erfolgte und die Partei unter schwierigsten Bedingungen noch an der Reichstagswahl am 5. März 1933 teilnehmen konnte.

In Sachsen kam es auf der Grundlage dieser Verordnung bereits am 1. März zum Verbot aller Versammlungen der KPD, ihrer verschiedenen Vorfeldorganisationen und ihrer Druckschriften. Am 14. März untersagte die sächsische Regierung kommunistischen Betriebsräten die Ausübung ihrer Befugnisse. Am selben Tag wurden die Mitglieder der sozialistischen Parteien aufgefordert, ihre Waffen bei den Polizeibehörden abzuliefern. Nur einen Tag später folgte das sächsische Verbot der SPD-nahen Wehrorganisation »Reichsbanner Schwarz-Rot-Gold«, am 17. März das der Sozialistischen Arbeiter-Internationale (SAI), der Roten Falken und des Sozialistischen Jugendverbandes (SJV) der Sozialistischen Arbeiterpartei (SAP). Die Tätigkeit der SAP selbst wurde in ihrer Hochburg Sachsen am 28. März mit dem Verbot ihrer Druckschriften weitestgehend eingeschränkt. Auf den Tag genau einen Monat später traf das Verbot der sächsischen Regierung dann KPD-nahe Organisationen wie den Kommunistischen Jugendverband Deutschlands (KJVD), die Rote Hilfe und die Revolutionäre Gewerkschaftsopposition (RGO). Das Vermögen der »aufgelösten und marxistischen Verbände« ließ die Landesregierung Anfang Mai beschlagnahmen und unter polizeiliche Zwangsverwaltung stellen.[653]

Ein über die bloße Ausschaltung von Organisationsstrukturen hinausgehender Schlag zielte schließlich Mitte Mai auf die Zerstörung des in Sachsen weit verzweigten, sozialdemokratisch geprägten Arbeitervereinsmilieus. Zugleich wurden ab Anfang März 1933 politisch Andersdenkende aus dem Verwaltungsdienst entfernt. Dies betraf in Sachsen tausende Verwaltungsangestellte und Beamte, so u. a. die Oberbürgermeister von Dresden, Wilhelm Külz (DDP), und Freital, Gustav Klimpel (SPD), den Leipziger Polizeipräsidenten Heinrich Fleißner (SPD) oder auch den Dresdner Kreishauptmann Wilhelm Buck (SPD). Rechtlich verbrämt wurde diese Entlassungswelle mit dem »Gesetz zur Wiederherstellung des Berufsbeamtentums« vom 7. April 1933.

Die sächsische SPD, die aus den letzten Landtagswahlen (1930) mit zirka 33 Prozent abermals als stärkste Partei hervorgegangen war, war – anders als die KPD – im Frühjahr 1933 noch nicht von einer direkten Unterdrückung betroffen. Ihr Handlungsspielraum verringerte sich allerdings seit Februar/März 1933 zusehends: Neben der schrittweisen Zerschlagung ihrer Vorfeldorganisationen musste sie vor allem Presse- und Versammlungsverbote sowie die Besetzung und Verwüstung von einigen ihrer Volks- und Druckhäuser durch SA-Einheiten erdulden. Bei der Besetzung des Landtagsgebäudes durch SA und SS am 9. März wurde u. a. der SPD-Fraktionsvorsitzende Karl Böchel schwer misshandelt, so dass er in ein Dresdner Krankenhaus eingeliefert werden musste. Gleichwohl beharrte auch in Sachsen die Führung der SPD auf ihrem Legalitätskurs gegenüber der Reichsregierung und dem Kabinett von Killingers. Versuche regionaler Parteigliederungen wie etwa in Leipzig, wehrbereite Einheiten der sozialdemokratischen Kampfstaffeln gegen SA und SS einzusetzen, wurden vom Berliner Parteivorstand und von vorsichtig agierenden sächsischen Führern verhindert.[654]

Als von Killinger am 4. April die Neubildung des Landtages gemäß den Ergebnissen der Reichstagswahl vom 5. März ohne Neuwahlen veranlasste, beteiligte sich auch die SPD an dieser Groteske, obwohl damit der NSDAP nach der Kassierung sämtlicher KPD-Sitze die absolute Mehrheit der Abgeordnetenmandate zufiel. Ein reines Schattendasein führten in diesem »Parlament« die zu Splitterparteien geschrumpften Parteien der bürgerlichen Mitte und der Rechten, auf die im Falle der Deutschnationalen Volkspartei (DNVP) sechs Sitze, der Deutschen Volkspartei (DVP) zwei Sitze, des katholischen Zentrums, des Christlich-Sozialen Volksdienstes (CSV) und der Deutschen Staatspartei (bis 1930 Deutsche Demokratische Partei, DDP) jeweils ein Sitz entfielen.

Die am 16. Mai stattfindende Landtagseröffnung geriet zur reinen Propagandaveranstaltung der neuen Machthaber: Nachdem in der Dresdner Sophienkirche ein »feierlicher Gottesdienst« abgehalten worden war, an dem die Abgeordneten der NSDAP und der Deutschnationalen in Uniform teilnahmen,[655] wurde am Nachmittag im Landtagsgebäude per Zuruf ein komplett nationalsozialistischer Landtagsvorstand »gewählt«. Auf die nun folgenden Ansprachen der NS-Führer Mutschmann und von Killinger erhoben sich laut Protokoll die anwesenden Abgeordneten zu Heil-Rufen und sangen die erste Strophe des Horst-Wessel-Liedes.[656] Die SPD-Fraktion war diesem politischen Schauspiel ferngeblieben. Von ihren 22 Abgeordneten befanden sich zu diesem Zeitpunkt bereits zehn in »Schutzhaft« und zwei wegen Misshandlungen in ärztlicher Obhut.[657]

Die vorletzte Landtagssitzung vom 23. Mai, die als Ergebnis die Ausschaltung angestammter parlamentarischer Rechte der einzelnen Parteien aufwies, zeigte allerdings auch Züge von deren Selbstausschaltung. Auf der Tagesordnung standen die von Killingers Kabinett eingebrachten Verfassungsänderungen hinsichtlich der Beschneidung wichtiger Minderheitenrechte (z. B. Einberufung des Landtages, Einsetzung eines Untersuchungsausschusses) und der von der NSDAP vorgelegte Entwurf eines sächsischen Ermächtigungsgesetzes. Bei der Behandlung dieser Anträge zeigten sich die Abgeordneten fast aller im Landtag vertretenen Parteien äußerst anpassungsbereit: Die Deutschnationalen versuchten sogar die Nationalsozialisten noch an Radikalität zu überbieten. Ihr Fraktionssprecher Siegert brüstete sich damit, dass auch die DNVP »seit 14 Jahren antiparlamentarisch gewesen« sei und den »Gedanken einer autoritären Staatsführung« bejahe. Das Instrument der Untersuchungsausschüsse, deren Einsetzung die NSDAP mit einer Verfassungsänderung »lediglich« erschweren wollte, lehnte Siegert als »eine der übelsten Blüten des Parlamentarismus« und als »korporative Misstrauensvoten gegen die bestehende derzeitige Regierung« ab. Bis auf die Fraktion der SPD folgten ihm in diesem Punkte alle anderen Parteien. Auch der Entwurf des sächsischen Ermächtigungsgesetzes passierte mit den Stimmen der NSDAP, der DNVP, der DVP, der Staatspartei, des Zentrums und der CSV den Landtag. Nunmehr konnte die sächsische Regierung selbst Gesetze erlassen sowie »Maßnahmen, die nach der Verfassung oder den Gesetzen der Zustimmung des Landtags bedürfen, ohne Mitwirkung des Landtages anordnen und durchführen«. Mit diesem gegen die Stimmen der SPD erfolgten Akt war das parlamentarische System grundlegend ausgehöhlt und de facto liquidiert.[658]

Was aber hatte die christlichen und liberalen Parteien bewogen, für die Zerschlagung des Weimarer Systems und für ihre faktische Selbstausschaltung zu votieren? Ihre Vertreter gaben sich noch Ende Mai 1933 der Täuschung hin, sie dürften als nationale Kräfte am »Neubau der deutschen Volksgemeinschaft« teilhaben. Das bislang erfolgte Vorgehen gegen das linke politische Spektrum wurde von ihnen teils mit Genugtuung, teils mit Hoffnung auf das eigene politische Überleben betrachtet. Während etwa die CSV erklärte, »mit dem an Gott gebundenen Gehorsam, den wir Christen der Obrigkeit schuldig sind, und mit ernster Fürbitte« die Maßnahmen der Regierung zu unterstützen, betonte die DVP ihre Mitwirkung an der »Befriedung des Volkes« auch auf der Grundlage von »außergewöhnlichen Mitteln«. Sie gab sich der Hoffnung hin, dass »trotz dem Ermächtigungsgesetz der Landtag zu positiver Mitarbeit möglichst weitgehend herangezogen wird«.[659]

Wie trügerisch solche Hoffnungen waren, zeigte die Entwicklung der nächsten acht Wochen. Einen Tag nach der Unterdrückung der SPD auf Reichsebene verbot das sächsische Innenministerium am 23. Juni 1933 die Partei im Freistaat; ihr Vermögen wurde beschlagnahmt sowie die Herausgabe und Verbreitung ihrer Zeitungen endgültig untersagt. Zur »reibungslosen Durchführung dieser Aktion« fanden, wie es im NS-Deutsch hieß, rund 200 Haussuchungen und etwa 150 Festnahmen allein in Dresden und Umgebung statt. Dabei wurden alle noch auf freiem Fuß befindlichen Landtagsabgeordneten und Stadtverordneten in »Schutzhaft« genommen.[660] Wenige Tage nach dem Verbot der SPD, zwischen dem 27. und 29. Juni, lösten sich auf Druck des NS-Regimes auch die Parteien der Mitte und der Rechten auf. Am 14. Juli schließlich erließ die Regierung Hitler das »Gesetz gegen die Neubildung von Parteien«, welches die NSDAP zur einzigen politischen Kraft im Reich erklärte. Denjenigen, die ihre Partei aufrechterhalten oder eine neue bilden wollten, wurde mit mehrjährigen Gefängnis- bzw. Zuchthausstrafen gedroht. Damit war der Übergang zum totalitären Einpartei-Staat verwirklicht.

Verfolgung und Terror

Die Ausschaltung der Parteien jenseits der erörterten rechtlichen Grundlagen vollzog sich in Sachsen mit beispielloser Brutalität und Härte. Dem Zugriff von SA, SS, NSDAP und Polizei sahen sich vor allem die Anhänger von KPD, SPD und der sozialistischen Splitterparteien ausgesetzt, da die Hochburgen dieser Parteien im Freistaat lagen und sich hier die über Jahrzehnte gewachsenen Zentren der Arbeiterbildung, der Arbeiterkultur und des Arbeitersports befanden. Noch Ende Februar 1933 mündete der bisherige Straßenterror der Nazis in einen durch die »Reichstagsbrandverordnung« staatlich sanktionierten Terror, wurden politische Gegner überfallen, inhaftiert, in schnell errichtete Schutzhaftlager eingewiesen oder durch das im März ins Leben gerufene sächsische Sondergericht verurteilt. Nach Angaben des Landeskriminalamtes Sachsen waren bis zum 25. April 1933 6140 Personen in Schutzhaft genommen worden, vor allem Kommunisten und Sozialdemokraten. Bis Anfang Mai 1933 belief sich ihre Zahl auf 7776. Mitte April saßen allein in den sächsischen Konzentrationslagern 2361 Personen ein.[661] Eine Übersicht für das Reichsinnenministerium nennt für diesen Zeitraum elf Lager, wobei nach Konzentrations- und Arbeitsdienstlager unterschieden wurde:

Konzentrations-Lager	Zahl der Schutzhäftlinge	Arbeitsdienst-Lager	Zahl der Schutzhäftlinge
Gefangenen-Anstalt II Dresden	349	Burg Hohnstein	439
Gefangenen-Anstalt II Zwickau	108	Königstein-Halbestadt	215
Gefangenen-Anstalt Leipzig	191	Schloss Hainewalde bei Zittau	259
Gerichtsgefängnis Altenberg	106	Plaue Bernsdorf bei Flöha	174
Landesanstalt Colditz	305	Hainichen (AH Döbeln)	144
		Heim Stenz	71

Zahl der Lager und Häftlinge nach dem Stand vom 12.4.1933[662]

Nach den Angaben des Landeskriminalamtes Sachsen sollte dieses Lagersystem ab Mai 1933 noch erweitert werden. Geplant waren Lager in Sachsenburg, Bautzen (Kupferhammer) und in Schwarzenberg.[663] Errichtet wurde allerdings nur das Lager Sachsenburg (Amtshauptmannschaft Flöha), wobei man in diesem Fall wie bei Hohnstein auf eine alte Burg zurückgriff. Aufgrund der Tatsache, dass bis Sommer 1933 kleinere Lager wieder geschlossen wurden, verringerte sich deren Zahl von elf auf fünf. Die Anzahl der in Lager verbrachten Schutzhäftlinge erhöhte sich hingegen bis zu diesem Zeitpunkt auch aufgrund des Verbots der SPD noch einmal um knapp tausend auf nunmehr 3325. Im Einzelnen ergab sich daraus folgendes Bild:

Konzentrations-Lager	Zahl der Schutzhäftlinge	Arbeitsdienst-Lager	Zahl der Schutzhäftlinge
Gefangenen-Anstalt II Dresden	ca. 450	Sachsenburg bei Frankenberg	1300
Zwickau, Schloss Osterstein	275	Burg Hohnstein	600
Colditz, Landesanstalt	700		

Zahl der Lager und Häftlinge nach dem Stand vom Sommer 1933[664]

Es ist wohl davon auszugehen, dass die im Sommer 1933 genannte Zahl von in Lagern sitzenden »Schutzhäftlingen« die Höchstzahl markierte. Ab Herbst kam es immer wieder zu Entlassungen, die meist schubweise vor sich gingen. So berichtete etwa das sächsische Innenministerium Anfang Dezember 1933, daß man u. a. aus Anlass des Wahlausgangs der erstmals nach einer Einheitsliste abgehaltenen Reichstagswahlen (12. November) in Kürze 200 bis 250 »Schutzhäftlinge« zu entlassen beabsichtige; für die »Auswahl« sei das Geheime Staatspolizeiamt verantwortlich.[665] Von den fünf noch im Sommer 1933 existierenden Konzentrationslagern wurden bis August 1934 alle außer Sachsenburg geschlossen.[666] Im selben Jahr hatten die unmittelbaren Zuständigkeiten im Bereich der Verhängung und des Vollzugs der »Schutzhaft« gewechselt. Wegen der brutalen Ausschreitungen der SA-Wachmannschaften gelangten diese Befugnisse nun in Staatshand. Drei Jahre später, im September 1937, wurde auch Sachsenburg geschlossen. Der Komplex entsprach nicht mehr den Anforderungen an ein großes und von der Außenwelt abgeriegeltes Konzentrationslager. Die Insassen wurden in das neu errichtete KZ Buchenwald bei Weimar verlegt.

Die Behandlung der »Schutzhäftlinge«, vor allem in den Lagern, war besonders in der Zeit bis zur Ablösung der SA-Wachmannschaften 1934 von außerordentlicher Brutalität geprägt. Als geradezu exemplarisch kann dabei der »Fall Hohnstein« gelten, wo Teile der SA-Wachmannschaft aufgrund von Häftlingsmisshandlungen mit Todesfolgen vor ein Gericht gestellt werden sollten, was letztlich Hitler persönlich verhinderte.[667] Opfer solcher Misshandlungen waren zumeist Kommunisten und Sozialdemokraten: So wurde etwa im KZ Königstein-Halbestadt bereits im Frühjahr 1933 der Kommunist Fritz Gumbert aus Heidenau ermordet. Den »furchtbar« zugerichteten Leichnam hatte man der Familie des Toten übergeben. Diesen Umstand nutzten kommunistische Parteigenossen, die den Leichnam fotografierten und so der Bevölkerung Heidenaus das Martyrium Gumberts zur Kenntnis brachten.[668]

Aber auch vor Mord an prominenten Politikern schreckten die Wachmannschaften nicht zurück. Den aus Plauen im Vogtland stammenden SPD-Landtagsabgeordneten Eugen Fritsch hatten die Nazis nach dem Verbot der Partei zuerst ins KZ Schloss Osterstein/Zwickau und danach ins KZ Hohnstein verbracht. Am 9. November 1933 ermordete ihn die SA-Wachmannschaft; später hieß es im typisch nationalsozialistischen Sprachgebrauch, er sei »auf der Flucht erschossen« worden.[669] Das prominenteste Opfer aber war der ehemalige sächsische Innenminister (1923) und zeitweilige SPD-Fraktionsvorsitzende Hermann Liebmann, ein Politiker jüdischer Abstammung. Sein furchtbarer Leidensweg führte ihn über die Dresdner »Schutzhaft« (April 1933) zur über zweijährigen Einkerkerung in den Konzentrationslagern Hohnstein und Colditz. Im KZ Hohnstein erblindete Liebmann nach schweren Misshandlungen auf einem Auge. Kurz vor seinem Tod berichtete er seinem Weggefährten Erich Zeigner, »dass Mutschmann derjenige sei, der für seine physische Vernichtung [...] vollständig verantwortlich sei«. Man habe ihn u.a. »auf Anweisung

Mutschmanns in eine Kloake gestellt [...], während Bewachungsmannschaften des Lagers ihre menschlichen Bedürfnisse verrichtet hätten, so dass er über und über mit menschlichem Kot besudelt gewesen sei«.[670] Liebmann starb unmittelbar nach seiner Haftentlassung (September 1935) an den Folgen der ihm zugefügten Misshandlungen.

Dass brutale Gewaltanwendung auch nach Ausschaltung der SA aus der Lagerverwaltung möglich war, zeigt der »Fall« des deutsch-jüdischen Landtagsabgeordneten Dr. Max Sachs (SPD). Hier führte Hass auf Vertreter der Arbeiterbewegung in Verbindung mit antisemitischem Rassenwahn zu einem besonders blutigen Exzess. Der langjährige Wirtschaftsredakteur der »Dresdner Volkszeitung«, der bereits mehrere Inhaftierungen überstanden hatte, war am 28. September 1935 ins KZ Sachsenburg eingeliefert, von den Wachmannschaften grausam gefoltert und schließlich ermordet worden. Ein Mithäftling berichtete später über Sachs' letzte Stunden: »Als ich [W. Steinbach] am anderen Morgen Wasser im Waschraum holen musste, sah ich, wie die SS im Waschraum den Gen. Sachs, der nackt auf dem Boden lag, erneut mit Schrubber und Wasser bearbeitete. Sein Körper sah von Kopf bis Fuß grün und blau aus und zeigte starke rote Striemen. Kurze Zeit später wurde dann bekannt gegeben, dass Sachs an einem Herzschlag gestorben sei.«[671]

Wege in den Widerstand: Formierung und Ausschaltung der organisierten Opposition bis 1938

Widerstand aus dem antinazistischen politischen Spektrum formierte sich in Sachsen vor allem im Bereich der hier besonders stark fundierten Arbeiterbewegung. Widerstand aus bürgerlichen oder adligen Kreisen wurde eher von Einzelpersönlichkeiten und Gesprächskreisen getragen, die jedoch aufgrund der Marginalisierung der Parteien der Mitte schon ab Anfang der dreißiger Jahre über keine nennenswerte Basis verfügten. Einen gewichtigen Standortvorteil bot Sachsen dem antinazistischen Widerstand durch die geographische Lage: Eine mehrere hundert Kilometer lange Grenze mit der Tschechoslowakei und die Ansiedlung von Auslandsleitungen der SPD und KPD sowie der sozialistischen Splitterparteien (SAP, KPO) in Böhmen schufen günstige Voraussetzungen für die logistische Unterstützung von Widerstandsgruppen. Dieser Vorteil schwand jedoch in dem Maße, in dem es dem Regime auch in Sachsen gelang, einerseits die sozialökonomische Lage grundlegend zu verbessern und damit die Arbeiterschaft noch enger an sich zu binden sowie andererseits mit Hilfe eines inzwischen perfektionierten Repressionsapparates das breit organisierte Widerstandsnetz zu zerschlagen. Die Einverleibung des Sudetengebietes in das Reich im Jahre 1938 entzog dem Widerstand zudem ein bedeutendes Operationsgebiet.

Einen wichtigen Indikator für Widerstandstätigkeit bilden die Urteilsfälle des im März 1933 vorrangig für politische Straftaten gegründeten Sondergerichtes mit Sitz in Freiberg. Wurden von diesem Gericht wegen illegaler Parteiarbeit bzw. Druckschriftenbesitz 1933 531 Urteile gefällt (59,9 Prozent der Angeklagten), so lag die Ziffer für 1934 bei 484 (79,6 Prozent), für 1935 bei 476 (56,7 Prozent) und für 1936 bei 257 Fällen (28,4 Prozent), um ein Jahr später gegen Null zu tendieren. Diese stark rückläufige Tendenz wurde auch nicht durch die zeitweilig hohen Urteilsfälle im Bereich der Heimtücke- und Beleidigungsdelikte ausgeglichen.[672]

Die demokratische Linke

Die Ausschaltung der SPD traf die Partei wohl in keinem anderen Land so hart wie in Sachsen – der »Wiege der deutschen Sozialdemokratie«. Mit ihren bis zu 150 000 Mitgliedern, ihren Volks- und Druckhäusern, der großen Vielfalt an Arbeitersport- und -bildungsvereinen und nicht zuletzt dem breiten Reformgesetzgebungswerk der frühen zwanziger Jahre hatte die größte demokratische Partei in maßgeblicher Weise den ersten sächsischen Freistaat geprägt, auch wenn sie seit 1929 nicht mehr an der Regierung beteiligt gewesen war.

Der völlig unvorbereitete Sturz in die Illegalität und die brutale Verfolgung durch das NS-Regime stellte die Partei vor erhebliche Probleme: Angesichts der kampflosen und demoralisierenden Niederlage sowie der fehlenden illegalen Erfahrungen verfiel ein Großteil der Mitgliedschaft in Apathie und zog sich rasch ins Privatleben zurück. Nur eine Minderheit war bereit, unter den Bedingungen eines staatsterroristischen Systems Gesundheit und Leben aufs Spiel zu setzen. Diejenigen, die die Parteiarbeit fortsetzen wollten, konnten sich immerhin auf ein Netz von Grenzsekretariaten stützen, das der bereits im Frühjahr 1933 nach Prag emigrierte Parteivorstand (SOPADE) gemeinsam mit geflohenen sächsischen Funktionären auch längs der sächsisch-böhmischen Grenze angelegt hatte. Von entscheidender Bedeutung für den Widerstand der sächsischen Sozialdemokraten waren dabei die Grenzsekretariate in den nordböhmischen Städten Bodenbach und Karlsbad. Während die Einrichtung in Bodenbach für den Parteibezirk Dresden zuständig zeichnete, sollten von Karlsbad aus die Parteibezirke Chemnitz, Zwickau und Leipzig betreut werden. Für die Organisation und den Schmuggel von in Böhmen hergestellten Druckschriften wie den »Neuen Vorwärts« waren zumeist emigrierte sächsische Sozialdemokraten verantwortlich. So fungierte der ehemalige Dresdner Reichsbanner-Führer Otto Thiele als Chef des Bodenbacher und der frühere Chemnitzer Funktionär Willy Lange als Leiter des Karlsbader Sekretariats.

Der sozialdemokratische Widerstand formierte sich 1933/34 im Rahmen der einstigen SPD-Bezirks- und Unterbezirksstrukturen, wobei in einigen Regionen recht schnell eine innerparteiliche Zersplitterung der Arbeit einsetzte. Die Zentren des Widerstandes lagen in den Bezirken Dresden und Leipzig. In der Bezirksorganisation Dresden-Ostsachsen war es durch die Emigration der Parteispitze (Arthur Arzt, Oskar Edel, Kurt Weckel), die teilweise in Personalunion dem Landesverband vorgestanden hatte, schon im April 1933 zu einem Führungswechsel gekommen: Die zweite Garnitur der Funktionäre, bestehend aus bislang hauptamtlich agierenden Unterbezirkssekretären und der Basis verbundenen Vorsitzenden von Gruppenverbänden, übernahm die Führung. Emigrierte Funktionäre um Oskar Edel bildeten hingegen eine ostsächsische Auslandsleitung der SPD, die zur illegalen Leitung in Dresden Verbindungen hielt und gemeinsame Treffen organisierte. Die ab Ende Juli fast wöchentlich aus Bodenbach eingeschmuggelten Druckschriften wurden in Dresden und Umgebung über die alte Gruppenverbandsstruktur der Partei verteilt. Ein Teil der hierfür erhobenen Beiträge kam u. a. Familien von »Schutzhäftlingen« zugute. Mitte Oktober 1933 gelang es sogar der fünfköpfigen illegalen Bezirksleitung mit Unterstützung des Bodenbacher Sekretariats, durch die Eröffnung einer Dresdner Tabakhandlung einen getarnten sozialdemokratischen Treffpunkt zu institutionalisieren. Doch nur zwei Wochen später gelang es der Dresdner Gestapo vor allem durch den Verrat des ehemaligen Jugendsekretärs der SPD, Arthur Kunze, die gesamte illegale Struktur der Partei zu liquidieren: Von den über 300 verhafteten Sozialdemokraten wurden im März 1934 93 vor das Sondergericht Freiberg gestellt und wegen illegaler Parteiarbeit zu mehrjährigen Gefängnis- und Zuchthausstrafen verurteilt.[673]

Nach der Zerschlagung der illegalen Bezirks- und Unterbezirksleitungen samt ihres Verteilernetzes formierten sich im Dresdner Raum drei kleinere und eher lose verknüpfte Gruppen, deren Mitglieder sich größtenteils aus dem SAJ- und Juso-Spektrum rekrutierten. Charakteristisch für ihre politische Orientierung war, dass sie zwar nach wie vor Verbindung zum Grenzsekretariat des Parteivorstandes hielten, aber entgegen dem antitotalitären Kurs der SOPADE zunehmend Einheitsfrontbestrebungen anhingen. So bezog die Gruppe um den 22-jährigen Versicherungsangestellten Horst Patzig einerseits die »Sozialistische Aktion«, Gerhart Segers KZ-Erlebnisbuch »Oranienburg« und das »Prager Manifest« der SOPADE aus Bodenbach, die sie auch in die Dresdner Umgebung, nach Freiberg und Zwickau weiter verbreiteten. Andererseits verhandelte die Gruppe aber mit den Führern der illegalen SAP, deren politischer Überzeugung man sich annäherte. Konkrete Aktionen vor Ort bestanden u. a. in der Verteilung von Streuzetteln anlässlich der Volksabstimmung über die Hindenburg-Nachfolge durch Hitler am 19. August 1934 (»Allen sagen, Hitler schlagen!«) und im Aufbau von weiteren Gruppen – wie in Zwickau. Ob zu diesen Aktionen auch ein mit Bodenbach (Thiele) abgestimmtes »Mordkomplott« gegen den SPD-»Verräter« Kunze und den berüchtigten Gestapo-Schläger Weser zählte, dürfte nicht mehr zu belegen sein.[674] Die Tatsache, dass die Gruppe selbst von der Gestapo infiltriert war und um die Jahreswende 1934/35 auflog, zeigt die Grenzen illegalen Widerstandes und die Effizienz des Repressionsapparates.[675]

In Leipzig stellte sich die illegale Arbeit der SPD von Anfang an etwas unübersichtlicher dar. Auf der Bezirksebene Leipzig-Westsachsen soll sich zuerst unter Leitung des langjährigen Vorsitzenden Richard Lipinski und nach dessen Tod 1936 unter Führung Stanislaw Trabalskis eine Art Gesprächskreis gebildet haben, der sich selbst als »provisorischer Bezirksvorstand« bezeichnete. Diese Runde diskutierte nach den bisher spärlich überlieferten Zeugnissen die politische Entwicklung und führte Geldsammlungen für in Not geratene Gesinnungsgenossen durch.[676] Auf der wesentlich besser dokumentierten Ebene des Leipziger Unterbezirks lassen sich nach der Verhaftung der Unterbezirksspitze um Hermann Liebmann im April 1933 bald schon drei größere Widerstandsgruppen erkennen: Während die Gruppe um den Liebmann-Nachfolger Albert Fichte Verbindung zum emigrierten Parteivorstand aufnahm und das Grenzsekretariat in Karlsbad anlief, verzichteten die anderen beiden Gruppen auf die Druckschriften der SOPADE.[677] Die von ehemaligen SAJ-Funktionären und linkssozialistischen Politikern wie dem vormaligen Ministerpräsidenten der Einheitsfront-Regierung Erich Zeigner geprägten Organisationen gaben unter wechselnden Titeln wie »Die Lupe«, »Aktion« oder »Der Funke« eigene Periodika heraus. In ihnen forderten sie dazu auf, »mit den Denkmethoden von Marx und Lenin die Gegenwart zu begreifen und zu ändern«.[678] Dass eine solche Radikalisierung im Denken auch baldige Kontaktaufnahmen zu Kommunisten einschloss, erschien nur folgerichtig und konsequent. Die Verfolgung und Zerschlagung der Gruppen durch die Gestapo ließ – anders als in Dresden – noch eine Zeit lang auf sich warten. Einige aus der SPD stammende Polizeibeamte hatten die »Bearbeitung« des sozialdemokratischen Widerstandes eher verschleppt. Erst mit dem Einsatz von Dresdner »Spezialisten« gelang es der Leipziger Gestapo, bis Anfang 1935 die illegalen Gruppen aufzurollen und mehr als 80 Sozialdemokraten festzunehmen.[679] Mit diesem Schlag und der Verurteilung eines erheblichen Teils der Inhaftierten erlosch auch in dieser Region der relativ breit organisierte Widerstand von Sozialdemokraten.
Bis 1937/38 lassen sich nur noch vereinzelt Kontakte von illegal tätigen Sozialdemokraten zur SOPADE nach Nordböhmen beobachten; regelmäßige Verbindungen gab es in diesem Zeitraum vor allem zwischen der Zwickauer Region und dem Grenzsekretariat in Karlsbad.[680]

Die antidemokratische Linke

Auch für die Kerntruppe des Linksradikalismus, die KPD, war Sachsen neben Berlin und Halle-Merseburg eine ausgesprochene »Hochburg« der Partei gewesen. Die über 40 000 Mitglieder starke sächsische Parteiorganisation wurde schon in den ersten Wochen und Monaten der heraufziehenden NS-Diktatur als Hauptgegner verfolgt. Tausende ihrer Mitglieder und Funktionäre gerieten in Lager- oder Gefängnishaft, wurden vor Gericht gestellt oder außer Landes getrieben. Keine andere Partei hatte im Kampf gegen die NS-Diktatur derart hohe Opfer zu beklagen. Doch auch nach 1933 blieb die vollständig stalinisierte Partei ihrem diktatorischen Anspruch treu: Im Gegensatz zur SPD stand für sie nicht die Wiederherstellung eines demokratischen Verfassungsstaates auf der Tagesordnung, sondern der »Kampf für ein Sowjetdeutschland«. Erst ab Ende 1934 und dann endgültig mit dem VII. Weltkongress der Kommunistischen Internationale im Sommer 1935 wurde die KPD von Moskau aus zur Änderung ihres politischen Kurses veranlasst. Hatte man bis dahin einen »revolutionären Aufstand« als Perspektive deklamiert und Sozialdemokraten auch weiterhin als »Sozialfaschisten« denunziert, schwenkte die Partei auf den von Stalin vorgegebenen Einheits- und Volksfrontkurs ein, der die SPD und »bürgerliche« Kräfte nun als zeitweilige Bündnispartner im Kampf gegen das Dritte Reich betrachtete.[681]

Obwohl die sächsische KPD bereits seit den frühen zwanziger Jahren im Aufbau eines konspirativ organisierten Militär-Apparates Erfahrungen gesammelt hatte, trafen sie die konzentrierten Schläge des neuen Regimes doch unvorbereitet. Ebenso wie die SPD ging sie von einer kurzen Dauer der Hitler-Regierung aus und war auf illegale Aktivitäten kaum vorbereitet. Anders als der SPD gelang es der KPD jedoch nicht, ihre Landesführung in Sicherheit zu bringen. Die Spitzen der KPD-Bezirksleitung Sachsen wurden bereits im April 1933 verhaftet, darunter Fritz Selbmann, Rudolf Renner und Rudi Jahn. Im Ergebnis dieser Ausschaltung kam es ab September 1933 zur Konstituierung von vier illegal agierenden Bezirksorganisationen in Westsachsen, Ostsachsen, Chemnitz und Plauen. Durch den Zugriff der Gestapo wechselten diese illegalen Leitungen allerdings des öfteren. 1934 existierten nur in den Zentren des kommunistischen Widerstandes, in Dresden und Leipzig, illegale Leitungen. Ein Jahr später gab es dann selbst im Leipziger Bezirk, der nach interner Einschätzung die geringsten Probleme beim Übergang in die Illegalität hatte, keine funktionierende Leitung mehr.[682] Kleinere Gruppen bestimmten bis zu diesem Zeitpunkt ohnehin viel stärker die illegale Arbeit als legendenumwobene Leitungsgremien.

Zu den Aktivposten des kommunistischen Widerstandes zählte seit Frühjahr 1933 die KPD-dominierte und inzwischen verbotene »Vereinigte Kletterabteilung« (VKA). Als Teil der Naturfreunde-Opposition schon 1930 entstanden, bildete sie ein wichtiges Scharnier zwischen der Auslandsleitung der KPD und KPC-Organisationen in Böhmen einerseits und den illegalen sächsischen Gruppen andererseits. Von Nordböhmen aus wurden so verschiedene Druckschriften, etwa die illegale »Rote Fahne«, der »Gegenangriff« oder die »Arbeiter-Illustrierte-Zeitung« (AIZ), nach Sachsen eingeschmuggelt. In der Zeit von Mai bis Oktober 1933 existierte sogar in der Höhle am Satanskopf (Sächsische Schweiz) eine Art »Büro« der VKA. Unter der Regie ihres Leiters Erich Glaser stellten hier VKA-Aktive mit Schreibmaschine und Abziehapparat Flugblätter her. Einen Einbruch in die Organisation gelang der Gestapo Anfang 1934, als 30 Mitglieder verhaftet und ein Drittel davon wegen Vertrieb des verbotenen »Braunbuches« und der Fortführung der verbotenen

VKA zu mehrjährigen Haftstrafen verurteilt wurden. Trotzdem bestand die Organisation in den Folgejahren fort, selbst wenn, wie bei einem Feuergefecht mit sächsischen Sicherheitskräften Anfang Juli 1935, drei erfahrene Kuriere den Tod fanden.[683]

Von dem ausgedehnten Druckschriftenschmuggel aus Böhmen hatte auch das weitverzweigte Netz des sächsischen KJVD profitiert, das anfangs analog der KPD in eine Bezirksleitung und vier Oberbezirke gegliedert war. Als beispielhaft für den jungkommunistischen Widerstand können die illegalen Aktivitäten des ab August 1933 reorganisierten Unterbezirks Dresden gelten. Auf der organisatorischen Grundlage dreier Instrukteursgebiete (Striessen, Altstadt-Mitte, Neustadt) und mit in Stadtteilen arbeitenden Fünfer-Gruppen betrieben hier KJVD-Mitglieder über die Verteilung kommunistischer Druckschriften wie die »AIZ«, die »Junge Garde« oder den »Gegenangriff« hinaus öffentlichkeitswirkame Aufklärung gegen verdeckte Kriegsvorbereitungen: Bereits Ende 1933 organisierten sie u. a. unter Führung des späteren DDR-Volkskammerpräsidenten Horst Sindermann Flugblattaktionen mit der Parole: »Luftschutz ist verdeckte Aufrüstung! Krieg droht! Gegen Kriegshetze mit den Jungkommunisten. KJVD.« Nur wenige Monate später wurden die Dresdner Gruppen ausgehoben und in Massenprozessen abgeurteilt.[684]

Aktiven Widerstand leisteten bis zur ihrer Liquidierung 1935 auch die organisatorisch festgefügten Gruppen aus den Reihen der linksradikalen Kommunistischen Partei-Opposition (KPO) und der SAP. Beide Strömungen hatten sich 1929 bzw. 1931 von ihrer jeweiligen Mutterpartei organisatorisch getrennt, sei es, weil der einen die Abhängigkeit der KPD zur Moskauer Komintern und Stalins KPdSU zu weitgehend erschien, oder sei es, weil nach Ansicht der anderen die Tolerierungspolitik der SPD im Reich die hehren sozialistischen Grundsätze und Ziele verwischte. Masseneinfluss erreichten diese Abspaltungen vor 1933 nicht; Sachsen konnten beide Parteien aber immerhin als ihre Hochburg bezeichnen, verfügten sie doch hier über einige Tausend Mitglieder und mehrere erfahrene Parlamentarier.

Im Zuge der nationalsozialistischen Machtübernahme organisierten sich illegale Gruppen der KPO in Dresden, Leipzig, Chemnitz, Zwickau und Oelsnitz. Ein Schwerpunkt der Tätigkeit lag dabei im Leipziger Raum, wo sich anfangs eine illegale Bezirksleitung etablieren konnte. Neben der Verteilung kommunistischer Druckschriften wie der »Arbeiterpolitik«, der »AIZ« und des »Braunbuches« kam es hier seit Januar 1934 zur Herstellung von Flugschriften mit dem Titel »Einheit«, die eine einheitliche kommunistische Partei, die Diktatur des Proletariats und den »Kampf für den Kommunismus« propagierten. Bis 1935 hatte die Gestapo sämtliche Gruppen ausgehoben; 31 Leipziger Illegalen wurde vor dem Oberlandesgericht Dresden der Prozess gemacht.[685]

Die illegale Arbeit der SAP war in Dresden, Leipzig, Chemnitz, Zwickau – und dort wiederum in den einzelnen Stadtteilen – organisiert. Nach der Zerschlagung der ersten Dresdner Leitung im August 1933 bildeten einige nach Bodenbach geflüchtete Funktionäre um Kurt Liebermann eine »Auslandsleitung«, die in der Folge illegale Druckschriften wie das SAP-Organ »Das Banner« nach Sachsen schmuggelte. In Dresden kam es Ende 1934 zu den bereits erwähnten Treffen und Vereinbarungen mit der nach links gerückten sozialdemokratischen Patzig-Gruppe. Diese Kooperation kann nicht darüber hinwegtäuschen, dass die Mehrzahl der Aktivisten der Kaderpartei SAP nach der revolutionären Überwindung des NS-Systems die »Diktatur des Proletariats« verwirklichen wollte.[686] Nicht wenige von ihnen (z.B. Kurt Liebermann, Herbert Heerklotz, Gerhard Nindl) halfen nach 1945 als Kader der KPD/SED, die neue Diktatur in Sachsen zu errichten. Der breit organisierte Widerstand der Partei brach ebenso wie bei SPD, KPD und KPO durch die Zugriffe der Gestapo bis 1935 zusammen. Massenprozesse bildeten auch in diesem Fall den vorläufigen Schlusspunkt der illegalen Tätigkeit.

Liberale und Konservative

Organisierten Widerstand oder illegale Gruppen aus den Reihen des Bürgertums und des Adels hat es – anders als im Falle der Arbeiterparteien – kaum gegeben. Dies ist zum einen darauf zurückzuführen, dass sich der Hauptstoß des nationalsozialistischen Apparates vornehmlich auf die Gegner von links konzentrierte, die es programmgemäß zu vernichten galt. Andererseits war die Basis des liberalen und demokratischen Bürgertums seit Ausgang der zwanziger Jahre in der roten und braunen »Hochburg« Sachsen schon so weit zusammengeschmolzen, dass es 1932/33 kaum noch parlamentarische Vertretungen stellte. Und diejenigen, die noch parlamentarisch und politisch wirksam waren, wichen vor dem nationalsozialistischen Druck und Terror schrittweise zurück. Bis zum Sommer 1933 hatte sich ein Großteil von ihnen mit den neuen Machthabern arrangiert oder einfach ins Privatleben zurückgezogen.

Ausnahmen bildeten jene Vertreter des demokratisch gesonnenen Bürgertums, die schon vor 1933 zu den Kritikern der NSDAP und ihrer Ideologie gezählt hatten. Ein weithin sichtbares Signal des Widerstandes gab z. B. der Dresdner Oberbürgermeister Wilhelm Külz, der Anfang März 1933 beim Reichspräsidenten gegen die nationalsozialistischen Gewaltakte und das Hissen der Hakenkreuzfahne vor dem Dresdner Rathaus protestierte. Daraufhin wurde der langjährige DDP-Landesvorsitzende auf Anordnung von Killingers Mitte März von seinem Amt beurlaubt und zwangspensioniert. Da Külz in der Folgezeit keine Arbeit erhielt, man ihn telefonisch und postalisch überwachte, ja Ende 1934 sogar kurzzeitig in »Schutzhaft« nahm, entschloss er sich im März 1935 zur Übersiedlung nach Berlin. Hier engagierte er sich bis 1945 gemeinsam mit demokratischen Politikern und Historikern wie Eugen Schiffer, Theodor Heuß oder Friedrich Meinecke in der »Mittwoch-Gesellschaft«, die aktuelle politische Entwicklungen diskutierte.[687] Von Sachsen nach München »emigrierte« der bekannte Leipziger Historiker, Hochschulprofessor und ehemalige DDP-Reichstagsabgeordnete Walter Goetz, der aufgrund seiner politischen Überzeugung im April 1933 emeritiert, aber von Nazi-Studenten fortlaufend weiter angepöbelt worden war. In seiner politischen Haltung unbeugsam blieb auch der ehemalige DDP-Parlamentarier Hermann Kastner, der sich im April 1933 nicht mehr für den NS-beherrschten Landtag hatte aufstellen lassen und nach seinem Ausscheiden als Geschäftsführer des inzwischen gleichgeschalteten Einzelhandelsverbandes nur noch als Rechtsanwalt agierte. Durch seine engagierte Verteidigung von Nazi-Gegnern vor Gericht und Verbindungen zu Widerstandskreisen um den Dresdner Arzt Prof. Rainer Fetscher geriet er mehrfach in Haft.[688] Noch schlimmer erging es dem ehemaligen Vorsitzenden (1929–1933) der kleinen sächsischen Zentrumspartei, dem Pfarrer Ludwig Kirsch. Er wurde wegen kritischer Äußerungen gegen den NS-Staat im Februar 1935 ins KZ Sachsenhausen verschleppt.

Andererseits gab es aber auch Politiker, Beamte und Unternehmer aus dem deutschnationalen Umfeld, die zu Beginn von Hitlers »nationaler Revolution« von einer zumindest teilweisen Interessenidentität von konservativen und nationalsozialistischen Vorstellungen ausgingen. Der prominenteste Fall war sicherlich der des weit über die sächsischen Grenzen hinaus bekannten Leipziger Oberbürgermeisters Carl Friedrich Goerdeler. Seine spätere oppositionelle Haltung resultierte aus persönlichen Erfahrungen hinsichtlich der Herausdrängung konservativer und parteiloser Kräfte aus der Stadtverwaltung, der faktischen Vernichtung der Gemeindeselbstverwaltung und der sich ständig verschärfenden Judenpolitik im Dritten Reich. Auslösendes Moment für seinen Rücktritt als Oberbürgermeister 1936 war letztlich die Entfernung des Mendelsohn-Denkmals vor dem neuen Rathaus.[689] Erst jetzt begann Goerdeler oppositionelle Kräfte, u. a. den Leipziger Textilfabrikanten Walter Cramer (DNVP), um sich zu scharen.

Eine zum NS-Regime distanzierte bis widerständige Haltung nahm das vormalige Königshaus Wettin ein, womit es sich wohltuend von anderen ehemals regierenden Häusern abhob. Vor allem der drittgeborene Sohn des 1932 verstorbenen letzten sächsischen Königs, Prinz Ernst Heinrich von Sachsen, hatte seit Hitlers Machtantritt nie einen Hehl aus seiner ablehnenden Haltung gemacht. Seit den frühen zwanziger Jahren der DVP nahestehend, schloss er sich noch 1933 dem Stahlhelm an. Als Führer seiner Moritzburger Gliederung wandte er sich 1933/34 auf Versammlungen gegen zunehmende Gleichschaltung. Den ihm vertrauten ehemaligen Amtshauptmann von Großenhain und einstigen sächsischen Ministerpräsidenten Alfred Fellisch (SPD) unterstützte er bei seiner illegalen Tätigkeit. So geriet auch der Wettiner-Spross am 30. Juni 1934 in das Räderwerk von Hitlers Verhaftungs- und Erschießungsaktion: Fünf Tage bangte er im berüchtigten KZ Hohnstein um sein Leben, dann wurde er ebenso plötzlich wieder freigelassen und unter die Beobachtung der Gestapo gestellt. Auch andere Vertreter des Hauses Wettin wurden bis 1945 beschattet und verhaftet.[690]

Die Neuformierung des Widerstandes: Zwischen Kriegsbeginn und Zusammenbruch 1939–1945

Nach dem Zusammenbruch der linken »Massenillegalität« (Hartmut Mehringer) 1935/36 gelang es den verschiedenen antinazistischen Organisationen in den Folgejahren nicht, breit angelegte und wirksame Widerstandsformen zu entwickeln. Massenverhaftungen und Massenverurteilungen hatten das kommunistische, sozialdemokratische und linkssozialistische Personalreservoir entscheidend geschwächt. Die bis Anfang der vierziger Jahre erzielten außen- und innenpolitischen Erfolge der Nazis beeindruckten zudem auch einen Großteil der sächsischen Bevölkerung, so dass in dieser Zeit eine entsprechende Resonanz für widerständiges Handeln kaum gegeben war. Ja, mehr noch: Der im Sommer 1939 abgeschlossene Hitler-Stalin-Pakt versetzte gerade im Land gebliebene Kommunisten in eine Art Schockzustand und führte zur Lähmung der illegalen Arbeit. Erst mit dem Überfall der Wehrmacht auf die Sowjetunion 1941 und der Kriegswende 1943 kam es zu verstärkter illegaler Tätigkeit. Nun prägten parteiübergreifende Widerstandsformen, jugendliche Protest- und Widerstandshaltungen sowie die Beteiligung eines Teils der gerade für einen Umsturz wichtigen alten Eliten das Bild.

Gewisse Kontinuitäten im illegalen Kampf können – wenn überhaupt – für die kommunistische Seite beobachtet werden. Auch wenn ein Fortbestehen ganzer Leitungen als »Konstruktion« der SED-Geschichtspropaganda bewertet werden muss, um die ununterbrochene kommunistische Führung im illegalen Widerstand bis 1945 zu »beweisen«,[691] so hat es doch in den »mageren« Jahren der Illegalität Gruppenbildungen der KPD gegeben. Nachgewiesen ist, dass gerade aus der Haft entlassene ehemalige KPD-Funktionäre wie Bruno Siegel kurz nach Kriegsbeginn illegale Gruppen in Dresdner Betrieben wie Zeiß-Ikon gründeten. Sie unterstützten Kriegsgefangene, ausländische Zwangsarbeiter und sabotierten Rüstungsproduktionen. Andere Funktionäre wie Herbert Bochow nahmen Kontakte zu Sozialdemokraten und parteilosen Aktivisten, wie z. B. Prof. Rainer Fetscher, auf. Ein gemeinsamer Treffpunkt für Kommunisten und linke Sozialdemokraten war das Radiogeschäft des vormaligen Vorsitzenden des sächsischen Arbeiter-Radio-Bundes Alfred Althus (SPD/SAP), in dem Nachrichtensendungen von Radio Moskau abgehört wurden.[692]

Nachdem es der Gestapo 1941 in Leipzig und Dresden gelungen war, illegale kommunistische Gruppen auszuheben und deren Führer (u. a. Bochow) hinzurichten, kam es ab 1943 zur Etablierung eines Widerstandsnetzes auf breiter politischer Grundlage. Ausgangspunkt dafür war die Gründung des »Nationalkomitees Freies Deutschland« (NKFD) durch die Exilführung der KPD in Moskau Mitte Juli 1943. Das als Volksfrontorganisation ins Leben gerufene Komitee propagierte gemeinsam mit kriegsgefangenen Offizieren und Soldaten der Wehrmacht die Beendigung des Krieges, die Verteidigung des deutschen Selbstbestimmungsrechtes und die Errichtung einer »demokratischen Republik«. Obwohl auch das im September 1943 in Leipzig auf kommunistische Anregung hin gegründete NKFD als eine Art Dach verschiedener Widerstandsgruppen firmierte, handelte es sich dabei keineswegs um eine bloße Kopie der Moskauer Organisation. Bemerkenswert erscheint die Tatsache, dass kommunistische Führer wie Otto Engert oder der ehemalige Reichstagsabgeordnete Georg Schumann in programmatischen Ausarbeitungen noch im Frühjahr 1943 einen Sonderfrieden mit der UdSSR, die Weiterführung des Krieges gegen die Westmächte und die Errichtung einer »sozialistischen Räterepublik« propagierten. Derartige Positionen wurden erst im Laufe des folgenden Jahres und unter dem Druck der meisten anderen Leipziger Widerstandsgruppen teilweise »überwunden«: Frieden wollte man jetzt auch mit den Westmächten schließen, aber auf eine »sozialistische Neuordnung« nicht verzichten. Organisatorisch konnte sich das Komitee neben kommunistischen Gruppen auf eine Reihe Sozialdemokraten, Kirchenvertreter sowie auf Verbindungen zu Kriegsgefangenen- und Zwangsarbeiterlagern stützen; überregionale Kontakte reichten bald bis nach Dresden, Chemnitz, Zwickau oder Halle. In politischer Hinsicht propagierte das Komitee in Flugblattaktionen ein langsameres Arbeiten oder einen »totalen Frieden«. In der im Frühjahr 1944 erstmals veröffentlichten Zeitschrift »Widerstand« rief das NKFD zum Sturz des NS-Systems, zur Konstituierung einer »Volksregierung« und zum Bündnis mit der Sowjetunion auf. Trotz der Verhaftung von über 300 Aktivisten Mitte 1944 erlangte das NKFD seine praktische Bedeutung, weil es im April 1945 durch aktive Propaganda unter der Leipziger Bevölkerung den Amerikanern einen weitgehend kampflosen Einmarsch erleichterte.[693]

Keine direkten Kontakte unterhielt das Leipziger NKFD zum Kreis des ehemaligen Leipziger Oberbürgermeisters Carl Friedrich Goerdeler, der allerdings auch eher reichsweit agierte und politisch in Berlin beheimatet war. Indirekte Verbindungslinien lassen sich lediglich durch Sozialdemokraten wie Stanislaw Trabalski nachweisen, die sowohl Gespräche mit dem NKFD als auch mit dem Goerdeler-Kreis aufnahmen. Dabei erscheint es nur bezeichnend, dass es aufgrund der tiefen Spaltung zwischen SPD und konservativem Bürgertum in Leipzig bis 1933 zu keiner politischen Annäherung zwischen Goerdeler und dem Kreis um Trabalski kam.[694] Einzig Carlo Mierendorff, der in den Kriegsjahren in Böhlen bei Leipzig arbeitete, kooperierte als Vertreter des Kreisauer Kreises auch programmatisch mit Goerdeler.

In politisch-programmatischer Hinsicht trennten NKFD und Goerdelers »Honoratiorengruppe« ohnehin Welten: Während das NKFD zum Teil demokratisch-sozialistische und auch pro-sowjetische Neuordnungspläne verfolgte, sahen Goerdelers Denkschriften (von 1943) nach dem Sturz Hitlers innenpolitisch eine monarchische Spitze, ständestaatliche Elemente, die Rückkehr zu den 1933 außer Kraft gesetzten Grundrechten und zur Rechtsstaatlichkeit sowie außenpolitisch ein Bündnis mit den angelsächsischen Mächten gegen den Bolschewismus und die »russische Übermacht« vor.[695]

Auf der Basis solcher Überlegungen gelang es Goerdeler und seinem Leipziger Intimus Walter Cramer, hohe Wehrmachtoffiziere für den anvisierten

Staatsstreich zu gewinnen.[696] Aus Sachsen stammende Generäle wie Friedrich Olbricht und Hans Oster gehörten ebenso dazu wie die Spitze des Wehrkreises IV (Mitteldeutschland), zu der vor allem national-konservativ geprägte Offiziere wie der Befehlshaber des Wehrkreises, der General Viktor von Schwedler, sein Stabschef, Generalmajor Wilhelm Kirchenpaur, sein Adjutant, Oberst Dr. Wilhelm Sommerlad, und der Leiter der Abwehrstelle, Oberst Hans Reinheckel, zählten. Besonders Kirchenpaur soll als »Motor« der antinazistischen Fronde im Dresdner Kommando des Wehrkreises IV gewirkt haben. In Vorbereitung des Staatsstreiches gewann Goerdeler 1943/44 den Chef des Stabes im Amt Ausland/Abwehr des OKW, Generalmajor Hans Oster, als künftigen Verbindungsoffizier und Walter Cramer als Politischen Beauftragten zum Wehrkreiskommando. Am Tag des Umsturzversuchs, am 20. Juli 1944, ließen von Schwedler und Kirchenpaur nach Eintreffen des ersten Fernschreibens der Berliner Verschwörer »Walküre-Alarmmaßnahmen« befehlen: Wachen wurden verstärkt und militärische Einheiten in Bereitschaft versetzt. Zu Besetzungen, Verhaftungen oder Marschbewegungen – wie zur selben Zeit in Paris – kam es jedoch nicht. Nach den Umsturzdementis Hitler-höriger Militärs und entsprechenden Informationen des Deutschlandsenders verhinderte von Schwedler die weitere Ausführung der Berliner Befehle. Noch in der Nacht zum 21. Juli konnte die Dresdner Fronde des Wehrkreiskommandos IV ihre Spuren weitgehend verwischen. Besonders couragiert zeigte sich hierbei der Dresdner Leiter der Abwehrstelle, Oberst Reinheckel, der sich gegenüber Mutschmann weigerte, eine Liste »unzuverlässiger« Offiziere zusammenzustellen.[697] Oster und Cramer hatten weniger Glück: Sie wurden aufgrund ihrer jahrelangen engen Kontakte zum Kreis um Goerdeler wenige Tage später verhaftet und hingerichtet. Goerdeler selbst traf dasselbe Schicksal Anfang 1945.

Die Tragik auch des sächsischen Widerstandes liegt darin begründet, dass es weder der linken Massenillegalität bis Mitte der dreißiger Jahre noch durch die widerständige Haltung eines Teils der alten Eliten und der Militärs gelang, das NS-System von innen heraus zu beseitigen. Die übergroße Mehrheit der Deutschen und der sächsischen Bevölkerung bekannten sich zumindest in den Jahren 1935 bis 1943 zu Hitler und seiner Politik. Die fast durchgehend unverbunden gebliebenen Widerstandskreise der verschiedenen politischen Richtungen vertraten stets Minderheitspositionen innerhalb der Bevölkerung und hatten bis auf den 20. Juli 1944 keine einzige reale Chance, die Hitler-Tyrannei zu stürzen. Auch zunehmende Tendenzen innerhalb der Jugend, sich dem Drill in HJ und BDM durch Verweigerung und Rebellion zu entziehen, wie sich dies vor allem in Leipzig und Dresden anhand von »Meuten«- und Bandenbildungen z. T. nach bündischem Vorbild zeigte, konnten in der zweiten Hälfte des Krieges nicht zu einer ernsthaften Destabilisierung des Regimes führen.[698] Die Liquidierung des totalitären Systems erfolgte schließlich von außen, von den Armeen der Anti-Hitler-Koalition. Vom Leipziger NKFD war dazu eine geringe Hilfestellung möglich – mehr nicht.

Steffen Held

Von der Entrechtung zur Deportation: Die Juden in Sachsen

Ende Juni 1931 trat der sächsische NSDAP-Gauleiter Martin Mutschmann auf einer Kundgebung in Weimar auf und erklärte als fanatischer Antisemit: »Möge das Ringen und Kämpfen jetzt noch so schwer sein, es wird einmal alles abgerechnet und gerächt werden, und es werden einmal Synagogen rauchen. Denn nicht umsonst darf der jahrzehntelange Kampf gewesen sein, nicht umsonst wurden deutsche Menschen hingemordet, nicht umsonst ehrliche rechtschaffene Deutsche so übel verleumdet und beleidigt. Es kommt der Tag der furchtbaren Abrechnung.«[699]

Am 11. November 1938, aus der Brandruine der Dresdner Synagoge stieg kalter Rauch auf, wurde der Dresdner Oberbürgermeister Ernst Zörner in der Tagespresse mit den Worten zitiert, dass nun »das Symbol des rassischen Erbfeindes endgültig ausgelöscht sei«.[700]

Zwischen dem Auftritt Mutschmanns in Weimar und der Erfüllung seiner Prophezeiung lagen nur sieben Jahre. Mit der Machtübernahme der Nationalsozialisten wurde nicht nur der demokratische Rechtsstaat zerstört, sondern auch der Antisemitismus zur Staatsdoktrin erhoben. Dieser vehemente Antisemitismus ging in einem staatlich institutionalisierten Rassismus auf, der allen gesellschaftlichen Bereichen seinen Stempel aufdrückte.

Historische Wurzeln des nationalsozialistischen Antisemitismus

Die Wurzeln der nationalsozialistischen Rassenpolitik liegen in der völkischen Bewegung, die bereits im Kaiserreich die politische Atmosphäre mitbestimmte. In der Weimarer Republik errangen völkisch-antisemitische Stereotype zunehmend Einfluss auf die öffentliche Meinung und damit politische Relevanz. Noch im ersten Jahrzehnt des Kaiserreichs, begünstigt vom »Gründerkrach« und der nachfolgenden wirtschaftlichen Depression, war durch die Verschränkung des traditionellen religiös-kulturellen Antijudaismus mit einer neuen Form nationalistischer und rassistischer Fremdenfeindlichkeit der moderne Antisemitismus entstanden. Dessen Verfechter definierten Deutschtum über eine germanische Abstammung und setzten diese als Voraussetzung für die Zugehörigkeit zur deutschen Nation. Die entstandene deutsch-jüdische Teilkultur verleugneten sie und sprachen dem deutschen Judentum, dessen Selbstverständnis in hohem Maße der 1893 gegründete »Centralverein deutscher Staatsbürger jüdischen Glaubens« bereits in der Namensgebung zum Ausdruck brachte, das Recht auf kulturelle und politische Teilhabe an der bürgerlichen Gesellschaft ab.

Die neue Judenfeindschaft traf im Königreich Sachsen auf günstigen Nährboden und erfuhr eine schnelle Verbreitung. Als Ende der 1870er Jahre der Antisemitismus zu einem ernst zu nehmenden parteipolitischen Faktor aufstieg, kristallisierten sich die Großstädte Chemnitz, Dresden und Leipzig als Zentren des politischen Antisemitismus heraus. In Chemnitz und Dresden entstanden bereits in den Jahren 1879/80 sogenannte Reformvereine als radikalantisemitische Gruppierungen, wozu vorwiegend Angehörige des Mittelstands zählten und die sich zu den organisatorischen Schaltstellen des politischen Antisemitismus entwickeln sollten. Die Verlagsstadt Leipzig avancierte durch die Emsigkeit eines Theodor Fritsch zu einem publizistischen Mekka der Judenhasser. Die »Judenfrage« erwuchs als neues gesellschaftliches Schlagwort. Zu den gängigen, noch vergleichsweise moderaten Lösungsvarianten gehörte die Forderung nach einem besonderen Fremdenrecht für die deutschen Juden und einer rücksichtslosen Vertreibung der »Ostjuden« aus Deutschland. Die Deutsch-konservative Partei reagierte auf die Wahlerfolge der Antisemiten seit den neunziger Jahren mit der Aufnahme antijüdischer Passagen in ihre Programmatik, wie es einer der Führer der sächsischen Konservativen, Heinrich Freiherr von Friesen, vehement gefordert hatte. Im Gegenzug erklärten die sächsischen Nationalliberalen zwar, dass die im Emanzipationsprozess errungene rechtliche Gleichstellung der Juden nicht angetastet werden dürfe, doch reichten solche Bekundungen nicht aus, um einer antisemitischen Durchdringung der Gesellschaft entgegenzuwirken. Antijüdische Vorbehalte waren in allen bürgerlichen Parteien und in allen sozialen Schichten zumindest latent vorhanden, nicht zuletzt an den Universitäten, wo sie das Verhalten von Professoren und Studenten beeinflussten.

Die im Parteiprogramm der NSDAP von 1920 formulierten Punkte, die eine Stigmatisierung und Entrechtung der Juden vorsahen, griffen rassenbiologische Forderungen des politischen Antisemitismus aus dem Kaiserreich auf und propagierten eine politische Kultur, die auf der »Reinhaltung des Blutes« beruhen sollte. Als am 30. Januar 1933 Hitler zum Reichskanzler ernannt und die NSDAP an der Regierung beteiligt wurde, glaubten wohl die wenigsten daran, dass die Nationalsozialisten ihr Parteiprogramm so radikal in die politische Realität umsetzen würden. Stärker war die Überzeugung verbreitet, die Regierungsbeteiligung bedinge – nicht zuletzt aus außenpolitischen Erwägungen heraus – eine Mäßigung der antisemitischen Propaganda. Natürlich gab es auch Stimmen, die vor einer Unterschätzung der Nationalsozialisten warnten. Allerdings vertrauten viele Regimegegner, sowohl aus den Reihen des Bürgertums als auch der Arbeiterbewegung, auf die Wahrung grundlegender rechtsstaatlicher Prinzipien, zumal die Ansicht weit verbreitet war, dass Hitler als Reichskanzler in relativ kurzer Zeit abgewirtschaftet haben würde. Späterhin sahen viele Juden in den Rassengesetzen, die zwar ihre bürgerliche Entrechtung besiegelten, zumindest eine rechtliche Klärung ihres künftigen Status, der immer noch die Hoffnung auf eine gesicherte Existenz und somit für einen Verbleib in Deutschland nährte.

Dass es sich dabei um einen existentiellen Trugschluss handelte, erwies sich in traumatischer Weise am 9./10. November 1938, als die Prophezeiung Mutschmanns in sächsischen und in anderen deutschen Städten und Dörfern Wirklichkeit wurde. Was dann folgte, lässt sich sachlich-rational kaum mehr erklären. Planung und Durchführung der Vernichtung des europäischen Judentums und der bei vielen Deutschen zu beobachtende Abbau elementarer moralischer Hemmschwellen lässt sich, auch wenn man die Bedingungen einer totalen Diktatur und insbesondere die alltäglichen Ausnahmesituationen während des Krieges zugrunde legt, kaum zureichend beschreiben.

Demographische Struktur der jüdischen Bevölkerung

Nach den Ergebnissen der Volks-, Berufs- und Betriebszählung vom 16. Juni 1933, die noch die konfessionelle Zugehörigkeit erfragt hatte, lebten in Sachsen 20 584 Juden. Das waren 0,4 Prozent der Gesamtbevölkerung, weniger als im Reichsdurchschnitt.[701] Bei der Volkszählung sieben Jahre zuvor waren noch 23 252 Personen jüdischen Glaubens registriert worden. Der absolute Bevölkerungsrückgang resultierte überwiegend aus der Überalterung der jüdischen Bevölkerung sowie erschwerten Einwanderungsbedingungen am Ende der Weimarer Republik. Die Zahl der Juden, die zu Beginn der ersten Auswanderungswelle im Frühjahr 1933 aus Sachsen emigrierten, dürfte für die statistische Betrachtung eher gering ins Gewicht fallen.

In Sachsen existierten acht Israelitische Religionsgemeinden: Annaberg, Bautzen, Chemnitz, Dresden, Leipzig, Plauen, Zittau und Zwickau. Die allgemeine Tendenz der Konzentration der jüdischen Bevölkerung in Großstädten erfuhr eine fast einzigartige Ausprägung. In Chemnitz, Dresden und Leipzig wohnten zusammen 18 348 Juden und damit fast 90 Prozent der jüdischen Bevölkerung Sachsens. Ein originäres ländliches Judentum gab es in Sachsen nicht. Die nach der Einwohnerzahl viertgrößte sächsische Großstadt Plauen zählte 519 Juden; es folgten Zwickau mit 353 und Zittau mit 103 jüdischen Einwohnern. In bedeutenden Mittelstädten wie Bautzen, Freiberg oder Meißen lebten jeweils weniger als 100 Juden. Die Gemeinden mit weniger als 10 000 Einwohnern kamen zusammen auf eine jüdische Bevölkerung von 448 Köpfen. Dass wiederum in der Messestadt 11 564 jüdische Männer, Frauen und Kinder ihren Wohnsitz hatten und somit mehr als die Hälfte der sächsischen Juden in Leipzig ansässig war, ist ein weiterer Beleg für die Bevorzugung der Großstadt, insbesondere wenn es sich, wie im Falle Leipzigs, um einen wirtschaftlichen und kulturellen Standort ersten Ranges handelte. Die Israelitische Religionsgemeinde zu Leipzig war nach der Zahl ihrer Mitglieder die sechstgrößte in Deutschland.

Für die jüdische Bevölkerung Sachsens war der hohe Anteil von Juden kennzeichnend, die aus dem Ausland, insbesondere aus Polen, stammten. Sachsen nahm in dieser Beziehung schon seit dem Kaiserreich eine Ausnahmestellung innerhalb des Deutschen Reichs ein. Jeder dritte jüdische Einwohner in Sachsen war im Ausland geboren worden, darunter fast drei Viertel in Polen. Entsprechend hoch war der Anteil der Juden mit polnischer Staatsangehörigkeit. Eine in hohem Maße restriktive sächsische Einbürgerungspolitik gegenüber den »Ostjuden« stand für diese Entwicklung. Für die erste Generation der osteuropäischen jüdischen Einwanderer blieb die Einbürgerung »bis auf wenige Ausnahmen prinzipiell ausgeschlossen«.[702]

Mehr als die Hälfte der sächsischen Juden gehörte nach der beruflichen Stellung und nach dem Einkommen zur Mittelschicht. Auffallend gering war der Prozentsatz von Arbeiterinnen und Arbeitern innerhalb der jüdischen Erwerbstätigen. Ein Blick auf die soziale Stellung im Beruf weist unter 100 Erwerbspersonen fast jeden Zweiten als selbständig und etwa ein Drittel in einem Angestelltenverhältnis aus. Von den etwa 10 000 jüdischen Erwerbspersonen, wobei sich der Anteil der weiblichen Erwerbstätigen deutlich unter einem Drittel bewegte, waren im Juni 1933 fast die Hälfte im Waren- und Produktenhandel tätig und etwa zehn Prozent erzielten ihr Einkommen im Immobiliensektor. Im Vergleich zum Reichsdurchschnitt fiel in Sachsen der Anteil der jüdischen Ärzte und Rechtsanwälte deutlich geringer aus.

Neuorientierung und Selbstbehauptung nach dem 30. Januar 1933

Auf der Anfang Februar 1933 in Berlin abgehaltenen Jahresversammlung des Hilfsvereins der deutschen Juden beurteilten die Berichterstatter Max Warburg und Mark Wischnitzer die Gesamtsituation für die jüdische Bevölkerung wenige Tage nach der Regierungsbeteiligung der NSDAP als kritisch. Warburg sah die »mühsam erkämpfte[n] zivilisatorische[n] Errungenschaften gefährdet« und den natürlichen »Gerechtigkeitssinn weiter Kreise des Volkes zerstört und ihr Kulturempfinden in die finstere Vergangenheit zurückgeworfen«. Gleichzeitig äußerte er die Hoffnung, dass die von ihm als Irrlehre bezeichnete nationalsozialistische Demagogie »mit der Überwindung des wirtschaftlichen Notstandes« wieder verschwinden werde.[703]

Die Politik der NSDAP-Führung war zu diesem Zeitpunkt auf die Reichstagswahl am 5. März 1933 fixiert. Im Vordergrund stand das Vorgehen gegen Kommunisten und Sozialdemokraten und die Einschüchterung ihrer Wählerschaft. Als Mitglieder dieser Parteien waren Juden ebenso gefährdet. So beschrieb die SPD-Reichstagsabgeordnete Toni Sender die Atmosphäre in der sächsischen Landeshauptstadt als fieberhaft: »Auf den Straßen drängten sich schwerbewaffnete Braunhemden mit einem, manchmal zwei Revolvern im Halfter. Manche hatten Handgranaten. Die Regierung in Sachsen war gezwungen worden, SA-Leute als Hilfspolizisten einzustellen. Da mich in Dresden fast jeder kannte, wurde es zu einem Wagnis, allein durch die überfüllten Straßen zu gehen. Meine Versammlungen wurden durch große Polizeiaufgebote geschützt; die Regierung war sich der großen Gefahr bewusst. Der Wahlkampf näherte sich dem Ende. Ich wurde von vielen Seiten vor der Pogromstimmung gewarnt, die um meinen Namen entfacht worden war.«[704] Toni Sender erlebte den Ausgang der Reichstagswahl nicht in Deutschland. Die sich verdichtenden Hinweise auf eine bevorstehende Verhaftung hatten sie zur Flucht über die sächsische Grenze in die Tschechoslowakei bewogen.

Unmittelbar nach der Reichstagswahl begann auf lokaler Ebene der Prozess der nationalsozialistischen Machtergreifung. Nach der Berufung Manfred von Killingers am 8. März 1933 zum Reichskommissar für Sachsen entwickelte sich ein Machtkampf zwischen ihm und dem Gauleiter Mutschmann. In den folgenden Wochen bis in den Frühsommer hinein ging Mutschmann immer wieder dazu über, von Killingers Bemühungen zur Stabilisierung der Lage und Eindämmung der gewalttätigen Aktionen der SA zu unterlaufen. Die Forcierung antijüdischer Ausschreitungen erschien dem Gauleiter als probates Mittel, um die Position seines Konkurrenten zu schwächen.

Am 8. März 1933 stürmten Plauener Nationalsozialisten das Rathaus und setzten den Oberbürgermeister sowie einige Stadträte ab. An diesem Tag erfolgte wahrscheinlich auch die Verhaftung des langjährigen Vorstehers der Israelitischen Religionsgemeinde und Stadtverordneten, des Rechtsanwalts Isidor Goldberg. Einen Tag später spielten sich ähnliche Szenen in Chemnitz ab. Neben der Besetzung des Rathauses drangen SA-Leute auch in das Amtsgericht und in das Landgericht ein und gingen gegen die Gerichtspräsidenten und den jüdischen Landgerichtsdirektor Kurt Cohn vor. In diesen Tagen verdichteten sich auch die bisher vereinzelten lokalen Boykottaktionen gegen Geschäfte jüdischer Inhaber. Sachsen zählte hierbei zu den zentralen Schauplätzen. Mit Transparenten und Farbtöpfen ausgestattete SA-Trupps zogen durch die Straßen, brachten Plakate an und beschmierten Schaufensterscheiben. Bereits Wochen vor dem offiziellen Boykotttag am 1. April 1933 gehörten vor Geschäften jüdischer Inhaber postierte SA- und SS-Uniformierte vielerorts zum Alltagsbild. Am 10. März zogen in Döbeln vor »jüdischen Geschäften« SA-Posten auf. In Chemnitz, Freiberg und Zwickau wurden die Eingangsbereiche von Einzelhandelsgeschäften, Warenhäusern und Einheitspreisgeschäften teilweise versperrt oder »freiwillige Schließungen« von den Geschäftsinhabern erzwungen. In Aue wurden zur Einschüchterung der Kunden, die Namen von Käufern festgestellt. Auch in Auerbach behinderten SS-Posten Kaufwillige und fotografierten wie in Chemnitz die Kundschaft. In den letzten Märztagen war es in Dresden zu Ausschreitungen gekommen, bei denen Schaufensterscheiben zu Bruch gingen.

Durch SA-Trupps begangene Diebstähle, Erpressungen und Plünderungen waren an der Tagesordnung. In Plaue bei Chemnitz beschlagnahmten SA-Leute einen mit Waren beladenen Lieferwagen, der dann ohne Ladung ausgebrannt in einem Steinbruch aufgefunden wurde. Neben den Boykottaktionen taten sich einzelne SA-Trupps durch Straßenterror und Überfälle auf Juden und »jüdische Geschäfte« hervor. In Chemnitz waren – wie einem Polizeibericht zu entnehmen ist – »Misshandlungen, die in verschiedenen Fällen auch den Tod der misshandelten Personen zur Folge hatten, [...] an der Tagesordnung«.[705] Tatsächlich war dort seit der »Machtübernahme« die Gewaltbereitschaft eskaliert. In der Stadt herrschte zeitweise eine durch einen bestimmten SA-Trupp ausgeübte »Schreckensherrschaft«, die unter der Bevölkerung »große Furcht« verbreitete.[706] Die lokalen Aktionen der SA und der NSDAP-Ortsleitungen verselbständigten sich und entglitten zusehends der Kontrolle. Um die Zügel wieder fester in die Hand zu bekommen, verbot die NS-Führung am 26. März 1933 Angriffe gegen Unternehmen, Geschäftsinhaber und Wirtschaftsverbände.

Gleichzeitig verständigten sich Hitler und Goebbels über den Boykott am 1. April. Seit Mitte März lief bereits eine von Goebbels gesteuerte Propagandakampagne gegen die ausländische Berichterstattung über antijüdische Ausschreitungen in Deutschland und einzelne Boykottmaßnahmen gegen deutsche Waren in den USA und europäischen Staaten. Die von führenden Nationalsozialisten entfachte Boykotthetze wurde von der Parteibasis als Signal für ein schärferes Vorgehen gedeutet. Auch die Beurlaubungen jüdischer Beamter und Angestellter entsprachen diesem hitzigen antijüdischen Klima. Bereits am 30. März 1933 waren jüdische Mitarbeiterinnen des Fürsorgeamtes der Leipziger Stadtverwaltung vor die Wahl gestellt worden, entweder freiwillig oder durch ein Kündigungsverfahren auszuscheiden. Das Personalamt der Dresdner Stadtverwaltung hatte am 1. April 1933 die städtischen Ämter und Eigenbetriebe angewiesen, Beschäftigte »jüdischer Rasse« sofort zu entlassen. Kündbare Dienstverträge sollten aufgelöst und unkündbare Beamte vom Dienst suspendiert werden. Da Juden keine führenden Positionen in den Stadtverwaltungen einnahmen, markiert das Vorgehen gegen Persönlichkeiten aus dem städtischen Kulturbereich die ersten nationalsozialistischen Maßnahmen zu ihrer Verdrängung aus dem öffentlichen Leben in Sachsen. Am 11. März 1933 wurde der Generalmusikdirektor der Leipziger Oper, Gustav Brecher, beurlaubt. Nur wenig später traf es den Gewandhauskapellmeister Bruno Walter. In der Landeshauptstadt verlor der Dramaturg Karl Wolf seine Anstellung.

Angesichts der antisemitischen Propaganda, der Kampfstimmung in vielen Parteigliederungen und der Ausschreitungen überrascht es nicht, dass die SA an vielen Orten nicht abwarten wollte und den Boykott vorzeitig in Szene setzte. Wiederum waren es die NSDAP-Ortsleitungen in Chemnitz und Freiberg, die vorpreschten und den Boykott bereits am 31. März einleiten. In Meißen kam es zu erzwungenen Einsichtnahmen in Geschäftsbücher, während

Angestellte gleichzeitig versuchten, Gehaltsvorschüsse zu erpressen. In Annaberg patrouillierten SS-Angehörige vor den Geschäften. Heraustretenden Kunden wurde gewaltsam ein Stempel ins Gesicht gedrückt, auf dem zu lesen war »Wir Verräter kauften bei Juden«. Wie einem Bericht des amerikanischen Konsuls in Leipzig zu entnehmen ist, hatten auch dort »übereifrige Nazis bereits am 31. März mit dem Boykott begonnen«. SA-Männer in Begleitung von Nationalsozialisten in Zivil brachten an jüdischen Geschäften Plakate an.[707] In Dresden zogen zwar die Boykottposten nicht vorfristig auf, aber am Freitagnachmittag wurden an größeren Geschäftshäusern Plakate angebracht, die auf rotem Grund in schwarzen Buchstaben die Aufschrift »Anerkannt deutsch-christliches Unternehmen« trugen. In Leipzig wurde an zahlreichen Kanzleien jüdischer Anwälte das Schild angebracht: »Jüdischer Rechtsanwalt, Deutscher gehe zum deutschen Anwalt.« Die Tageszeitungen veröffentlichten Namen und Geschäftsadressen von jüdischen Geschäftsinhabern, Ärzten und Rechtsanwälten. Im »Döbelner Anzeiger« vom 31. März 1933 war zu lesen: »Wer am Sonnabend, dem 1. April, 10.00 Uhr noch bei einem Juden kauft, noch auf dem Lande mit Juden Handel treibt, noch einen jüdischen Arzt, Rechtsanwalt usw. in Anspruch nimmt, stellt sich außerhalb des Lebenskampfes des deutschen Volkes und ist ein Verräter!«[708] Der Döbelner Stadtrat hatte die städtischen Beamten und Angestellten schon am 27. März angewiesen, nicht mehr in »jüdischen Geschäften« zu kaufen.

Als Beweis ihrer Loyalität gegenüber der neuen Regierung und als Ausdruck ihres Patriotismus nahmen die jüdischen Gemeinden zu den Ereignissen öffentlich Stellung. So bedauerte der Vorstand der Israelitischen Religionsgemeinde zu Dresden, zugleich im Namen des Sächsischen Israelitischen Gemeindeverbandes, »dass vereinzelte Übergriffe, gegen die alle Behörden und Regierungsstellen sofort energisch vorgegangen« seien, »zu einer Greuel- und Boykottbewegung gegen Deutschland ausgenutzt« worden wären. »Wir wenden uns mit aller Kraft dagegen, dass die deutsche Ehre grundlos angegriffen wird und lehnen jede Gemeinschaft mit Verleumdern, gleichviel welcher Konfession, ab. Wir hoffen, dass allen unlauteren Elementen im Ausland das Handwerk schnellstens gelegt wird, damit der innere Friede wiederhergestellt wird und die deutschen Juden gemeinsam mit allen Mitbürgern am Wiederaufbau des deutschen Vaterlandes arbeiten können.«[709] Der im Jahre 1926 gegründete Sächsische Israelitische Gemeindeverband sandte an jüdische Repräsentanten in Frankreich, England, der Tschechoslowakei und den USA Telegramme mit folgenden Worten: »Bekämpft schärfstens auf Übermittlung unrichtiger Angaben aufgebaute Boykottbewegung gegen deutsche Waren. Deutsche Waren und deutsche Juden sonst schwerstens gefährdet.«[710] Trotz solcher Beschwichtigungs- und Vermittlerversuche gelang es dem Verband allerdings nicht, eine aktive Rolle für die jüdischen Gemeinden in Sachsen zu übernehmen.

Der reichsweit organisierte Boykott gegen jüdische Einzelhandelsgeschäfte und Warenhäuser sowie gegen Arztpraxen und Anwaltskanzleien am 1. April 1933 stellte die erste öffentliche Maßnahme der Nationalsozialisten gegen die deutschen Juden nach der Machtübernahme dar. Bei der Ärzte- und der Rechtsanwaltschaft handelte es sich um Berufe, in denen Juden stark vertreten waren. Einbezogen in den Boykott war auch die Rechtspflege. Vor den Eingängen der Gerichtsgebäude zogen SA-Posten auf, um jüdischen Rechtsanwälten und Richtern den Eintritt zu verwehren. Verhandlungen wurden kurzfristig abgesetzt. Während einer Verhandlung vor der 9. Strafkammer beim Landgericht Chemnitz wurde der Leipziger Anwalt Martin Drucker auf Anordnung eines SA-Oberführers von einem Polizeibeamten, den drei SA-Leute begleiteten, abgeführt und in Schutzhaft genommen. Da Justizrat Drucker zu den prominentesten deutschen Anwälten zählte, blieben Meldungen ausländischer Zeitungen über den Vorfall, wie in der »New York Evening Post« vom 3. April 1933, nicht aus. Der Boykott sollte zunächst von unbefristeter Dauer sein, wurde dann aber doch auf den Sonnabend beschränkt. Die nationalsozialistische Propaganda hatte als Boykottziel die Abwehr der angeblichen »Greuelpropaganda« aus dem Ausland formuliert. Gemeint war die Berichterstattung über antijüdische Ausschreitungen. Die jüdischen Privatbanken waren vom Boykott ausgenommen, damit vor allem der Zahlungsverkehr, insbesondere Lohn- und Gehaltszahlungen, nicht ins Stocken gerieten.

Verfolgt man die Presseberichte aus diesen Tagen, dann verlief die Boykottaktion in Leipzig im Vergleich zu den anderen sächsischen Großstädten eher ruhig. Dagegen berichtete der amerikanische Konsul, dass am 1. April 15 Juden mit einem Transparent, das zum Boykott aufrief, durch die Straßen getrieben worden sind. Auch wusste er von mehreren Fällen körperlicher Misshandlung, Bedrohung und erpresserischer Raubzüge, die vor allem polnische Juden betrafen, zu berichten.[711] Am Nachmittag des 1. April 1933 nahm der Vorsitzende der Leipziger Ortsgruppe des Reichsbundes jüdischer Frontsoldaten (RjF) an einer Kontrollfahrt von Funktionsträgern der NSDAP-Kreisleitung teil. Wie die nationalsozialistische »Leipziger Tageszeitung« ihren Lesern mitteilte, handelte es sich bei Rechtsanwalt Alfred Jacoby um einen »sehr bekannten Juden«. Die Fahrt führte durch verschiedene Wohn- und Geschäftsquartiere der Leipziger Juden: »Unser Weg ging durch das Zentrum, das zahlreiche jüdische Warenhäuser, Einheitspreisläden und Einzelgeschäfte beherbergt, über den Brühl, in dem sich Haus an Haus fast nur jüdische Firmen befinden, durch die Hauptverkehrsader des Ostens, die Eisenbahnstraße, mit ihren zahlreichen jüdischen Geschäften, sowie schließlich durch das Nordviertel, das straßenweise fast nur von Juden bewohnt wird und als Leipziger Ghetto gelten kann.«[712]

Zum Boykottausklang hatte Gauleiter Mutschmann am 2. April zu einer Kundgebung auf der Dresdner Ilgen-Kampfbahn aufgerufen. Dort formulierte er als die nächsten Ziele der nationalsozialistischen Judenpolitik: »Wir verlangen, dass Juden keine deutschen Zeitungen schreiben dürfen, keine Ärzte und keine Rechtsanwälte werden dürfen. Der erste Tag des Boykotts war ja nur eine Generalprobe. Das nächste Mal geht es nicht so gemütlich zu. Die verfluchte deutsche Gefühlsduselei war schuld daran, dass wir uns bisher vom Juden beherrschen ließen. Wenn man einen Feind schlägt, dann muss man ihn vernichten.«[713]

Schon fünf Tage später traten zwei Gesetze in Kraft, durch die nun über den Rechtsweg personelle »Säuberungen« im öffentlichen Dienst und in der Rechtsanwaltschaft vollzogen wurden. Es handelte sich um das »Gesetz zur Wiederherstellung des Berufsbeamtentums« und das »Gesetz über die Zulassung zur Rechtsanwaltschaft«. Eine entscheidende Ausnahmeregelung, die nach Intervention des Reichspräsidenten Hindenburg in die Gesetze Eingang fand, engte zunächst den Kreis der vom Berufsverbot betroffenen »jüdischen« Beamten und Anwälte ein. Die Klausel bestimmte, dass Beamte bzw. Rechtsanwälte und Notare »nicht arischer Abstammung«, die sich nicht »in kommunistischem Sinne betätigt« hatten und »die bereits seit dem 1. August 1914« im Beruf standen, »oder die im Weltkrieg an der Front für das Deutsche Reich oder für seine Verbündeten gekämpft haben oder deren Väter oder Söhne im Weltkrieg gefallen sind«, in ihren Berufen verbleiben sollten.[714] Von einer »nicht arischen« Abstammung wurde ausgegangen, wenn ein Eltern- oder Großelternteil sich zur jüdischen Religion bekannte bzw. bekannt hatte.

Im Zuge des Berufsbeamtengesetzes wurden 1933 im Bereich der Leipziger Stadtverwaltung 1686 Beamte, Angestellte und Arbeiter, darunter 29 Jüdinnen und Juden entlassen.[715] Im Geschäftsbereich des sächsischen Justizministeriums stellte eine »nicht arische Abstammung« den Entlassungsgrund für sechs Richter, drei Gerichtsassessoren und 34 Referendare dar. Betroffen waren außerdem 31 Anwaltsnotare, denen das Notariat entzogen wurde. Im Januar 1933 waren in Sachsen 116 jüdische Rechtsanwälte zugelassen. Am Ende dieses Jahres waren es noch 68 Anwälte. Vom Berufsverbot waren auch vier jüdische Anwältinnen betroffenen. Die Zahl der jüdischen Rechtsanwälte nahm in den nächsten Jahren weiter ab. In Chemnitz verloren im Frühjahr 1933 von den vierzehn jüdischen Anwälten acht ihre Zulassung und damit ihre wirtschaftliche Existenzgrundlage. Zum 30. November 1938 schieden dann die verbliebenen 43 Juden zwangsweise aus der Anwaltschaft aus.[716]

Der Präsident des Arbeitsgerichts Zwickau, Bruno Mannes, war Ende März 1933 beurlaubt worden. Mit dem Berufsbeamtengesetz traf ihn wenig später das endgültige Berufsverbot. Um seinen Lebensunterhalt bestreiten zu können, ging Mannes im Mai 1933 nach Leipzig. Durch einen Zufall ergab es sich, dass er als Repetitor für die Vorbereitung von Referendaren auf die zweite juristische Staatsprüfung tätig werden konnte. Sein Kurs erfreute sich großen Zulaufs. In seiner Wohnung erschienen Referendare in SA- und SS-Uniform, um sich von dem erfahrenen jüdischen Juristen unterrichten zu lassen. Ein zweites Einkommen fand Mannes in einer Anstellung im Sozialamt der Leipziger jüdischen Gemeinde. Eine Überwachung durch Gestapobeamte zwang ihn zur Aufgabe des Repetitorkurses. Am 1. April 1935 begann Mannes eine Tätigkeit bei der Görlitzer Lebensmittel AG in Dresden als Syndikus mit einem Monatsgehalt von 800,– RM. Auseinandersetzungen mit der Deutschen Arbeitsfront veranlassten ihn im November 1935 zur Flucht in die Tschechoslowakei. Sein illegaler Grenzübertritt spielte sich höchst abenteuerlich ab. In Chemnitz »ging ich zunächst in den Bahnhofswartesaal. Eine Polizeikontrolle, deren Aufmerksamkeit ich nur durch meinen aus dem Pass ersichtlichen Landgerichtsratstitel entging, ließ mir aber den Aufenthalt nicht genügend sicher erscheinen. Ich suchte deshalb ein Hotel auf, übernachtete hier und bestieg um 5 Uhr morgens den Lokalzug nach Bernstein, dem letzten sächsischen Ort vor der tschechoslowakischen Grenze. Im Zuge sah mich der Schaffner von der Seite an und meinte: ›Na wissen Sie, für Ausflüge nach Bernstein ist es schon etwas spät im Jahre. Mensch, steige eine Station vorher aus.‹ Ich tat dieses dann auch und ging zu Fuß nach Bernstein, hatte aber in meiner Aufregung unterwegs das Missgeschick, dass mir ein Glass aus meiner Brille fiel. Ich suchte deshalb zunächst einen Optiker auf und ließ das Glass wieder einsetzen. Als ich nach dem Preis fragte, sagte er nur: ›Mensch, hau ab so schnell wie möglich.‹ Ich folgte diesem Rat und begab mich auf den Weg zu dem naheliegenden Grenzbach, den ich erst von Schulkindern erfragen musste. Am Grenzbach standen Tafeln, die seine Überschreitung bei Strafe verboten. Es gelang mir aber, abseits von der Zollstraße über den Bach zu kommen, ohne den Grenzpatrouillen aufzufallen.«[717]

Der mit dem Regierungswechsel am 30. Januar 1933 entstandene politische Umschwung verbreitete auch unter der jüdischen Bevölkerung Sachsens Verunsicherung. Einige verharrten abwartend, andere suchten der öffentlichen Ausgrenzung in familiärer Geborgenheit zu begegnen. Jüdische Unternehmer bemühten sich um die gesellschaftliche Einbindung ihrer Unternehmen in das neu entstehende System. Angehörige aus der jüdischen Oberschicht wie der Dresdner Bankier Heinrich Arnhold, der sich bisher nur wenig für das Gemeindeleben interessiert hatte, stellten sich als Kandidat für den Gemeinderat zur Verfügung. Ebenso engagierten sich weibliche Familienmitglieder stärker als vor 1933 im sozialen Bereich der Dresdner Jüdischen Gemeinde.[718]

In den jüdischen Gemeinden entluden sich seit langem angestaute Konflikte, so etwa löste der Vorstand der Dresdner jüdischen Gemeinde am 19. März 1933 den Gemeinderat auf. Innerhalb der Gemeindeverwaltungen bestimmte weiterhin die Vermittlung zwischen den Interessen der verschiedenen religiösen und politischen Gruppen das Tagesgeschäft. Bei der Abstimmung der Gemeindeverordneten über die Besetzung der Direktorenstelle für die Höhere Israelitische Schule in Leipzig galt es, geschickt zu taktieren, um dem gewünschten Kandidaten die Stimmenmehrheit zu sichern. Siegfried Weikersheimer, Nachfolger des Schulgründers und Direktors Ephraim Carlebach, schilderte den Vorgang in einem Brief an seine Ehefrau: »Die Taktik von Dr. Braude war glänzend. Er hat Dr. Abt wieder vorgeschlagen, worauf die Zionisten entsetzt waren, ihr Führer war Dr. Lehrfreund. Rechtsanwalt Dr. Goldschmidt schlug dann mich vor. Prof. Elbogen hat einen Brief an die Gemeinde geschrieben, der verlesen wurde, in dem er betonte, dass die Reichs-Vertretung keinerlei Einfluss ausüben will. Die Herren, die gegen mich stimmten bzw. sich der Stimme enthielten, haben ausdrücklich erklärt, dass sich ihre Stellungnahme nicht gegen meine Person richte, sondern parteipolitischen Erwägungen entspränge. Wie Du siehst, bin ich als der liberale Kandidat durchgegangen.«[719]

Um einer innerjüdischen Passivität zu begegnen und Alternativen zu den Bestrebungen der Zionisten anzubieten, ergriff die Leipziger Ortsgruppe des Reichsbundes jüdischer Frontsoldaten die Initiative. Auch wollte man die Gelegenheit nutzen, eigene Führungsansprüche innerhalb der jüdischen Gemeinschaft zu untermauern. Für die Reichstagswahl am 5. März 1933 hatte die Ortsgruppe den Gemeindemitgliedern die Wahl der SPD-Kandidaten empfohlen, worüber im Gemeindeblatt auch berichtet wurde. Dennoch suchte man schon frühzeitig den Kontakt zum neuen Polizeipräsidenten in Leipzig. Für die Pessach-Feiertage im April 1933 erhielt der Vorsitzende der Ortsgruppe, Rechtsanwalt Jacoby, vom Polizeipräsidenten Oskar Knofe die Zusage, den störungsfreien Verlauf der Gottesdienste durch Gebäudeschutz eigenständig absichern zu können. Angesichts der SA-Ausschreitungen und Hetztiraden bestand durchaus die Gefahr aufkommender Pogromstimmungen. Der Leipziger Polizeipräsident begründete seine Handlungsweise als Präventivmaßnahme zur Wahrung des internationalen Ansehens der Messestadt und zur Sicherung eines störungsfreien Exports im Rauchwarenhandel, der weitestgehend in den Händen von jüdischen Geschäftsleuten lag.

Die Initiative des Reichsbundes, der den Standpunkt des akkulturierten deutschen Judentums vertrat, verstand sich als Gegenkraft zu den Aktivitäten der Zionisten, die in der nationalsozialistischen Judenpolitik eine Bestätigung für die rasche Umsetzung des zionistischen Programms erblickten. Sie propagierten eine Stärkung der nationaljüdischen Identität und setzten sich für die Errichtung eines jüdischen Staates in Palästina ein, der die einzige Alternative darstelle. Nicht nur wegen ihrer Auswanderungsangebote verzeichneten die Zionisten einen sehr starken Zulauf. Ende März 1936 bestand die zweitgrößte zionistische Ortsgruppe nach Berlin in Leipzig mit 1367 Mitgliedern.[720] Besonders bei jungen Leuten gewann der Zionismus an Attraktivität; mit Hilfe beruflicher Umschulungs- und Sprachprogramme (»Hachschara«) wurden sie auf die Auswanderung nach Palästina vorbereitet. In Chemnitz bestanden zeitweise ein Gärtnereikurs, ein Strumpfwirkerkurs und ein hauswirtschaftlicher Kurs. In Leipzig wurden Kurse zur Ausbildung von Schlossern, Tischlern, Bautischlern, Maurern und Schneidern angeboten.

Innerhalb der Zionistischen Vereinigung versuchte der rechte Flügel, die Revisionisten, die neue politische Situation zu nutzen, um eine breitere Öffentlichkeit mit ihren Ideen und Zielen vertraut zu machen. Die Bestrebungen der Staatszionistischen Organisation in der Messestadt legitimierte einer ihrer Führer gegenüber den Leipziger Polizeibehörden damit, dass sie auch im Sinne der nationalsozialistischen Judenpolitik lägen: »Dass die Juden trotz 2000jähriger Verstreuung in aller Welt ein Volk sind und die Lösung der Judenfrage, die nach den geschichtlichen Erfahrungen dieser zwei Jahrtausende eine Folge des unnatürlichen Zustandes der Zerstreuung ist, nicht anders möglich sei, als dadurch, dass ein möglichst großer Teil der ihrer nationalen und religiösen Gemeinschaft entfremdeten Juden wieder zu einer nationalen Gemeinschaft in geschlossener Siedlung im historischen Heimatland der Juden, Palästina, gesammelt wird, wo er als Volk unter Völkern ein normales und friedliches Leben in ständiger Verbindung mit dem Heimatboden und in gesunder Berufsschichtung als Bauern, Handwerker und Gewerbetreibende führen kann. Über die Zweckmäßigkeit dieses Planes und den Nutzen, der sich im Sinne der Bestrebungen der nationalsozialistischen Regierung für das deutsche Volk aus der Tatsache ergibt, dass die deutsche Judenfrage im Verlauf einer verhältnismäßig kurzen Zeitspanne durch eine ständige Abwanderung der jüdischen Jugend nach Palästina ihrer Lösung nahe gebracht wird, brauche ich mich hier nicht näher zu verbreiten, nachdem maßgebende Führer der nationalsozialistischen Bewegung die Schaffung eines jüdischen Staates in Palästina als wünschenswert bezeichnet haben.«[721]

Auch kleinere jüdische Gruppierungen wie der Verband nationaldeutscher Juden verstärkten ihre Agitation. Der aus einer deutsch-nationalistischen Position heraus argumentierende Verband stieß die deutschen Juden aber von einer Mitarbeit ab. Die Versuche, in Leipzig eine Ortsgruppe zu bilden, scheiterten kläglich. Das Gebaren des Verbandes ging den Nationalsozialisten bald zu weit, weshalb sie ihn relativ schnell verboten.

Den jüdischen Vereinen und Organisationen fielen wesentliche Aufgaben im Bereich der Selbsthilfe und des innerjüdischen Zusammenschlusses zu. Zu einer der mitgliederstärksten Vereinigungen entwickelte sich der jüdische Kulturbund. Er bot von Berufsverbot betroffenen Künstlern Betätigung in verschiedenen Sparten. Die Veranstaltungen des Kulturbundes gaben der aus dem deutschen Kulturleben verdrängten jüdischen Bevölkerung die Möglichkeit, künstlerische Darbietungen zu genießen. Es waren Momente der Ablenkung, des Entrinnens aus dem düsteren Alltag. Das Programm des Dresdner Kulturbundes besaß z. B. einen überwiegend musikalischen Charakter und bot zahlreichen Interpreten der sich neu formierenden Musik- und Theaterensembles aus Berlin, Hamburg und Leipzig eine Aufführungsstätte, bis im Oktober 1938 alle Veranstaltungen verboten wurden.[722]

Über Möglichkeiten jüdischer Selbstbehauptung berichtete der Syndikus des Landesverbandes Mitteldeutschland des Centralvereins deutscher Staatsbürger jüdischen Glaubens, Kurt Sabatzky: »Ich sah es nach der Machtergreifung als meine Hauptaufgabe an, den Juden Rechtsschutz zu gewähren, und vor allen Dingen, Löcher in dem engmaschigen Netz von Partei und Gestapo zu finden, durch die die Juden schlüpfen konnten. Es gab bei manchen Behörden noch Sachbearbeiter, die innerlich Anti-Nazis waren und die aus ihrer anständigen Gesinnung heraus gern bereit waren, den Juden in ihrer schwierigen Situation zu helfen, wenn sie es irgendwie konnten.«[723] Aus den Erinnerungen Sabatzkys erfahren wir auch, welche fatalen Folgen eine unachtsame Bemerkung haben konnte. So hatte der RjF-Vorsitzende Alfred

Jacoby, wohl in Überschätzung seiner eigenen Position, den Leipziger Polizeipräsidenten für dessen Ansichten öffentlich gelobt. Ein Lob aus dem Munde eines Juden für einen nationalsozialistischen Beamten in gehobener Stellung ließ die Gestapo aufhorchen. Für Jacoby führte es zu acht Monaten Haft im Konzentrationslager Sachsenburg.

Für das jüdische Schulwesen hatte die nationalsozialistische Machtübernahme weitreichende Konsequenzen. Die angestrebte Verdrängung der Juden aus der deutschen Gesellschaft beinhaltete auch die Ausgrenzung der jüdischen Schülerinnen und Schüler aus den öffentlichen Schulen. Hatte bis 1933 nur in Leipzig eine jüdische Volksschule bestanden, so sahen sich die jüdischen Gemeinden in Sachsen nach 1933 zur Reorganisation des jüdischen Schulwesens im Interesse der Kinder und Jugendlichen gezwungen. In Dresden konnte erst nach langwierigen Bemühungen Ostern 1935 eine jüdische Volksschule eröffnet werden. Auch in Chemnitz wurde eine eingerichtet. Der Direktor der Höheren Israelitischen Schule in Leipzig umriss in einer Ansprache zur Schulentlassungsfeier im März 1936 die Neuausrichtung des Schulwesens: »Die überwiegende Mehrheit will ihr ferneres Schicksal auf dem heiligen Boden in Erez Israel gestalten. Das Tempo dieser beruflichen Umgestaltung ist durch die allgewaltige Macht der Notwendigkeit in einer Weise beschleunigt worden, wie sie vorher nicht möglich war. Denn bis zum gegebenen Zeitpunkt war trotz der Tätigkeit der Vereine zur Förderung des Handwerks und der Landwirtschaft bei den Juden keine erkennbare berufliche Umstellung festzustellen. Nun aber hat sich unsere Jugend auf sich selbst, auf ihr Volk und dessen Geschichte besonnen, und Palästina ist das Ziel unserer auswandernden Jugend geworden. Es muss sogar jetzt für Palästina ein übernormaler Prozentsatz von jungen Leuten der Landwirtschaft und dem Gartenbau, dem Handwerk und der Industrie zugeführt werden, auch auf die Gefahr hin, dass der gewohnte Lebensstandard beträchtlich gesenkt werden muss. Ebenso müssen die Mädchen in bis jetzt ungewöhnten Massen zur Hauswirtschaft erzogen werden. [...] Wir brauchen auch in Erez Israel, und wo immer sich die Juden ansiedeln, Männer der Wissenschaft, der Technik und der Kunst. Besonders in den letzten 50 bis 100 Jahren haben wir dafür den Beweis erbracht, dass gerade das geistige Gebiet unsere Stärke ausmacht.«[724]

Die Zuspitzung des antijüdischen Vorgehens im Jahre 1935

Neben den generellen Vorgaben des NS-Regimes spielten lokale Besonderheiten eine Rolle. Für Plauen war von Bedeutung, dass dort führende NSDAP-Funktionäre wie Mutschmann, Erich Kunz oder Karl Fritsch beheimatet waren und die Gauleitung bis Anfang März 1933 hier ihren Sitz hatte. Der Wechsel der Gauleitung in die sächsische Landeshauptstadt führte dann dort zu einer Verstärkung antijüdischer Aktionen. Im Zittauer Raum veranlassten die Grenzlage zu Böhmen und enge Wirtschaftsverflechtungen zur

Zurückhaltung. Für Leipzig erwies sich die zentrale wirtschaftliche Stellung durch die Messe als ausschlaggebend für ein gemäßigteres Vorgehen. Auch die Anwesenheit der Konsulate bedingte eine gewisse Zurückhaltung in der Öffentlichkeit.

Mit der Berufung von Rudolph Haake am 1. Januar 1935 zum Bürgermeister und Stellvertreter von Oberbürgermeister Goerdeler setzte in der Messestadt ein neuer Kurs ein. Wirtschaftliche Rücksichtnahmen traten in dem Maße zurück, wie beispielsweise die jüdischen Rauchwarenhändler in verstärktem Maße Waren ausführten, aber keine Devisen zurückflossen. Außenwirtschaftliche Rücksichtnahmen gegenüber jüdischen Unternehmen traten mehr und mehr in den Hintergrund. Der Rauchwarenexport versetzte die jüdischen Händler in die Lage, Vermögenswerte vor dem Zugriff des nationalsozialistischen Staates im Ausland in Sicherheit zu bringen. Ein Schreiben der Reichsbankhauptstelle Leipzig an das Reichsbankdirektorium vom 24. Januar 1936 zeichnete folgendes Bild: »Der Leipziger Rauchwarenmarkt hat durch die jüdische Abwanderung seine weltbeherrschende Stellung bereits verloren und wird sich mehr und mehr nach London und Paris verlagern. In eingeweihten Kreisen schätzt man, dass letzten Endes, wenn die Verhältnisse sich weiter so entwickeln, die Umsätze des Brühls bis auf 25 Prozent der früheren Jahre zurückgehen werden.«[725]

Nachdem die Plauener Stadtverwaltung bereits im Frühsommer 1933 den Besuch der Schwimmbäder für Juden untersagt hatte, folgte Leipzig als zweite sächsische Großstadt. Am 21. Juli 1935 teilte die »Leipziger Tageszeitung« ihren Lesern mit: »Da das Auftreten der Juden in den Schwimmbädern von weitesten Teilen der Bevölkerung äußerst unangenehm empfunden wird, wird den Juden in Zukunft der Besuch der städtischen Schwimmbäder verboten.«[726] Für die jüdischen Bürger stand damit nur noch ein privates Freibad zur Verfügung. Auf der Ratssitzung der Stadtverwaltung in Taucha, einer an Leipzig angrenzenden Kleinstadt, forderte der Beauftragte der NSDAP-Kreisleitung Leipzig am 23. Juli 1935 ein Zutrittsverbot für das städtische Familienbad. Der Stadtrat stimmte diesem Ansinnen zu. Das Verbot galt bereits ab dem nächsten Tag. Am 24. Juli erfolgte ein Verbot der Dresdner Stadtverwaltung für die Benutzung öffentlicher Frei- und Hallenbäder, und auch in Chemnitz entschied der Oberbürgermeister im selben Sinne. Ende Juli 1935 sanktionierte der sächsische Innenminister Karl Fritsch in einem Schreiben an die Kreis- und Amtshauptleute ein von den Kommunen verhängtes Verbot zum Besuch von öffentlichen Bädern und Badeeinrichtungen durch Juden. Im Oktober 1937 regte der Zwickauer Kreishauptmann den Ausschluss von Juden aus allen öffentlichen Bädern, mit Ausnahme der Kurorte, an. In seinem Antwortschreiben befürwortete Innenminister Fritsch, wie nicht anders zu erwarten war, ein solches Vorgehen.[727]

Im Juli 1935 setzte eine Kampagne zur Anprangerung von intimen Kontakten zwischen Juden und Nichtjuden ein. Als »Rassenschande« verunglimpfte Beziehungen sollten zerstört und die Isolierung der jüdischen Bevölkerung weiter vorangetrieben werden. Zur Einschüchterung der nichtjüdischen Bevölkerung wurden Verhaftungen vorgenommen und besonders Frauen namentlich in der Öffentlichkeit angeprangert. Die Auswirkungen waren bald zu spüren. Denunziationen durch nicht erhörte Verehrerinnen und Verehrer oder gehässige Nachbarn erlebten eine Hochkonjunktur; es drohten Verhaftung und Einweisung in ein Konzentrationslager. Mit den »Nürnberger Gesetzen« gerieten auch die Partner in gemischten Ehen unter starken Druck, da das »Gesetz zum Schutze des deutschen Blutes und der deutschen Ehre« bestimmte: »Eheschließungen zwischen Juden und Staatsangehörigen deutschen oder artverwandten Blutes sind verboten. Trotzdem geschlossene Ehen sind nichtig.« Wer dennoch zu seinem Partner hielt, war als »Judenfreund« stigmatisiert, was zu einer weiteren Einschränkung der gesellschaftlichen und privaten Kontakte führte.

Durch das verschärfte Vorgehen der NSDAP-Ortsleitungen und der Stadtverwaltungen breitete sich im Spätsommer 1935 an der Parteibasis eine pogrombereite Stimmung aus. Wiederholt wurden Juden Opfer von Gewalttätigkeiten, wie die Misshandlung von jüdischen Bürgern am 20. Juli 1935 in der Prager Straße in Dresden bezeugt. Victor Klemperer notierte am 11. August 1935 in sein Tagebuch: »Die Judenhetze ist so maßlos geworden, weit schlimmer als beim ersten Boykott. Pogromanfänge gibt es da und dort, und wir rechnen damit, hier nächstens totgeschlagen zu werden.«[728] Zur gleichen Zeit, im August 1935, richtete die NSDAP-Kreisleitung in Dresden eine »Judenabwehrstelle« ein, die als Zentralstelle fungieren sollte, besonders bei der Genehmigung und der Dokumentation aller gegen Juden gerichteten Propagandaaktionen, um »Verzettelungen, Ungeschicklichkeiten bzw. Ungesetzlichkeiten zu verhindern«.[729]

Im Hinblick auf das Olympiajahr traten um die Jahreswende 1935/36 öffentliche antijüdische Verlautbarungen und Presseberichte in den Hintergrund, so dass der Eindruck entstand, die Diskriminierung würde wieder abebben. Tatsächlich lief der Verdrängungsprozess unaufhaltsam weiter. Am 14. November 1935 wurden die ersten Ausführungsbestimmungen zu den Nürnberger Gesetzen erlassen. Sie regelten die »Mischlingsfrage« und legten die Entlassung der nach dem Berufsbeamtengesetz verbliebenen jüdischen Beamten aus dem öffentlichen Dienst und den Entzug des Notariats bei den jüdischen Anwälten fest. Seit 1936 arbeiteten die Gauwirtschaftsberater in steigendem Maße daran, Juden aus der mittelständischen Wirtschaft zu verdrängen. Der bereits 1933 einsetzende »Arisierungsprozess« sollte beschleunigt werden. Beginnend im Frühjahr 1936 mussten jüdische Apothekenbesitzer ihre Geschäfte an einen Nichtjuden verpachten und durften selbst nicht Pächter sein. Die Mittel und Methoden, einen jüdischen Geschäftsmann und Unternehmer zum Verkauf seines Unternehmens zu bringen, waren vielfältig und oft von subtiler Natur, da sie unterhalb offener staatlicher Zwangsmaßnahmen ansetzten. So wurden beispielsweise Kunden eingeschüchtert oder nichtjüdische Angestellte aufgewiegelt. Zu den wichtigsten

Methoden zählte die finanzielle Schwächung jüdischer Unternehmen. Die Balance am Rande des wirtschaftlichen Ruins sollte die Geschäftsinhaber zu Verkauf oder Konkursanmeldung bewegen.

Die Radikalisierung der Judenpolitik im Jahre 1938

Nachdem bereits im Oktober 1937 unter dem Motto »Ein Volk bricht Ketten« eine propagandistische Kundgebungswelle Sachsen überflutet hatte, erfuhr die von Anfang bis Mitte März 1938 laufende Anschlusskampagne unter dem von Mutschmann bestimmten Motto »Völkerfrieden oder Judendiktatur« eine deutliche Ausweitung. Am 4. März 1938 eröffnete der Gauleiter die mit über tausend Massenversammlungen im Gau Sachsen angesetzte Kampagne. Als Hauptredner im Dresdner Ausstellungspalast fungierte Julius Streicher. Der fränkische Gauleiter und Herausgeber des »Stürmers« war einer der übelsten Vertreter des gewalttätigen Radauantisemitismus. Victor Klemperer vermerkte in seinen Tagebuchaufzeichnungen: »Streicher in Franken und Mutschmann in Sachsen, das sind wohl die Nonplusultras.«[730] Beide vereinte die Überzeugung, die Mutschmann auf dem sächsischen Gauparteitag in Leipzig Mitte Juli 1933 in folgende Worte gefasst hatte: »Ich stehe für alle Zukunft auf dem Standpunkt: Wer nicht Antisemit ist, kann kein echter Nationalsozialist sein.«[731] Streicher zollte dem Sachsen seine Anerkennung für dessen Verschärfung der antisemitischen Hetze in den vorangegangenen Monaten und erklärte: »Die Lösung der Judenfrage liege in Sachsen bei Gauleiter Mutschmann in den besten Händen.«[732] In Leipzig fanden die Hetzveranstaltungen am 10. und 11. März 1938 während der Herbstmesse statt. Der Zeitpunkt war wohl überlegt. Ausländischen Geschäfts- und Presseleuten sollte wenige Stunden vor der Besetzung Österreichs eine entschlossene und staatskonforme Bevölkerung vorgeführt werden. Den Auftakt in der Messestadt bildete eine Kurzkundgebung vor dem Reichsgericht, woran auch ausländische Besucher teilnahmen.
Im Unterschied zu früheren Jahren gingen 1938 Initiativen, die die Entrechtung der jüdischen Bevölkerung zum Ziel hatten, eindeutig von der NS-Führung aus. Seit Sommer 1938 bereitete man die endgültige Ausschaltung der Juden aus dem Wirtschaftsleben vor, wie einem Schreiben der Direktion der Dresdner Bank vom 2. Juli 1938 zu entnehmen ist: »Nach der bisherigen Behandlung der Arisierungsfrage durch die öffentlichen Stellen ist damit zu rechnen, dass im Anschluss an die Veröffentlichung der noch ausstehenden Durchführungsverordnung die Arisierung und die Liquidation der jüdischen Geschäfte sehr schnell zu Ende geführt werden wird. [...] Die in der letzten Zeit getätigten Übernahmepreise beliefen sich zumeist auf etwa $^2/_3$ bis $^3/_4$ des tatsächlichen Verkehrswertes.«[733] Im Rückblick war das Jahr 1938 das Jahr der forcierten Austreibung der jüdischen Bevölkerung aus Deutschland und Österreich, die zusammen nunmehr das »Großdeutsche Reich« bildeten. Als Hebel dienten Massenabschiebungen, Massenverhaftungen und Verschleppungen in die Konzentrationslager.

Ein Gesetz der polnischen Regierung vom 31. März 1938, das als Handhabe für die Aberkennung der Staatsbürgerschaft für im Ausland lebende Polen gedacht war, führte am 27./28. Oktober 1938 zur Abschiebung von etwa 17 000 Juden mit polnischer Staatsangehörigkeit aus dem deutschen Reichsgebiet. Obwohl weder im polnischen Gesetz noch in den Ausführungsbestimmungen Juden gesondert erwähnt wurden, war doch allseits bekannt, dass das Gesetz vor allem gegen die in Deutschland lebenden polnischen Juden gerichtet war. Kurz vor Ablauf der polnischen Frist, wonach sich die im Ausland lebenden Polen die Gültigkeit ihrer Pässe von den Konsulaten bestätigen sollten, ordnete Heinrich Himmler im Einvernehmen mit dem Auswärtigen Amt am 27. Oktober 1938 die »Ausweisung der Juden polnischer Staatsangehörigkeit« an. Mit Ausnahme der Messestadt begann noch in den Abendstunden des 27. Oktober in Sachsen die Verhaftung der Juden mit polnischer Staatsangehörigkeit. Die Bilanz der »Polenaktion«, so der Quellenbegriff, weist für Sachsen 2804 Frauen, Männer und Kinder aus, die nach Polen abgeschoben wurden.[734] Aus dem Regierungsbezirk Dresden waren 724 Personen betroffen.

Die in Pirna geborene und in Dresden wohnhafte Ilse Fischer berichtet über ihre Verhaftung in Dresden: »Ein Chaos, ein Desaster, ein Unglück; es gibt kein Wort dafür, um das Geschehen zu beschreiben. Ich wurde abgeholt und kam mit den Schwiegereltern in einen Schulsaal in der Blumenstraße; von dort wurden wir in Viehwaggons verladen. Es gelang mir vorher noch, in Pirna bei Dr. Jakob anzurufen, um meine Mama zu verständigen. Bis zur letzten Minute meines Lebens sehe ich von den Waggons aus meine Mutter an der Bahnsteigsperre stehen. Einem etwas menschlich angehauchten Beamten habe ich es zu verdanken, dass ich nochmals in die Arme meiner Mutter eilen konnte. Arno [ihr Ehemann] befand sich zu dieser Zeit in Lemberg bei Verwandten. Wir wurden bei Beuthen über die Grenze getrieben. Die Polen jedoch wollten uns nicht und schickten uns wie Vieh zurück. Die Deutschen empfingen uns mit Schreckschüssen; wir befanden uns auf Niemandsland und meinten mit Sicherheit, unsere Stunden wären gezählt [...] Dann kamen wir doch auf polnischen Boden, wir wurden von polnischen Juden, die schon von dem Vertreibungsunglück erfahren hatten, mit Essen und Trinken gelabt und erfrischt.«[735]

Nur in Leipzig wurde entgegen dem allgemeinen Verhaftungsbeginn erst in den frühen Morgenstunden des 28. Oktober zur Befehlsausführung geschritten. Die Ursache für die Verzögerung findet sich in einer Machtprobe zwischen dem Polizeipräsidium und der Staatspolizeistelle, die im gleichen Gebäude untergebracht waren. Der Polizeipräsident hatte bewusst die Stapostelle nicht von der Anordnung Himmlers informiert. Diese Konstellation ermöglichte fast 1300 Leipziger Juden mit polnischer Staatsangehörigkeit die Zuflucht in das polnische Konsulat, dessen Generalkonsul Feliks Chiczewski entgegen der Richtlinie seines Außenministeriums den Schutzsuchenden die Eingangspforte zum Grundstück geöffnet hatte. Zur Rechtfertigung seines verspäteten Vorgehens berief sich der Polizeipräsident auf abendliche Ausgehgewohnheiten der jüdischen Bevölkerung: »Wer die Leipziger Verhältnisse kennt, weiß, dass eine Festnahme der Juden ab 21.00 Uhr unzweckmäßig gewesen wäre. 4 Stunden früher hätten die Juden in ihren Geschäften und Büros gefasst werden können. Um 21.00 Uhr waren sie aber in der größten Mehrzahl noch unterwegs oder in Kaffeehäusern und Gastwirtschaften. Es musste ihnen daher Zeit gelassen werden, möglichst in ihre Wohnungen zurückzukehren.«[736]

Der Leiter des Sozialamtes der Israelitischen Religionsgemeinde zu Leipzig, Martin Alterthum, schildert die Vorgänge auf dem Leipziger Hauptbahnhof: »Ich war gerade im Begriff, mich am frühen Morgen in das Sozialamt zu begeben, als mir Herr Rimalower in größter Aufregung mit der Nachricht entgegenstürzte, dass alle Juden polnischer Staatsangehörigkeit im Morgengrauen verhaftet, in der jüdischen Schule in der Humboldtstraße von der Gestapo zusammengetrieben seien und jetzt zum Abtransport nach dem Bahnhof gebracht würden. Sofort fuhren wir zu dreien, die Gemeinderabbiner Cohn, Dr. Ochs und ich, zum Hauptbahnhof, forderten und erhielten Erlaubnis zur Einrichtung eines Hilfsdienstes. Unterwegs begegneten wir schon den Polizeiautos, die in ununterbrochener Folge zum Bahnhof fuhren. Bei unserer Ankunft war der erste Transportzug bereits abgefahren, der nächste war schon zur Abfahrt bereit, vollgestopft mit verzweifelten Menschen, von denen wir ja fast einen jeden kannten, nur mit dem allernotwendigsten Gepäck ausgestattet, ein herzzerreißender Anblick. Allmählich kamen weitere Menschen aus der Gemeinde, jeder wollte helfen. Vom frühen Morgen bis in die späte Nacht hinein waren unsere Frauen beschäftigt, Suppen und Sandwiches zuzubereiten, die Kinder zu betreuen und jede nur mögliche Hilfe zu leisten. Man arbeitete unter Einsatz der letzten Kraft, denn ein Zug folgte dem anderen, nicht nur aus Leipzig, sondern auch aus vielen anderen Orten. Vor allem fehlte es an Geld, da ja die Vertriebenen in der Eile keine Möglichkeit hatten, sich vorzubereiten. Ich bat daher die Herren Badt und Dubiner, vom Bankhaus Kroch schnellstens Geld zu besorgen und schrieb auf eigene Verantwortung für Rechnung der Gemeinde auf einer Visitenkarte einen Scheck über 10 000 RM aus, die sie auch wenige Minuten später in 2 Säcken, gefüllt mit silbernen 5 Markstücken, keuchend heranschleppten. [...] Inzwischen hatte die Gemeinde einen jüdischen Arzt auf dem Bahnhof postiert, einen alten Sanitätsrat, der eine größere Anzahl Menschen mit Erfolg für transportunfähig erklärte.«[737]

Wenig später, als die jüdischen Gemeinden gerade begannen, den Schock der Abschiebung zu überwinden, und das Gemeindeleben sich wieder normalisierte, brach ein neuerlicher Alptraum über die jüdische Bevölkerung herein, der alles Bisherige in den Schatten stellen sollte. Unter den am 28. Oktober 1938 abgeschobenen polnischen Juden hatte sich auch die Familie Grynszpan aus Hannover befunden, deren Sohn zu diesem Zeitpunkt bereits in Paris lebte. Als er von der Tragödie seiner Familie erfuhr, griff er aus Wut und Verzweiflung zu einem Revolver und feuerte auf einen Beamten der deutschen Botschaft. Am Abend des 9. November 1938, als die Nationalsozialisten im Münchner Bürgerbräukeller ihre Weihefeier anlässlich des gescheiterten Putsches von 1923 abhielten, erreichte Hitler die Nachricht, dass der Botschaftsbeamte seinen Verletzungen erlegen sei. Hitler beriet sich kurz mit Goebbels. Anschließend rief der Reichspropagandaminister zu Pogromen auf. Der ebenfalls in München weilende Mutschmann informierte seine Gauleitung. Kurz nach Mitternacht begannen die lokalen Pogromvorbereitungen. In Chemnitz, Dresden, Leipzig und Plauen wurden die Gemeindesynagogen gebrandschatzt. In Leipzig zerstörten die Brandstifter auch die Ez-Chajim-Synagoge und beschädigten Bauten auf dem Neuen Israelitischen Friedhof. In Zwickau brannte das im Friedhofsgebäude des Vereins Adass Jisroel befindliche Bethaus aus. In Zittau wurde das Friedhofsgebäude gesprengt.

Ziel der Pogromtäter war die Zerstörung der äußeren Zeichen des Judentums, seiner Synagogen und Friedhöfe und die massive Drangsalierung der jüdischen Bevölkerung. In Chemnitz wurde der Geschäftsführer des Kaufhauses Tietz, Hermann Fürstenheim, in seiner Wohnung von SA-Leuten erschossen. In Leipzig wurde der Arzt Felix Cohn im Polizeigefängnis zu Tode geprügelt. Am 10. November begann in Sachsen nach einem Fernschreiben Reinhard Heydrichs die Verhaftung von mehreren Hundert jüdischen Männern. Rund 700 von ihnen wurden in die Konzentrationslager Buchenwald und Sachsenhausen eingeliefert.

Der Novemberpogrom bildete den entscheidenden Wendepunkt in der nationalsozialistischen Judenpolitik. Unmittelbar danach erfolgte der Übergang von der »Arisierung« zur systematischen Enteignung. Nach den Ausschreitungen vom 9./10. November 1938 und die Massenverhaftung setzte in jüdischen Familien eine massive Ausreisewelle ein.

Durch den Ausschluss aus dem Erwerbsleben verarmte die jüdische Bevölkerung zusehends. Die Zahl der arbeitslosen Juden nahm stetig zu. Im Frühjahr 1939 begann die Ghettoisierung in »Judenhäusern«. Immer häufiger mussten Einzelpersonen und Familien umziehen, und mit jedem Mal wurde der Wohnraum kleiner, die Privatsphäre mehr und mehr eingeschränkt. Die wenigen noch in Annaberg lebenden Juden wurden nach Chemnitz umquartiert. In Leipzig sank die Zahl der Juden im Zeitraum vom 1. Juni bis Mitte November 1939 von 6000 auf 3800, weiterhin wurden über 300 Wohnungen geräumt. Im Regierungsbezirk Chemnitz wanderten zwischen dem 1. Januar und dem 21. September 1939 452 Juden aus.[738]

Ab Ende 1939 konnten in Leipzig Juden nur noch in bestimmten Einzelhandelsgeschäften einkaufen. Bei Lebensmittelkarten wurde nicht nur der Stammabschnitt, sondern seit dem 8. Oktober 1939 auch jeder Einzelmarken-Abschnitt mit einem »J« bzw. »Jude« gekennzeichnet – und zwar bevor dies durch eine reichsministerielle Anordnung festgelegt wurde. Die Kartenkennzeichnung betraf »Volljuden«, »Mischehen« ohne Kinder und »Mischehen« mit Kindern, die der jüdischen Gemeinde angehörten. Ausländische Juden waren von der Kennzeichnung ausgenommen. Nichtjüdische Hausangestellte erhielten ebenfalls diese gekennzeichneten Lebensmittelkarten. Dadurch sollten sie veranlasst werden, ihre Anstellung zu kündigen.

Ende November 1939 begann im Generalgouvernement die Kennzeichnung der jüdischen Bevölkerung mit einer weißen Armbinde und Davidstern; die Kennzeichnung durch ein Abzeichen hatte der Leipziger NSDAP-Kreisleiter bereits in seinem Lagebericht an Gauleiter Mutschmann von Ende Oktober 1939 angeregt. Nach einer Besichtigung der Heil- und Pflegeanstalt Leipzig-Dösen am 15. Januar 1940 durch den sächsischen Innenminister Fritsch erfolgte eine solche Festlegung für Patienten und Personal der jüdischen Krankenstation innerhalb des Anstaltsgeländes. Sie sollten durch blaue Armbinden mit einem gelben Davidstern stigmatisiert werden. Ende August 1940 trugen die zur Zwangsarbeit verpflichteten Dresdner Juden gelbe Armbinden. Für Leipzig ist eine ähnliche Kennzeichnung nicht bekannt.

Nach einer Statistik der Reichsvereinigung der Juden in Deutschland von August 1941 lebten in Dresden noch 1119, in Leipzig noch 1912 Juden. Die Gesamtzahl der in »Sachsen/Thüringen« noch vorhandenen Juden wird in dieser Statistik mit 3111 Juden angegeben.[739]

Als dann im September 1941 die generelle Kennzeichnungspflicht für Jüdinnen und Juden erfolgte, brach auch das zuletzt noch verbliebene Stück öffentlicher Anonymität weg. Die Dresdnerin Henny Brenner beschrieb ihr Empfinden: »Der entscheidende Einschnitt überhaupt in der Nazizeit war für uns der 19. September 1941. Seit diesem Tag waren wir öffentlich gebrandmarkt; wir durften nur noch mit Judenstern auf die Straße gehen.«[740]

Allen Verboten und Überwachungen zum Trotz versuchten gerade die Jüngeren auch dem bedrückendsten Alltag ein Stück Normalität abzuringen. Der 1925 in Leipzig geborene Rolf Kralovitz erinnerte sich: »Das war ja das Eigenartige, dass man eben in diesen schweren, bedrückenden Lebensumständen dann auch wieder versuchte, so zu leben, wie es dem eigenen jugendlichen Alter entsprach. Wir hatten ein Grammophon zur Verfügung, was eigentlich verboten war. Es gehörte der nichtjüdischen Ehefrau eines jüdischen Mannes, die mit ihm im ›Judenhaus‹ wohnte. Wir haben an arbeitsfreien Tagen, am Sonntag, nach alten Platten sogar getanzt.«[741]

Zwangsarbeit

Bereits Ende Dezember 1938 hatte die Dresdner Stadtverwaltung Pflichtarbeitsmaßnahmen eingeführt. Im Januar 1939 arbeiteten zehn Juden auf dem Heidefriedhof und 14 Juden im Fichtepark.[742] In der Messestadt wurde die städtische Pflichtarbeit auf immer größere Kreise der jüdischen Bevölkerung ausgedehnt. Die Leipziger Juden wurden in geschlossenen Gruppen bei Außenarbeiten sowie zum Holzhacken und Nietensortieren in der Städtischen Arbeitsanstalt eingesetzt. Im Frühjahr 1940 führte die Stadtverwaltung die Arbeitspflicht für Juden ein. Aufgrund einer Vereinbarung mit dem Arbeitsamt

Leipzig vom 18. April 1940 überstellte das Arbeitsamt alle Jüdinnen und Juden der Stadtverwaltung zur Zwangsarbeit. Sie mussten verschiedenste Tätigkeiten verrichten wie: Müllsortieren, Schachtarbeiten, Erdarbeiten auf den städtischen Friedhöfen oder Aufforstungsarbeiten, gärtnerische Arbeiten auf Plätzen und Tätigkeiten bei der Müllabfuhr sowie im Winter Schneeberäumung in geschlossenen Arbeitsgruppen. Die Spezialkenntnisse vieler Leipziger Juden aus der Rauchwarenbranche fanden einen bevorzugten »Arbeitseinsatz« zum Nähen und Staffieren von Pelzen in Kürschnereien oder Tätigkeiten in Zurichtereien und Färbereien. Leipzig hatte als erste deutsche Großstadt den bedürftigkeitsunabhängigen Arbeitszwang eingeführt.

Am Leipziger Beispiel orientierten sich spätere Entwicklungen im Reichsmaßstab. Seit November 1940 rekrutierte das Jugend- und Wohlfahrtsamt der Chemnitzer Stadtverwaltung bisher nicht betroffene männliche Juden bis zum Alter von 65 Jahren zu kommunalen Erd- und Forstarbeiten sowie Jüdinnen bis zu 50 Jahren zu Garten- und Näharbeiten. In Leipzig zog die Kommune lange Zeit größten Nutzen aus der Zwangsarbeit jüdischer Deutscher, während in Dresden eine Konzentration der jüdischen Arbeitskräfte auf die Goehle-Werke der Zeiss Ikon AG, verbunden mit der Ghettoisierung im Judenlager Hellerberg, erfolgte.

Für den Leipziger Oberbürgermeister Alfred Freyberg und in noch stärkerem Maße für Gauleiter Mutschmann hatten Überlegungen Priorität, alle Juden aus Leipzig und Dresden bzw. Sachsen schnellstmöglich fortzubringen. Im Januar 1942 verlangte Mutschmann die »Entfernung« der über 400 jüdischen Zwangsarbeiter und Zwangsarbeiterinnen, die bei der Zeiss Ikon AG eingesetzt waren. Nach Intervention des Unternehmens, das auf die angelernten Fachkräfte keinesfalls verzichten wollte, mahnte das Reichsministerium für Bewaffnung und Munition gegenüber Mutschmann die kriegswichtige Bedeutung dieser Arbeitskräfte an. Am 1. Januar 1943 leisteten einer Statistik der SS zufolge in der sächsischen Landeshauptstadt 483 Dresdner Jüdinnen und Juden Zwangsarbeit.[743] Am 27. Februar 1943 wurden im Reich alle noch im Arbeitsprozess stehenden Jüdinnen und Juden in einer als »Fabrikaktion« bezeichneten Maßnahme von ihren Arbeitsplätzen entfernt. Die in »Mischehe« lebenden Juden wurden in Dresden in einer Kartonagefabrik, einer Reinigungsfirma und einer Teefabrik sowie bei der Reichsbahn eingesetzt.

Im März 1943 wurden die ersten Außenlager der Konzentrationslager Buchenwald und Ravensbrück im Raum Leipzig – im Stadtgebiet, in Markkleeberg und in Taucha – errichtet. Zu den ersten im Leipziger Stadtgebiet errichteten Lagern gehörte das Außenlager in Abtnaundorf für das Werk 3 der Erla-Maschinenwerk GmbH. Ein zweites Außenlager für dieses Rüstungsunternehmen wurde auf dem Betriebsgelände des Hauptwerkes errichtet. Es folgten weitere Außenkommandos, darunter das größte Lager für die Hugo Schneider AG (Hasag). Gegenüber den jüdischen Zwangsarbeiterinnen und Zwangsarbeitern verfolgte die Hasag wie viele andere Privatunternehmen eine rücksichtslose Politik, die ganz auf möglichst billige Arbeitsleistung gerichtet war. Eine polnische Jüdin aus Skarzysko schildert ihren ersten Arbeitstag in einem Leipziger Hasag-Werk: »Heute geht es zum ersten Mal zur Arbeit. Um vier Uhr früh heißt es aufstehen. Draußen ist es noch dunkel und kalt. Schnell, schnell muss die Schlafstelle geordnet werden, hastig isst ein Stück Brot, wer vom Vortag noch etwas übrigbehalten hat, der eilig verteilte Kaffee wird hinuntergestürzt. Ein Strom hunderter Frauen aus allen Blocks ergießt sich nach draußen. [...] Der Weg zu den HASAG-Werken ist ungefähr zwei Kilometer lang.«[744] Ende 1944 befanden sich in den Außenkommandos im Raum Leipzig 14 000 bis 15 000 Frauen und Männer, darunter im Frauenlager der Hasag etwa 1500 Jüdinnen, überwiegend aus Ungarn und Polen.[745]

Nach der Besetzung Ungarns am 19. März 1944 begann sofort die Deportation von fast einer halben Million ungarischer Juden nach Auschwitz. Für die jüngeren blieb Auschwitz eine Zwischenstation, da sie als Arbeitskräfte in der Rüstungsproduktion in Deutschland eingesetzt werden sollten. Insbesondere die Unternehmen der Luftfahrtindustrie hatten durch die Verlagerung von Produktionsstätten abseits der Industrieregionen erheblichen Bedarf an Arbeitskräften für körperlich schwere Arbeiten. Die Lebensbedingungen waren dabei denkbar schlecht, Ernährung und Unterbringung unzureichend.

Im Herbst 1944 kamen aus Auschwitz etwa 1000 Jüdinnen nach Freiberg und etwa 500 Jüdinnen nach Oederan. In Freiberg wurden sie in Rüstungsbetrieben wie der Firma Hildebrand und in den Aradora-Flugzeugwerken eingesetzt.[746] Für Dresden kann angenommen werden, dass Ende 1944/Anfang 1945 über 2000 jüdische KZ-Häftlinge, Frauen, Männer und Kinder, hierher verbracht wurden.[747] Insgesamt befanden sich zu diesem Zeitpunkt in Sachsen etwa 8000 jüdische Zwangsarbeiterinnen und Zwangsarbeiter, überwiegend aus Polen und Ungarn.

Der Beginn der Deportationen

Das nationalsozialistische Regime beschritt mit dem Massenmord von Patienten der Heil- und Pflegeanstalten seit dem Frühjahr 1940 eine Genozidpolitik, an deren Endpunkt die systematische Ermordung der Juden stand. Auch jüdische Patienten aus Sachsen gehörten zu den ersten Opfern, die überwiegend in der Tötungsanstalt in Brandenburg/Havel ermordet wurden. Von Ende Juni 1940 bis August 1941 wurden in der im Dezember 1939 aufgelösten Heil- und Pflegeanstalt Pirna-Sonnenstein im Rahmen der »Aktion T4« fast 14 000 Kranke aus staatlichen, konfessionellen und kommunalen Anstalten mit Kohlenmonoxid vergast. Seit Frühjahr 1941 fielen auch kranke und arbeitsunfähige Häftlinge aus den Konzentrationslagern der Mordmaschinerie zum Opfer, die unter dem Decknamen »Aktion 14f13« lief. Von den ermordeten Häftlingen aus Buchenwald waren etwa die Hälfte Juden.

Wenngleich die Chiffre »Endlösung der Judenfrage« im Reichssicherheitshauptamt seit langem kursierte, so entwickelte sie sich erst in diesen Jahren zum Decknamen für den direkten Massenmord. Der Chef der Sicherheitspolizei, Reinhard Heydrich, holte sich Ende Juli 1941 bei Hermann Göring in dessen Eigenschaft als Beauftragter für den Vierjahresplan und Vorsitzender des Ministerrats für Reichsverteidigung die formelle Ermächtigung zur Planung einer »Gesamtlösung«, die zunächst in den von Deutschland besetzten Gebieten die »Endlösung der Judenfrage« bringen sollte.

Am 21. Januar 1942 verließ der erste Todeszug mit Deportationsopfern Sachsen. In diesem »Evakuierungstransport«, so lautete die offizielle Bezeichnung, befanden sich mindestens 783 Männer, Frauen und Kinder, davon stammten 224 aus Dresden und 559 aus Leipzig. Zur Verschleierung der wirklichen Absichten kursierten von der Gestapo lancierte Gerüchte. Danach sollten die Juden in den besetzten Gebieten im Osten neu angesiedelt werden und durch einen »Arbeitseinsatz« ihren Lebensunterhalt erwirtschaften. Die Dresdner Juden wurden am Morgen des 21. Januar zum Bahnhof Dresden-Neustadt gebracht. Dort warteten sie auf das Eintreffen des Zuges aus Leipzig. Der damals 13-jährige Esra Jurmann, im März 1945 im Außenlager Burggraben des Konzentrationslagers Stutthof bei Danzig befreit, beschrieb die Vorgänge. Die für die Deportation erfassten Personen erhielten am 18. Januar die schriftliche Mitteilung, dass sie für den »am 21. Januar 1942 abgehenden Evakuierungstransport vorgesehen« sind. »Am 21. Januar, 6 Uhr früh, gehen wir zum Bahnhof Dresden-Neustadt zu unserem Sammelplatz. Dort bekommen wir den ersten Vorgeschmack von dem, was uns bevorsteht. Es wird seitens der Gestapo und SS geschrieen und geschlagen, und wir sind anfangs fassungslos über diese Brutalitäten. Mütter verlieren ihre Kinder im Gedränge. Die Kinder weinen, doch keiner kümmert sich um sie. Endlich, gegen 6 Uhr abends, werden wir unter den Schlägen der SS in alte ausrangierte Eisenbahnwagen hineingepresst. Alle in den Zeiss-Ikon-Werken arbeitenden Juden haben für diesen Tag freibekommen, um uns beim Gepäcktragen behilflich zu sein. Gegen 9 Uhr abends setzt sich der Zug in Bewegung. Er hält erst um Mitternacht auf der ersten Station. Wir lesen auf dem Schild Görlitz. Dort werden weitere Wagen unserem Zug angehängt, und wie wir später erfahren, sind diese Wagen mit Juden aus Leipzig besetzt. Endlich, am 4. Tag unserer Reise, wird eine größere Stadt sichtbar. Wir fahren über einen großen Fluss und halten nach kurzer Zeit auf einer kleinen Station: Skirotava. Nach einem Marsch von etwa 16 km erreichen wir gegen 6 Uhr abends das Ghetto, einen mit zwei Reihen Stacheldraht umzäunten Stadtteil Rigas.«[748] Die Überlebenschancen der Deportierten waren gering. Von den Leipziger Juden des Transportes nach Riga überlebten 15 Frauen und Männer.[749]

Die Finanzbehörden überwachten die Verwertung der letzten Habseligkeiten der aus den »Judenhäusern« Deportierten. Allerdings befanden sich Wertgegenstände, an denen kommunale und staatliche Stellen ein besonderes Interesse zeigten, nur noch in Ausnahmefällen in den Wohnräumen, darunter bei den wenigen als Konsulenten eingesetzten jüdischen Rechtsanwälten in Dresden und Leipzig. In Leipzig wurde das Versteigerungshaus Hans Klemm mit den Wohnungsauflösungen betraut. So erteilte das Finanzamt Leipzig-Süd in einem Schreiben vom 7. Juli 1943 den Auftrag, »die von den nachgenannten Juden zurückgelassenen Einrichtungsgegenstände alsbald aus den Wohnungen abzuholen und zu versteigern. [...] Die Versteigerung erfolgt zu festgesetzten Bedingungen: 10 v. H. vom Versteigerungserlös und Ersatz der Aufwendungen für Spediteur, Inserate usw. Von der Versteigerung sind ausgeschlossen wertvolle Kunstgegenstände, vor allem wertvolles Kulturgut und weiterhin Schallplatten, Abspielgeräte für Schallplatten, Nähmaschinen, sonstige handwerkliche Maschinen, Druckmaschinen, fremdsprachliche Literatur, insbesondere Wörterbücher, Enzyklopädien, Lexika und Fachliteratur und lederne Aktentaschen. Diese Gegenstände dürfen nicht versteigert werden. Vor der Versteigerung werden Beamte der Reichsfinanzverwaltung, des Oberbürgermeisters der Stadt Leipzig und der SS Gegenstände zum Schätzwert für ihre Verwaltung entnehmen.«[750] Nach der gewinnbringenden »Arisierung« der jüdischen Geschäfte und Unternehmen konzentrierte sich die Ausplünderung der Juden nun auf die letzten verbliebenen Habseligkeiten.

Der letzte Deportationszug fuhr am 14. Februar 1945 mit 169 Frauen, Männern und Kindern aus Leipzig nach Theresienstadt ab. Fast alle überlebten und kehrten nach Leipzig zurück. Der zwei Tage später vorgesehene Transport aus Dresden kam nicht mehr zustande. Der große Luftangriff am 13./14. Februar 1945, der die Elbmetropole in Schutt und Asche legte, hatte dessen Abfahrt verhindert.

Das Spezifikum des »Dritten Reiches« ist in seiner Rassenpolitik zu sehen. In der nationalsozialistischen Propaganda verkörperte das Judentum das Böse schlechthin und musste als die Quelle allen Übels aus der deutschen Gesellschaft »ausgemerzt« werden. Die nationalsozialistische Judenpolitik bewegte sich nach dem 30. Januar 1933 nicht zwangsläufig auf die Ermordung der Juden als »Endlösung der Judenfrage« zu. Zunächst waren als Ziel ihre Entrechtung und Vertreibung aus Deutschland formuliert. Mit Beginn des Zweiten Weltkrieges nahmen Pläne einer physischen Vernichtung sukzessive Gestalt an und wurden nach dem Überfall auf die Sowjetunion zur politischen Gewissheit. Für die jüdische Bevölkerung bedeutete der braune Terror die Auslöschung aller Gemeinden und einer tiefverwurzelten Kultur. Nach der Besetzung Sachsens durch amerikanische und sowjetische Truppen begann für die jüdischen Überlebenden ein Dasein, das von der traumatischen Erfahrung des Holocaust geprägt war. Einige wenige blieben dennoch in Deutschland und gründeten die jüdischen Gemeinden in Chemnitz, Dresden, Leipzig und Plauen neu.

Rainer Behring

Das Kriegsende 1945

Der Krieg erreichte Sachsen spät. Im Sommer und Herbst 1943, als die Großstädte und Industriegebiete im Westen und Norden des Deutschen Reiches bereits seit mehr als einem Jahr unter massiven Bombenangriffen der britischen und zunehmend auch der US-amerikanischen strategischen Luftstreitkräfte zu leiden hatten, als in Hamburg oder Kassel Tausende im nächtlichen Feuersturm verbrannten und selbst die Reichshauptstadt wiederholt schwer getroffen worden war, lebten die Einwohner Sachsens noch weithin in friedensähnlichen Verhältnissen. Gewiss gab es seit 1940 in Leipzig oder Dresden gelegentlich Luftalarm, auch luden einige britische Flugzeuge mitunter ihre Bombenlast über sächsischem Territorium ab. Doch meist handelte es sich dabei um verirrte Maschinen, und wenn etwa Leipzig Ende August 1940 zur Messezeit gezielt angegriffen werden sollte, blieb der Schaden aufgrund mangelnder Präzision der Einflüge denkbar gering.[751] Sachsen galt bei Bevölkerung und nationalsozialistischer Führung wegen seiner Entfernung von den englischen Abflughäfen als relativ sicher vor massiven Angriffen aus der Luft. Dementsprechend wurde der Bau von hinreichend stabilen und den Einwohnerzahlen der sächsischen Großstädte angemessenen Luftschutzräumen vernachlässigt.[752]

Der Zweite Weltkrieg hatte sich in Sachsen zunächst vor allem durch die erhöhte Mobilität bemerkbar gemacht, von der weite Kreise der Bevölkerung ergriffen wurden. Seit Kriegsbeginn war eine ständig steigende Zahl von Männern an die Fronten und in das Hinterland der von der Wehrmacht besetzten Gebiete Europas abberufen worden. Ihre Arbeitsplätze in der Landwirtschaft und in der kriegswichtigen Industrie übernahmen in wachsendem Maße Frauen sowie ausländische Arbeitskräfte. Letztere, anfangs Kriegsgefangene und freiwillige Zivilarbeiter, wurden mit zunehmender Dauer des Krieges und fortschreitender Brutalisierung der deutschen Herrschaft über Europa vielfach gewaltsam zur Arbeit ins Reich geschafft, wo sie an den Industriestandorten in Barackenlagern untergebracht waren.

Zu diesen im ganzen Reich zu beobachtenden Bevölkerungsbewegungen kam in Sachsen ein steigender Strom von Bombenkriegsflüchtlingen, die vereinzelt seit 1942, verstärkt seit 1943 eintrafen. Das Reichsinnenministerium beabsichtigte bereits im Sommer 1942, 40 000 Ausgebombte aus dem schwer getroffenen Köln nach Sachsen zu evakuieren, was Reichsstatthalter

Mutschmann mit der Begründung zu verhindern suchte, das dicht besiedelte Sachsen verfüge nicht über genügend Quartiere, um eine derartige Zahl von Flüchtlingen aufzunehmen.[753] Im folgenden Jahr wurde Sachsen zum »Aufnahmegau« für Luftkriegsflüchtlinge aus den »Entsendegauen« Köln-Aachen und Weser-Ems bestimmt.[754] Im Oktober 1943 hatten rund 64 000 Menschen aus diesen Gebieten in Sachsen Aufnahme gefunden.[755] Aus Bremen etwa waren im Rahmen der »Kinderlandverschickung« ganze Schulen klassenweise in Sonderzügen nach Sachsen gebracht worden; Schüler und Lehrer fanden in sächsischen Familien Unterkunft.[756]

Die Verlagerung von Rüstungsbetrieben aus stark bombengefährdeten Regionen nach Sachsen bildet einen weiteren Teil der ungeheuren Bewegung, von der die sächsische Gesellschaft während des Krieges ergriffen wurde.[757] Sachsens Industriestruktur, traditionell eher von geringer Bedeutung für die Rüstungsproduktion, veränderte sich im Zuge der nationalsozialistischen Kriegspolitik erheblich. Der Leipziger Raum war schon seit den dreißiger Jahren zu einem Zentrum der deutschen Luftrüstung ausgebaut worden.[758] Die metallverarbeitende Industrie, besonders die Maschinen- und Fahrzeugherstellung, erlebte ebenso wie die Elektro- und die Chemieindustrie einen kriegsbedingten Aufschwung. Betriebe dieser Branchen richteten sich in als nicht kriegswichtig stillgelegten Textil- oder Schuhfabriken ein. Die Verlagerung von Werken etwa der Berliner Elektroindustrie mitsamt Teilen ihrer Belegschaft an den Rand des Erzgebirges wurde während des ganzen Jahres 1944 mit unverminderter Intensität vorangetrieben, obwohl inzwischen längst klar geworden war, dass die alliierten Bomberflotten auch Sachsen erreichen konnten. Insgesamt hatte sich Sachsen in den letzten Kriegsjahren zu einem rüstungswirtschaftlichen Schwerpunkt entwickelt, dessen Produktion gerade in der Endphase der deutschen Kriegführung große Bedeutung gewann.

Sachsen im Bombenkrieg

Leipzig sollte als erste sächsische Großstadt einen nächtlichen Großangriff des Bomber Command der Royal Air Force erleben.[759] Immerhin war die Messestadt ringsum von Werken der Luftfahrtindustrie umgeben, in denen ein wesentlicher Teil der Bomben- und Jagdflugzeuge für die deutsche Luftwaffe produziert wurde. Nach einem fehlgeschlagenen Versuch im Oktober luden in den frühen Morgenstunden des 4. Dezember 1943 mehr als 400 schwere Maschinen ihre Bomben ab – über der Innenstadt. Zahlreichen Bränden stand eine personell unterbesetzte und desorganisierte Feuerwehr hilflos gegenüber. Es entwickelten sich mehrere große Feuerstürme. An die zweitausend Menschen starben in Explosionen und Flammen. Rund ein Zehntel der Leipziger Wohnungen wurde völlig zerstört, etwa 140 000 Obdachlose waren zu versorgen. Die Schäden konzentrierten sich auf die Wohn- und Geschäftsviertel des Stadtzentrums; die Rüstungsindustrie in den Randgebieten Leipzigs wurde »verhältnismäßig wenig in Mitleidenschaft gezogen«, wie ein Bericht der zuständigen Wehrwirtschaftsinspektion im Januar 1944 resümierte.[760] Was sich schon in anderen Gegenden des Reiches gezeigt hatte, bestätigte die Zerstörung Leipzigs: Bei den nächtlichen Flächenbombardements industrieller Ballungsräume war eine Differenzierung zwischen kriegswichtigen Zielen und Wohngebieten kaum möglich. Sie war von der britischen Führung auch gar nicht beabsichtigt.

Die verantwortlichen Befehlshaber der US-amerikanischen strategischen Luftstreitkräfte dagegen hielten lange an rein militärischen und kriegswirtschaftlichen Zielen für ihre Einsätze über Deutschland fest: Sie sollten möglichst präzise bei Tageslicht getroffen werden, auch wenn dabei Verluste der Zivilbevölkerung in angrenzenden Wohngebieten nicht zu vermeiden waren. Bei mehreren solcher Angriffe im Laufe des Jahres 1944 blieben die sächsischen Innenstädte weitgehend verschont. Allein die Wohnsiedlungen Leipzigs traf in der Nacht zum 20. Februar 1944 noch einmal ein massiver Schlag der Royal Air Force. Dabei wurden allerdings fast zehn Prozent ihrer eingesetzten Maschinen abgeschossen, was dazu beitrug, dass dies für bald ein Jahr der letzte große britische Nachtangriff über sächsischem Territorium bleiben sollte. In den Mittagsstunden desselben Tages nahm die 8. US-Luftflotte die Flugzeugindustrie in den Leipziger Außenbezirken ins Visier und hinterließ dort schwere Beschädigungen. Einige Werke konnten ihre Produktion erst im Mai wieder aufnehmen. Der kombinierte Angriff auf Leipzig am 20. Februar 1944 forderte noch einmal mehr als 900 Tote; erneut wurden 50 000 Obdachlose gemeldet.[761]

Die Luftrüstungsindustrie im Raum Leipzig blieb während des ganzen Jahres 1944 ein bevorzugtes Ziel der strategischen US-Luftstreitkräfte. Weitere Angriffe richteten sich gegen das Hydrierwerk Böhlen südlich von Leipzig, das im Rahmen einer gezielten Offensive gegen die Zentren der synthetischen Treibstofferzeugung in Deutschland mehrfach beschädigt wurde, jedoch bis Februar 1945 zur Versorgung von Heer und Luftwaffe mit Treibstoffen wesentlich beitragen konnte. Überhaupt wurde die Rüstungsproduktion durch die US-amerikanischen Präzisionsbombardements immer wieder gestört und beeinträchtigt, gerade in Sachsen jedoch bis gegen Kriegsende nicht in der Substanz getroffen. Gleichwohl sorgten die Angriffe nicht zuletzt aufgrund von zunehmenden Beschädigungen der Verkehrswege für erhebliche Produktionsausfälle bzw. -verzögerungen.

Das vorrangige Ziel der britischen Führung im Luftkrieg gegen das Deutsche Reich blieb die größtmögliche Zerstörung ganzer Städte. Damit sollten gleichermaßen deren Industriegebiete und Infrastruktur getroffen wie die Moral der Bevölkerung gebrochen werden. Zu der Zeit, als die grundlegende Entscheidung für diese Strategie getroffen worden war, im Winter 1941/42, stellte sie die einzige erfolgversprechende Möglichkeit für die britische Kriegführung dar, den deutschen Gegner direkt zu bekämpfen und dabei gleichzeitig den sowjetischen Verbündeten im Kampf gegen das nationalsozialistische Deutschland indirekt zu unterstützen. An der Methode des »area bombing«, der unterschiedslosen Bombardierung geschlossener Stadtgebiete, hielt man in Regierung und Royal Air Force fest, auch als längst klar war, dass man damit die Deutschen nicht zur Kapitulation würde zwingen können.

Gegen Ende des Jahres 1944, als die Armeen der Anti-Hitler-Koalition von Westen und Osten allmählich die Reichsgrenzen erreichten, waren nur noch wenige große Städte von massiver Bombardierung verschont geblieben. So war es geradezu logisch, dass sie nun an die Reihe kamen. Das wusste man in der nationalsozialistischen Führung nur zu gut: Im Dezember erhielt Joseph Goebbels – eines seiner vielen Ämter im NS-Staat war das des Vorsitzenden im »Interministeriellen Luftkriegsschädenausschuss« – von Hitler den Auftrag, »die sächsischen Städte auf ihre Luftschutzbereitschaft erneut zu überprüfen«. Hitler fürchte, »dass sich die Wucht der feindlichen Luftangriffe demnächst auch nach Sachsen, insbesondere nach Dresden, wenden wird«.[762]

Tatsächlich rückten Dresden, Chemnitz, Leipzig, Plauen und einige weitere mitteldeutsche Städte im Laufe des Januar 1945 auf der Zielliste der alliierten Bomberflotten weit nach vorne – gleich hinter den Hydrierwerken und der Reichshauptstadt Berlin. Der britische Angriff auf Dresden in der Nacht vom 13. auf den 14. Februar wirkte sich durch eine Reihe von Umständen besonders verheerend aus[763]: Die Luftabwehrartillerie war aus der sächsischen Hauptstadt an andere Fronten abgezogen worden, deutsche Jagdflugzeuge erhielten keinen Einsatzbefehl, die Zielanflüge des Bomber Command erfolgten mit hoher Präzision. Außerdem war der Luftschutz in Dresden besonders vernachlässigt worden; ein System von unterirdischen Fluchtwegen unter den Wohnblöcken der Innenstadt sollte sich darüber hinaus als Falle erweisen, weil darin Tausende infolge der Hitzeentwicklung in den über ihnen brennenden Häusern umkamen.

In zwei Angriffswellen entfachten die britischen Bomber einen Feuersturm im Stadtzentrum, dem niemand entkam, der nicht rechtzeitig in Gebiete am Rande der Stadt oder auf große Grünflächen ausweichen konnte. In den Mittagsstunden des 14. Februar erfolgte ein erneutes Bombardement durch US-amerikanische Verbände, das formal Verkehrsanlagen zum Ziel hatte, aber wiederum wahllos weite Bereiche der Stadt traf. Am Ende war fast ein Drittel der Dresdener Wohngebäude völlig zerstört. Sie standen als ausgebrannte Ruinen zwischen Schutthaufen, ebenso zahlreiche der barocken Prachtbauten. Etwa 35 000 Menschen waren umgekommen – eine wirklich exakte Zahl ist nicht zu ermitteln, zumal sich in der Stadt viele Flüchtlinge aufhielten, die seit einigen Monaten aus den weiter östlich gelegenen Teilen des Deutschen Reiches nach Sachsen geströmt waren. Nahezu 7000 Leichname wurden auf dem Altmarkt auf Eisenrosten verbrannt – auf ähnliche Weise wie in den Jahren zuvor ein Teil der in den Vernichtungslagern des Ostens Ermordeten –, weil die Masse der Toten anders nicht mehr zu bewältigen war.

War die Vernichtung Dresdens militärisch sinnlos? Die Frage führt in die Irre. Die Zerstörung der deutschen Großstädte aus der Luft war seit Jahren ein wesentlicher Bestandteil der britischen Kriegführung gegen das Deutsche Reich, und der kombinierte britisch-amerikanische Angriff auf die Elbmetropole stellte lediglich einen weiteren Schritt auf dem einmal eingeschlagenen Weg dar. Er erfolgte zu einem Zeitpunkt, als die militärische Niederlage Deutschlands zwar absehbar, die Wehrmacht aber längst nicht besiegt war. Die alliierten Bodentruppen hatten noch nicht einmal den Rhein erreicht, die nationalsozialistische deutsche Führung zeigte keinerlei Bereitschaft, den Kampf aufzugeben, und ihre Militärs schienen ihr bedingungslos zu folgen: Tatsächlich musste man im alliierten Hauptquartier noch mit hohen Verlusten bei der Eroberung deutschen Territoriums rechnen. Warum sollte man daher den strategischen Luftkrieg aufgeben gegen einen Gegner, der 1939 bis 1941 diese Form der Kriegführung gegen Städte wie Warschau, Rotterdam, London, Coventry oder Belgrad rücksichtslos angewandt hatte? Moralische Bedenken gab es selbst in der US-amerikanischen Führung kaum noch, völkerrechtliche Bestimmungen über die Begrenzung des Luftkrieges existierten nicht, auch der sowjetische Verbündete zeigte sich mit dem Vorgehen der Westmächte grundsätzlich einverstanden. Das »area bombing« in Kombination mit gezielten Schlägen auf rüstungswirtschaftliche Ziele und Verkehrswege wirkte sich auf das militärische Potential Deutschlands bis zuletzt in hohem Maße nachteilig aus: Es beeinträchtigte die deutsche Kriegführung, indem es Ressourcen band, die an den Fronten fehlten, und war dadurch mit kriegsentscheidend. Aus historischer Warte schließlich fügt sich die Zerstörung der sächsischen Großstädte mit ihren vielen Todesopfern in eine Entwicklung ein, in deren Folge seit der zweiten Hälfte des 19. Jahrhunderts bei militärischen Auseinandersetzungen der Anteil der Zivilbevölkerung an der Zahl der Getöteten und Verwundeten ständig steigt.

Solche Überlegungen konnten den Angehörigen und Freunden der Bombenopfer keinen Trost bieten. Und wer dem Feuersturm oder den einstürzenden Hauswänden nur knapp entkommen war, der war nicht mehr derselbe Mensch wie vorher; seelische Verwundungen würden ihn den Rest seines Lebens begleiten. Die interne Logik der alliierten Kriegführung ließ sich davon nicht beirren: Am 5. März 1945 erfolgte ein weiterer vernichtender amerikanisch-britischer Doppelschlag gegen das Industrie- und Verkehrszentrum Chemnitz – mehrere Einsätze im Februar hatten dort nicht die erwünschten Ergebnisse gezeigt. Ein Augenzeuge fasste die Wirkung des Nachtangriffs des Bomber Command nüchtern zusammen: »In der kurzen Zeit von 41 Minuten war Chemnitz ein einziges Flammenmeer. Es wurde die gesamte Innenstadt [...] ein Raub der Flammen. 90 Prozent von der Stadt ist nicht mehr. Schreckliche Szenen haben sich in der kurzen Zeit abgespielt. Niemand von der Innenstadt konnte etwas retten, es hieß nur: raus aus der Hölle.«[764] Insgesamt wurden in Chemnitz mehr als 3700 Tote gezählt. »Die sächsischen Städte müssen den seinerzeit glücklichen Umstand, dass sie so lange nicht von der Luft aus angegriffen wurden, jetzt sehr teuer bezahlen«, räsonierte kühl Reichsminister Goebbels, einer der Hauptverantwortlichen für das Geschehen.[765] Auch Leipzig traf es Ende Februar und Anfang April erneut. Als letzte sächsische Großstadt wurde Plauen im Vogtland am 10. April 1945 weitgehend zerstört – wenige Tage vor dem Einmarsch US-amerikanischer Truppen mussten noch einmal etwa 900 Menschen sterben.

Auflösungserscheinungen und letzte Mobilisierungsversuche

Wer im Februar oder März nach einem der verheerenden Bombenangriffe nichts als das nackte Leben gerettet hatte und nun in einer Notunterkunft auf warmes Essen und Wolldecken von der Nationalsozialistischen Volkswohlfahrt warten musste, für den war der Krieg so gut wie zu Ende. Die meisten Ausgebombten ergaben sich ihrem Schicksal, in der Stille hoffend, dass der sinnlose Kampf möglichst bald aufgegeben würde, selbst wenn damit der Einmarsch fremder Truppen verbunden wäre.[766] Ähnlich wie in Chemnitz sah es auch an anderen Orten aus: »Die nun folgenden Tage waren wohl das größte Durcheinander, niemand konnte sich wiederfinden. Auch die staatlichen und städtischen Behörden waren durcheinander und von allem ausgeschaltet. Die Belegschaften der Firmen und Ämter meldeten sich zur Arbeit nicht mehr, die Ausländer hatten sich selbständig gemacht und das Weite gesucht, war doch auch der weitaus größte Teil der Lager mit vernichtet worden.«[767] Die Versorgung mit Gas, Strom und Wasser war ebenso weitgehend zusammengebrochen wie die geregelte Verteilung von Lebensmitteln.[768]

Die Strukturen der NS-Gesellschaft begannen sich aufzulösen. Nicht nur viele ausländische Zwangsarbeiter entkamen zumindest vorübergehend, in Dresden und Chemnitz konnten selbst Sträflinge und politische Häftlinge aus ihren zerbombten Gefängnissen fliehen. Durch die Ruinen streiften Plünderer, gegen die in Dresden ein eigens eingerichteter Streifendienst der Schutzpolizei vorging und bis zum 10. März 79 Personen festnahm, von denen nicht wenige hingerichtet wurden.[769] Darüber hinaus erreichte der Strom von nach und durch Sachsen ziehenden Menschen gerade in den ersten Monaten des Jahres 1945 seinen Höhepunkt. Laut einer Erhebung des Hauptamtes für Volkswohlfahrt bei der Reichsleitung der NSDAP waren am 5. Januar in Sachsen rund 486 000 Flüchtlinge registriert, ein großer Teil von ihnen stammte aus dem inzwischen geräumten Ostpreußen.[770] Dazu kamen nun täglich Eisenbahnzüge und Trecks mit Menschen aus Oberschlesien, die vor den dort herannahenden sowjetischen Truppen flohen. Sie alle konkurrierten mit den Einheimischen im immer härter werdenden Kampf um Wohnraum und Lebensmittel, nicht nur in den zerstörten Großstädten, sondern auch auf dem Lande.

Schließlich tummelten sich auf sächsischem Territorium zahlreiche militärische Verbände: Nicht mehr nur Reserveeinheiten, Verwundete und Versprengte, sondern jetzt auch aktive Truppenteile aller Art, die sich auf den Endkampf vorbereiteten. Zu ihnen zählten seit dem Spätherbst 1944 die Bataillone des

Volkssturms.[771] In diesem sollten alle waffenfähigen Männer im Alter von 16 bis 60 Jahren, soweit sie nicht der Wehrmacht angehörten, zur Verteidigung ihrer Heimat herangezogen werden. Der Reichsführer der SS Heinrich Himmler und der »Sekretär des Führers« Martin Bormann, die gemeinsam mit Goebbels die Urheber dieser von Hitler schließlich in einen Führererlass gekleideten Aktion waren, erhofften sich davon die militärische und vor allem die politisch-ideologische Mobilisierung weiter Kreise der Bevölkerung im Angesicht des herannahenden Kriegsgegners. Die Männer des Volkssturms sollten fanatisch um jeden Meter deutschen Bodens ringen.

Allein das Vorhaben scheiterte schon an der unzureichenden Bewaffnung: Nicht einmal genügend Gewehre und Munition standen zur Verfügung, so dass die Volkssturmmänner in der Regel ohne Waffen am Wochenende exerzierten, notdürftig an der »Panzerfaust« ausgebildet wurden oder Panzergräben aushoben. Am sinnvollsten gestaltete sich noch der Einsatz des Volkssturms zur Beseitigung von Luftkriegsschäden in den Städten.

Die militärische Effizienz der Volkssturmeinheiten war besonders im Einsatz gegen die westalliierten Truppen in der Regel ebenso gering wie ihre Kampfmoral. Nicht wenige Karrieren dürften sich ähnlich gestaltet haben wie die des Chemnitzer Lehrers Walter Epping: »Am 28.2.45 wurde ich dann doch noch [...] zum Volkssturmbataillon 52 eingezogen. Als Zugführer des nicht vorhandenen Nachrichtenzuges. An kriegerischen Ereignissen habe ich nur als Objekt teilgenommen. Als das Bataillon sich nach Osten gegen die Russen absetzen sollte, bin ich nach Hause gegangen.«[772]

Obwohl einige Volkssturmeinheiten an der Ostfront noch in harte Kämpfe verwickelt wurden und hohe Verluste erlitten, lassen solche Zeugnisse erkennen, dass das ephemere Wirken des Volkssturms vielerorts mehr an Auflösungserscheinungen bloßlegte, als es an Mobilisierungseffekten erbrachte. Gegen die allgegenwärtigen Anzeichen der Destabilisierung des NS-Regimes brachten fanatische Politiker, SS-Führer und vereinzelt auch Militärs noch einmal sämtliche Energien und Gewaltmittel zum Einsatz, über die sie im Reich weiterhin verfügten. Die nochmalige Brutalisierung der NS-Herrschaft unter dem Banner der Mobilisierung aller Kräfte für den vorgeblich kriegsentscheidenden Endkampf bildet einen der markantesten Aspekte in der Agonie des Nationalsozialismus.

Sachsen sollte zu den Territorien des Deutschen Reiches gehören, die als letzte erst unmittelbar vor und während der Kapitulation der Wehrmacht von US-amerikanischen und sowjetischen Truppen besetzt wurden. Deshalb finden sich hier sämtliche Variationen nationalsozialistischer Verbrechen, die für die Endphase des Krieges typisch waren. Justiz und politische Polizei funktionierten bis in die letzten Tage des NS-Regimes und handelten vielfach in dessen Sinne. Allein am 12. April 1945 wurden in Leipzig 52 politische Gefangene, überwiegend Ausländer, von der Gestapo ohne Gerichtsurteil hingerichtet, weil sie nicht lebend in die Hände der Alliierten fallen sollten. Am nächsten Tag exekutierte ein Erschießungskommando der Wehrmacht dort 32 Häftlinge, die bereits andernorts zum Tode verurteilt worden waren.[773] Andere Häftlinge, häufig so genannte gewöhnliche Kriminelle, wurden kurz vor der Annäherung gegnerischer Truppen wahllos freigelassen. Mit den Insassen zahlreicher Konzentrationslager-Außenstellen wurde dagegen in brutalster Weise verfahren: Im Leipziger Raum wurden KZ-Häftlinge Mitte April auf einen Marsch in Richtung Böhmen geschickt, den Tausende nicht überlebten.[774] Einige weitere Todesmärsche, die die Insassen der vor dem Näherrücken der Front geräumten Konzentrationslager auf Irrwege quer durch die unbesetzten Teile Deutschlands führten und die kaum einen anderen Sinn verfolgten, als die völlig entkräfteten Menschen umzubringen, führten über sächsisches Territorium.[775] Auf etwa 300 Häftlinge, die im KZ-Außenlager Abtnaundorf bei Leipzig krank zurückgeblieben waren, wurde am 18. April, unmittelbar vor dem Einmarsch der US-Armee, eigens ein Vernichtungskommando aus SS- und Volkssturmmännern angesetzt, die mindestens 100 von ihnen töteten und weitere 70 schwer verletzten.[776]

Die ideologischen Prämissen der NS-Herrschaft blieben in der Endphase des Krieges uneingeschränkt handlungsbestimmend. Das wird nirgends deutlicher als in dem fortgesetzten Bemühen, alle als »nichtarisch« stigmatisierten Menschen im deutsch beherrschten Raum zu eliminieren. Tatsächlich wurden noch im Februar 1945 im Zuge einer neuen Deportationswelle 169 so genannte jüdische »Mischlinge ersten Grades« und in »Mischehe« mit »Deutschblütigen« lebende Juden aus Leipzig und 56 aus dem Raum Chemnitz in das Konzentrationslager Theresienstadt in Böhmen verbracht, angeblich um im »Arbeitseinsatz« verwendet zu werden. Die meisten von ihnen konnten dort am 8. Mai von der Roten Armee befreit werden. Die letzten jüdischen Bewohner Dresdens entgingen dieser Deportation nur durch das Chaos im Gefolge des verheerenden Bombenangriffs.[777]

Nicht allein jüdische Menschen wurden vom NS-Regime bis zur letzten Minute verfolgt. Noch Anfang April verurteilte das Sondergericht Chemnitz einen 45-jährigen »berufsmäßigen Bettler und Landstreicher« wegen wiederholten Diebstahls als »gefährlichen Gewohnheitsverbrecher« zum Tode: »Da Freiheitsstrafen und Verwahrung nichts fruchteten, war zum Schutze der Volksgemeinschaft im Kriege nun als letztes Mittel die Todesstrafe erforderlich.«[778]

Dieser Krieg gegen einen vielfach überlegenen Gegner war für das Deutsche Reich seit Ende 1941 militärisch nicht mehr zu gewinnen gewesen, die spektakulären Niederlagen von Stalingrad und Tunesien in der ersten Hälfte des Jahres 1943 hatten jedermann dessen Wende vor Augen geführt. Seit der erfolgreichen Invasion der Alliierten und dem Zusammenbruch der deutschen Ostfront im Sommer 1944 war die Fortsetzung des Kampfes von deutscher Seite faktisch sinnlos. Hitlers Motto aber lautete »Sieg oder Untergang«, und seine Herrschaft blieb bis in den April 1945 hinein nahezu unangefochten, nicht nur bei ihm ergebenen Parteifunktionären, sondern auch in der militärischen Führung. In der Bevölkerung stand den desillusionierten und von Friedenssehnsucht erfüllten Menschen die Gruppe der zum Durchhalten entschlossenen gegenüber, keineswegs nur fanatisierte Hitler-Jungen. Blinder Glaube an den Führer Adolf Hitler mochte sie ebenso leiten wie die Hoffnung auf Wunderwaffen oder auf eine politische Wende des Krieges in letzter Minute. In Mitteldeutschland war es besonders die von der NS-Propaganda geschürte Angst vor dem Einmarsch sowjetischer Truppen, die dem Weiterkämpfen einen scheinbaren Sinn verlieh.

In Sachsen führte der Gauleiter der NSDAP, Reichsstatthalter und Reichsverteidigungskommissar Martin Mutschmann die Schar derer an, die eine Verteidigung des Landes um jeden Preis propagierten. Bereits im Dezember 1944 war vom Chef des Generalstabs des Heeres die Errichtung eines »Verteidigungsbereichs Dresden« zum 1. Januar 1945 befohlen worden, der als Teilabschnitt einer befestigten Linie entlang der Elbe dienen sollte.[779] Im Januar begann der Bau von Verteidigungsstellungen rund um Dresden, wozu immer mehr Bewohner sowie Kriegsgefangene und Zwangsarbeiter herangezogen wurden. Nicht nur für Dresden galt die Devise Heinrich Himmlers: »Keine deutsche Stadt wird zur offenen Stadt erklärt. Jedes Dorf und jede Stadt werden mit allen Mitteln verteidigt und gehalten.«[780] Neben dem Bau von Panzersperren und Schützengräben sowie der Installierung von Sprengsätzen an wichtigen Brücken wurde die für totalitäre Regime charakteristische ständige Mobilisierung sämtlicher Bevölkerungsgruppen unverdrossen fortgeführt. In Chemnitz etwa fand am 25. März die mit einem »Gelöbnis auf den Führer« verbundene jährliche »Verpflichtung der Jugend« statt. Ein Funktionär der Hitler-Jugend gemahnte die »Jungen und Mädel, als verschworene Gemeinschaft immer in Glauben, Treue und Opferbereitschaft so zu leben, zu schaffen und zu kämpfen, dass der Führer einst bekennen könne, seine Jugend habe ihn nicht enttäuscht«.[781] Zwei Wochen später erfolgte ein »Jugendappell der weiblichen Jugend«, zu dem alle Mädchen im Alter von 11 bis 18 Jahren anzutreten hatten.[782] Derweilen rief Landesbauernführer Walter Erdmann alle Volksgenossen auf, jeden Quadratmeter geeigneten Bodens für den Anbau von Nahrungsmitteln zu nutzen, da die Sicherung der Ernährung, »bedingt durch die Enge des Raumes, zum kriegsentscheidenden Faktor geworden« sei.[783] Die latente Aussageabsicht dieses Appells mochte bereits über das Ende der NS-Herrschaft hinausweisen.

Gauleiter Mutschmann hingegen kannte nur Durchhaltepropaganda. Mitte April konnte er einen Angriff auf Dresden nicht mehr ausschließen. »In diesem Falle wird die Stadt mit allen Mitteln und bis zum letzten verteidigt«, lautete seine Parole für die Dresdener: »Wir sind nicht gewillt, uns kampflos und ehrlos einem grausamen Feind auszuliefern.«[784] Gleichzeitig richtete Mutschmann einen Aufruf »An die Bevölkerung Sachsens!«, in dem er behauptete, der gerade »in den Sachsengau« eingedrungene »Feind« bedrohe »unsere Heimat mit Hunger und Elend, mit Tod und Verderben. Für jeden deutschen Menschen gibt es da nur eins: Widerstand und Kampf bis zum Letzten.« Wer in dieser Situation gegen Anordnungen der NSDAP oder des Staates verstoße, »wird aus der Volksgemeinschaft ausgelöscht«, jede »Feindbegünstigung«, etwa das Heraushängen weißer Tücher aus den Fenstern, werde mit dem Tode bestraft: »Gegen Verräter am deutschen Volke wird mit den schärfsten Mitteln erbarmungslos vorgegangen.«[785] Mit solchen völlig ernst gemeinten Drohungen suchte die NS-Führung bis zuletzt die Kampfbereitschaft in der Bevölkerung zu mobilisieren. Demselben Ziel diente das immer wieder beschworene Zerrbild des »jüdisch-bolschewistischen Todfeindes«, der in Zusammenarbeit mit der »anglo-amerikanischen Plutokratie«, hinter der ebenfalls »die Mächte des internationalen Judentums« steckten, das deutsche Volk auszurotten gedenke.[786]

Letzte Kämpfe und militärische Besetzung Sachsens

In der sächsischen Bevölkerung fanden diese von ideologischem Fanatismus und Realitätsverlust gekennzeichneten Aufrufe wenig Resonanz. Es ging für die meisten Menschen nur darum, sich möglichst unbeschädigt in eine Zeit nach Hitler hinüberzuretten. Dies erklärt zu einem guten Teil, warum die US-amerikanischen Soldaten während ihres Einmarsches in Thüringen und Sachsen nur noch vereinzelt auf hartnäckigen Widerstand deutscher Truppen stießen. Der Oberbefehlshaber der alliierten Streitkräfte in Europa, General Eisenhower, hatte sich nach der Überschreitung des Rheins im März für einen Vorstoß seiner Armeen nach Mitteldeutschland hinein entschieden, der das Reich in zwei Teile aufspalten würde, während Berlin von der Roten Armee zu erobern war.[787] Seit den ersten Apriltagen rückten die Verbände der 3. US-Armee in Thüringen entlang der Autobahn vor, am 13. April erreichten sie sächsisches Territorium, gelangten in den folgenden Tagen bei Rochlitz an die Zwickauer Mulde, in die westlichen Vororte von Chemnitz sowie nach Zwickau und Plauen. Die Spitzen der 1. US-Armee bewegten sich von der Saale kommend auf den Raum Leipzig zu – die Stadt wurde am 18./19. April eingenommen – und schlossen im Abschnitt nördlich von Rochlitz ebenfalls bis zur Mulde hin auf.

Die militärische Führung auf deutscher Seite wusste ebenso gut wie der einfache Soldat, dass gegen die immense materielle und personelle Übermacht der US-Truppen jeglicher Widerstand zwecklos war. Die deutschen Einheiten setzten sich zumeist vor dem Anrücken des Gegners ab. Nur punktuell kam es zu sinnlosen Scharmützeln, vor allem im Raum Leipzig, wo sogar noch einige Soldaten und Volkssturmführer wegen Desertion hingerichtet wurden. In der Regel wurden die geräumten Ortschaften und Städte von verantwortlich handelnden Kommunalpolitikern den Amerikanern übergeben, nachdem die örtliche NS-Elite das Weite gesucht hatte. Weiße Tücher in den Fenstern wiesen den Befreiern den Weg. Wo dies nicht der Fall war, drohten die Befehlshaber der US-Verbände mit Artilleriebeschuss, den die Bevölkerung möglichst vermeiden wollte. Die Auflehnung der Einwohnerschaft von Chemnitz gegen die Anordnungen des lokalen Kampfkommandanten fand sogar

Eingang in die internen Tagesberichte der Wehrmachtführung: »Chemnitz meldet Ausschreitungen ausländischer Arbeiter und Angehöriger der Zivilbevölkerung (Plünderung eines Verpflegungstrosses, weiße Fahnen in Chemnitz und in Vororten, Plünderungen auf Güterbahnhof, Beseitigung von Sperren in verschiedenen Orten durch Zivilpersonen). Verfügbare Polizei und Wehrmacht sind zur Aufrechterhaltung der Ordnung eingesetzt.« Am folgenden Tag, dem 17. April, meldete der Kampfkommandant »erneut Schwierigkeiten mit der Zivilbevölkerung«.[788]

Es war kein Zufall, dass zumindest ein Teil der Menschen in Chemnitz im Angesicht der am Stadtrand stehen gebliebenen US-Truppen gegen die nationalsozialistische Obrigkeit aufbegehrte. Die Bevölkerung begegnete den Amerikanern aufgeschlossen, ohne Argwohn, von ihrer Besatzungsherrschaft erwartete man sich noch am ehesten die Aussicht auf eine lebenswerte Zukunft, zumal die Alternative für Sachsen in einer Besetzung durch die Rote Armee bestand.[789] Tatsächlich erwies sich die in Westsachsen nur rudimentär ausgeprägte US-Besatzungsverwaltung als vernünftig und sachorientiert. Gewiss gab es einzelne Ausschreitungen von Soldaten, Diebstähle und die brutale Beschlagnahmung von Wohnungen. Im Wesentlichen ging es jedoch darum, durch die nötigsten Aufräumungs- und Reparaturarbeiten die öffentliche Ordnung wiederher- und die Versorgung der Menschen sicherzustellen. Die Amerikaner bedienten sich dabei vorzugsweise der traditionellen Verwaltungseliten; Unterstützung durch linksrevolutionäre Kräfte war nicht gefragt, jede politische Betätigung blieb zunächst streng untersagt. In Leipzig etwa wurde das der kommunistischen Volksfront-Idee verpflichtete »Nationalkomitee Freies Deutschland«, dessen Propaganda unter der Bevölkerung auf lebhaftes Interesse stieß, Ende April schlicht für aufgelöst erklärt.[790]

Gleichwohl war in den weiter östlich gelegenen Teilen Sachsens der Wunsch vorherrschend, ebenfalls unter amerikanische Besatzung zu kommen. Allerdings hielt Eisenhower seine Truppen in Absprache mit dem sowjetischen Verbündeten entlang einer Linie an, die von Dessau bis etwa Grimma der Mulde folgte, sodann südlich bis an den Rand von Chemnitz und weiter in südwestlicher Richtung bis Oelsnitz im Vogtland verlief. Nur gelegentliche Erkundungstrupps überschritten diese Haltelinie. Die Einwohner von Chemnitz warteten vergeblich auf die US-Truppen. Der Kampfkommandant verweigerte die Übergabe, amerikanischer Artilleriebeschuss war die Folge, und als mit dem Abzug der letzten deutschen Soldaten am 6. Mai schließlich doch ein Angebot an die Amerikaner erfolgte, in Chemnitz einzumarschieren, überließen diese die Stadt den sich nähernden Sowjettruppen.

Die verbreitete, durch die NS-Propaganda gezielt geschürte Angst vor dem Verhalten der Sowjetsoldaten und den vermeintlichen Absichten der Regierung in Moskau führte dazu, dass an der Ostfront allgemein und auch in den östlichen Gebieten Sachsens gegen die Rote Armee bis zuletzt weitaus erbitterter gekämpft wurde, als das gegen die Westalliierten der Fall war.[791] Auch wollte man die Fluchtwege nach Westen für Zivilisten und Angehörige der Wehrmacht möglichst lange offen halten: Hinter der Front bewegten sich unentwegt Massen von Flüchtlingen aus Oberschlesien nach Sachsen. Für den Oberbefehlshaber der Heeresgruppe Mitte, in deren Bereich der ostsächsische Kampfraum im April 1945 fiel, den fanatischen Nationalsozialisten Ferdinand Schörner, kam ohnehin nur die Fortsetzung des Kampfes in Frage, die er gegenüber seinen Soldaten notfalls mit Hilfe von Standgerichtsurteilen zu erzwingen suchte.

Die 1. Ukrainische Front der Roten Armee unter dem Befehl von Marschall Konew startete am 16. April vom Ostufer der Lausitzer Neiße aus eine Offensive, die allerdings nach Nordwesten in Richtung Berlin zielte und daher das damalige Gebiet Sachsens nur im äußersten Osten berührte. Torgau, wo am Nachmittag des 25. April die berühmte Begegnung sowjetischer und US-amerikanischer Soldaten stattfand, gehörte bis 1945 nicht zu Sachsen.

Schwere Kämpfe entbrannten ab dem 18. April rund um Bautzen, das festungsartig als Verteidigungszentrum ausgebaut worden war.[792] Teile der Bevölkerung wurden evakuiert, etwa 3000 deutsche Soldaten von den sowjetischen Angreifern eingeschlossen und belagert. Die vom Bombenkrieg verschont gebliebene Stadt erlitt durch Artilleriefeuer, Brückensprengungen und Straßenkämpfe schwere Schäden. In einem letzten deutschen Gegenangriff wurde die Festung am 24. April noch einmal entsetzt. Danach waren die Kräfte der 4. Panzer-Armee am Nordflügel der Heeresgruppe Mitte allerdings erschöpft.

Eine Frontlinie, die von Riesa aus ostwärts etwa der Nordgrenze Sachsens folgte, konnte mühsam gehalten werden, bis Konews Verbände sich nach der Eroberung Berlins umgruppiert hatten und am 6. Mai nach Süden in Richtung Böhmen angriffen. Der Vormarsch, in dessen Verlauf die Osthälfte Sachsens auf breiter Front von Nord nach Süd besetzt wurde, stieß nun auf keinen größeren Widerstand mehr. Der »Verteidigungsbereich Dresden« war auf Befehl Schörners geräumt worden, die Menschen in den Ruinen der Hauptstadt blieben von Straßenkämpfen verschont. Doch immer wieder blitzte die mörderische Konsequenz des NS-Regimes auch in der Phase seines Zusammenbruchs auf: So hinderte das unmittelbar bevorstehende Ende des Krieges ein Feldgericht der Wehrmacht in Löbau nicht daran, noch am 7. Mai acht Soldaten zum Tode zu verurteilen und hinrichten zu lassen. Sie hatten sich ihrer Waffen entledigt und sich geweigert, weiterzukämpfen.[793] Am 8. Mai, dem letzten Tag vor der Kapitulation der deutschen Wehrmacht, war die Besetzung Sachsens in vollem Gang; Chemnitz wurde als letzte deutsche Großstadt von sowjetischen Truppen erreicht.

Die Kämpfe in der zweiten Aprilhälfte waren nochmals mit großer Entschlossenheit geführt worden und sind für beide Seiten entsprechend verlustreich gewesen. Allein in der Schlacht um Bautzen dürften jeweils an die eintausend deutsche und sowjetische Soldaten gefallen sein. Der deutsche Gegenstoß deckte ein vermutlich von polnischen Soldaten, die im Verband der 1. Ukrainischen Front kämpften, verübtes Massaker an rund 300 Kriegsgefangenen, über-

wiegend Volkssturmmännern, auf.[794] Es kam zu einer Reihe von weiteren Morden und Gewalttaten im unmittelbaren Zusammenhang der Kämpfe.[795]
Das Verhalten der Sowjetsoldaten in Sachsen nach dem Einmarsch entsprach insgesamt nicht den schlimmsten Befürchtungen, die in der deutschen Bevölkerung vorherrschten. Die Mehrzahl der Offiziere suchte strenge Disziplin in der Truppe zu wahren, nicht wenige von ihnen begegneten den Deutschen als ausgesprochen kultivierte Männer, die sich ebenso wie die Amerikaner um die dringendsten Nöte der Bevölkerung kümmerten.[796] Doch vermochten sie nicht alle Ausschreitungen gegen die Zivilbevölkerung zu unterbinden. Zahlreiche Frauen wurden vergewaltigt; Zahlen dazu sind nicht zuverlässig zu ermitteln.[797] Selbst das in Sachsen im Vergleich zu anderen bereits vorher von der Roten Armee besetzten Gebieten des Reichs mutmaßlich geringere relative Ausmaß der Gewaltdelikte gegen Frauen reichte aus, um eine weit über das Kriegsende hinaus anhaltende Atmosphäre der Angst zu erzeugen, die durch immer neue Übergriffe auf Jahre hin geschürt wurde. Diebstähle, Raubüberfälle, Plünderungen und vielfache Bedrohungen für Leib und Leben, wofür Sowjetsoldaten unstreitig verantwortlich waren, sorgten von Anfang an für geringe Sympathiewerte in der deutschen Bevölkerung gegenüber der östlichen Besatzungsmacht.
Immerhin, der Krieg war vorbei, die ständige Angst vor Bombenalarm, Tiefflieger und Artilleriefeuer hatte ein Ende, und offensichtlich beabsichtigte keine der Siegermächte, das deutsche Volk auszurotten. Die Überreste der nationalsozialistischen Diktatur schienen sich über Nacht aufgelöst zu haben. Viele der fanatischen NS-Führer und auch manche ihrer enttäuschten Anhänger begingen Selbstmord – recht spektakulär war das Bild, das sich den US-Soldaten im Leipziger Neuen Rathaus bot, wo sich eine Reihe von lokalen Parteigrößen umgebracht hatte, teilweise mitsamt Familie.[798] Andere, wie Gauleiter Mutschmann oder Generalfeldmarschall Schörner, die den Kampf bis zum Untergang propagiert hatten, versuchten unerkannt zu entkommen, konnten jedoch festgenommen werden. Vielen kleineren Lichtern der NS-Bewegung gelang es, irgendwo im Reich unterzutauchen und die Identität zu wechseln. Den meisten Menschen blieb kein anderes Los, als in ihren zerbombten oder mit Flüchtlingen überfüllten Häusern einen Weg zum Weiterleben zu suchen. Die unter Aufsicht der Besatzungsorgane agierenden deutschen Verwaltungsstellen hatten die Verteilung von Lebensmitteln und Wohnraum zu organisieren, Lager der Kinderlandverschickung aufzulösen und deren Insassen in die Heimat zurückzubringen. Flüchtlinge und die nun vor allem aus dem böhmischen Raum einströmenden Vertriebenen wurden aus den Städten Sachsens hinaus aufs Land und möglichst in andere Gegenden des Reiches weitergeschickt. Von Normalisierung konnte lange nicht die Rede sein.
Als in das vorübergehend besatzungslose Gebiet um den Landkreis Schwarzenberg Mitte Juni Einheiten der Roten Armee einmarschierten, war Sachsen zur Gänze von sowjetischen und US-amerikanischen Truppen besetzt. Die Bezie-

hungen zwischen den Vertretern der Besatzungsmächte auf sächsischem Boden gestalteten sich durchaus kameradschaftlich. Man tauschte Delegationen und Trinksprüche aus und feierte den gemeinsamen Sieg. Eine echte Kooperation fand darüber hinaus bei der Rückführung der Sowjetbürger statt, die im deutschen Machtbereich als Kriegsgefangene oder Zwangsarbeiter festgehalten worden waren. Sie wurden von den Amerikanern im Mai und Juni 1945 zu Zehntausenden täglich – über Durchgangslager wie etwa Chemnitz – hinter die Demarkationslinie abgeschoben, viele gegen ihren Willen: In ihrer Heimat erwartete sie ein hartes Los, da sie als vermeintliche Verräter und Kollaborateure stigmatisiert waren.[799] Eine enorme Zahl weiterer »Displaced Persons«, Fremdarbeiter, Verschleppte, Kriegsgefangene und Militärinternierte aus ganz Europa, war in Sachsen unterwegs, um nach Hause zu gelangen. In einer weiteren Frage kooperierten die US-Truppen mit den sowjetischen Verbündeten: Die anhaltende Fluchtbewegung deutscher Soldaten und Zivilisten nach Westen mit dem Ziel, hinter die amerikanischen Linien zu gelangen, wurde weitgehend unterbunden. Schon während die Kämpfe in Ostsachsen noch im Gang waren, suchten Eisenhowers Verbände an der Mulde und in den Wäldern des Erzgebirges den Übertritt deutscher Flüchtlinge auf das von ihnen besetzte Territorium zu verhindern. Trotzdem setzten viele Menschen in Sachsen ihre Hoffnung auf die Amerikaner: Gerüchte und Vermutungen schwirrten durch das Land, dass die US-Armee weiter nach Osten vorrücken und ganz Sachsen amerikanisches Besatzungsgebiet werden würde. Der Abzug der US-Truppen Anfang Juli kam für die meisten überraschend.

Ausblick: Sachsen nach der NS-Zeit

Tatsächlich hatte es nie in Frage gestanden, dass Sachsen in Gänze zur sowjetischen Besatzungszone gehören würde. Die Zonengrenzen waren bereits im September 1944 von alliierten Gremien festgelegt worden, und die westlichen Regierungen hatten zu keiner Zeit ernsthaft erwogen, ihre im April 1945 weit nach Osten vorgestoßenen Armeen als Zeichen der Stärke dort stehen zu lassen. So besetzte die Rote Armee in den ersten Julitagen auch die westlichen Gegenden Sachsens und ganz Thüringen. Gerüchte über eine Rückkehr der Amerikaner, die den Sehnsüchten der Bevölkerung entsprangen, wurden noch jahrelang kolportiert. Mit der Realität hatten sie nichts zu tun.
Die Menschen in Sachsen mussten sich als Folge des zweiten Weltkriegs mit den sowjetischen Besatzern arrangieren – »den Russen«, wie sie, nicht ohne einen Hauch von Verachtung, auch von politischen Sympathisanten fast durchgehend genannt wurden. Was war das Spezifische, das die Sowjetzone von den übrigen Gebieten Restdeutschlands, in denen die Westmächte Gegenwart und Zukunft bestimmten, unterschied?[800] Es waren zunächst am wenigsten die materiellen Umstände, in denen die Deutschen ihr Leben fristeten.

Gehungert wurde überall, auch im Westen lebten die Städter zwischen Schutt und Ruinen, war der Wohnraum knapp, herrschten Verzweiflung und Not. Die Begegnung mit den Besatzungssoldaten gestaltete sich im Osten gewiss ganz anders, oftmals erschreckend und für viele mit traumatischen Folgen. Mit der strengen Kasernierung der sowjetischen Truppen ab Ende der vierziger Jahre verringerte sich die von ihnen ausgehende Unsicherheit jedoch nach und nach. Selbst die unter sozialistischen Vorzeichen nach Moskauer Vorbild zwangsweise herbeigeführte Neuordnung der Wirtschaft stieß eher aufgrund ihres eklatanten und unübersehbaren Misserfolgs auf Ablehnung als aus grundsätzlichen Erwägungen, war doch gerade in Sachsen eine schwärmerische Sympathie für planwirtschaftliche Utopien auf der politischen Linken weit verbreitet. Die buchstäbliche Zerschlagung der sächsischen Wirtschaft durch rücksichtslose sowjetische Demontagen und Reparationsentnahmen über Jahre hinweg hatte allerdings keines der gängigen Sozialismuskonzepte vorgesehen.

Das entscheidende, in die Zukunft weisende Charakteristikum, das mit der sowjetischen Herrschaft in Deutschland untrennbar verbunden sein sollte, war der Entzug der persönlichen und politischen Freiheit. Die Rote Armee hatte die Menschen in Sachsen von der nationalsozialistischen Diktatur befreit, ihnen aber nicht die Freiheit zu selbstbestimmtem und eigenständigem Handeln gebracht. Die Befreiung mündete in ein neues Zwangssystem: die kommunistische Diktatur, die die Besatzungsoffiziere im Verein mit gleichgesinnten deutschen Handlangern konsequent und zielbewusst etablierten. Freiheit und Demokratie, Meinungsvielfalt und offene Diskussion erhielten in Sachsen nach 1945 von vornherein keine Chance; die Möglichkeit zur Entwicklung einer politischen Kultur im eigentlichen Sinne, die den freien Bürger erfordert hätte, bestand nicht, und der kommunistische Weg sah sie auch für die Zukunft nicht vor.

Es war eine Konsequenz des vom Deutschen Reich unternommenen Eroberungskrieges, der noch dazu mit zuvor nicht gekannter Brutalität gegen die slawischen Völker Osteuropas geführt worden war, dass die Sowjettruppen 1945 in Sachsen standen. Die Führer der Roten Armee verzichteten darauf, die Vernichtungsmethoden, mit denen die deutschen Besatzer gegen die Bevölkerung der UdSSR vorgegangen waren, ihrerseits gegenüber dem besiegten Gegner anzuwenden. Sie behielten sich allerdings vor, den in ihren Herrschaftsbereich gefallenen Teil Deutschlands nach ihren Vorstellungen zu organisieren und Widerstand dagegen notfalls mit Freiheitsentzug oder gar physischer Liquidierung zu ahnden. Es war geographischer Zufall, dass die kommunistische Diktatur die Sachsen traf und nicht die Bayern oder die Westfalen. Die Bevölkerung der sowjetischen Besatzungszone musste nach dem Zweiten Weltkrieg einen unverhältnismäßig großen Teil der Hypothek abtragen, die alle Deutschen auf sich geladen hatten.

Norbert Haase

Gedenkstätten und historische Orte

Die Landkarte des Freistaates Sachsen in seiner heutigen Gestalt umfasst ein größeres Staatsgebiet als der nationalsozialistische »Gau Sachsen«, der zwischen 1933 und 1945 mit dem Territorium des Landes identisch war. Teile des damaligen Thüringen, Halle-Merseburg und Niederschlesien gehören heute zu diesem Bundesland. Führe man das Gebiet mit einem Scheinwerfer auf der Suche nach historischen Orten ab, die eine signifikante symbolische Bedeutung für die Geschichte der nationalsozialistischen Gewaltherrschaft haben, so fiele der Blick vor allem auf folgende Stätten:
- die frühen Konzentrationslager Sachsenburg, Colditz und Hohnstein und eine Reihe anderer so genannter Schutzhaftlager und »wilde KZ«;
- Justizgebäude, Haft- und Folterstätten, insbesondere das Landgericht Dresden und das Reichsgericht in Leipzig sowie Zuchthäuser in Bautzen (»Gelbes Elend«)[801], Zwickau und Waldheim;
- Einrichtungen der NS-»Euthanasie« wie die Tötungsanstalt Pirna-Sonnenstein oder die Psychiatrie in Waldheim und andere Orte, meist frühere Kliniken oder Pflegeheime;
- die im damaligen Wehrkreis IV befindlichen Kriegsgefangenenlager der Wehrmacht, insbesondere jene für sowjetische Kriegsgefangene wie Zeithain oder »legendäre« Lager wie Colditz;
- und die Haftstätten und Repressionsorte der nationalsozialistischen Wehrmachtjustiz in Torgau.

Hinzu kommen weniger bekannte Orte, die man aber ebenfalls nennen müsste. Denn obgleich in Sachsen keines der großen Konzentrationslager errichtet wurde, so verzeichnet die Karte der Stätten nationalsozialistischen Terrors und des Zwangsarbeitseinsatzes ein enges Geflecht von Außenlagern, die zu den von der SS betriebenen Konzentrationslagern Flossenbürg in Bayern und Groß-Rosen in Niederschlesien sowie Buchenwald in Thüringen gehörten. Vielfach sind sie dem öffentlichen Bewusstsein entfallen bzw. als Gedenkorte wohl den meisten ebenso unbekannt wie die Stationen so genannter Todesmärsche. Auch wären für das zentrale Thema der Judenverfolgung im »Dritten Reich« die zerstörten Synagogen, die Deportationsorte und jüdischen Friedhöfe zu nennen.

Ebenso vergewissert sich eine demokratische Erinnerungskultur insbesondere jener Orte, an denen Widerstand geleistet wurde, und befördert eine kritische Sichtung der erhaltenen nationalsozialistischen Repräsentationsbauten und der »Täterorte«.

Ein kursorischer Überblick kann hier nur als Impulsgeber für eine tiefergehende Befassung mit einer »Topografie des Terrors« in Sachsen begriffen werden. Keinesfalls ist ein Anspruch auf Vollständigkeit zu erheben, zumal insbesondere die in den neunziger Jahren unter dem Dach der Stiftung Sächsische Gedenkstätten ausgebauten Einrichtungen ein breites Informationsangebot bereithalten. Neuere Überblicksdarstellungen zur Geschichte Sachsens nehmen die einschlägigen Gedenkstätten nur sehr selektiv wahr.[802]

Zweierlei Besonderheiten zeichnen die Situation in einem östlichen Bundesland aus: Eine Vielzahl der genannten historischen Orte ist zum einen durch die nachmalige Nutzung von sowjetischer Geheimpolizei NKWD oder Repressionsorganen der DDR mit einem historischen Kontinuum konfrontiert, das die Erinnerung an die NS-Terrorherrschaft mit einer zweiten Schicht politischer Gewalt unter einer kommunistischen Diktatur überlagert. Die regionale Aneignung der negativen Erinnerung an die nationalsozialistische Terrorherrschaft ist dadurch erschwert, dass die SED die Erinnerung für die eigene Herrschaftslegitimation instrumentalisierte. Dies hat den natürlichen Prozess des kollektiven Vergessens nach 1990 gewissermaßen beschleunigt. So sieht sich eine auf die Erinnerung an die Opfer des Nationalsozialismus gerichtete Gedenkstättenarbeit vor dem Problem einer Legitimationskrise im Angesicht der Folgewirkungen der realsozialistischen Geschichtskultur und einer generationsbedingten fortschreitenden Historisierung.[803]

Historische Orte, die in der Zeit des Nationalsozialismus eine Rolle gespielt haben, gleichsam diese Geschichte in der Gegenwart repräsentieren, gibt es viele in Sachsen. Nicht alle dieser Orte sind als solche gekennzeichnet, viele sind vergessen. Gedenkstätten befinden sich nur dort, wo Träger der Erinnerung solche auch initiiert haben, seien es ehemals Verfolgte und deren Angehörige oder gesellschaftliche Initiativen, die bisweilen vom Staat unterstützt werden.[804] Mit den über 1989 hinaus fortbestehenden Gedenkstätten wird trotz kritischer Bestandsaufnahme immer auch ein Teil der Ikonographie der DDR-Erinnerungskultur und der Geschichtsschreibung tradiert.

Sosehr an solchen Orten um die Glaubwürdigkeit des Erinnerns gerungen werden muss, so haben Stätten der nationalsozialistischen Gewaltherrschaft, Gedenkstätten schlechthin, die Eigenschaft, die Verbrechen zu beglaubigen. Das Interesse an einer Lokalisierung von Geschichte entspricht dem Bedürfnis nach Konkretisierung und Verifikation.[805]

Die frühen Konzentrationslager Hohnstein und Sachsenburg

Nach der nationalsozialistischen Machtübernahme am 30. Januar 1933 setzte für die politischen Gegner des Nationalsozialismus eine bis zum Mai 1945 andauernde Verfolgungszeit ein. Auch im »Gau Sachsen« war, wie in vielen Teilen des Reichsgebiets, der Terror zunächst unorganisiert und besonders brutal. Die sächsische SA richtete am 8. März 1933 in der ehemaligen Jugendburg Hohnstein das »Schutzhaftlager Hohnstein, Sächsische Schweiz« ein, das rasch traurige Berühmtheit erlangte.[806] Etwa 600 Menschen waren im August 1933 dort inhaftiert, die meisten wurden in den Kellern der Burg immer wieder gefoltert. Neunzig SA-Mitglieder bewachten, verhörten und misshandelten die Gefangenen. Zu den Inhaftierten zählten Kommunisten, Sozialdemokraten, Liberale, Gewerkschafter, Christen, Juden, Zeugen Jehovas und Pazifisten. Nachgewiesen ist, dass von etwa 5600 Hohnsteiner »Schutzhäftlingen« vierzig an Misshandlungen starben oder Selbstmord verübten. Am 20. Mai 1933 besuchte Gauleiter Martin Mutschmann mit sächsischen NSDAP-Führern das KZ Hohnstein, um unter anderem einem Demütigungsritual gegen den ehemaligen sozialdemokratischen Innenminister Hermann Liebmann beizuwohnen. Er wurde gezwungen, seine früheren Reden aus dem Sächsischen Landtag vorzutragen, und so schwer misshandelt, dass er am selben Tag seinen Verletzungen erlag. Das Lager wurde am 25. August 1934 aufgelöst. Anschließend wurde die Burg durch die Hitler-Jugend genutzt, bis mit dem Beginn des Zweiten Weltkrieges das Kriegsgefangenenlager Stalag IV A der Wehrmacht eingerichtet wurde, in dem polnische und französische, später auch serbische und sowjetische Kriegsgefangene interniert wurden.

Das Landgericht Dresden verhängte 1935 gegen den Lagerleiter Erich Jähnichen eine sechsjährige Gefängnisstrafe und gegen 22 andere SA-Leute Haftstrafen von bis zu dreidreiviertel Jahren wegen der Misshandlungen. Da Mutschmann intervenierte, wurden die Verurteilten Ende 1935 gegen den Widerspruch des Reichsjustizministeriums von Hitler begnadigt.[807] Eine juristische Aufarbeitung erfolgte im Jahre 1949, als die SA-Wachleute in drei Folgeprozessen, die unter zunehmenden Einfluss der SED gerieten, vor dem Landgericht Dresden zu mehrjährigen Zuchthausstrafen verurteilt wurden. Der ehemalige zweite Lagerkommandant Ernst Heinicker war einer der in den »Waldheimer Prozessen« 1950 zum Tode Verurteilten.[808]

Die DDR knüpfte an die Tradition der Jugendburg an, als 1951 die »Jugendburg Ernst Thälmann« eingerichtet wurde.[809] Die memoriale Überformung der Burg schlug sich nicht nur in der Namensgebung mit dem Vorsitzenden der Kommunistischen Partei Deutschlands nieder, sondern auch in Umbaumaßnahmen, die in der Errichtung eines stilisierten KZ-Wachturmes aus Bruchmaterial der abgetragenen Burgkapelle gipfelten. In zwei Räumen der Jugendherberge wurde ein Museum eingerichtet, das Widerstand und Verfolgung dokumentierte. Die heute in der Trägerschaft der »Naturfreunde«

befindliche Jugendburg Hohnstein im Landkreis Sächsische Schweiz hat die Rolle als Thälmann-Gedenkstätte nach 1990 weit hinter sich gelassen. Das geringfügig überarbeitete Museum sieht indes eine dem Besucherstrom am Ort und der regionalgeschichtlichen Bedeutung angemessene Modernisierung noch vor sich.

Während im Schloss Colditz 1933/34 vergleichsweise wenige »Schutzhäftlinge« gefangen gehalten wurden, bestand in Sachsenburg das größte frühe Konzentrationslager Sachsens. Durchschnittlich war es mit bis zu 2000 Gefangenen belegt und existierte, länger als die anderen »Schutzhaftlager«, bis 1937. Die »Schutzhäftlinge« wurden zunächst im Schloss Sachsenburg untergebracht, von wo aus sie im Frühjahr 1933 den Auf- und Ausbau des Lagers auf dem Gelände einer stillgelegten Spinnerei im Zschopautal betreiben mussten. Ab August 1934, nach dem so genannten »Röhm-Putsch«, übernahm die SS die Führung des Lagers von der SA. Namentlich sind Sachsenburg-Häftlinge wie Walter Janka und Georg Schumann bekannt; der jüdische Dresdner Sozialdemokrat, Dr. Max Sachs, wurde hier ermordet. Die Gesamtzahl der Todesfälle im Lager ist nicht mehr zu ermitteln. Das Lager Sachsenburg war eine Schule des Terrors, da prominente spätere Lagerkommandanten wie Arthur Rödl (Majdanek) und Karl Koch (Buchenwald) sowie SS-Generäle wie Max Simon und Theodor Eicke, ab 1934 Inspekteur der Konzentrationslager, hier ihre ersten Erfahrungen sammelten. Ein Vorauskommando von Sachsenburg-Häftlingen begann im Juli 1937 mit dem Aufbau des Konzentrationslagers Buchenwald.

In den fünfziger Jahren wurde auf dem Gelände der Spinnerei eine kleine Gedenkausstellung eingerichtet, 1968 ergänzt durch ein Mahnmal. Sachsenburg ist hinsichtlich der bundesdeutschen Geschichte nach 1990 ein signifikantes Beispiel für den Prozess des Vergessens und Verdrängens in den neuen Bundesländern. Mit der Schließung der Spinnerei, die zur DDR-Zeit noch produziert hatte, verwahrloste die Gedenkstätte zusehends. Sogar die Existenz eines Konzentrationslagers wurde 1992 in der Lokalpresse in Zweifel gezogen.[810] Erst seit 1998 wird durch einen Heimatverein der Versuch unternommen, mittels einer kleinen Ausstellung im Schloss an die unheilvolle Geschichte des Ortes zu erinnern.

Das Reichsgericht im NS-Staat, Leipzig 1933–1945

An die symbolische Bedeutung des inmitten der früheren »Reichsmessestadt« Leipzig gelegenen Reichsgerichts knüpfte der Schriftsteller Erich Loest an, als er seinem jüngsten Roman den Titel »Reichsgericht« gab.[811] Die Rolle des Gerichts – oberste Instanz für Zivil- und Strafsachen – als Stütze des nationalsozialistischen Staates wird bis heute unterschätzt.[812] Zwar büßte das Gericht durch die Aufstellung der Sondergerichte, des Volksgerichtshofes (VGH) und des Reichskriegsgerichts (RKG) in den Jahren 1933 bis 1936

Kompetenzen ein, indem es keine Revisionsbefugnisse bei Sondergerichten erhielt, bei Hoch- und Landesverratssachen der VGH und bei militärgerichtlichen Verfahren das RKG zuständig war. Gleichwohl erwies sich das Reichsgericht als Instrument einer exzessiven Auslegung der Nürnberger Gesetze oder auch der Kriegssonderstrafrechtsverordnung unter Aufgabe von Rechtsstaatsprinzipien wie dem Rückwirkungs- und Analogieverbot. Eine Reihe von Juristen des Reichsgerichts gerieten nach 1945 in die Mühlen stalinistischer Verfolgung, ohne sich jemals in einem rechtsstaatlichem Verfahren für ihre Tätigkeit in der NS-Justiz verantworten zu können.

Hohen Symbolwert hatte das Gebäude für die kommunistische Bewegung wegen des als »Reichstagsbrandprozess« in die Geschichte eingegangenen Schauprozesses gegen den bulgarischen Kommunisten Georgi Dimitroff, der dem Platz vor dem Haus zu Zeiten der DDR seinen Namen gab, und der Verurteilung und Hinrichtung des Holländers Marinus van der Lubbe. Im Reichsgerichtsgebäude befand sich seit 1952 das »Georgi-Dimitroff-Museum«. Die Einrichtung entwickelte sich im SED-Staat zum Devotionalienkabinett der Komintern und ihres späteren Generalsekretärs Dimitroff. 1991 wurde es geschlossen und das Inventar der Sammlung des Stadtgeschichtlichen Museums Leipzigs zugeführt, das 1995 eine temporäre Ausstellung zur Geschichte des Hauses schuf.[813]

Nach dem Auszug des Leipziger Bildermuseums wird im Jahre 2002 das Bundesverwaltungsgericht einziehen. Ob und in welcher Form das Justizgebäude am heutigen Simsonplatz eine memoriale Gestaltung erhält, die an die willfährige Durchsetzung nationalsozialistischer Rechtsvorstellungen durch das Reichsgericht erinnert, ist noch offen.

Gericht und Hinrichtungsstätte: Das Landgericht am Münchner Platz in Dresden 1937–1945

Der Missbrauch des Rechts zur Durchsetzung der nationalsozialistischen Herrschaft hat in Sachsen mit dem Landgericht am Münchner Platz in Dresden einen weiteren Ort herausragender Bedeutung. Sächsische Sondergerichte und der im April 1934 zur Aburteilung von Hoch- und Landesverrat gebildete Volksgerichtshof führten hier einen Teil ihrer Prozesse durch.

Mit der Annektion des Sudetengebiets 1938 und der Bildung des »Protektorats Böhmen und Mähren« im März 1939 ging die Einrichtung der dortigen deutschen Sondergerichtsbarkeit in erheblichem Maße auch von hier aus. Bis zum Aufbau einer Hinrichtungsstätte in Prag-Pankraz im April 1943 war der Münchner Platz einziger Vollstreckungsort für im Protektorat gefällte Todesurteile. Auch polnische, unter anderen durch das Oberlandesgericht Posen Verurteilte wurden am Münchner Platz hingerichtet.

Insgesamt starben mehr als 1300 Menschen unter der »Fallschwertmaschine« – insbesondere nach der kriegs- und besatzungsbedingten drakonischen Ausweitung des Strafrechts ab 1942. Für viele Verurteilte war es ein Ort der Leiden in Haft. Zu den Opfern gehörten zum Beispiel Mitglieder tschechischer und polnischer Widerstandsgruppen, Angehörige des deutschen Arbeiterwiderstandes oder politisch motivierte Einzeltäter: Menschen, die sich dem Regime verweigerten oder zu entziehen suchten, beispielsweise durch »Fahnenflucht« oder durch das Abhören von »Feindsendern«. Etwa sechzig Prozent der Hinrichtungsopfer stammten aus dem »Protektorat Böhmen und Mähren«. Die Todesstrafe traf am Münchner Platz zugleich auch Schwerkriminelle.

Die Geschichte der Gedenkstätte beginnt wegen der späteren Nutzung durch das NKWD und die SED-Justiz bis in die fünfziger Jahre eigentlich erst mit der Umwidmung des Gebäudekomplexes zum Lehr- und Verwaltungsgebäude der Technischen Universität Dresden. Die 1959 eingeweihte Stätte hat im Laufe von Jahrzehnten eine fortschreitende Überformung und Monumentalisierung erfahren, die vor allem das Gedenken an den kommunistischen Widerstand in den Mittelpunkt schob. Hierfür stand stellvertretend die Erinnerung an den am Münchner Platz hingerichteten Reichstagsabgeordneten Georg Schumann (1886–1945), eine führende Persönlichkeit des kommunistischen Widerstands im Raum Leipzig. So erhielt der Gebäudekomplex den Namen »Georg-Schumann-Bau«. Zu Schumanns 100. Geburtstag wurde 1986 ein »Museum des antifaschistischen Widerstandskampfes« eröffnet, das erst 1996 wegen seiner einseitigen Perspektive abgebaut wurde. Die Gedenkstätte Münchner Platz ist heute ein Ort mit »doppelter Vergangenheit«, da auch an das im selben Haus geschehene stalinistische Unrecht erinnert wird. Schwer wiegt aber auch die Hypothek eines monumental überhöhten Antifaschismus, der dieser Stätte über Jahrzehnte ihr Gepräge gab.[814]

Die »Euthanasie«-Tötungsanstalt Pirna-Sonnenstein 1940–1941

Im Rahmen der so genannten «Aktion T4« wurden in den Jahren 1940 und 1941 sechs Tötungsanstalten im Deutschen Reich eingerichtet, in denen mehr als 70 000 Menschen aus psychiatrischen Einrichtungen, Alters- und Pflegeheimen und Krankenhäusern vergast wurden. Zu ihnen gehörte auch die Tötungsanstalt Pirna-Sonnenstein, die Ende Juni 1940 ihren Betrieb aufnahm.

Nach Passieren des von einem Polizeikommando bewachten Eingangstores der Anstalt wurden die Opfer nach Geschlechtern getrennt und einzeln in der Regel zwei Ärzten der Anstalt vorgeführt, die eine fingierte Todesursache festlegten. Anschließend wurden jeweils 20 bis 30 Menschen unter dem Vorwand, es ginge ins Bad, in den Keller gebracht und in eine als Duschraum mit mehreren Brauseköpfen hergerichtete Gaskammer geführt.

Neben psychisch Kranken und geistig Behinderten wurden im Sommer 1941 auch mehr als tausend Häftlinge aus verschiedenen Konzentrationslagern im Rahmen der »Aktion 14 f 13« in Pirna-Sonnenstein ermordet; insgesamt waren es etwa 15 000 Personen. Die bekanntesten Opfer sind die Dresdner Malerin Elfriede Lohse-Wächtler und der protestantische Kriegsdienstverweigerer Martin Gauger.

Im Laufe des Sommers 1942 wurde die »Euthanasie«-Anstalt aufgelöst, wobei gut ein Drittel der Mitarbeiter in den Vernichtungslagern Bełżec, Sobibór und Treblinka zum Einsatz kamen. Nach sorgsamem Verwischen aller Spuren der Verbrechen wurden die Gebäude ab Ende 1942 als Wehrmachtlazarett genutzt.

Im so genannten Dresdner Ärzteprozess im Sommer 1947 wurden einige der Beteiligten an der Mordaktion auf dem Sonnenstein zur Verantwortung gezogen. Das Dresdner Schwurgericht verurteilte Prof. Hermann Paul Nitsche, der vom Frühjahr 1940 an einer der medizinischen Leiter der Krankenmordaktion im Deutschen Reich gewesen war, sowie zwei Sonnensteiner Pfleger zum Tode. Der Leiter der Anstalt, Horst Schumann, starb nach jahrelanger Untersuchungshaft, ohne dass es zu einer Verurteilung gekommen war, 1983 in Frankfurt am Main.

In Pirna wurde nach dem Ärzteprozess nur selten über die hier verübten Verbrechen gesprochen. Auf dem Anstaltsgelände wurde ein von der Öffentlichkeit abgeschirmter Großbetrieb errichtet, der auch die Gebäude der Tötungsanstalt nutzte. Erst seit Herbst 1989 drang das historische Geschehen allmählich in das öffentliche Bewusstsein der Stadt und mündete in eine bürgerschaftliche Initiative zur Schaffung einer Gedenkstätte am authentischen Ort, das Kuratorium Gedenkstätte Sonnenstein e. V. Nach archivalischen Forschungen und bauarchäologischen Untersuchungen in den Jahren 1992 bis 1994 wurden die zur Tötung genutzten Kellerräume ab 1995 rekonstruiert und als Gedenkstätte hergerichtet. Seit dem Juni 2000 dokumentiert eine historische Dauerausstellung die Verbrechen und die Schicksale der Opfer.[815]

Torgau: Militärjustiz, Wehrmachtgefängnisse, Reichskriegsgericht, 1939–1945

Torgau, das sich in Folge des Referendums von 1990 gern auf seine kulturhistorische Tradition in Bezug auf Sachsen beruft, stellt mit dem Blick auf die jüngste Geschichte einen historisch schwer kontaminierten Ort dar. In Deutschland ist es gleichsam zentraler Gedenkort für Verfolgung und Widerstand in der Wehrmacht und das Unrecht durch Wehrmachtjustiz, Straf- und Sondereinheiten sowie andere Bereiche des militärischen Gefangenenwesens. Torgau hat angesichts der nach 1945 fortdauernden Konzentration von Lagern und Gefängnissen mit einem Tabu der Haftstättengeschichte zu ringen.[816]

In der Stadt befanden sich zwei von acht Wehrmachtgefängnissen im Reichsgebiet, das am nordwestlichen Stadtrand gelegene Fort Zinna und der Brückenkopf, am östlichen Elbufer gelegen. Diese Gefängnisse waren zugleich zentraler Verschiebebahnhof für Strafsoldaten. Im August 1943 wurde auch das Reichskriegsgericht von Berlin nach Torgau verlegt. Zu den Opfern zählen neben Kriegsdienst- und Befehlsverweigerern, Deserteuren und wegen krimineller Delikte verurteilten Soldaten der Wehrmacht, Zwangsrekrutierten aus Luxemburg, Frankreich und Polen auch Angehörige des deutschen und europäischen Widerstandes. Hunderte von ihnen wurden hingerichtet. Die Gefangenen hatten unter zahlreichen Schikanen wie Essensentzug, Scheinhinrichtungen und grausamem Drill zu leiden.

Die verantwortlichen Offiziere und Richter blieben bis auf wenige Ausnahmen unbehelligt. Während die Kommandanten der Wehrmachtgefängnisse Heinrich Remlinger und Friedrich Heinicke durch die sowjetische Militärjustiz bzw. in den berüchtigten »Waldheimer Prozessen« zum Tode verurteilt wurden – Remlinger indes nicht wegen Torgau –, konnten die Richter und Staatsanwälte nach dem Krieg vielfach in der Justizverwaltung der Bundesrepublik ihre Karrieren fortsetzen, ohne dass es zu einer strafrechtlichen Verfolgung gekommen wäre.[817]

Gemessen an seiner historischen Bedeutung hat sich die DDR mit der Erinnerung an das NS-Unrecht in Torgau schwer getan. Gedenkstätten und Erinnerungstafeln hat es vor 1989 an den historischen Orten nicht gegeben, ein Mahnmal auf dem Friedhof blieb seltsam unkonkret. Die Würdigung der Opfer der NS-Militärjustiz ist in Deutschland bis in die Gegenwart kontrovers geblieben. Der bürgerschaftlichen Initiative eines 1991 gegründeten Vereins ist es zu verdanken, dass mit dem Dokumentations- und Informationszentrum Torgau am Ort eine überregional bedeutsame Einrichtung die »Spuren des Unrechts« – so der Titel einer gleichnamigen Dauerausstellung im Schloss Hartenfels – dokumentiert.[818]

Das Kriegsgefangenenlager Stalag 304 (IV H) Zeithain 1941–1944

Mit dem deutschen Überfall auf die Sowjetunion im Sommer 1941 wurde am Bahnhof Jacobsthal nahe Riesa das »Stalag (Stammlager) 304 (IV H) Zeithain« errichtet. Seit Juli 1941 vegetierten kriegsgefangene Soldaten der sowjetischen Armee, anfangs einfach mit Stacheldraht eingezäunt, unter freiem Himmel. Die Gefangenen litten unter Ruhr-, Typhus- und Fleckfieberepidemien; etwa 30 000 bis 35 000 Menschen, sämtlich Opfer des »Weltanschauungskrieges«, starben im Lager Zeithain, etwa 1000 Kriegsgefangene wurden ausgesondert, d. h. erschossen. Die Situation verbesserte sich ab 1942 geringfügig, da die Kriegsgefangenen als Arbeitskräfte für die deutsche Kriegswirtschaft gebraucht wurden. Ab Februar 1943 wurde das Lager als Zweiglager des Stalag IV B und als Reservelazarett für Kriegsgefangene auch anderer Nationen genutzt: Italiener, Polen, Franzosen, Slowaken und Serben. Am 23. April 1945 befreiten Einheiten der Sowjetarmee Zeithain. Der Leidensweg der sowjetischen Kriegsgefangenen war 1945 indes noch nicht beendet, denn in den Augen Stalins waren sie »landesverräterische Deserteure«. Sie wurden deshalb in so genannten Filtrationslagern verhört und oft zu Lagerhaft verurteilt. Das Stigma wirkt in Russland bis heute fort.[819] 1946 befahl die sowjetische Militäradministration in Sachsen die Untersuchung der Verbrechen in Zeithain durch eine deutsch-sowjetische Kommission unter Führung des sowjetischen Generalmajors Chorun. Am Ort der Massengräber aus dem Jahr 1941, unmittelbar in der Nähe des an der Bahnlinie Riesa–Gröditz gelegenen »Russenfriedhofs«, entstand ein erster Ehrenfriedhof, der 1949 zeittypisch memorial gestaltet wurde – die heutige Gedenkstätte. Auch Italiener, Polen und Serben hatten in der Nähe, auf dem Gelände des Truppenübungsplatzes Zeithain, ihre letzte Ruhestätte gefunden. Von der Roten Armee, die das Areal nach 1945 militärisch weiter nutzte, wurde der Friedhof geschliffen und war bis 1990 nicht zugänglich. Das öffentliche Gedenken an die Opfer des Kriegsgefangenenlagers blendete die nichtsowjetischen Gefangenen von Beginn an aus. Die sterblichen Überreste der Italiener wurden 1991 in ihre Heimat überführt.

Erst Ende der siebziger Jahre begannen Schülergruppen und Privatforscher aus der Region, sich des Themas anzunehmen. Das Gedenken an die Opfer blieb aber ideologisch geprägt. Im Vordergrund der Dauerausstellung, die 1998 eröffnet wurde, stand der kommunistische Widerstand sowjetischer Kriegsgefangener im Lager. Auslassungen und Verengungen waren Folge einer vielfältigen Tabuisierung. Der authentische Ort, das ehemalige Lagergelände, wurde, da nunmehr Truppenübungsplatz, weiträumig umgepflügt und später durch Vegetation überwuchert. 1996 erfolgte der Verkauf an einen privaten Jagdnutzer. Eine ehemalige Lagerbaracke, die 1999 in einem Neusiedlerdorf der Nachkriegszeit geborgen wurde, konnte als Anschauungsobjekt auf dem Gelände der Gedenkstätte Ehrenhain Zeithain wieder errichtet werden. Sie befindet sich unmittelbar neben dem Dokumentenhaus, das heute eine wissenschaftliche Ausstellung zur Geschichte des Lagers beherbergt.

Stätten der Judenverfolgung in Sachsen 1933–1945

Erst spät in den achtziger Jahren ist in der DDR damit begonnen worden, die Geschichte nationalsozialistischer Judenverfolgung in Sachsen aufzuarbeiten. Diese Bemühungen haben seit 1990 einen gewissen Auftrieb erfahren. Es ist indes selten, dass – noch dazu auf der Grundlage von Bildquellen – eine Annäherung an Orte der Verfolgung möglich wurde wie im Falle des »Judenlagers Hellerberg«.[820]

Am 24./25. November 1942 waren die noch in der Stadt Dresden verbliebenen jüdischen Zwangsarbeiter mit ihren Familien aus den »Judenhäusern« im Stadtgebiet in ein Sammellager deportiert worden, von wo aus sie über den Bahnhof Dresden-Neustadt am 6. März 1943 in das Vernichtungslager Auschwitz deportiert wurden. Von den 293 namentlich bekannten Menschen überlebten nur ganz wenige. Der Leiter des Judenreferats der Dresdner Gestapo,

SS-Untersturmführer Henry Schmidt, wurde, nachdem er über Jahrzehnte unentdeckt in der DDR gelebt hatte, vom Bezirksgericht Dresden 1987 zu lebenslanger Haft verurteilt. Auf der Kleingartenanlage an der Autobahnzufahrt im Dresdner Norden erinnert nichts mehr an das »Judenlager«.
Während die jüdischen Gotteshäuser in Leipzig, Dresden und Chemnitz in der Pogromnacht des 9. November 1938 zerstört wurden, ist die Görlitzer Synagoge von 1911 – das niederschlesische Görlitz gehört heute zum Freistaat Sachsen – in ihrer äußeren Bauhülle erhalten geblieben. Ein vielleicht in Deutschland einzigartiges und deshalb zu wenig beachtetes Symbol für den militanten Antisemitismus hat sich im großen Kuppelsaal der Görlitzer Synagoge erhalten. Die Gedenktafel zur Erinnerung an die jüdischen Soldaten, die im Ersten Weltkrieg gefallen sind, wurde von den Nationalsozialisten gewaltsam ihrer Namensinschriften beraubt, die sich durch die ausgeschlagenen Umrisse heute nur noch erahnen lassen. Die Auslöschung der Erinnerung an die Kriegstoten des Ersten Weltkrieges antizipiert gleichsam symbolhaft die physische Vernichtung der Juden Europas und ihres kulturellen Gedächtnisses.

Es ist hier nicht der Platz, eine vollständige Dokumentation der sächsischen Lagerstandorte auszubreiten, denn flächendeckend gab es, insbesondere in den sächsischen Industriegebieten, Außenlager der NS-Konzentrationslager Groß-Rosen, Flossenbürg und Buchenwald, aber auch Arbeitskommandos aus Auschwitz. Die Zahl der vorrangig 1944 und 1945 eingerichteten Außenlager allein von Flossenbürg liegt in Sachsen bei mindestens 43, in denen mehr als 20 000 Menschen gefangen gehalten und zur Zwangsarbeit in der Kriegswirtschaft eingesetzt wurden. Unzählige von ihnen starben.[821]

Ausblick

Die Erinnerung an die nationalsozialistische Diktatur, insoweit sie sich in Gedenkstätten konstituiert, unterliegt in Sachsen seit 1990 einem kontinuierlichen Wandel mit unterschiedlichen Entwicklungslinien.
Die vielen bereits zu Zeiten der DDR errichteten Gedenkzeichen an historischen Orten, deren Verteilungsdichte über die memoriale Kennzeichnung westlicher Bundesländer weit hinausreicht, repräsentiert zwar durchaus die Evidenz historischer Ereignisse und deren Lokalisierung. Als Überreste des DDR-Antifaschismus stehen sie aber zugleich für die politische Instrumentalisierung und verengte Wahrnehmung der »Topografie des Terrors« in den südöstlichen Bezirken der DDR. Man könnte gewissermaßen von einem in doppeltem Sinne aufgeladenen negativen Gedächtnis sprechen. Im Hinblick auf die inzwischen sichtbare Pluralität der Opferschicksale gegenüber der vorherigen kommunistischen Lesart weisen diese Zeichen bis heute deutliche Lücken auf der Landkarte des Gedenkens in Sachsen auf.

Eine Geschichtskultur, die nach der regionalen NS-Geschichte und den »vergessenen Opfern« fragt, wie sie in den siebziger und achtziger Jahren in der Bundesrepublik entstand, hat sich bis zum Ende des SED-Staates so gut wie gar nicht entfalten können. Folglich ist ein regionales Geschichtsbewusstsein, das die tatsächlichen Dimensionen von Verfolgung und Widerstand in Sachsen im Nationalsozialismus mit aufnimmt, wenig entwickelt. Es ist vom politischen Zeitgeist der Gegenwart vielleicht auch gar nicht gefragt; die Besinnung auf deutsche Schuld, verankert in der regionalen Geschichte, ist in ein nach der Wiedervereinigung auf landsmannschaftliche und nationale Identitätsstiftung gerichtetes Geschichtsverständnis nur schmerzhaft zu integrieren. Die Pflege einer demokratischen Erinnerungskultur steht immer wieder vor dem scheinbar unüberwindlichen Missverständnis, mit der Erinnerung an Opfer des Nationalsozialismus sei automatisch die Identifikation mit dem DDR-Antifaschismus verbunden. Es existiert zudem noch eine andere Perspektive, die stillschweigend – unabhängig von der politischen Weltanschauung – von der Haltung bestimmt ist, man habe die Lektion »Antifaschismus« bereits vor 1989 gelernt, eine neuerliche kritische Befassung sei in der Gegenwart entbehrlich.

Veränderungen ist das kollektive Gedächtnis aber auch dadurch ausgesetzt, dass das ritualisierte, öffentliche Gedenken an die Opfer des Nationalsozialismus nach dem Ende der DDR in der Alltagskultur an Bedeutung verlor. Bei der Ausgestaltung des 27. Januar als Gedenktag etwa gewinnt man heute den Eindruck, Öffentlichkeit und politische Verantwortungsträger seien im Umgang mit diesem Teil der Zeitgeschichte befangen. Unübersehbar sind heute auch Tendenzen der Verdrängung und Nivellierung, wie sie insbesondere bei der Entfernung oder Umwidmung der angesprochenen alten DDR-Mahnmale anfangs der neunziger Jahre zum Ausdruck kamen. Die Abgrenzung der neuen demokratischen Ordnung gegen zwei höchst verschiedenartige Diktaturen hat zu Entkonkretisierungen beigetragen, die nicht selten in Gedenkinschriften zur Erinnerung an »die Opfer aller Gewaltherrschaften« gipfelten.

Unbehagen, Unsicherheit, Abwehr und Verdrängung stellen aber nur eine Seite der Medaille regionaler Erinnerungskultur in Sachsen dar. Durch bürgerschaftliche Initiative sind im Zuge der demokratischen Entwicklung nach 1989 Gedenkstätten an Orten entstanden oder neu konzipiert worden, die in der DDR – seien es nun Bautzen, Münchner Platz Dresden, Pirna-Sonnenstein, Torgau und Zeithain – in unterschiedlichem Maße mit Tabus und »weißen Flecken« belegt waren. Mit der Initiierung der »Stiftung Sächsische Gedenkstätten zur Erinnerung an die Opfer politischer Gewaltherrschaft«[822] durch die Sächsische Staatsregierung wurde 1994 ein kulturpolitisches Instrumentarium geschaffen, mit dem gerade an diesen historischen Orten, das bürgerschaftliche Engagement aufgreifend, dem Vergessen entgegengewirkt werden kann.

Anmerkungen

1 Vgl. Werner Bramke, Sachsens Industriegesellschaft vom Ersten Weltkrieg bis zum Ende der Weimarer Republik. In: Ders. und Ulrich Heß (Hg.), Wirtschaft und Gesellschaft in Sachsen im 20. Jahrhundert, Leipzig 1998, S. 27–52.
2 Hans Volz, Daten der Geschichte der NSDAP, Berlin ⁶1937, S. 5. Für Mithilfe bei der Recherche danke ich Herrn Matthias Piefel.
3 Vgl. Uwe Lohalm, Völkischer Radikalismus. Die Geschichte des Deutschvölkischen Schutz- und Trutzbundes 1919–1923, Hamburg 1970, S. 316.
4 Claus-Christian W. Szejnmann, Nazism in Central Germany. The Brownshirts in »Red Saxony«, New York/Oxford 1999, S. 259 f. Zur politischen Entwicklung vgl. auch Benjamin Lapp, Revolution from the Right. Politics, Class, and the Rise of Nazism in Saxony, 1919–1933, Boston 1997.
5 Neben den bereits genannten Ortsgruppen bestanden 1923 weitere in Dresden, Meißen, Aue und Werdau. Stützpunkte existierten in Mittweida, Radebeul, Adorf, Eibenstock, Klingenthal, Falkenstein, Schneeberg, Schwarzenberg, Schandau, Gottleuba, Hohenstein-Ernstthal, Niederschlema, Neumark, Wilkau, Lößnitz und Zwönitz.
6 Zit. nach Claus-Christian W. Szejnmann, Vom Traum zum Alptraum. Sachsen in der Weimarer Republik. Hg. von der Sächsischen Landeszenrale für politische Bildung, Dresden 2000, S. 103.
7 Vgl. James Retallack, Herrenmenschen und Demagogentum. Konservative und Antisemiten in Sachsen und Baden. In: Ders. (Hg.), Sachsen in Deutschland. Politik, Kultur und Gesellschaft 1830–1918, Dresden 2000, S. 139.
8 Zit. nach Michael Bönisch, Die Hammer-Bewegung. In: Handbuch zur »Völkischen Bewegung« 1871–1918. Hg. von Uwe Puschner, Walter Schmitz und Justus H. Ulbricht, München 1999, S. 364. Dort auch biographische Angaben zu Fritsch.
9 Gerhard A. Ritter, Wahlen und Wahlpolitik im Königreich Sachsen. In: Simone Lässig und Karl Heinrich Pohl (Hg.), Sachsen im Kaiserreich. Politik, Wirtschaft und Gesellschaft im Umbruch, Dresden 1997, S. 61.
10 Retallack, Herrenmenschen, S. 140 und 116.
11 Sächsische Arbeiterzeitung vom 15.10.1904. Noch 1926 sprach der sozialdemokratische Politiker Richard Lipinski vom »Probierland der Reaktion«. Ders., Der Kampf um die politische Macht in Sachsen, Leipzig 1926, S. 3.
12 Vgl. Gerald Kolditz, Der Alldeutsche Verband in Dresden. Antitschechische Aktivitäten zwischen 1895 und 1914. In: Landesgeschichte in Sachsen. Tradition und Innovation. Hg. von Rainer Aurig, Steffen Herzog und Simone Lässig, Dresden 1997, S. 237.
13 Angaben nach Detlev Mühlberger, A Social Profile of the Saxon NSDAP Membership before 1933. In: Szejnmann, Nazism, S. 211 f.
14 Vgl. Szejnmann, Nazism, S. 29.
15 Vgl. Heinrich August Winkler, Weimar 1918–1933. Die Geschichte der ersten deutschen Demokratie, München 1998, S. 191 ff., 213 ff., 226 ff. Allzu unkritisch Szejnmann, Traum, S. 39 ff. Vgl. auch Heinrich Weiler, Die Reichsexekution gegen den Freistaat Sachsen unter Reichskanzler Dr. Stresemann im Oktober 1923, Frankfurt a. M. 1987.
16 Walter Fabian, Klassenkampf um Sachsen. Ein Stück Geschichte 1918–1930, Löbau 1930, S. 185.
17 Vgl. David Jablonsky, The Nazi Party in Dissolution. Hitler and the Verbotzeit 1923–1925, London 1989.
18 Jürgen W. Falter, Thomas Lindenberger, Siegfried Schumann, Wahlen und Abstimmungen in der Weimarer Republik. Materialien zum Wahlverhalten 1919–1933, München 1986, S. 69 f.
19 Szejnmann, Nazism, S. 41, Anm. 126.
20 Mutschmann wurde am 30.1.1947 vom Militärgericht des Obersten Gerichts der Sowjetunion zum Tode verurteilt und am 14.2.1947 in der Lubjanka erschossen. Vgl. Nikita Petrov, Deutsche Kriegsgefangene unter der Justiz Stalins. Gerichtsprozesse gegen Kriegsgefangene der deutschen Armee in der UdSSR 1943–1952. In: Stefan Karner (Hg.), »Gefangen in Rußland«. Die Beiträge des Symposiums auf der Schallaburg 1995, Graz/Wien 1995, S. 176–221, hier S. 202.
21 Eintrag vom 23.11.1925. In: Die Tagebücher von Joseph Goebbels. Sämtliche Fragmente. Hg. von Elke Fröhlich. Teil I: Aufzeichnungen 1924–1941, München 1987, Bd. 1, S. 143. Zur Person Mutschmanns vgl. Andreas Wagner, Mutschmann gegen von Killinger. Konfliktlinien zwischen Gauleiter und SA-Führer während des Aufstiegs der NSDAP und der »Machtergreifung« im Freistaat Sachsen, Beucha 2001, spez. S. 17 ff.
22 Zit. nach Szejnmann, Traum, S. 104.
23 Vgl. Völkischer Beobachter vom 30.11.1925.

24 Monatsbericht des Reichskommissars für die Überwachung der öffentlichen Ordnung (RKO) vom 25.4.1925, S. 52 (BArch Berlin, R 134/27). Zum Vergleich: Wahlkreis Dresden 5081, Wahlkreis Leipzig 4214 Stimmen.
25 Rede in Plauen am 11.6.1925. In: Hitler. Reden, Schriften, Anordnungen. Februar 1925 bis Januar 1933. Hg. vom Institut für Zeitgeschichte, München 1992 ff., Bd. I, S. 87–90.
26 Monatsbericht des MdI über die politische und wirtschaftliche Lage im Freistaat Sachsen im Juli 1925 vom 17.7.1925 (künftig: Monatsbericht des MdI), S. 24 (SächsHStA Dresden, MdI 11126/6).
27 Monatsbericht des MdI für Oktober vom 21.11.1925, S. 12 (SächsHStA Dresden, MdI 11126/6).
28 Ebenda, S. 13.
29 Monatsbericht des MdI für Januar vom 23.2.1926, S. 17 (SächsHStA Dresden, MdI 11126/6).
30 Rede des SS-Führers Karl Kressel während eines Propagandaumzuges in Plauen am 28.8.1926. Zit. nach Monatsbericht des MdI für August vom 23.9.1926, S. 18 (SächsHStA Dresden, MdI 1126/6).
31 Vgl. Monatsbericht des MdI für Februar vom 20.3.1926, S. 14, und Monatsbericht für August vom 23.9.1926, S.17 (SächsHStA Dresden, MdI 11126/6).
32 Vgl. Monatsbericht des MdI für Oktober vom 21.11.1925, S. 15, und Monatsbericht für November vom 24.12.1925, S. 18 (SächsHStA Dresden, MdI 11126/6).
33 Monatsbericht des MdI für Januar vom 23.2.1926, S. 16 (SächsHStA Dresden, MdI 11126/6).
34 Völkische Nachrichten für Westsachsen vom 3.4.1926. Zit. nach Monatsbericht des MdI für April vom 20.5.1926, S. 12 (SächsHStA Dresden, MdI 11126/6).
35 Ebenda, S. 13.
36 Monatsbericht des MdI für Juli von 20.8.1926, S. 19 (SächsHStA Dresden, MdI 11126/6).
37 Wagner, Mutschmann, S. 57.
38 Der Stahlhelm vom 15.8.1926. Zit. nach Monatsbericht des RKO vom 1.9.1926, S. 57 (BArch Berlin, R 134/30).
39 Zit. nach Monatsbericht des MdI für September vom 22.10.1926, S. 15 (SächsHStA Dresden, MdI 11126/6).
40 Falter, Wahlen, S. 108.
41 Vgl. Lapp, Revolution, S. 111–130; Christopher Hausmann, Die »Alte Sozialdemokratische Partei« 1926–1932. Ein gescheitertes Experiment zwischen den parteipolitischen Fronten. In: Demokratie und Emanzipation zwischen Saale und Elbe. Beiträge zur Geschichte der sozialdemokratischen Arbeiterbewegung bis 1933. Hg. von Helga Grebing, Hans Mommsen und Karsten Rudolph, Essen 1993, S. 273–294.
42 Hitler, Die Wiedergesundung der national-sozialistischen Bewegung. In: Völkischer Beobachter vom 2.2.1927.
43 Zit. nach Monatsbericht des RKO vom 14.4.1928, S. 132 (BArch Berlin, R 134/38).
44 Partei-Statistik der NSDAP zit. bei Szejnmann, Nazism, S. 271 f.
45 Falter, Wahlen, S. 71.
46 Hintergrund war eine Klage der SPD vor dem Staatsgerichtshof, die aufgrund eines Formfehlers der Wählerlisten zur Annullierung der Landtagswahl von 1926 führte.
47 Monatsbericht des MdI für April vom 24.5.1929, S. 3 (SächsHStA Dresden, MdI 11126/3).
48 Rede in Annaberg am 17.4.1929. In: Hitler, Bd. III/2, S. 210. Vgl. auch S. 233 ff., 238 f., 260 ff.
49 Falter, Wahlen, S. 108.
50 Zit. nach Sächsische Volkszeitung vom 8.7.1929. Vgl. auch Frankfurter Zeitung vom 3.7.1929; Vossische Zeitung vom 4.7.1929.
51 Zit. nach Berliner Tageblatt vom 22.8.1929. Vgl. auch von Mückes Darstellung in: Fränkische Tagespost vom 3.8.1929.
52 Hitler, Die sächsische Regierungsfrage und die Nationalsozialisten. In: Völkischer Beobachter vom 9.7.1929.
53 Der Fraktion gehörten nach dem Austritt von Mückes ferner an: Dr. Karl Fritsch (Stellv.), Walter Dönicke, Erich Kunz und Cuno Meyer.
54 Vgl. Martin Sabrow, Die verdrängte Verschwörung. Der Rathenaumord und die deutsche Gegenrevolution, Frankfurt a. M. 1998, S. 51. Zur Biographie Killingers vgl. auch Wagner, Mutschmann, S. 25–37.
55 Zit. nach Benjamin Lapp, Der Aufstieg der NSDAP in Sachsen. In: Reiner Pommerin (Hg.), Dresden unterm Hakenkreuz, Köln 1998, S. 8, Anm. 33.
56 Vgl. Lapp, Aufstieg, S. 8; Szejnmann, Traum, S. 109.
57 Willibalt Apelt, Jurist im Wandel der Staatsformen. Lebenserinnerungen, Tübingen 1965, S. 190.
58 Helmut Adler, Die Wirtschaftskrise im Spiegel der sächsischen Konkursstatistik. In: Zeitschrift des Sächsischen Statistischen Landesamtes 78/79 (1932/33), S. 39.
59 Zit. nach Szejnmann, Traum, S. 116.
60 Hitler, Bd. III/3, S. 223.
61 Personelle Zusammensetzung mit Berufsbezeichnung (in der Reihenfolge der Wahlliste): Volkswirt Dr. Karl Fritsch (Plauen), Tischler Walter Dönicke (Leipzig), Landwirt Cuno Meyer (Weinböhla), Kapitänleutnant a.D. Manfred von Killinger (Dresden), Handlungsgehilfe Erich

Kunz (Zwickau), Händler Arno Schreiber (Waldkirchen-Zschopautal), Bankbeamter Werner Studentkowski (Leipzig), Obersteuersekretär Kurt Lasch (Chemnitz), Schriftleiter Heinrich Bennecke (Dresden), Ingenieur Friedrich Schlegel (Chemnitz), Schlosser Otto Naumann (Colditz), Schulleiter Erich Fischer (Plauen), Landwirt Paul Krahl (Kamenz) und Oberpostsekretär Erich Schneider (Leipzig). Die Fraktion wurde nach der Kaltstellung Killingers im Zuge der Otto-Strasser-Krise von Fritsch geführt; als stellvertretender Fraktionsvorsitzender amtierte Lasch, als Geschäftsführer Dönicke.

62 Falter, Wahlen, S. 108.
63 Dresdner Nachrichten vom 1.10.1930. Zit. nach Szejnmann, Traum, S. 113.
64 Vgl. Günter Neliba, Wilhelm Frick und Thüringen als Experimentierfeld für die nationalsozialistische Machtergreifung. In: Detlev Heiden und Gunther Mai (Hg.), Nationalsozialismus in Thüringen, Weimar 1995, S. 75–96.
65 Vgl. hierzu und zum folgenden Szejnmann, Traum, S. 113 ff.; Lapp, Aufstieg, S. 12 f.
66 Dresdner Neueste Nachrichten und Leipziger Volkszeitung vom 18.4.1932. Dort auch Angabe von Einzelergebnissen. Insgesamt beteiligten sich an dem Volksentscheid 38 Prozent der Wahlberechtigten.
67 Vgl. Szejnmann, Traum, S. 134 f.
68 So die sächsische KPD-Zeitung Der Bolschewik, Nr. 3 von Januar 1932, S. 29. Zit. nach Szejnmann, Traum, S. 123.
69 Wagner, Mutschmann, S. 63 f. Weitere Angaben nach der Partei-Statistik der NSDAP bei Szejnmann, Nazism, S. 271 f.
70 Oberste SA-Führung an SA-Führung Sachsen vom 11.1.1932 (SächsHStA Dresden, MdI 19088).
71 Vgl. Der Freiheitskampf vom 3.3.1932.
72 Vgl. ausführlich Wagner, Mutschmann.
73 Vgl. Wagner, Mutschmann, S. 65; Ralf Krüger, Presse unter Druck. Differenzierte Berichterstattung trotz nationalsozialistischer Presselenkungsmaßnahmen. Die liberalen »Dresdner Neueste Nachrichten« und das NSDAP-Organ »Der Freiheitskampf« im Vergleich. In: Pommerin (Hg.), Dresden, S. 44.
74 Vgl. Monatsbericht des RKO vom 28.3.1927, S. 99 (BArch Berlin, R 134/31).
75 Der Freiheitskampf vom 12.11.1930.
76 Vgl. Szejnmann, Traum, S. 99 f., 105. Einen ersten Einblick in das völkische Netzwerk gibt Justus H. Ulbricht, Keimzellen »deutscher Wiedergeburt« – Die Völkischen in Hellerau und Dresden. In: Dresdner Hefte, Nr. 51 (1997), S. 80–86.
77 Vgl. Matthias Lienert, Der Einfluß des Nationalsozialismus auf die Technische Hochschule Dresden während der Weimarer Republik. In: Neues Archiv für Sächsische Geschichte 66 (1995), S. 273–291.
78 Ebenda, S. 290 f. Dort auch namentliche Nennung der Unterzeichner.
79 Josef Reinhold, Die NSDAP und die Wahl zur Landwirtschaftskammer 1931 im Freistaat Sachsen. In: Geschichte und Gesellschaft 16 (1990), S. 190.
80 Zit. nach Dieter Gessner, Agrarverbände in der Weimarer Republik. Wirtschaftliche und soziale Voraussetzungen agrarkonservativer Politik vor 1933, Düsseldorf 1976, S. 243.
81 Reinhold, NSDAP, S. 194. Vgl. auch Der Freiheitskampf vom 19.5.1931.
82 Vgl. Jens Adolph, Die Wirtschaftspolitik des Verbandes Sächsischer Industrieller 1928–1934. In: Bramke/Heß (Hg.), Wirtschaft und Gesellschaft in Sachsen, S. 174 f.
83 Ebenda, S. 161 f.
84 Zit. nach Szejnmann, Traum, S. 126.
85 Szejnmann, Nazism, S. 272.
86 Wahlaufruf vom 27.2.1932. Zit. nach Winkler, Weimar 1918–1933, S. 447.
87 Hitler, Bd. V/1, S. 17.
88 Bericht o. D. (SächsHStA Dresden, MdI 19088, Bl. 271).
89 Tagebücher. Teil I, Bd. 2, S. 140.
90 Der Freiheitskampf vom 14.3.1932. Angaben nach Falter, Wahlen, S. 78.
91 Vgl. Hitler, Bd. V/1, S. 16 ff.
92 Falter, Wahlen, S. 79.
93 Vgl. allg. Gerhard Paul, Aufstand der Bilder. Die NS-Propaganda vor 1933, Bonn 1990.
94 Vgl. Hitler, Bd. V/1, S. 258 ff.
95 Lapp, Aufstieg, S. 15.
96 Angaben nach Dirk Hänisch, A Social Profile of the Saxon NSDAP Voters. In: Szejnmann, Nazism, S. 219–239, hier 224.
97 Ebenda, S. 229. Zur Analyse der Wählerschaft auf Reichsebene vgl. Jürgen W. Falter, Hitlers Wähler, München 1991.
98 Vgl. Franz Walter, Sachsen – ein Stammland der Sozialdemokratie? In: Politische Vierteljahresschrift 32 (1991), S. 207–231.
99 Vgl. Dresdner Volkszeitung vom 27.9.1932 und 24.10.1932, Leipziger Volkszeitung vom 5.10.1932, Arbeiterstimme vom 1.10.1932, Volkszeitung für Meißen vom 11.10.1932, Sächsisches Volksblatt für Zwickau vom 18.10.1932, Leipziger Volkszeitung vom 8.12.1932.

100 Arno Franke, Das Doppelgesicht der NSDAP. Die Arbeiterpartei der Adelsgenossenschaft. Eine notwendige Auseinandersetzung mit dem Nationalsozialismus der Kapitalisten, Prinzen, Grafen und Barone, Dresden 1932, S. 16. Vgl. auch Dresdner Volkszeitung vom 23.7.1932 und Berliner Tageblatt vom 27.7.1932.
101 Vgl. Zittauer Morgenzeitung vom 6.9.1932, Sächsisches Volksblatt für Zwickau vom 6.9.1932, Volkszeitung für das Vogtland vom 7.10.1932.
102 Goebbels-Tagebücher. Teil 1, Bd. 2, S. 282.
103 Vgl. Hitler, Bd. V/2, S. 258 ff.
104 Völkischer Beobachter vom 8.9.1934.
105 Zum Dualismus von Partei und Staat im Dritten Reich vgl. Martin Broszat, Der Staat Hitlers. Grundlegung und Entwicklung seiner inneren Verfassung, München ¹⁴1995; Peter Diehl-Thiele, Partei und Staat im Dritten Reich. Untersuchungen zum Verhältnis von NSDAP und allgemeiner innerer Staatsverwaltung 1933–1945, München ²1971; Dieter Rebentisch, Führerstaat und Verwaltung im Zweiten Weltkrieg. Verfassungsentwicklung und Verwaltungspolitik 1939–1945, Stuttgart 1989.
106 So der sächsische Gesandte Graf Holtzendorff gegenüber Vizekanzler Franz von Papen am 6. März 1933. Bericht der Vertretung Sachsens beim Reich an das Ministerium der Auswärtigen Angelegenheiten vom 6.3.1933 (SächsHStA Dresden, Ministerium der Auswärtigen Angelegenheiten 1464).
107 Vgl. Sächs. Gesetzblatt, Nr. 2 vom 13.2.1933, S. 11 f. Die Verordnung des Reichspräsidenten vom 4.2.1933 ist in Auszügen abgedruckt bei Ingo Münch (Hg.), Gesetze des NS-Staates. Dokumente eines Unrechtssystems, Paderborn ³1994, S. 58–62.
108 Werdauer Zeitung vom 15.2.1933 (SächsHStA Dresden, ZAS 185).
109 Vgl. Sächs. Innenministerium an sämtliche Polizeibehörden vom 22.2.1933 (SächsHStA Dresden, AH Marienberg 2162, Bl. 77). Die sächsische Regierung protestierte daher auch nur außerordentlich verhalten gegen den Eingriff des Reiches in ihre Befugnisse. Vgl. Berliner Tageblatt vom 1.3.1933 (SächsHStA Dresden, ZAS 185).
110 Am 3. März 1933 entzog das Innenministerium in Dresden den Amtshauptleuten von Chemnitz, Zittau und Meißen die Polizeigewalt und leitete Überprüfungen ein, bei welchen Bürgermeistern auf ähnliche Weise vorzugehen sei. Vgl. Entwurf eines Schreibens von Schelcher (I. Abteilung, Sächs. Innenministerium) an die II. Abteilung des Innenministeriums vom 3.3.1933 (SächsHStA Dresden, MdI 19101, Bl. 15).
111 Vgl. Sächs. Innenministerium an die Polizeibehörden und die Kreis- und Amtshauptmannschaften vom 2.3.1933 (SächsHStA Dresden, AH Marienberg 2162, Bl. 111–117). Vor der Aufstellung einer Hilfspolizei hatte man sich in dieser Angelegenheit noch bei anderen Landesregierungen rückversichert und Erkundigungen über deren Vorgehen eingezogen. Vgl. Notiz Gottschalds vom 2.3.1933 (SächsHStA Dresden, Ministerium der Auswärtigen Angelegenheiten 8186, Bl. 233).
112 Sächs. Innenministerium an die Polizeibehörden und die Kreis- und Amtshauptmannschaften vom 2.3.1933 (SächsHStA Dresden, AH Marienberg 2162, Bl. 111).
113 Broszat, Staat Hitlers, S. 135.
114 Vgl. Der Freiheitskampf vom 4./5.3.1933 (SächsHStA Dresden, ZAS 470).
115 Wolff's Telegraphisches Büro vom 9.3.1933 (BArch Berlin, R 43 II/1371, Bl. 9).
116 Killinger selbst leitete als Reichskommissar das Innenministerium. Für das Volksbildungsministerium berief er den Dresdner Stadtschulrat Wilhelm Hartnacke, für das Justizministerium den bisherigen Staatsanwalt beim Dresdner Oberlandesgericht Georg Thierack und für das Finanzministerium den Oberregierungsrat Kluge. Am 13.3.1933 berief Killinger noch Erich Kunz als kommissarischen Leiter des Arbeits- und Wohlfahrtsministeriums.
117 So fungierte zum Beispiel der bisherige Rechtsberater der SA Sachsens, Friedrich Günther, als Stellvertreter des Reichskommissars Killinger in der Staatskanzlei. Für die Koordinierung der Zusammenarbeit von Partei und Staat wurde der bisherige NS-Landtagsabgeordnete Arno Schreiber als Kommissar berufen. Als Sonderkommissar für das gesamte Gesundheitswesen berief das Innenministerium Wegener. Für die Beaufsichtigung der Gemeindepolitik wurde im Mai 1933 der Gauamtsleiter für Gemeindepolitik und bisherige Kommissar im Arbeits- und Wohlfahrtsministerium Erich Kunz bestellt. Vgl. Chemnitzer Tageszeitung vom 14./15.3.1933 (SächsHStA Dresden, ZAS 240); Schreiben Wilischs (Staatskanzlei) an alle Ministerien vom 29.5.1933 (SächsHStA Dresden, MdI 9278, Bl. 27 f.); Sächs. Verwaltungsblatt, Nr. 44 vom 23.5.1933, S. 352.
118 Zu den seit 1930 bestehenden Konflikten zwischen Killinger und Mutschmann und deren Fortsetzung während der »Machtergreifung« vgl. Wagner, Mutschmann, S. 69–75, 84–96.
119 Vgl. Anweisung des Reichskommissars, o.J. [17.3.1933] (SächsHStA Dresden, MdI 9278); Sächs. Verwaltungsblatt, Nr. 22 vom 17.3.1933, S. 164. Für die Kreishauptmannschaften Leipzig und Dresden wurden die jeweiligen Kreisleiter der NSDAP, Walther Dönicke und Cuno Meyer, für Chemnitz und Zwickau die SA-Untergruppenführer von Chemnitz und Plauen, Kurt Lasch und Arthur Heß, zu Kommissaren ernannt.
120 Vgl. Reichsgesetzblatt, Teil I 1933, S. 153. Der Gesetzestext ist abgedruckt bei Münch (Hg.),

Gesetze, S. 42 f. Zur Bewertung des sog. »Reichsstatthaltergesetzes« vgl. Broszat, Staat Hitlers, S. 140–150; Diehl-Thiele, Partei, S. 37–55. Frick wies den Reichsstatthaltern im Juli 1933 in einem Schreiben ausdrücklich die Aufgabe zu, der staatlichen Verwaltung wieder zur vollen Autorität zu verhelfen und Parteieingriffe zu unterbinden. Vgl. Frick an die Reichsstatthalter und Landesregierungen vom 10.7.1933 (SächsHStA Dresden, MdI 9278, Bl. 33–36).

121 Aus der Vielzahl vergleichbarer Fälle auf Landesebene sei an dieser Stelle auf Bayern verwiesen, wo neben dem Reichsstatthalter Franz Xaver Ritter von Epp sechs Gauleiter, der Ministerpräsident Ludwig Siebert sowie Ernst Röhm und Heinrich Himmler um die Führung stritten. Vgl. Diehl-Thiele, Partei, S. 92–111; Peter Hüttenberger, Die Gauleiter. Studien zum Wandel des Machtgefüges in der NSDAP, Stuttgart 1969, S. 79; Katja-Maria Wächter, Die Macht der Ohnmacht. Leben und Politik des Franz Xaver Ritter von Epp (1868–1946). Frankfurt a. M. 1999, S. 155–202.
122 Vgl. Wagner, Mutschmann, S. 113–125.
123 Reichsgesetzblatt, Teil I 1933, S. 175. Der Gesetzestext ist in Auszügen abgedruckt bei Münch (Hg.), Gesetze, S. 26–28. Generell zum Berufsbeamtengesetz vgl. Hans Mommsen, Beamtentum im Dritten Reich, Stuttgart 1966, S. 39–42; Sigrun Mühl-Benninghaus, Das Beamtentum in der NS-Diktatur bis zum Ausbruch des Zweiten Weltkrieges. Zu Entstehung, Inhalt und Durchführung der einschlägigen Beamtengesetze, Düsseldorf 1996, S. 1–93. Zu Sachsen vgl. Wagner, Mutschmann, S. 104–112.
124 Mommsen, Beamtentum, S. 59.
125 In zahlreichen Aufrufen zwischen März und Mai 1933 forderte Killinger die Parteibasis immer wieder auf, nicht weiter selbständig in Verwaltung und Wirtschaft einzugreifen. Vgl. Sächs. Verwaltungsblatt, Nr. 27 vom 28.3.1933, S. 199; Nr. 30 vom 7.4.1933, S. 226.
126 Verordnung des Reichskommissars vom 27.4.1933 (SächsHStA Dresden, MdI 9278, Bl. 3).
127 Denkschrift vom 4.9.1933 (SächsHStA Dresden, MdI 9278, Bl. 165).
128 Vgl. Fritsch an die Kommissare vom 14.10.1933 (SächsHStA Dresden, MdI 9278, Bl. 181).
129 Auch für andere Ministerien lässt sich der Einbau von einzelnen Kommissaren feststellen. Bei der Staatskanzlei wurde Arno Schreiber im Rang eines Ministerialrates für die Verbindung zur Partei in ein Beamtenverhältnis aufgenommen, beim Wirtschaftsministerium Erich Rosig (Oberregierungsrat) als persönlicher Referent des Ministers und im Arbeits- und Wohlfahrtsministerium Curt Haase für den Bereich der Arbeitsbeschaffung. Vgl. Staatskanzlei an das Reichsministerium der Finanzen vom 24.3.1934 (SächsHStA Dresden, MdF 5892, Bl. 171–192); Sächs. Verwaltungsblatt, Nr. 104 vom 15.12.1933, S. 926.
130 Der sächsische Justizminister, Otto Thierack, schied damit zum 1.1.1935 aus der Landesregierung aus. Vgl. Thierack an die Landesregierung vom 21.12.1934 (SächsHStA Dresden, MdF 11058, Bl. 129).
131 Vgl. Broszat, Staat Hitlers, S. 155.
132 Die Ereignissen vom Juni und Juli 1934 sind mit dem zeitgenössischen Terminus des »Röhm-Putsches« nur sehr unzulänglich beschrieben. Die Forschung ist sich einig, dass die SA im Juni 1934 keinen Putsch beabsichtigte. Zur Vorgeschichte und zum Ablauf der Ereignisse vgl. Immo von Fallois, Kalkül und Illusion. Der Machtkampf zwischen Reichswehr und SA während der Röhm-Krise 1934, Berlin 1994. Für Sachsen vgl. Wagner, Mutschmann, S. 126–138.
133 Vgl. Abschrift der Ernennungsurkunde Mutschmanns vom 28.2.1935, Entlassungsurkunde Killingers vom 28.2.1935 (BArch Berlin, R 43 II/1371a, Bl. 43, 45). Zum Gesetz vom 30.1.1935 vgl. Diehl-Thiele, Partei, S. 70–73. Der Gesetzestext ist abgedruckt bei Münch (Hg.), Gesetze, S. 44–46.
134 Mutschmann an Lammers vom 12.3.1935 (BArch Berlin, R 43 II/1371a, Bl. 63).
135 Vgl. Mutschmann an Lammers vom 12.3.1935 (BArch Berlin, R 43 II/1371a, Bl. 74).
136 Das Wirtschaftsministerium erhielt die neue Bezeichnung Ministerium für Wirtschaft und Arbeit. Vgl. Sächs. Verwaltungsblatt, Nr. 85 vom 25.10.1935, S. 521.
137 Mutschmann an alle Minister vom 29.8.1936 (SächsHStA Dresden, Sächsische Gesandtschaft beim Reich 89, Bl. 16 f.). Die Hervorhebungen befinden sich auch im Schreiben Mutschmanns.
138 Vgl. Sächs. Verwaltungsblatt, Nr. 19 vom 8.3.1935, S. 97.
139 Vgl. ebenda, Nr. 46 vom 11.6.1935, S. 303.
140 Die ursprüngliche Planung im sächsischen Innenministerium sah vor, alle Beamtenangelegenheiten bei der Staatskanzlei und ihrem Personalamt zu konzentrieren. Ausdrücklich sollten hier auch Lehrer und das Personal der Hochschulen einbezogen werden. Von dieser »Maximalplanung« kam man jedoch 1935 wieder ab und zog lediglich die Zuständigkeit für die höheren Beamten in den Aufgabenbereich der Staatskanzlei. Im Jahr 1938 wurden dann die noch bestehenden Personalstellen der Ministerien endgültig mit dem Personalamt der Staatskanzlei vereinigt. Beim Volksbildungsministerium verblieb eine Personalstelle für die Lehrer und das Hochschulpersonal. Vgl. Mutschmann an die Minister vom 3.5.1935, 14.10.1937 und vom 13.1.1938 (SächsHStA Dresden, MdI 9305, Bl. 120, 136, 141 f.).
141 Beitrag von Kunz im Tageblatt für Penig vom 15.2.1935 (SächsHStA Dresden, ZAS 239).
142 Ebenda.

143 Für die Entwicklung der staatlichen Verwaltung auf Länderebene und ihr Verhältnis zur NSDAP im Krieg vgl. Rebentisch, Führerstaat, S. 231–282.
144 Broszat, Staat Hitlers, S. 163.
145 Ebenda.
146 Die sächsische Regierung versuchte dem durch verschiedene Verordnungen, die u. a. eine direkte Bewerbung bei Behörden in den Sudetengebieten untersagten, Einhalt zu gebieten. Außerdem wurden noch vor Kriegsbeginn die Möglichkeiten eines vorzeitigen Eintritts in den Ruhestand eingeschränkt. Vgl. Sächs. Verwaltungsblatt, Nr. 22 vom 17.3.1939, S. 63; Nr. 26 vom 31.3.1939, S. 75.
147 Als Beispiel sei auf einen Bericht der Amtshauptmannschaft Meißen verwiesen, die im Oktober 1939 gegenüber der Kreishauptmannschaft Dresden mitteilte, dass bereits annähernd 30 % ihrer Beamten und 8 % der Angestellten eingezogen seien. Für die 9 fehlenden Kräfte wurden 3 Aushilfskräfte in den Dienst genommen. Vgl. AH Meißen an die KH Dresden vom 14.10.1939 (SächsHStA Dresden, AH Meißen 378, Bl. 41).
148 Mutschmann an Lammers vom 19.5.1941 (BArch Berlin, R 43 II/1394a, Bl. 95).
149 Mutschmann an Lammers vom 28.4.1941 (BArch Berlin, R 43 II/1394a, Bl. 73); »Zusammenstellung der Fälle, die die Bewegungsfreiheit der Reichsstatthalter durch übertriebenen Zentralismus der obersten Reichsbehörden wesentlich beschränken«, o.J. [1941] (BArch Berlin, R 43 II/1394a, Bl. 75–94). Die Initiative für diese Zusammenstellung war von Lammers ausgegangen. Der Chef der Reichskanzlei hatte im März 1941 die Reichsstatthalter aufgefordert, sich zum Problem des Zentralismus zu äußern. Vgl. Lammers an die Reichsstatthalter vom 14.3.1941 (SächsHStA Dresden, MdI 9299, Bl. 102).
150 Mutschmann an Lammers vom 19.5.1941 (BArch Berlin, R 43 II/1394a, Bl. 95).
151 Aktenvermerk der Reichskanzlei o.D. [Mai 1941], S. 3 (BArch Berlin, R 43 II/1394, Bl. 108–123).
152 Bereits 1938 hatte Mutschmann einen Infarkt erlitten, der ihn zwang, die Regierungsgeschäfte zwischen Juli und Oktober ruhen zu lassen. Sie wurden in diesem Zeitraum dem thüringischen Reichsstatthalter Fritz Sauckel übertragen. Vgl. Hitler an Sauckel vom 31.7.1938 (BArch Berlin, R 43 II/1393b, Bl. 19).
153 Lenk an Lammers vom 24.2.1943 (BArch Berlin, NS 19/936, Bl. 3 f.).
154 Abschlußbericht über den Selbstmord Fritschs, o.J. [1943] (BArch Berlin, ehem. BDC, SS-Ordner Karl Fritsch).
155 Vgl. Sächs. Verwaltungsblatt, Nr. 37 vom 23.7.1943, S. 107–110; Rebentisch, Führerstaat, S. 485. Neben der Staatskanzlei waren dies die folgenden Abteilungen: Abteilungen I–III: Ministerium des Innern, Abteilung IV: Ministerium für Volksbildung, Abteilung V: Ministerium für Wirtschaft und Arbeit, Abteilung VI: Landesforstverwaltung, Abteilung VII: Finanzministerium. Planungen zur Neuordnung der Landesregierung sind ab März 1943 feststellbar. Vgl. Mutschmann an die Ministerien vom 10.3.1943 (SächsHStA Dresden, MdI 9325, Bl. 18 f.).
156 Mutschmann an die kommissarischen Abteilungsleiter vom 8.4.1943 (SächsHStA Dresden, MdI 9325, Bl. 80).
157 Sächs. Verwaltungsblatt, Nr. 37 vom 23.7.1943, S. 107.
158 Frick an Lammers vom 19.4.1943 (BArch Berlin, R 43 II/658, Bl. 28 f.).
159 Zum Einflussverlust des Reichsinnenministeriums im Krieg vgl. Günter Neliba, Wilhelm Frick. Der Legalist des Unrechtsstaates. Eine politische Biographie, Paderborn 1992, S. 303–361.
160 Reichskanzlei an Reichsinnenminister (Entwurf) vom 15.5.1943 (BArch Berlin, R 43 II/658, Bl. 38).
161 Vgl. Sächs. Verwaltungsblatt, Nr. 37 vom 23.7.1943, S. 107–110.
162 Vgl. Ministerialblatt des Reichs- und Preußischen Ministeriums des Innern, Nr. 27 vom 7.7.1943, S. 1070. Zur Stillegung der sächsischen Regierungspräsidien vgl. auch Rebentisch, Führerstaat, S. 270 f.
163 Vgl. Sächs. Gesetz- und Verordnungsblatt, Nr. 10 vom 29.2.1944, S. 29 f.; Nr. 46 vom 20.10.1944, S. 161f.
164 Broszat, Staat Hitlers, S. 164.
165 Himmler an Bormann vom 15.2.1944 (BArch Berlin, ehem. BDC, Research Sammelliste Nr. 63, Martin Mutschmann, Bl. 323 f.).
166 Vgl. z. B. Max Selbach, Sachsen. Die Werkstatt Deutschlands, Berlin 1940.
167 Alle Zahlen sind eigene Berechnungen nach Statistisches Jahrbuch für das Land Sachsen 50 (1931/34), S. 11 und 16 f.
168 Eigene Berechnung nach ebenda, S. 263.
169 Ebenda, S. 266.
170 Verordnung des Gesamtministeriums (Reichskommissar) Nr. 198 vom 8.4.1933 betr. Betriebsvertretungen und Kündigungen staatsfeindlich eingestellter Arbeiter und Angestellter. In: Sächs. Verwaltungsblatt 1933, S. 229 f.
171 Amtshauptmannschaft Flöha an Elsa P. am 12.6.1933 (SächsHStA, Ast. Chemnitz, VEB Vereinigte Baumwollspinnereien Flöha 775, ohne Blattzahl).
172 Michael Schneider: Unterm Hakenkreuz. Arbeiter und Arbeiterbewegung 1933–1939, Bonn 1999, S. 500.

173 Deutschland-Berichte der Sozialdemokratischen Partei Deutschlands (Sopade) 1934–1940 (künftig: Sopade-Berichte), Salzhausen, Frankfurt a. M., ⁷1989, Bd. 1 (1934), S. 136 f.
174 Sopade-Berichte, Bd. 2 (1935), S. 448–450.
175 Mutschmann, Lenk und Peitsch am 15.9.1934: An alle Betriebsführer Sachsens (SächsHStA Dresden, Arbeitsämter 48, Bl. 126).
176 Sozialistischer Aufbau im Gau Sachsen. Von Gauobmann und Gauamtsleiter Hellmuth Peitsch, M.d.R. In: Der Freiheitskampf vom 30.4.1939 (SächsHStA Dresden, Staatskanzlei, Nachrichtenstelle, ZAS 1208, I, ohne Blattzahl).
177 DAF-Gauwaltung Sachsen, Sozialabteilung/Arbeitsschutz an die Betriebführung der Fa. C. W. Schletter am 29.8.1936 (SächsHStA, Ast. Chemnitz, C. W. Schletter 131, ohne Blattzahl).
178 Schneider, Hakenkreuz, S. 196.
179 Vgl. Sächsische Gesandtschaft, Dienststelle Berlin, an die Staatskanzlei Dresden vom 9.4.1934. Konzept, insbes. S. 20 und 23 (SächsHStA Dresden, Sächsische Gesandtschaft Berlin 2183, ohne Blattzahl).
180 Statistisches Jahrbuch Sachsen 51 (1935/38), S. 223.
181 Ebenda, S. 286.
182 Auszug aus dem Monatsbericht November 1934 des Gestapa Sachsen (SächsHStA Dresden, SMfWA 1557, Bl. 56–64, hier Bl. 61).
183 Statistisches Jahrbuch Sachsen 51 (1935/38), S. 286 f.
184 Quelle: Eigene Berechnungen nach Statistisches Jahrbuch Sachsen 51 (1935/38), S. 284 f.; Dan P. Silverman, Hitler's Economy. Nazi Work Creation Programs. 1933–1936, Cambridge (Massachusetts), London 1998, S. 250–253.
185 Statistisches Jahrbuch Sachsen 51 (1935/38), S. 286.
186 Ebenda, S. 289 f.
187 Sopade-Berichte, Bd. 2 (1935), S. 1150.
188 LAA Sachsen: Arbeitseinsatzbericht für Juli 1939 (SächsHStA Dresden, IHK Chemnitz, Berichte 7, ohne Blattzahl).
189 Auszug aus dem Wochenbericht des Gestapa Sachsen für die Zeit vom 13.–19.10.1934 (SächsHStA Dresden, SMfWA 1557, Bl. 34–36, hier Bl. 34).
190 Auszug aus dem Monatsbericht Oktober 1934 des Gestapa Sachsen (SächsHStA Dresden, SMfWA 1557, Bl. 51–54, hier Bl. 51).
191 Gendarmerie-Inspektor der AH Flöha: Lagebericht vom 23.6.1937 (SächsHStA Dresden, AH Flöha 2373, Bl. 153–156, hier Bl. 153).
192 Sopade-Berichte, Bd. 4 (1937), S. 781f.
193 Sopade-Berichte, Bd. 3 (1936), S. 1173.
194 Der Arbeitseinsatz in Sachsen. Mitteilungen des LAA Sachsen 18 (1939), S. 76. Zahlen für Juni 1939.
195 Der Arbeitseinsatz im Großdeutschen Reich, Nr. 11/12 vom 30.12.1944, S. 4. Zahlen für den 30.9.1944.
196 Der Arbeitseinsatz in Sachsen. Mitteilungen des LAA Sachsen 18 (1939), S. 76. Zahlen für Juni 1939.
197 Eigene Berechnungen nach Statistisches Jahrbuch für das Deutsche Reich 49 (1941/42), S. 35 und 58 (Arbeiter und Angestellte); Statistik des Deutschen Reichs 552/1, S. 18 und 30 (Wohnbevölkerung).
198 LAA Sachsen: Arbeitseinsatzbericht für Februar 1942 (SächsHStA Dresden, IHK Chemnitz, Berichte 7, ohne Blattzahl).
199 Arbeitseinsatz im Großdeutschen Reich, Nr. 7 vom 31.7.1943, S. 4 f.
200 Wirtschaftsgruppe Textilindustrie, Bezirksgruppe Sachsen in der Gauwika Sachsen, an die Mitglieder vom 6.9.1944 (SächsHStA Dresden, IHK Chemnitz, Arbeitskräfte 8, ohne Blattzahl).
201 LAA Sachsen: Arbeitseinsatzbericht für Januar 1944, S. 2 (SächsHStA Dresden, IHK Chemnitz, Berichte 7, ohne Blattzahl).
202 Rüstungskommando Chemnitz vom 7.10.1940: Rundschreiben Nr. 121/40 (BA-MA Freiburg, RW 21–11/5, Bl. 30 f.).
203 Alexander Fischer, »Fremdarbeiter« und Kriegsgefangene in Sachsen 1939–1945. Der »Ausländereinsatz« in der Region, masch. Magisterarbeit an der TU Dresden 2001, S. 109. Ich danke Herrn Fischer für die Überlassung seiner unveröffentlichten Arbeit.
204 Fischer, »Fremdarbeiter«, S. 99 und 111.
205 Brief vom 3.10.1943. Zit. nach Jörg Osterloh, Ein ganz normales Lager. Das Kriegsgefangenen-Mannschaftsstammlager 304 (IV H) Zeithain bei Riesa/Sa. 1941–1945, Leipzig ²1997, S. 60.
206 Aktennotiz vom 4.7.1942 betr. Beschaffung von provisorischen Unterkünften für ausländische Arbeiter, Verfasser unleserlich (SächsHStA Dresden, IHK Chemnitz, Arbeitskräfte 9, ohne Blattzahl).
207 Mitteldeutsche Motorenwerke GmbH an RLM am 12.3.1942 betr. Russeneinsatz (BA-MA Freiburg, RW 19/2147, Bl. 71–74, hier Bl. 73 f.).
208 Fischer, »Fremdarbeiter«, S. 107.

209 Jeder Versuch, eine Wirtschaftsgeschichte Sachsens während der NS-Zeit zu schreiben, sieht sich mit mindestens drei Hindernissen konfrontiert: Erstens stehen umfassende wirtschaftshistorische Untersuchungen zu Sachsen während des Kaiserreiches, des Ersten Weltkrieges, der Inflation und der krisengeschüttelten Weimarer Republik, vor allem auch die Auswirkungen der Weltwirtschaftskrise in Sachsen bis zur Machtübergabe an die Nationalsozialisten, noch aus. Zweitens ist die Quellenlage zumal für die Jahre ab etwa 1935/36 für die staatliche und parteiliche Verwaltungsebene außerordentlich splitterhaft. Und drittens beginnt die unternehmenshistorische Forschung, die häufig auf außerordentlich aussagekräftige Bestände zurückgreifen kann, gerade erst an Bewegung zu gewinnen. Aus allen drei Gründen kann der folgende Überblick allenfalls beanspruchen, einen groben, den bisherigen Forschungsstand zusammenfassenden Überblick über die Wirtschaftsgeschichte dieses Gebietes während der NS-Zeit zu geben, und wird dabei auch mehr die Möglichkeiten andeuten können, die noch in diesem Thema stecken, als dass er schon ein abgerundetes Bild liefern könnte. Schon wegen des engen Raumes dieses Beitrages werden viele interessante Aspekte nicht erwähnt oder allenfalls gestreift werden können. Da auf Einzelbelege weitgehend verzichtet wird, seien an dieser Stelle die Titel genannt, die den neueren Forschungsstand am ehesten repräsentieren und in denen sich auch Angaben zu weiterführender Literatur finden: Für die Zeit der Weimarer Republik: Werner Bramke, Sachsens Industrie(gesellschaft) in den Jahren der Weimarer Republik. In: Ders. und Ulrich Heß (Hg.), Wirtschaft und Gesellschaft in Sachsen im 20. Jahrhundert, Leipzig 1998, S. 27–51; zum Nationalsozialismus im selben Band: Ulrich Heß, Sachsens Industrie in der Zeit des Nationalsozialismus. Ausgangspunkte, struktureller Wandel, Bilanz, S. 53–88; vgl. auch Ulrich Heß, Rüstungs- und Kriegswirtschaft in Sachsen (1935–1945), in: Werner Bramke und Ulrich Heß (Hg.), Sachsen und Mitteldeutschland. Politische, wirtschaftliche und soziale Wandlungen im 20. Jahrhundert, Weimar 1995, S. 73–91. Nützlich ist ferner der Sammelband: Ulrich Heß und Michael Schäfer (Hg.), Unternehmer in Sachsen. Aufstieg – Krise – Untergang – Neubeginn, Leipzig 1998.
210 Errechnet als Arbeitslose/Arbeitslose + Beschäftigte (ohne Kranke) · 100. Quelle: Statistisches Jahrbuch für das Land Sachsen 51 (1935/38), Dresden o.J. (1939), S. 284. Reichsziffer: Dan P. Silverman, Hitler's Economy. Nazi Work Creation Programs, 1933–1936, Cambridge/Mass. 1998, Tabelle 1, S. 249–253.
211 Vgl. Statistik des Deutschen Reiches, Bd. 415: Volks-, Berufs- und Betriebszählung 1925. Die gewerblichen Niederlassungen und die technischen Betriebseinheiten in den Ländern und Landesteilen/Heft 4a: Land Sachsen. Die gewerblichen Niederlassungen, Berlin 1929, S. 2f.
212 Paul Bramstedt, Die Krisis der sächsischen Industriewirtschaft (Veröffentlichungen des Verbandes Sächsischer Industrieller, Nr. 67), Berlin 1932, S. 4. Wenn im folgenden auf diese Studie Bezug genommen wird, so ist zu berücksichtigen, dass es sich hier um eine Auftragsarbeit des VSI handelte, deren Ergebnisse durchweg noch einer detaillierteren wirtschaftshistorischen Überprüfung bedürfen, die hier nicht geleistet werden kann.
213 Vermerk über eine Besprechung in der Reichskanzlei mit dem Sächs. Ministerpräsidenten am 13.5.1932 (BArch Berlin, R 43 I, 2312, Bl. 9 f.).
214 Ebenda.
215 Vermerk vom 18.8.1932 über Gespräch zwischen Reichskanzler und Wittke am 17.8.1932 (BArch Berlin, R 43 I, 2312, Bl. 52 f.).
216 Vertretung Sachsens in Berlin (Hardraht) an Sächs. Staatskanzlei vom 2.8.1935 (SächsHStA Dresden, Sächs. Gesandtschaft in Berlin, Zweite Abgabe, 117, Bl. 34–38).
217 Ebenda.
218 Georg Lenk war in Personalunion auch Gauwirtschaftsberater der sächsischen NSDAP. Aus bislang unbekannten Gründen verlor er im Sommer 1941 seine Vertrauensstellung bei Mutschmann und wurde zunächst im Herbst 1941 vom Amt des Gauwirtschaftsberaters und am 15.2.1943 auch vom Amt des Ministers für Wirtschaft und Arbeit entbunden. Zu diesen Vorgängen vgl. BArch Berlin, NS 19, Bl. 2–25.
219 »Arbeitsbeschaffung im Notstandsgebiet Sachsen«: Ausarbeitung des Sächs. Wirtschaftsministers an den Reichsstatthalter vom 12.8.1935 (SächsHStA Dresden, Sächs. Gesandtschaft in Berlin, Zweite Abgabe, 117, Bl. 40–45, Zitat Bl. 42).
220 BArch-MA, RW 19, 1744, Bl. 162–166.
221 Wirtschaftskammer Sachsen: Die Folgen von Grenzlage und Wirtschaftsstruktur für die Entwicklung in Sachsen. Gedanken und Material zur Untersuchung der sächsischen Wirtschaftsfragen vom 29.7.1938.
222 Gezählt wurden hier jene Aufträge, an deren Vermittlung die Landesauftragsstelle beteiligt war. Vgl. Vertretung Sachsens in Berlin (Legationsrat Steinbeck) betr. »Bessere Berücksichtigung Sachsens bei der Vergebung von Reichsaufträgen« vom 17.1.1935 (SächsHStA Dresden, Sächs. Gesandtschaft in Berlin, Zweite Abgabe, 119, Bl. 1–18).
223 Vgl. Niederschrift über die Aufsichtsratssitzung der Sächsischen Textilmaschinenfabrik am 25.8.1936 (BArch Berlin, R 8119 F, 2843, Bl. 291).
224 Der Reichskriegsminister und Oberbefehlshaber der Wehrmacht an die Oberbefehlshaber des Heeres, der Kriegsmarine und den Reichsminister der Luftfahrt und Oberbefehlshaber

der Luftwaffe betr. »Berücksichtigung der Grenzgebiete bei Erteilung öffentlicher Aufträge« vom 24.12.1937 (BA-MA, RW 19, 1743, Bl. 8 f.). Unter »Grenzgebieten« verstand der Minister allerdings »in erster Linie« Ostpreußen, Schlesien, Rheinland, Baden und die Saarpfalz; Sachsen wird in dieser Aufzählung nicht erwähnt.

225 Referat (vermutlich des Leiters der Bezirksgruppe Sachsen der Reichsgruppe Industrie, Otto Sack) vom 15.11.1935 (StA Leipzig, Rudolf Sack, 450, Bl. 153–157). Die Bezirksgruppe war die gleichgeschaltete Nachfolgeorganisation des VSI.

226 Zuletzt prominent im »wirtschaftlichen Sofortprogramm« von Juni 1932. Vgl. zur Interpretation Avraham Barkai, Das Wirtschaftssystem des Nationalsozialismus. Ideologie, Theorie, Politik 1933–1945, Frankfurt a. M. 1988, S. 169.

227 Vgl. die Zustimmung des Verbandsorgans der VSI kurz vor der Machtergreifung zu einer Rede des Hamburger Gauwirtschaftsberaters Gustav Schlotterer, in der dieser die Notwendigkeit des Außenhandels betont hatte. Vgl. Ausfuhr – Autarkie, in: Sächsische Industrie, Jg. 1933, S. 36 f. Schlotterer vertrat natürlich ebenfalls die Exportinteressen der Welthandelsstadt Hamburg. Zur Person Gustav Schlotterers vgl. Frank Bajohr, »Arisierung« in Hamburg. Die Verdrängung der jüdischen Unternehmer 1933–1945, Hamburg 1997, S. 175, Anm. 7.

228 Notiz über ein Gespräch zwischen Georg Bellmann (Wirtschaftskammer Sachsen), Voß (Landesauftragsstelle) und Hardraht (Sächs. Gesandtschaft in Berlin) am 2.10.1035 vom 5.10.1935 (SächsHStA Dresden, Sächs. Gesandtschaft in Berlin, Zweite Abgabe, 118, Bl. 31f.).

229 Die Vorgänge finden sich im Bestand: SächsHStA Dresden, Ministerium für Wirtschaft, 1558c. Der Vorwurf der »Industrieverschleppung« erstreckte sich auch auf andere Branchen, etwa Tabakschneidemaschinen u. ä.

230 Vgl. Bezirksgruppe Sachsen der Reichsgruppe Industrie an den Sächs. Minister für Wirtschaft und Arbeit vom 19.12.1935 (StA Leipzig, Rudolf Sack, 450, Bl. 22–30).

231 Außenhandelsstelle für Sachsen und Ostthüringen an Vorstands- und Beiratsmitglieder der Außenhandelsstelle für Sachsen und Ostthüringen betr. »Lage des Ausfuhrgeschäftes« im Bereiche der Außenhandelsstelle vom 13.4.1939 (SächsHStA Dresden, IHK Chemnitz, Außenhandel, 10, nicht pag.).

232 Bericht Rübberdts über ein Gespräch mit dem Kreisleiter Papsdorf vom 12.5.1936 (SächsHStA Dresden, Ast. Chemnitz, Astrawerke AG, 72, Bl. 442).

233 IHK Chemnitz an Wirtschaftskammer Sachsen betr. »Bericht über die wirtschaftliche Lage« vom 29.3.1939 (SächsHStA Dresden, IHK Chemnitz, Berichte, 13, nicht pag.).

234 Konrad Fuchs, Ein Konzern aus Sachsen. Das Kaufhaus Schocken als Spiegelbild deutscher Wirtschaft und Politik 1901 bis 1953, Stuttgart 1990.

235 Vgl. dazu Harold James, Die Deutsche Bank und die „Arisierung", München 2001, S. 83.

236 Wirtschaftskammer Sachsen, Die Folgen von Grenzlage und Wirtschaftsstruktur für die Entwicklung in Sachsen. Gedanken und Material zur Untersuchung der sächsischen Wirtschaftsfragen vom 29.7.1938.

237 Vgl. Peter Hayes, Industry and Ideology. IG Farben in the Nazi era, Cambridge 1987, S. 232–243.

238 Auf Einzelbelege wird hier verzichtet; der Gesamtvorgang findet sich in: StA Leipzig, Dresdner Bank, 623.

239 Direktor Dr. Küntzel (ATG) an Direktor Jagemann (Dresdner Bank Leipzig) vom 30.11.1938 (StA Leipzig, Dresdner Bank, 623, nicht pag.).

240 IHK Chemnitz an Wirtschaftskammer Sachsen betr. »Bericht über die wirtschaftliche Lage« vom 29.3.1939 (SächsHStA Dresden, IHK Chemnitz, Berichte, 13, nicht pag.).

241 Wirtschaftskammer Sachsen/Abteilung Industrie, Die Industriebeschäftigung im Wehrkreis IV nach den Ergebnissen der Industrieberichterstattung in den Monaten Juli 1939 bis Dezember 1940 vom 4.6.1941 (BArch Berlin, R 11, 73, Bl. 20–37).

242 Wirtschaftskammer Sachsen/Abteilung Industrie, »Die Industriebeschäftigung im Wehrkreis IV in den Monaten Juli 1939 bis Juli 1942« vom 3.3.1943 (BArch Berlin, R 11, 74, Bl. 30–44, Zitate Bl. 44r).

243 Verzeichnis von Rüstungsfirmen (Stand: 1.1.1940) mit Firmenziffern in alphabetischer Ordnung (BArch Berlin, R 3, 3151). Es ist eine noch ungeklärte Frage, in welchem Umfang in dieser Aufstellung auch Unterlieferanten mit einbezogen waren.

244 Diese Zahlen basieren auf Erhebungen der Wirtschaftsgruppe Maschinenbau, die wiederum auf Informationen der ihr angeschlossenen Unternehmen zurückgriff und somit anders als die amtliche Außenhandelsstatistik in der Lage war, die Exporte auch regional zuzuordnen.

245 Gauwirtschaftskammer Sachsen an Landeswirtschaftsamt vom 2.5.1944 (SächsHStA Dresden, IHK Chemnitz, Berichte, 10, nicht pag.).

246 Mit weiterführender Literatur: Mark Spoerer, Zwangsarbeit unter dem Hakenkreuz. Ausländische Zivilarbeiter, Kriegsgefangene und Häftlinge im Deutschen Reich und im besetzten Europa 1939–1945, München 2001, S. 54 f. Vgl. auch Felicja Karay, Wir lebten zwischen Granaten und Gedichten. Das Frauenlager der Rüstungsfabrik HASAG im Dritten Reich, Weimar 2001.

247 Auf diesen Widerspruch wies die Wirtschaftskammer Sachsen hin: Wirtschaftskammer Sachsen/Abteilung Industrie an die IHK Chemnitz, Dresden, Leipzig, Plauen und Zittau betr.

»Auftragsentwicklung und Stillegungsmaßnahmen« vom 31.7.1942 (SächsHStA Dresden, IHK Chemnitz, Stillegungen, 10, nicht pag.).
248 Vgl. z. B. Wirtschaftskammer Chemnitz (Nachfolgeinstitution der IHK Chemnitz) an Gauwirtschaftskammer Sachsen vom 3.11.1943 (SächsHStA Dresden, IHK Chemnitz, Geheimregistrande, 4, nicht pag.).
249 Wirtschaftskammer Chemnitz an den Bezirksbeauftragten des Hauptausschusses Wehrmacht- und allgemeines Gerät beim RMfBuM [recte: RMfRuK, MCS] betr. »Umsetzungen aus dem zivilen Sektor« vom 24.11.1943 (SächsHStA Dresden, IHK Chemnitz, Geheimregistrande, 4, nicht pag.). Tatsächlich wurde von einer Stillegung zunächst abgesehen. Vgl. Niederschrift über die Besprechung in der Wirtschaftskammer Chemnitz am 3.2.1944 (SächsHStA Dresden, IHK Chemnitz, Geheimregistrande, 4, nicht pag.).
250 Vgl. z. B. das Protestschreiben des Kreiswirtschaftsberaters Chemnitz an das RüKdo Chemnitz betr. »Betriebsumsetzungen« vom 18.12.1943 (SächsHStA Dresden, IHK Chemnitz, Geheimregistrande, 4, nicht pag.), in dem er die unzureichende Prüfung einiger stillzulegender Textilunternehmen seines Bezirkes monierte und sich gegen mögliche »spätere Vorwürfe wegen der Unsinnigkeit dieser Maßnahme« verwahrte.
251 NSDAP-Kreisleitung Chemnitz an Reichsstatthalter und Gauleiter Martin Mutschmann vom 11.2.1944 (SächsHStA Dresden, IHK Chemnitz, Geheimregistrande, 4, nicht pag.).
252 Aktennotiz Wirtschaftskammer Chemnitz betr. »Umsetzungsaktion des Reichsministers für Rüstung und Kriegsproduktion« vom 9.6.1944 (SächsHStA Dresden, IHK Chemnitz, Geheimregistrande, 4, nicht pag.).
253 Gauwirtschaftskammer Sachsen an Reichswirtschaftskammer vom 8.8.1944 (SächsHStA Dresden, IHK Chemnitz, Geheimregistrande, 4, nicht pag.).
254 Vermerk vom 25.1.1945 betr. »Verlagerungsgau Sachsen« (BArch Berlin, R 3 [RMfRuK], 1404a, nicht pag.).
255 Gauwirtschaftskammer Sachsen/Dr. Bellmann an Landeswirtschaftsamt: Wirtschaftlicher Lagebericht (für den gesamten sächs. Wirtschaftsbezirk, MCS) vom 29.1.1944 (SächsHStA Dresden, IHK Chemnitz, Berichte, 10, nicht pag.).
256 Vgl. Winfried Halder, »Modell für Deutschland«. Wirtschaftspolitik in Sachsen 1945–1948, Paderborn 2001, S. 191–194.
257 Vgl. Gerd R. Hackenberg, Wirtschaftlicher Wiederaufbau in Sachsen 1945–1949/50, Köln 2000.
258 Vgl. Christoph Buchheim, Kriegsfolgen und Wirtschaftswachstum in der SBZ/DDR. In: Geschichte und Gesellschaft, 25 (1999), S. 515–529.
259 Stadtarchiv Freiberg, I Bb 78, Bl. 16.
260 Horst Matzerath, Nationalsozialismus und kommunale Selbstverwaltung, Stuttgart 1970.
261 Vgl. Tilman Harlander, Zwischen Heimstätte und Wohnmaschine: Wohnungsbau und Wohnungspolitik in der Zeit des Nationalsozialismus, Basel 1995, S. 15–25.
262 Vgl. Gerd Naumann, Plauen 1933–1945, Plauen 1994, S. 42–48.
263 Statistisches Jahrbuch für den Freistaat Sachsen, Dresden 49 (1930), S. 334–337.
264 Statistisches Jahrbuch deutscher Städte, Jena 28/NF 7 (1933), S. 550–562.
265 Kurt Gruber, 4000 NS-Gemeindeabgeordnete. In: Der Freiheitskampf vom 26.1.1933; Claus-Christian Szejnmann, The Rise of the Nazi Party in Saxony between 1921 and 1933, Diss. London 1994, S. 145; Bruno Weinberger/Christian Engeli, Machtergreifung und kommunale Selbstverwaltung – Städte und Städtetag 1933. In: Der Städtetag 1983, S. 414–420, hier 415.
266 Mitteilungsblatt für die Nationalsozialisten in den Parlamenten und gemeindlichen Vertretungskörpern, 6 (1933), S. 454.
267 Der Vergleich zu den veröffentlichten Einzelergebnissen gibt Anlass zur Vermutung, dass sich unter den 121 Orten auch solche befinden, in denen die NSDAP die größte Fraktion, nicht aber die absolute Mehrheit stellte. Vgl. Gruber, 4000 NS-Gemeindeverordnete. In: Der Freiheitskampf vom 26.1.1933.
Kurt Gruber, geb. 1904, war bis 1931 führender Funktionär der HJ und ihrer Tarnorganisationen,1923 Eintritt in die NSDAP, 1933 MdL, Gründer des Sächs. Kommunalverlages und Tätigkeit im Gauamt für Kommunalpolitik. Gest. unter ungeklärten Umständen 1943.
268 Sächs. Gesetzblatt 1931, S. 115, 155–189.
269 Sächs. Gemeindezeitung 13 (1931), Nr. 5, Sp. 159, 160.
270 Hans Lenk, Der Zusammenbruch der Gemeindeselbstverwaltung. In: Nationalsozialistische Gemeindekorrespondenz, 1. Jg., Folge 2 vom 1.12.1931, S. 6–8. Vgl. Gemeindefinanzverordnung vom 29. März 1933, Sächs. Gesetzblatt 1933, S. 24–29; 1934, S. 39–46.
271 Gesetz zur Änderung der Gemeindeordnung vom 3.5.1933, Sächs. Gesetzblatt 1933, S. 59.
272 Gesetz zur Änderung der Gemeindeordnung und des Landesfinanzausgleichsgesetzes vom 17.1.1934, Sächs. Gesetzblatt 1934, S. 9.
273 Verordnung vom 2. 3.1934, VBl., Teil 1, S. 63.
274 Werner Heyne, War Plauen eine »Hochburg des Nationalsozialismus«? In: Mitteilungen des Vereins für vogtländische Geschichte, Volks- und Landeskunde, 7/50 (2000), S. 86–93, hier 89.
275 Stadtarchiv Dresden, St II 214, Band IV, Bl. 80–87, 121–124.
276 Verwaltungsbericht 1933, S. 17 f. (Stadtarchiv Pirna, E II 409/14).

277 Vorläufiges Gesetz zur Gleichschaltung der Länder mit dem Reich vom 31.3.1933, RGBl. I, S. 153, §§ 12–16; Verordnung zur Sicherung der Staatsführung vom 7.7.1933, RGBl. I, S. 462, bes. §§ 2 und 4.
278 Verordnung vom 17.3.1933, VBl., S. 157; Verordnung vom 7.4.1933, VBl., S. 220; Verordnung vom 23.6.1933, § 4, VBl., S. 437; Verordnung vom 4.7.1933, VBl., S. 461.
279 Vgl. z. B. Die Verwaltung der Stadt Dresden, Dresden 1933, S. 15.
280 Unter Gemeindevertreter sind nach der Definition der Deutschen Gemeindeordnung die Gemeinderäte und Beigeordneten zu verstehen. Zahlen nach NS-Mitteilungsblatt des Gauamtes für Kommunalpolitik Sachsen, 6 (1936), S. 73–79.
281 Verordnung vom 25.4.1933, VBl., S. 266.
282 Vgl. Dieter Rebentisch, Die politische Stellung der Oberbürgermeister im Dritten Reich, und Horst Matzerath, Oberbürgermeister im Dritten Reich. Auswertung einer quantitativen Analyse. Beide in: Klaus Schwabe (Hg.), Oberbürgermeister, Boppard 1979, S. 125–155 und 157–199.
283 NSDAP-Parteistatistik, o. O. 1935. MF-Materialien aus dem Archiv des Instituts für Zeitgeschichte München, München 1981, Bd. I, S. 256, 260, 264.
284 SächsHStA Dresden, MdI 19025, Bl. 231–244.
285 Verwaltungsbericht 1933, S. 24 (Stadtarchiv Pirna, E II 409/14).
286 Matzerath, Nationalsozialismus, S. 85.
287 Freiberger Anzeiger vom 17.3.1933, S. 4.
288 Der sächsische Gemeindetag, 13 (1933), Nr. 4, S. 1 f.
289 Sächs. Gemeindebeamtenzeitung, 58 (1933), Nr. 15, S. 220, und Nr. 20, S. 298.
290 RGBl. I, 1935, S. 49.
291 Grundriß der deutschen Verwaltungsgeschichte 1918 bis 1945. Reihe B, Bd. 14. Hg. von Thomas Klein, Marburg/Lahn 1982, S. 21 f.; Handbuch für die sächsischen Justiz-, Verwaltungs- und Gemeindebehörden, Dresden 1935, S. 85–87; Das Sachsenbuch, Dresden 1943, S. 232–243.
292 Geb. 1897 in Vielau, gest. 1939. Kriegsfreiwilliger im Ersten Weltkrieg, dann Karriere als Organisationsleiter des Völkischen Blocks, SA-Führer, Kreisleiter der NSDAP, Abteilungsleiter in der Gauleitung Sachsen, Staatskommissar und Ministerialdirektor im MdI, Herausgeber des NS-Gemeindeblattes, MdL 1929–1933, MdR 1933.
293 Geb. 1904, gest. 1944. Stadtarchiv Falkenstein, Chronik; Hans Lenk, Fünf Jahre kommunalpolitische Aufbauarbeit in Falkenstein i.V., Falkenstein 1939.
294 Nationalsozialistische Gemeinde, 3 (1935), S. 348.
295 Jahresbericht der Schule für Kommunalpolitik und Verwaltung e. V. Pulsnitz 1938, S. 2–6.
296 RGBl. I 1939, S. 1553 f.
297 Dietmar Petzina, Kommunale Handlungsspielräume und Kommunale Finanzen – Erfahrungen in Deutschland zwischen Erstem Weltkrieg und Nationalsozialismus, Bochum o. J. (1993), S. 17–21.
298 Angaben nach Statistisches Jahrbuch für das Land Sachsen 1935/38, Dresden 1939, S. 336–341, und: Sachsen im Spiegel der Statistik nach zehn Jahren nationalsozialistischer Führung, Dresden 1943.
299 Deutsche Verwaltungsgeschichte. Hg. von Kurt A. Jeserich, Hans Pohl und Georg-Christoph von Unruh, Bd. IV. Das Reich als Republik und in der Zeit des Nationalsozialismus, Stuttgart 1985, S. 1026 f.
300 Julia Paulus, Kommunale Wohlfahrtspolitik in Leipzig 1933 bis 1945, Köln 1998, S. 231–250.
301 Matzerath, Nationalsozialismus, S. 391.
302 Zit. nach Deutsche Verwaltungsgeschichte, Bd. IV, S. 1075.
303 Otto Griebel, Ich war ein Mann der Straße, Halle 1986, S. 327.
304 Pirnaer Anzeiger vom 9.3.1933.
305 Der sächsische Gemeindetag 1933, Sp. 189.
306 Heyne, Plauen, S. 89.
307 Jahresbericht 1939, S. 57 (Stadtarchiv Freiberg).
308 Das Sachsenbuch, S. 232–243; Historisches Ortsverzeichnis für Sachsen. Bearb. von Karlheinz Blaschke, Leipzig 1957.
309 Vielen Dank an beide Stadtarchive für die Auskunft.
310 Zu Pirna: Stadtarchiv Pirna, Verwaltungsbericht 1933, S. 3–14; Pirnaer Anzeiger von Mai 1933; Johannes Uhlmann (Hg.), Festschrift zur 700-Jahrfeier der Stadt Pirna, Pirna 1933. Zu Freiberg: Jens Fleischer, Die 750-Jahr-Feier der Stadt Freiberg 1938. Befahrungen 2, Freiberg o. J. (1999).
311 Sachsen im Spiegel der Statistik, S. 18.
312 Petzina, Handlungsspielräume, S. 21.
313 Verwaltungsbericht 1939, S. 6 (Stadtarchiv Freiberg).
314 Verwaltungsbericht 1943, S. 122 (Stadtarchiv Freiberg); Beratung mit den Ratsherren (ebenda, I Ba 193).
315 Olaf Groehler, Bombenkrieg gegen Deutschland, Berlin 1990, S. 196.
316 Ebenda, S. 208.
317 Vgl. z. B. Verwaltungsberichte 1942–1945, Bl. 63 f. (Stadtarchiv Plauen, Ssg 41).

318 Beratung mit den Ratsherren, Bl. 38 (Stadtarchiv Freiberg, I Ba 193).
319 Goebbels-Tagebücher, Teil II, Bd. 2, München 1996, S. 270.
320 Ebenda, S. 341.
321 Gauleiter und Reichsstatthalter Martin Mutschmann über die Aufgaben und Ziele des Heimatwerkes Sachsen. In: Das Heimatwerk Sachsen. Grundlegende Ausführungen des Gauleiters und Reichsstatthalters Martin Mutschmann zur Festkundgebung des Heimatwerkes Sachsen am 10. Oktober 1937 in Bautzen, Bautzen 1937, S. 1–16, hier S. 3 (BArch Berlin, NS 5/17314, Bl. 136).
322 Arthur Graefe, Grenzland Sachsen. Ein Vorposten im deutschen Schicksalskampf, 3., erg. Aufl., Dresden 1937, S. 69.
323 Mutschmann über die Aufgaben und Ziele des Heimatwerkes Sachsen, S. 5 f. (Bl. 137).
324 Ebenda, S. 14 (Bl. 141).
325 Werner Haverbeck, Volkstum und Heimat als Bekenntnis jungen Kulturwollens. In: Volkstum und Heimat, 1 (1934), S. 3–6, hier S. 4.
326 Hannjost Lixfeld, Weltanschauung und politische Zielsetzung in Alfred Rosenbergs »Mythus des 20. Jahrhunderts«. In: Wolfgang Jacobeit (Hg.), Völkische Wissenschaft. Gestalten und Tendenzen der deutschen und österreichischen Volkskunde in der ersten Hälfte des 20. Jahrhunderts, Wien 1994, S. 180–190, hier S. 184.
327 Mutschmann über die Aufgaben und Ziele des Heimatwerkes Sachsen, S. 12 (Bl. 140).
328 Ebenda, S. 9 (Bl. 139).
329 Curt Robert Lahr, Volkstumsarbeit formt Charakter und Haltung. Aus der Rede des Ministerialdirektors a.D. Präsident Lahr zur Heimatwerktagung in Olbernhau [Tagung des Volkstumsbezirks Erzgebirge am 22.4.1939]. In: Halbjahresmitteilungen des Heimatwerkes Sachsen, Heft 1/Juni 1939, S. 6.
330 Gaukulturwoche Sachsen unter Förderung des Reichsstatthalters und Gauleiters Martin Mutschmann veranstaltet von der Landesstelle Sachsen des Reichsministeriums für Volksaufklärung und Propaganda, Dresden, und der Gaukulturstelle der NSDAP. Vom 10. bis 18. Oktober 1936. o. O., o. J. (1936).
331 Vgl. Volker Dahm, Nationale Einheit und partikulare Vielfalt. Zur Frage der kulturpolitischen Gleichschaltung im Dritten Reich. In: VfZ 43 (1995), S. 221–265, hier S. 229 f. – Zu Heinrich Salzmann: geb. 24.3.1891 in Altenburg, 1914–1918 Kriegsteilnehmer, nach 1922 Reklame-Fachmann, 1922/23 Mitbegründer der NSDAP-Ortsgruppe Wersdorf-Wetzlar, 1930 Wiedereintritt in die NSDAP, 1932 Schulungsleiter und Pressewart im Bezirk Dresden, seit 1933 Gaupropaganda- und Landesstellenleiter, Kriegsteilnehmer im Zweiten Weltkrieg, Januar 1945 Bürgermeister von Bautzen.
332 Vgl. Willy Korb, Sachsentreffen 1935. Die Kulturarbeit im Gau Sachsen. In: Der Freiheitskampf vom 24.5.1935 (SächsHStA Dresden, ZAS 432).
333 Vgl. Dahm, Nationale Einheit, S. 227.
334 Schicksal Kohle. Bruchstück aus dem Festspiel von Albin Tröltzsch. In: Sächsische Heimatblätter, Heft 3/März 1939, S. 8. Vgl. auch Albin Tröltzsch, ein neuer Mundartdichter. In: Sächsische Heimatblätter, Heft 2/Februar 1939, S. 6.
335 Grenzlandschaffen im Erzgebirge. 2500 Schnitzer in sieben Arbeitsgemeinschaften. In: Kulturdienst der Nationalsozialistischen Kulturgemeinde vom 22.5.1936 (BArch Berlin, NS 5/17313, Bl. 106).
336 Grenzlandschaffen in Farbe und Form. Die große Olbernhauer Ausstellung 1936. In: Erzgebirgischer General-Anzeiger/Olbernhau vom 15.4.1936 (SächsHStA Dresden, ZAS 1051-1).
337 Grenzlandschaffen im Erzgebirge. In: Kulturdienst der Nationalsozialistischen Kulturgemeinde vom 22.5.1936.
338 Vgl. Dahm, Nationale Einheit, S. 248–258.
339 Ausstellung »Mitteldeutschland« eröffnet. Geleitworte des Oberbürgermeisters zu der von Bürgermeister Haake angeregten Schau. In: Leipziger Tageszeitung vom 19.10.1936 (SächsHStA Dresden, ZAS 1052-1).
340 Ein Denkmal der Arbeit. In Dresden entsteht die Riesenstatue eines Bergmanns. In: Dresdner Anzeiger vom 11.5.1938 (SächsHStA Dresden, ZAS 1429-2); W. Holzhausen, Ein Denkmal der Arbeit entsteht. In: Sachsen, Heft 1/Februar 1938, S. 4 f.
341 Paul Rausch, Mittelpunkt des neuen Dresden. Der künftige Adolf-Hitler-Platz. Dresdens Beitrag zur Deutschen Architektur-Ausstellung. In: Dresdner Neueste Nachrichten vom 22./23.1.1938 (SächsHStA Dresden, ZAS 1052-2); Kurt Gruber (Hg.), Der Gau Sachsen. Ein Buch der Grenzlandheimat, Dresden 1938, S. XI f.
342 NSDAP-Gauleitung/Amt für Technik an die NSDAP-Reichsleitung/Hauptamt für Technik vom 25.10.1939 (BArch Berlin, ehem. BDC, Martin Hammitzsch/Haus 904). Zu Martin Hammitzsch: geb. 22.5.1878 in Plauen/Dresden, Architekt, 1914–1918 Kriegsteilnehmer, 1920–1938 Direktor der Staatsbauschule für Hoch- und Tiefbau in Dresden, 1922–1933 DNVP, seit 1935 NSDAP-Mitglied, seit 1936 verheiratet mit Hitlers Halbschwester Angela Raubal, seit 1938 Leiter der Abteilung Bauwesen im Sächsischen Innenministerium, Kriegsteilnehmer im Zweiten Weltkrieg.

343 Zu Curt Robert Lahr: geb. 2.12.1898 in Silberstraße/Erzgebirge, Soldat im Ersten Weltkrieg, Bankbeamter, NSDAP-Mitglied seit 1930, Ortsgruppenleiter in Augustusburg, seit 1933 Leiter von Mutschmanns persönlichem Büro in der Reichsstatthalterei, seit Februar 1935 Chef der Sächsischen Staatskanzlei, SS-Mitglied seit 1937 (1942 Standartenführer), seit Januar 1939 Präsident des Sächsischen Sparkassen- und Giroverbandes.
344 Zu Arthur Graefe: geb. 12.1.1890 in Leipzig, Journalist und Redakteur, Soldat im Ersten Weltkrieg, bis 1933 Landesvorsitzender der Sächsischen Presse im Reichsverband der Deutschen Presse, seit 1929 Leiter der Nachrichtenstelle der Sächsischen Staatskanzlei, 1923–1933 DVP, seit 1933 NSDAP-Mitglied, seit 1936 Geschäftsführender Vorstand des »Heimatwerks Sachsen«, spätestens seit Anfang 1942 Gaukulturhauptstellenleiter, 1944/45 Übernahme der Abteilungen IV/6 und 7 (Kunst und Kultur) der Sächsischen Staatskanzlei, Internierung seit 1945 und 1950–1952 Haft in Waldheim.
345 Lebenslauf vom 21.7.1945. Anlage zum Schreiben Graefes an Ministerialdirektor Walther Gäbler (Landesverwaltung Sachsen) vom 4.8.1945 (SächsHStA Dresden, Ministerium für Volksbildung, HA Kunst und Literatur 2340).
346 Vgl. Arthur Graefe, Grenzmark Sachsen. Ein Vorposten im deutschen Schicksalskampf, Dresden 1934.
347 Vgl. Gaugeschäftsführer Hermann Harbauer an Rudolf Heß vom 23.3.1935 (BArch Berlin, ehem. BDC, Martin Mutschmann/OPG 56).
348 Zu Werner Vogelsang: geb. 27.9.1895 in Schlettau, 1912–1920 Marineingenieur und englische Kriegsgefangenschaft, 1920–1923 Angehöriger völkischer Verbände, NSDAP-Mitglied seit 1923 bzw. 1929, MdR, Ortsgruppenleiter, Gauredner und stellvertretender Kreisleiter im Obererzgebirge, seit 1933 Kreisleiter, 1945 verhaftet, Internierung und Tod in der Sowjetunion.
349 Zu Friedrich Emil Krauß: geb. 29.3.1895 in Schwarzenberg, 1918 Schatzmeister des »Wandervogels«, 1919 Übernahme des Familienunternehmens »Kraußwerke«, seit 1933 NSDAP-Mitglied, 1934 Kreiskulturwart, seit 1936 Vorsitz des »Heimatwerks Sachsen«, 1945 Verhaftung und Enteignung, Internierung in Buchenwald und Haft in Waldheim, Amnestie 1954, wirtschaftliche Tätigkeit in der Bundesrepublik, gest. 1977.
350 Aue im Zeichen der deutschen Krippenschau. In: Auer Tageblatt vom 4.12.1934/Beilage (SächsHStA Dresden, ZAS 1051–1).
351 Max Günther, »Weihnachtsglück im Erzgebirge«. Christschau Annaberg, im Christmond 1935. In: Glückauf! 55 (1935), S. 253 f.
352 Vortrag des Kreiskulturwarts der NSDAP Kreis Annaberg Dr. Günther zur Haupttagung des EV in Thalheim. In: Glückauf! 54 (1934), S. 253–256.
353 [Arbeitsplan der »Sachsenaktion«, Juni/Juli 1936] (SächsHStA Dresden, ZAS 1427–1: Rückseite eines Zeitungsartikels vom 16./17.11.1937). Der Arbeitsplan ist nur bruchstückhaft überliefert, lässt sich aber ansatzweise aus Matrizenabzügen rekonstruieren, die in der Nachrichtenstelle der Staatskanzlei zum Aufkleben von Zeitungsartikeln verwendet wurden.
354 Rednermaterial. Der sächsische Mensch und seine Heimat. Kampf gegen die Verächtlichmachung des sächsischen Menschen und seiner Sprechweise. Mehr Heimatliebe, mehr Heimatstolz, S. 3 (Stadtarchiv Leipzig, Schulamt 2–805, Bd. 1, Bl. 3–34, hier Bl. 5).
355 Ebenda, S. 11–13 (Bl. 13–15).
356 Ebenda, S. 8 (Bl. 10).
357 Das 1. Halbjahr der Sachsen-Aktion (April–September 1936), S. 7 (SächsHStA Dresden, ZAS 1450: Rückseite eines Zeitungsartikels vom 3.6.1938 und 9.5.1938). Hervorhebungen im Original.
358 Goebbels-Tagebücher, Teil II, Bd. 3, München 1994, S. 357.
359 Vgl. Thomas Schaarschmidt, Landesverein Sächsischer Heimatschutz und Heimatwerk Sachsen im Dritten Reich. In: Mitteilungen des Landesvereins Sächsischer Heimatschutz, Dresden 2000, S. 50–56, hier S. 51.
360 Satzung des Heimatwerkes Sachsen vom 6.10.1936, Dresden 1936, S. 1.
361 Zu Georg Hartmann: geb. 30.1.1909 in Wilkau-Haßlau, Lehrer/Studienassessor, seit 1933 NSDAP- und SA-Mitglied, 1935 Kulturwart, seit 1936 Mitarbeiter der Sächsischen Staatskanzlei und Stellvertreter Graefes als Geschäftsführender Vorstand des »Heimatwerks Sachsen«, seit 1941 parallele Tätigkeit im Ministerium für Volksbildung (Schrifttum, Sprache, Büchereien) bzw. in Abt. IV/2 (Volksbildung), Leiter der Hauptstelle Schrifttum und Büchereiwesen im Gauschulungsamt, seit 1942 Leiter des »Sprachamtes Sachsen«, 1943 Militärdienst, seit 1944 in Kriegsvertretung DAF-Gauvolksbildungswalter und Landesstellenleiter des Deutschen Volksbildungswerks, 1950–1952 Haft in Waldheim.
362 [Georg Hartmann,] Dienst am sächsischen Volkstum. (Sachsenaktion von Ende September bis Mitte November 1936), S. 1 (Stadtarchiv Leipzig, Schulamt 2–805, Bd. 1, Bl. 58–66, hier Bl. 58).
363 Satzung des Heimatwerkes Sachsen, S. 3 f.
364 Mobilisierung des sächsischen Grenzlanddeutschen. Ein Vortrag über die Ziele und Aufgaben des Heimatwerks Sachsen. In: Dresdner Nachrichten vom 24.4.1937 (SächsHStA Dresden, ZAS 1054–1).

365 Vgl. Liste der »Fernsprechanschlüsse im Dienstgebäude des Reichsstatthalters« von Frühjahr 1939 (SächsHStA Dresden, ZAS 1057–1: Rückseite eines Zeitungsartikels vom 24./25.6.1939); Eiliger Umlauf für Abteilung I C. 28.12.1938–11.1.1939 (ZAS 1056–1: Anlage zu einem Artikel im Zwickauer Tageblatt vom 19.12.1938).

366 Curt Robert Lahr, Rede des Ministerialdirektors Lahr auf der Verbandstagung des Landesfremdenverkehrsverbandes Sachsen, 15. und 16. Januar 1937 in Plauen i.V., o. O. (Dresden 1937), S. 8.

367 Curt Robert Lahr, Heimatliebe – Bekenntnis zum Reich. Rede zur Rednertagung des Heimatwerkes Sachsen am 27.8.1937, S. 3. In: Rednermaterial 1937/38. I 11 (Stadtarchiv Leipzig, Schulamt 2–805, Bd. 2, Bl. 7).

368 [Arthur Graefe,] Das Heimatwerk Sachsen im Vormarsch. Rechenschaftsbericht 1938. Erstattet vom Geschäftsführenden Vorstand in der Jahresversammlung in Schwarzenberg am 27.11.1938, S. 1. In: Rednermaterial 1937/38. I 17 (Stadtarchiv Leipzig, Schulamt 2–805, Bd. 2, Bl. 30).

369 Lahr, Heimatliebe, S. 3 (Bl. 7).

370 Himmler an Mutschmann vom 19.10.1943 (BArch Berlin, ehem. BDC, Martin Mutschmann/Parteikanzlei/8426).

371 Mein Verhältnis zur NSDAP vom 20.7.1945. Anlage zum Schreiben Graefes an Ministerialdirektor Walther Gäbler (Landesverwaltung Sachsen) vom 4.8.1945 (SächsHStA Dresden, Ministerium für Volksbildung, HA Kunst und Literatur 2340).

372 Ein Jahr Heimatwerk Sachsen. Rechenschaftsbericht 1937, erstattet vom geschäftsführenden Vorstand Regierungsdirektor Graefe in der Mitgliederversammlung in Schwarzenberg am 5.12.1937, S. 3. In: Rednermaterial 1937/38. I 12 (Stadtarchiv Leipzig, Schulamt 2–805, Bd. 2, Bl. 10–15, hier Bl. 11).

373 Schautafel für die Ausstellung »Sachsen am Werk«. In: Sachsen, 2 (1938), S. 30.

374 Rechenschaftsbericht 1937, S. 3 (Bl. 11).

375 [Georg Hartmann,] Das 1. Halbjahr der Sachsen-Aktion (April–September 1936) (SächsHStA Dresden, ZAS 1427–2: Rückseite eines Zeitungsartikels vom 26.8.1938).

376 Werbeschreiben des Heimatwerkes Sachsen, zirka 1937 (SächsHStA Dresden, ZAS 1406–1: Rückseite eines Zeitungsartikels vom 25.9.1940 und ZAS 1053–2: Rückseite eines Zeitungsartikels vom 30.9.1940).

377 Heimatwerk Sachsen, Lagebericht Januar–Februar 1937 (Stadtarchiv Leipzig, Schulamt 2–805, Bd. 1, Bl. 127–136).

378 Vgl. den Zeitungsartikel »Kanut Schäfer. Ein Dichter der sächsischen Heimat« (SächsHStA Dresden, NS-Gauverlag 107, S. 17). Zu Kanut Schäfer: geb. 15.3.1894 in Mannheim, Soldat im Ersten Weltkrieg, 1918–1920 Volkswirtschaftsstudium in Dresden und Leipzig, 1920–1933 SPD, 1921 Mitarbeiter des Sächsischen Landesarbeitsamts, bis 1933 Leiter des Arbeitsamts Zwickau, Mitglied der NS-Kulturgemeinde, Ablehnung mehrerer Aufnahmeanträge in die NSDAP, 1933–1939 Landwirt und Schriftsteller in Steinheidel/Erzgebirge, 1939–1943 Studium der Veterinärmedizin in Leipzig, seit 1945 Kreistierarzt in Oelsnitz, 1945/46 SPD/SED-Mitglied, SED-Ortsgruppenvorsitzender in Bad Elster, bis 1950 Mitarbeiter des Sächsischen Ministeriums für Land- und Forstwirtschaft, Entlassung wegen seiner Tätigkeit in der NS-Zeit.

379 Kanut Schäfer, Der Stein. Volksstück, Leipzig o. J.

380 Kulturfördernde Tat. In: Das schöne Sachsen, 6 (1936), S. 201 f.

381 Feierohmd. Weihnachtsschau erzgebirgischer Volkskunst. In: Sächsische Heimatblätter, Heft 1/Januar 1938, S. 9.

382 In wenigen Zeilen. In: Sachsenpost, Heft 61/November 1943, S. 15. Zu Kurt Arnold Findeisen: geb. 15.10.1883 in Zwickau, Soldat im Ersten Weltkrieg, Schriftsteller und Herausgeber, 1929 erster Lessingpreis-Träger des sächsischen Staates, seit 1935 Herausgeber der »Heimatblätter für Sachsen und Thüringer« (seit 1937 »Sächsische Heimatblätter«), 1943 Träger des sächsischen Gaukulturpreises, 1956 Literaturpreis der Stadt Dresden, gestorben 1963.

383 Arbeitshinweise für die Ortsgruppen der NSDAP im Gau Sachsen. Aktivierung der Dorfkultur. Hg. vom Heimatwerk Sachsen in Zusammenhang mit der Gaukulturhauptstelle der NSDAP. Bearbeitet von Arthur Graefe, Leiter der Gaukulturhauptstelle, Dresden 1942.

384 Aus dem Heimatwerk Sachsen. Unsere Volkstumsgruppen in West- und Süddeutschland. In: Sachsen, Heft 5/Dezember 1938, S. 28; Aus dem Heimatwerk Sachsen. Die Heimatwerk-Fahrt an die Wasserkante. In: Heimatwerk. Halbjahresmitteilungen des Heimatwerkes Sachsen, Heft 1/Juni 1939, S. 9.

385 Betreuungsfahrten im Gau und an die Front. In: Heimatwerk. Halbjahresmitteilungen des Heimatwerkes Sachsen, Oktober 1942, S. 12–16. (Stadtarchiv Leipzig, Verkehrsamt, Kap. 35, Nr. 1733, Bl. 99–101).

386 Wofür wir kämpfen. Kulturgüter der Heimat. Bearbeitet von Arthur Graefe, Dresden 1944, S. 3.

387 Zuständigkeit Graefes bei Abteilung IV/7. Anlage zum Schreiben Mutschmanns vom 5.9.1944 (SächsHStA Dresden, Gesamtministerium, Personalakte Graefe); Lebenslauf Graefes vom 31.5.1952 [Haftunterlagen aus Waldheim] (BArch Berlin, ehem. BDC, Arthur Graefe/StVEK/134/A. 11/W. 3464, Bl. 2279 f.).

388 Zitiert bei Klaus Scheel, Die Wissenschaftspolitik des deutschen Faschismus auf dem Weg in den Zweiten Weltkrieg. In: Burchard Brentjes (Hg.), Wissenschaft unter dem NS-Regime, Schöneiche/Berlin 1992, S. 15–37, hier S. 15.
389 Gegenstand der Untersuchung sind die wissenschaftlichen Hochschulen des Landes Sachsen (Universität Leipzig, Handelshochschule Leipzig, Technische Hochschule Dresden, Bergakademie Freiberg), die sich über das Promotionsrecht definieren. Hochschulen für Lehrerbildung, Kunst- und Musikhochschulen können an dieser Stelle nicht thematisiert werden. Soweit nicht anders angegeben, basieren die Angaben auf der allgemeinen Literatur zu den einzelnen Hochschulen. Vgl. Lothar Rathmann (Hg.), Alma Mater Lipsiensis. Geschichte der Karl-Marx-Universität Leipzig, Leipzig 1984; Geschichte der Technischen Universität Dresden in Dokumenten und Bildern. Hg. vom Rektor der Technischen Universität Dresden, Bd. 2: Wissenschaft in Dresden vom letzten Drittel des 19. Jahrhunderts bis 1945, Dresden 1994; Bergakademie Freiberg. Festschrift zu ihrer Zweihundertjahrfeier am 13. November 1965. Hg. von Rektor und Senat der Bergakademie Freiberg, Bd. 1: Geschichte der Bergakademie Freiberg, Bd. 2: Geschichte der Lehrstühle, Institute und Abteilungen der Bergakademie Freiberg, Freiberg 1965.
390 Andreas Feickert, Studenten greifen an. Nationalsozialistische Hochschulrevolution, Hamburg 1934.
391 Vgl. Rektorwechsel an der Universität Leipzig am 31.10.1931, S. 3–4.
392 Vgl. Staatshaushaltsplan für das Land Sachsen 1932, I. 36, Dresden 1932.
393 Von 30 Mitgliedern des AStA der Universität Leipzig gehörten 15 dem NSDStB an, der insbesondere eine Mehrheit in der Kammer, dem »Studentenparlament«, erlangte. Vgl. Rektorwechsel an der Universität Leipzig am 31.10.1931, S. 28, sowie Carsten Heinze, »Die Verhältnisse sind von Semester zu Semester unerträglicher geworden«. Litt 1930 bis 1936. In: Theodor-Litt-Jahrbuch 1 (1999), S. 68–94, hier S. 68 f. In Dresden gingen 9 von 20 Sitzen an den NSDStB, der bei den Wahlen im Februar 1932 die absolute Mehrheit erzielte. Vgl. Matthias Lienert, Der Einfluß des Nationalsozialismus auf die Technische Hochschule Dresden während der Weimarer Republik. In: Neues Archiv für sächsische Geschichte 66 (1996), S. 273–291, hier S. 282. An der Bergakademie Freiberg trat der NSDStB nicht an.
394 Vgl. Leipziger Studentenschaft, Nr. 2 vom 10.12.1930; Lienert, Einfluß, S. 282.
395 Zum Gedenken an die Schlacht bei Langemarck am 22./23.10.1914, bei der viele Studenten und Abiturienten gefallen waren, wurden in der Weimarer Republik nationalistisch geprägte Feiern abgehalten. In der Zeit des Dritten Reiches sollte im »Langemarck-Studium« jungen Parteigenossen in Vorstudienanstalten eine höhere Bildung ermöglicht werden.
396 Leipziger Studentenschaft, Nr. 4 vom 16.2.1931. Vgl. Heinze, Verhältnisse, S. 69.
397 Zum republikanischen Potenzial gehören Mitglieder von SPD, Zentrum, DDP/DStP, sowie des Reichsbanners Schwarz-Rot-Gold, des Republikanischen Lehrer- oder Richterbundes, der Deutschen Friedensgesellschaft und der Deutschen Liga für Menschenrechte. Dem Mitte-Rechts-Spektrum sind DNVP, Alldeutscher Verband, Stahlhelm und mit Einschränkungen Mitglieder der DVP zuzuordnen. Vgl. Michael Parak, Elitenaustausch in der Philosophischen Fakultät der Universität Leipzig 1933–1952, Staatsexamensarbeit Leipzig 1998, S. 49–51.
398 Vgl. Gerhard Kessler, Deutschland erwache! In: Neue Leipziger Zeitung vom 28.11.1932; Anfrage der Professoren Theodor Frings, Levin Schücking und Karl Hermann Scheumann an den Rektor der Universität Leipzig vom 11.12.1932; Auszugsweise Abschrift aus den Beschlüssen des Akademischen Senats vom 21.12.1932 (UAL, Personalakte Gerhard Kessler, Bl. 51, 75, 80).
399 Walter Goetz, Historiker in meiner Zeit, Köln 1957, S. 78.
400 Rektorwechsel an der Universität Leipzig am 31.10.1933, S. 23.
401 Ebenda, S. 3; Blätter der Bergakademie Freiberg, Nr. 9/Sommer 1933, S. 18.
402 Rektorwechsel an der Universität Leipzig am 31.10.1933, S. 3.
403 Vgl. Leipziger Neueste Nachrichten vom 7.5.1933; Leipziger Tageszeitung vom 8.5.1933 (UAL, Personalakte Georg Gerullis, Bl. 33).
404 Vgl. Nationaler Ausschuß für Erneuerung der Universität Leipzig an das Rektorat der Universität Leipzig vom 30.3.1933 (UAL, Rep. II/Cap. IV/ 72, Bl. 181 f.).
405 Vgl. Reichsministerium des Inneren an Sächsischen Reichsstatthalter betr. Schutzhaft Kesslers vom 5.8.1933 (BArch Berlin, R 43 II/398, Bl. 72).
406 Vgl. die Auflistung der Entlassungen bis zum 30.9.1934 bei Sybille Gerstengarbe, Die erste Entlassungswelle von Hochschullehrern deutscher Hochschulen aufgrund des Gesetzes zur Wiederherstellung des Berufsbeamtentums vom 7.4.1933. In: Berichte zur Wissenschaftsgeschichte 17 (1994), S. 17–39, hier S. 29, 32. Detailliertere Angaben zur Philosophischen Fakultät der Universität Leipzig bei Parak, Elitenaustausch, S. 30–36.
407 Vgl. Victor Klemperer, Ich will Zeugnis ablegen bis zum Letzten. Tagebücher 1933–1944, Berlin 1995, Bd. 1, S. 101, 195.
408 Ebenda, S. 207, 212. Vgl. Mitschrift der Fakultätssitzung vom 8.5.1935 von Heinrich Junker an den Dekan Helmut Berve vom 21.5.1933 (UAL, Personalakte Joachim Wach, Bl. 88–91).
409 Vgl. Sigrun Mühl-Benninghaus, Das Beamtentum in der NS-Diktatur bis zum Ausbruch des Zweiten Weltkrieges. Zu Entstehung und Durchführung der einschlägigen Beamtengesetze, Düsseldorf 1966, S. 49–52.

410 Sächs. Ministerium für Volksbildung (MfV) an Reichsministerium für Wissenschaft, Erziehung und Volksbildung (REM) betr. Durchführung des Berufsbeamtengesetzes vom 30.4.1938 (BArch Berlin, R 4901/313, Bl. 69–71.) Die verhältnismäßig häufige Verwendung des § 6 BBG lässt sich auch durch die Schließung der Kulturwissenschaftlichen Abteilung der Technischen Hochschule Dresden im August 1936 erklären.
411 Vgl. Hans Driesch, Lebenserinnerungen. Aufzeichnungen eines Forschers und Denkers in entscheidender Zeit, Basel 1951, S. 272 f.; Heinze, Verhältnisse, S. 93.
412 Vgl. Berufungsakten im Bestand SächsHStA Dresden, MfV.
413 Von 200 Hochschullehrern, die während des Dritten Reichs an der Universität Leipzig lehrten und für die das Aufnahmedatum in die NSDAP ermittelt werden konnte, waren 25 (12,5%) vor 1933, 117 (58,5%) im Jahr der Machtübernahme und 58 (29,0%) ab 1937 der NSDAP beigetreten. Innerhalb des Lehrkörpers der Leipziger Universität sind für das Wintersemester mindestens 117 von 240 Hochschullehrern Parteimitglieder (48,6%), während an der Technischen Hochschule Dresden zum selben Zeitpunkt mindestens 71 von 125 Lehrkräften (56,8%) der NSDAP angehörten.
414 Vgl. allg. Hellmut Seier, Der Rektor als Führer. Zur Hochschulpolitik des Reichserziehungsministeriums 1934–1945. In: VfZ 12 (1964), S. 105–146. In Sachsen wurde das »Führerprinzip« mit Wirkung vom 1.1.1934 an den Hochschulen eingeführt. Vgl. Vorläufige Regelung der Verfassung der Universität Leipzig vom 22.12.1933 (SächsHStA Dresden, MfV 10283/4, Bl. 109–110). Mit Erlass vom 24.1.1935 übernahm das Reichserziehungsministerium das Recht zur Ernennung der Rektoren von den Unterrichtsverwaltungen der Länder. Vgl. Rust an die Unterrichtsverwaltungen der Länder vom 23.2.1935 (BArch Berlin, R 4901/652, Bl. 1).
415 Verordnung über die Bildung von Dozentenschaften an der Universität Leipzig, der Technischen Hochschule Dresden, der Handelshochschule Leipzig und der Bergakademie Freiberg vom 6.6.1934. In: Verordnungsblatt des Sächs. Ministeriums für Volksbildung 16 (1934), S. 64.
416 Richtlinien zur Vereinheitlichung der Hochschulverwaltung vom 1.4.1935. In: Die Deutsche Hochschulverwaltung. Sammlung der das Hochschulwesen betreffenden Gesetze, Verordnungen und Erlasse. Hg. von Gerhard Kasper, Hans Huber, Karl Kaebsch und Franz Senger, 2 Bde. Berlin 1942/43, Bd. 1, S. 34 f. Zur Neubildung des NSDDB vgl. Aktenvermerk Studentkowskis vom 25.7.1935 sowie Dresdner Nachrichten vom 25.7.1935 (SächsHStA Dresden, MfV 10283/4, Bl. 211–212, 216).
417 Vgl. Runderlass des Reichserziehungsministeriums vom 14.5. und 2.7.1938 (BArch Berlin, R 4901/alt R21/10815, Bl. 68); Dozentenschaft der Universität Leipzig an Rentamt der Universität vom 3.4.1937 (UAL, RA 2068, Bl. 1).
418 Robert Ulich (MfV) vom 31.5.1932. Zitiert bei Elisabeth Lea/Gerald Wiemers, Professor für Theoretische Physik. Werner Heisenberg an der Universität Leipzig. In: Christian Kleint/Gerald Wiemers (Hg.), Werner Heisenberg in Leipzig 1927–1942, Berlin 1993, S. 181–215, hier S. 184.
419 »Weiße Juden« in der Wissenschaft. In: Das Schwarze Korps vom 15.7.1937, S. 6. Vgl. Briefwechsel der Hochschulreferenten im MfV Studentkowski und Max Otto von Seydewitz vom 24.3.1936 (SächsHStA Dresden, MfV 10210/18, Bl. 120).
420 Vgl. Katja Geisenhainer, Otto Reche. Ein Leben als Anthropologe und Völkerkundler, Diss. masch. Leipzig 2000; Matthias Schwager, Die Versuche zur Etablierung der Rassenhygiene an der Universität Leipzig unter besonderer Berücksichtigung des Lebens und Wirkens von Hermann Alois Boehm, Diss. masch. Leipzig 1993.
421 Vernehmung vom 28.4.1964 vor dem Untersuchungsrichter beim Landgericht Hannover. In: Ernst Klee, Was sie taten – Was sie wurden. Ärzte, Juristen und andere Beteiligte am Kranken- oder Judenmord, Frankfurt a. M. 1986, S. 141.
422 Herbert Mehrtens, Kollaborationsverhältnisse. Natur- und Technikwissenschaften im NS-Staat und ihre Historie. In: Christoph Meinel/Peter Voswinckel (Hg.), Medizin, Naturwissenschaft, Technik und Nationalsozialismus, Stuttgart 1994, S.13–32, hier S. 24.
423 Studentenbuch der Leipziger Hochschulen. Hg. von Hans Mertens und Rudolf Grundmann, Leipzig 1938, S. 6.
424 Felix Burckhardt, Das Hochschulstudium in Sachsen und der Bedarf in den akademischen Berufen. In: Zeitschrift des Sächs. Statistischen Landesamtes 82 (1936), S. 226–239, hier S. 230 f., 234 f.
425 Vgl. Reichsgesetzblatt 1933 I, S. 225.
426 Vgl. Burckhardt, Hochschulstudium, S. 230–233; Personal- und Vorlesungsverzeichnisse der Universität Leipzig (WS 1935/36–WS 1938/39).
427 Burckhardt, Hochschulstudium, S. 230 f., 234 f., 239.
428 Grundlage für das Vorgehen gegen kommunistische und sozialistische Studentengruppen war die »Reichstagsbrandverordnung« vom 28.2.1933. Vgl. Verbot des Sozialistischen Studentenbundes vom 19.5.1933. In: Sächs. Verwaltungsblatt 1933 I, S. 349. Auch für Sachsen hatten die Runderlasse des Preußischen Kultusministeriums vom 26.9.1933 und 9.8.1933 Vorbildcharakter. Vgl. Grüttner, Studenten, S. 207 f. Die Eigenständigkeit von Korporationen und Verbindungen wurde schrittweise ausgehöhlt. Nach Selbstauflösung, Übertritten, Ver-

boten waren sie seit Sommersemester 1936 nahezu von den Universitäten verschwunden.
429 Erlaß des MfV vom 20.3.1933 (SächsHStA Dresden, MfV 10087/08, Bl.76).
430 Wilhelm Hartnacke (MfV) an Landtagspräsident Dönicke vom 5.8.1933 (SächsHStA, MfV 10044/31, Bl. 38–40).
431 Offenes Visier [früher: Leipziger Hochschulzeitung], 23. Halbjahr (1935), Nr. 1 vom 5.11.1935.
432 Im Wintersemester 1934/35 hatten über zwei Drittel der Studenten der ersten drei Semester ihren Fabrik- oder Landdienst abgeleistet. Vgl. Burckhardt, Hochschulstudium, S. 239. Zu Erfahrungen im Arbeitsdienst vgl. Grüttner, Studenten, S. 235.
433 Studentenbuch der Leipziger Hochschulen, S. 14.
434 Vgl. Dresdner Hochschulblatt 12 (1936/37), Nr. 3 vom 15.7.1936.
435 Vgl. Studentenbuch der Leipziger Hochschulen, S. 22 f.; Rektorwechsel an der Universität Leipzig am 29.4.1937, S. 20.
436 Ansprache des Leiters des MfV Gauamtsleiter Göpfert vom 10.2.1940. In: Rektorwechsel an der Universität Leipzig am 10.2.1940, S. 37.
437 Vgl. Rust an die Unterrichtsverwaltungen der Länder vom 23.2.1935 (BArch Berlin, R 4901/652, Bl. 1).
438 Zur Motivation vgl. Schriftwechsel der Abteilung Wissenschaft und Hochschulen im REM vom 12.–19.9.1935 (BArch Berlin, R 4901/652, Bl. 3). Zum Zurückweichen des REM vgl. Runderlasse des REM betr. Geschäftsverkehr zwischen Reichsministerium und Länderministerium vom 26.6.1936 und 15.10.1936. In: Die Deutsche Hochschulverwaltung, Bd. 1, S. 36 f. Der starke Einfluss Bayerns in dieser Angelegenheit findet sich bei Dietmar Willoweit, Nationalsozialistische Hochschul- und Wissenschaftspolitik in Bayern. In: Tradition und Perspektive. 150 Jahre Bayerisches Kultusministerium. Hg. vom Bayerischen Staatsministerium für Unterricht, Kultus, Wissenschaft und Kunst, München 1997; S. 156–174, hier S. 163 f.
439 Otto Wacker (REM, Amt Wissenschaft) auf der Konferenz der Hochschulreferenten der Länder und der Kuratoren der preußischen Universitäten im REM vom 28.5.1937 (SächsHStA Dresden, MfV 10144/44, Bl. 171–179).
440 Werner Studentkowski (1903–1951) trat schon 1925 der NSDAP bei (Nr. 3815). 1930 wurde er in den sächsischen Landtag, 1933 in den Reichstag gewählt. Als Gauschulungsleiter übernahm er die Leitung der staatlichen Landesstelle für nationale Erwachsenenbildung und als Oberregierungsrat die Aufgaben des Hochschulreferenten. Sein beruflicher Werdegang blieb mit Goebbels verbunden, mit dem er schon in den zwanziger Jahren zusammengearbeitet hatte. So wurde er 1941 in die Reichspropagandaleitung der NSDAP berufen. Vgl. Staatshaushaltsplan für das Land Sachsen 1934, IX. 2; Unterlagen des NS-Gauverlags zu Werner Studentkowski (SächsHStA Dresden, NS-Gauverlag 106/301).
441 Vgl. Übersicht über die Geschäftsstellen des MfV vom 1.12.1936 (SächsHStA Dresden, MdF 13248, unpag.).
442 Nachdem Georg Gerullis nicht das Amt des Volksbildungsministers übernommen hatte, war der Schulrat Dr. Wilhelm Hartnacke zum Minister berufen worden. Ob diese Ernennung auf den Dualismus zwischen Gauleiter Mutschmann und Ministerpräsident von Killinger zurückzuführen ist, kann an dieser Stelle nicht eindeutig geklärt werden. Anders als jedoch beispielsweise in Bayern wird in Sachsen 1933 nicht der Leiter des NSLB Volksbildungsminister. 1935 konnte Mutschmann jedoch die Entlassung Hartnackes durchsetzen und Arthur Göpfert ernennen. Vgl. Unterlagen des NS-Gauverlags zu Dr. Wilhelm Hartnacke und zu Arthur Göpfert (SächsHStA Dresden, NS-Gauverlag 43/226 und 36/290).
443 Ansprache des Leiters des MfV Gauamtsleiter Göpfert vom 10.2.1940. In: Rektorwechsel an der Universität Leipzig am 10.2.1940, S. 37 f.
444 Paul Ritterbusch, Hochschule und Wissenschaft im Kriege, Neumünster 1940, S. 7.
445 Rektorwechsel an der Universität Leipzig am 29.4.1937, S. 48.
446 Vgl. Sozialgeschichtliches Arbeitsbuch, Bd. 3: Materialien zur Statistik des Deutschen Reiches 1914–1945. Hg. von Dietmar Petzina, Werner Abelshauser und Anselm Faust, München 1978, S. 169.
447 Blätter der Bergakademie Freiberg, Nr. 14–15/Sommer 1936, S. 16 f.
448 Vgl. Heinz Bäßler, Zu den Auswirkungen der faschistischen Hochschulpolitik auf die Bergakademie Freiberg (1933–1945), Diss. masch. Rostock 1967, S. 205.
449 Vgl. REM an die Rektoren der Technischen Hochschulen vom 11.3.1942 (BArch Berlin, R 4901/734, Bl. 15).
450 Amt für deutsche Roh- und Werkstoffe beim Beauftragten für den Vierjahresplan, Ministerpräsident Generaloberst Göring, an das REM betr. Entlassung des Prof. Tobler, Dresden, vom 29.6.1937; Mutschmann an Rust vom 3.1.1945 (BArch Berlin, ehem. BDC, Friedrich Tobler, Bl. 1706 f., 1853).
451 Blätter der Bergakademie Freiberg, Nr. 17/Frühjahr 1938, S. 27.
452 Vgl. Kurt Meier, Zur Resistenzbedeutung einer Institution. Die Theologische Fakultät Leipzig im Dritten Reich. In: Hans-Dieter Schmid (Hg.), Zwei Städte unter dem Hakenkreuz. Widerstand und Verweigerung in Hannover und Leipzig 1933–1945. Leipzig 1994, S. 204–222, hier S. 215–218.

453 Vgl. Aktennotiz Hellmuth Schwender (MfV) über eine Besprechung im REM vom 4.11.1941 (SächsHStA Dresden, MfV 10200/57, Bl. 16); Göpfert an den Rektor der Universität Leipzig vom 12.12.1941 (UAL, Phil. Fak. 22, Bl. 190).
454 So waren von 3646 eingeschriebenen Studenten der Universität Leipzig im Sommersemester 1942 1793 zur Wehrmacht beurlaubt. Vgl. Personal- und Vorlesungsverzeichnis der Universität Leipzig (SS 1942).
455 Ansprache des Leiters des MfV Gauamtsleiter Göpfert vom 10.2.1940. In: Rektorwechsel an der Universität Leipzig am 10.2.1940, S. 34.
456 Gruß an die Front. In: Blätter der Bergakademie Freiberg, Nr. 21/Januar 1940, S. 2.
457 Von 251 Leipziger Hochschullehrern waren Ende 1942 69 (27,4%) zur Wehrmacht beurlaubt, 1943 73 von 241 (30,2%) und 1944 69 von 240 (28,8%). Vgl. Personal- und Vorlesungsverzeichnisse der Universität Leipzig und der Technischen Hochschule Dresden (WS 1939/40–WS 1944/45).
458 REM an Reichsministerium des Inneren über im REM getroffene oder von ihm sonst anzuregende Vereinfachungsmaßnahmen vom 3.2.1943 (BArch Berlin, R 4901/11835, Bl. 131–141).
459 Vgl. Dekan der Philosophischen Fakultät der Universität Leipzig an die IV. Abteilung der Landesregierung Sachsen (ehemals MfV) vom 5.8.1944; Leiter des Landbauamtes Leipzig an den Rektor der Universität Leipzig betr. Einsatz von Kriegsgefangenen vom 16.5.1944 (BArch Berlin, ehem. BDC, Rudolf Heinz, Bl. 2102–2107, 2115–2119).
460 Vgl. Erich Maschke, Wissenschaft unterm Bombenterror. In: Leipziger Neueste Nachrichten vom 1.1.1944; Reichspropagandaamt Sachsen an Reichsministerium für Volksaufklärung vom 4.11.1944 (BArch Berlin, R 55/603, Bl. 490).
461 Geheimer Konsistorialrat Erich Kotte bei der Eröffnung der 16. Landessynode am 5.4.1948 in Dresden. Zit. nach Dieter Auerbach, Evangelisches Sachsen, Leipzig 1999, S. 34.
462 Vgl. Kurt Meier, Der evangelische Kirchenkampf, Bd. 1: Der Kampf um die »Reichskirche«, Göttingen 1976, S. 74.
463 Das Evangelische Deutschland. Kirchliche Rundschau für das Gesamtgebiet des Deutschen Evangelischen Kirchenbundes 10 (1933), Nr. 14, S. 117.
464 Kirchliches Jahrbuch für die Evangelische Kirche in Deutschland, 76 (1949), Göttingen 1950, S. 463.
465 Kirchliches Gesetz- und Verordnungsblatt,1933, Nr. 26.
466 Kirchliches Gesetz- und Verordnungsblatt, 1933, Nr. 27.
467 Abgedruckt bei Kurt Dietrich Schmidt (Hg.), Die Bekenntnisse und grundsätzlichen Äußerungen zur Kirchenfrage des Jahres 1933, Göttingen 1934, S. 98–102.
468 Hermann Klemm, Im Dienst der Bekennenden Kirche. Das Leben des sächsischen Pfarrers Karl Fischer 1896–1941. Bearbeitet von Gertraud Grünzinger-Siebert, Göttingen 1986, S. 187.
469 Heinrich Schumann, Die Geschichte der Inneren Mission in Leipzig, masch. (Leipzig 1959), S. 134.
470 Joachim Fischer, Die sächsische Landeskirche im Kirchenkampf 1933–1937, Göttingen 1972, S. 37 f.
471 Liebsch auf einer Kundgebung in Falkenstein am 28.4.1935. Zit. nach Klemm, Dienst, S. 249, Anm. 82.
472 Kirchliches Gesetz- und Verordnungsblatt, 1935, Nr. 19.
473 Generalverordnung Nr. 150 des Landeskirchenamtes vom 25.6.1936 (Archiv der Superintendentur Leipzig, Schrank I, Fach 9, Nr. 105).
474 Die Kanzelabkündigung ist abgedruckt bei Georg Prater (Hg.), Kämpfer wider Willen. Erinnerungen des Landesbischofs von Sachsen D. Hugo Hahn aus dem Kirchenkampf 1933–1945, Metzingen 1969, S. 301–303.
475 BArch, Zwischenarchiv Dahlwitz-Hoppegarten, V-Mann-Kartei.
476 Zahlenangaben von Superintendent Schumann auf der Ephoralkonferenz vom 9.9.1942 (Archiv der Superintendentur Leipzig, Schrank I, Fach 2, Nr. 17).
477 Karl-Heinrich Melzer, Der Geistliche Vertrauensrat. Geistliche Leitung für die Deutsche Evangelische Kirche im Zweiten Weltkrieg?, Göttingen 1991, S. 211.
478 Schumann, Innere Mission, S. 194 f.
479 Der Sonntag vom 19.1.1947.
480 Hierbei ist allerdings zu berücksichtigen, dass sich nach dem Ende des Zweiten Weltkrieges Bevölkerungsverschiebungen durch die territoriale Neugliederung Sachsens und die Vertreibung aus den deutschen Ostgebieten ergeben hatten.
481 Urteilsschrift des Sondergerichts Freiberg gegen Bernhard Hagemeier und Gerhard Pätzold vom 28.5.1936 (SächsHStA Dresden, SG Freiberg, 1936/253, Handakte Hagemeier, Bd. 1).
482 Dieser Aufsatz stellt eine kurze ereignisgeschichtliche Zusammenfassung meiner Studie über »Das Bistum Meißen unter beiden deutschen Diktaturen, 1932–1951 (Amtszeit Bischof Legge)« dar, die im Rahmen eines von der VW-Stiftung geförderten Projektes zum Diktaturenvergleich in Sachsen erarbeitet wird.
483 Zur Evangelisch-lutherischen Landeskirche vgl. den Beitrag von Georg Wilhelm.
484 Nach 1945 war zudem auf dem Gebiet des Landes Sachsen im vormals niederschlesischen

Kreis um Görlitz (und in Gebieten Brandenburgs) als Restteil des Erzbistums Breslau das Erzbischöfliche Amt und seit 1994 Bistum Görlitz als katholisches Jurisdiktionsgebiet vertreten.
485 SächsHStA Dresden, Sächs. Ministerium für Volksbildung (MfV), Nr. 13058/158, Bl. 81.
486 Das Sächsische Zentrum erhielt am 5. März 1933 41 472 Stimmen; bei der Reichstagswahl im Juli 1932 war das beste Ergebnis mit 42 268 Stimmen zu verzeichnen. Angaben nach Sächsische Volkszeitung vom 31.7.1932 und Sächs. Verwaltungsblatt vom 17.3.1933, S. 159.
487 Vgl. den Auflösungsbeschluss in Rudolf Morsey, Die deutsche Zentrumspartei. Dok. 20, S. 439 f. In: Erich Matthias/Rudolf Morsey (Hg.), Das Ende der Parteien 1933. Darstellungen und Dokumente, Düsseldorf 1984, S. 279–453. Zur Reaktion des Sächsischen Zentrums vgl. den Artikel des Landesvorsitzenden, Pfarrer Ludwig Kirsch, »In Gottes Namen. Zum Abschied von der Zentrumspartei«. In: Sächsische Volkszeitung vom 9.7.1933 (in kürzerer Fassung schon am 7.7.1933).
488 Verordnung vom 14.3.1933. In: Verordnungsblatt des MfV 1933, S. 15. Sie galt entsprechend einer weiteren Verordnung vom 24. März im besonderen Maße für Schulleiter.
489 Hinzu kamen Dorfschulen im Gebiet der Zisterzienserinnen-Abtei St. Marienthal.
490 Druck: Sächs. Gesetz- und Verordnungsblatt, Nr. 91 vom 25.7.1919, S. 171–185.
491 Vgl. das Urteil des IV. Zivilsenats des Reichsgerichts vom 4.11.1920. Druck: Reichsgesetzblatt 1920, Teil. II, S. 2016 f.
492 Zum Reichskonkordat vgl. vor allem Alfons Kupper (Bearb.), Staatliche Akten über die Reichskonkordatsverhandlungen 1933, Mainz 1969; Ludwig Volk (Bearb.), Kirchliche Akten über die Reichskonkordatsverhandlungen 1933, Mainz 1969, S. 234–244 (Druck des Textes).
493 Vgl. für den Gesamtverband besonders Barbara Schellenberger, Katholische Jugend und Drittes Reich. Eine Geschichte des Katholischen Jungmännerverbandes 1933–1939 unter besonderer Berücksichtigung der Rheinprovinz, Mainz 1975.
494 So der Jahresbericht 1934 des Jugendsekretariats Dresden (Diözesanarchiv Dresden-Meißen, künftig: DADM, 321.06/06 I).
495 Zu den Devisenprozessen vgl. Petra Madeleine Rapp, Die Devisenprozesse gegen katholische Ordensangehörige und Geistliche im Dritten Reich. Eine Untersuchung zum Konflikt deutscher Orden und Klöster in wirtschaftlicher Notlage, totalitärer Machtausübung des nationalsozialistischen Regimes und im Kirchenkampf 1935/36, Phil. Diss., Bonn 1981.
496 Vgl. Martin Höllen, Heinrich Wienken, der »unpolitische« Kirchenpolitiker. Eine Biographie aus drei Epochen des deutschen Katholizismus, Mainz 1981.
497 Vgl. die Auszüge aus der Statistik für die Pfarrämter (DADM, 164.00 I).
498 Verordnung vom 29.6.1935. In: Sächs. Verwaltungsblatt, Teil I, Nr. 52 vom 2.7.1935, und Verordnung vom 19.7.1935, ebenda, Nr. 58 vom 23.7.1935.
499 Vgl. Vorgang in SächsHStA Dresden, SG Freiberg, 2 Js 909/37 (Löschau u. a.).
500 MfV an Bezirksschulamt Bautzen, o.J. Wiedergegeben im Schreiben des Bezirksschulamtes an die Vorsteher der Schulbezirke und Leiter der Volksschulen vom 4.8.1937 (DADM, 520.01/13).
501 Ebenda.
502 Kardinal Bertram an Reichskirchenminister Rust vom 5.6.1939. In: Akten deutscher Bischöfe über die Lage der Kirche 1933–1945, Bd. IV, bearb. von Ludwig Volk, Mainz 1980, Nr. 505, S. 629–632. Dort wird auch auf die mündlichen Verhandlungen des Osnabrücker Bischofs, Wilhelm Berning, im Reichserziehungsministerium in dieser Angelegenheit hingewiesen. Vgl. auch Berning an Rust vom 2.6.1939, ebenda, Nr. 506c, S. 641–643.
503 Vgl. die (fast vollständige) Aufstellung für das Bistum bei Ulrich von Hehl/Christoph Kösters (Bearb.), Priester unter Hitlers Terror. Eine biographische und statistische Erhebung, 2 Bde., 3., wesentl. veränd. und erw. Aufl., Paderborn 1996, S. 889–898.
504 Vgl. Tomasz Kowalczyk, Die katholische Kirche und die Sorben 1919–1990, Bautzen 1999, S. 89–95.
505 Vgl. die Auszüge aus der Statistik für die Pfarrämter (DADM, 164.00 I). Die veröffentlichten Angaben im Kirchlichen Handbuch für das katholische Deutschland. Hg. von Franz Groner, Köln, Bd. 22: 1943, und Bd. 23: 1944–1951, liegen nur für 1942 und dann erst wieder ab 1946 vor.
506 Christoph Kievelitz, Die Propagandaausstellung in europäischen Diktaturen, Bochum 1999, S. 102–104, 446–448 mit Einzelnachweisen.
507 Rosemarie Beier/Martin Roth (Hg.), Der gläserne Mensch. Eine Sensation. Zur Kulturgeschichte eines Ausstellungsobjekts, Stuttgart 1990.
508 In diesem Sinne z. B. die Ansprache des Reichsärzteführers Gerhard Wagner auf der gemeinsamen Tagung der Deutschen Gesellschaft für Innere Medizin mit der Reichsarbeitsgemeinschaft für Neue Deutsche Heilkunde. In: Ziel und Weg, 6 (1936), S. 238–240, hier 238.
509 H.F.K. Günter, Der Nordische Gedanke unter den Deutschen, München ²1927, S. 144. Zit. nach Cornelia Schmitz-Berning, Vokabular des Nationalsozialismus, Berlin 2000, S. 668.
510 Karl Kötschau, Der neue Deutsche Arzt. In: Deutsches Ärzteblatt, 72 (1942), S. 60–65, hier 63.
511 Karl Lotz, Der ärztliche Dienst bei den Westbefestigungsarbeiten. In: Deutsches Ärzteblatt, 68 (1938), S. 859.

512 In diesem Zusammenhang entstand 1941 an der Universität Leipzig ein von der Deutschen Arbeitsfront finanziertes »Institut für Arbeits- und Leistungsmedizin«. Vgl. Achim Thom, Von 1933–1945. In: Ingrid Kästner/Achim Thom (Hg.), 575 Jahre Medizinische Fakultät der Universität Leipzig, Leipzig 1990, S. 162–202, hier 186. Zum Konzept der »Gesundheitsführung im Betrieb« vgl. Karl-Heinz Karbe, Entstehung und Ausbau des faschistischen Betriebsarztsystems und dessen Funktion bei der Ausbeutung der deutschen Arbeiter und ausländischen Zwangsarbeiter. In: Achim Thom/Genadij I. Caregorodcev (Hg.), Medizin unterm Hakenkreuz, Berlin 1989, S. 205–233; Ulrich Knödler, Von der Reform zum Raubbau. Arbeitsmedizin, Leistungsmedizin, Kontrollmedizin. In: Norbert Frei (Hg.), Medizin und Gesundheitspolitik in der NS-Zeit, München 1991, S. 113–136.

513 Der Volks-Brockhaus, Leipzig [10]1943, S. 563. Zit. nach Caris-Petra Heidel, Zwischen Naturheilkunde und Rassenhygiene – Dresdener Medizin im Nationalsozialismus. In: Dresdner Hefte, 11 (1993), H. 35, S. 39–54, hier S. 39.

514 Gesetz zur Verhütung erbkranken Nachwuchses vom 17.7.1933. In: Reichsgesetzblatt I, S. 529.

515 Der § 1 des Gesetzes führte Schwachsinn, Schizophrenie, manisch-depressive Erkrankungen, Epilepsie, angeborene Blind- und Taubheit sowie angeborene Hüftgelenksmissbildungen als Erbkrankheiten im Sinne des Gesetzes auf. Allerdings waren weder die psychiatrischen Krankheitsbilder noch deren Erblichkeit nach dem damaligen Stand der Wissenschaft gesichert.

516 Zahlen nach Gisela Bock, Zwangssterilisation im Nationalsozialismus. Studien zur Rassenpolitik und Frauenpolitik, Opladen 1986, S. 238 f. In dieser Berechnung sind Sterilisationen in den nach 1937 eingegliederten Gebieten nicht enthalten.

517 Christiane Bach, Die Zwangssterilisierung auf der Grundlage des Gesetzes zur Verhütung erbkranken Nachwuchses im Bereich der Gesundheitsämter Leipzig und Grimma, die Tötung Geisteskranker und die Rolle der erbbiologischen Erfassungs- und Begutachtungspraxis der Psychiatrie zwischen 1933 und 1945, Diss. med. Leipzig 1990, S. 55 f.

518 Durchführungsverordnung zum Gesetz zur Verhütung erbkranken Nachwuchses vom 31.8.1939. In: Reichsgesetzblatt I, S. 1566.

519 Während die Zahl der Sterilisationsanträge im Gesundheitsamt Grimma 1940–1942 wieder zunahm, sank sie im Gesundheitsamt Leipzig seit 1939 kontinuierlich. Vgl. Bach, Zwangssterilisierung, S. 56 f.

520 Bach, Zwangssterilisierung, S. 61.

521 Szejnmann, Traum, S. 86–88.

522 Bach, Zwangssterilisierung, S. 59; Christiane Rothmaler, Sterilisation nach dem »Gesetz zur Verhütung erbkranken Nachwuchses« vom 14.7.1933. Eine Untersuchung zur Tätigkeit des Erbgesundheitsgerichts in Hamburg, Hamburg 1989, S. 251.

523 Vgl. Paul Weindling, »Mustergau« Thüringen. Rassenhygiene zwischen Ideologie und Machtpolitik. In: Frei (Hg.), Medizin, S. 81–98.

524 Gesetz zur Vereinheitlichung des Gesundheitswesens vom 3.7.1934. In: Reichsgesetzblatt I, S. 531.

525 Alfons Labisch/Florian Tennstedt, Gesundheitsamt oder Amt für Volksgesundheit? Zur Entwicklung des öffentlichen Gesundheitsdienstes seit 1933. In: Frei (Hg.), Medizin, S. 35–66, hier S. 64.

526 Julia Paulus, Kommunale Wohlfahrtspolitik in Leipzig 1930 bis 1945, Köln 1998, S. 168 f.

527 Alfons Labisch/Florian Tennstedt, Der Weg zum »Gesetz über die Vereinheitlichung des Gesundheitswesens« vom 3. Juli 1934: Entwicklungslinien und -momente des staatlichen und kommunalen Gesundheitswesens in Deutschland, Bd. 2, Düsseldorf 1985, S. 319.

528 Julia Paulus, Von der Gesundheitsfürsorge zur Gesundheitsführung. Die Durchsetzung repressiver Maßnahmen bei der Neuorganisation des Leipziger Gesundheitswesens (1930–1945). In: Andreas Wollasch (Hg.), Wohlfahrtspflege in der Region. Westfalen-Lippe während des 19. und 20. Jahrhunderts im historischen Vergleich, Münster 1997, S. 77–93, hier S. 81.

529 Paulus, Wohlfahrtspolitik, S. 140 f.

530 Paulus, Wohlfahrtspolitik, S. 168.

531 Für Einzelheiten vgl. Peter Fäßler, Sozialhygiene – Rassenhygiene – Euthanasie: Volksgesundheitspflege im Raum Dresden. In: Pommerin (Hg.), Dresden unterm Hakenkreuz, S. 193–208, 199 f.; Heidel, Naturheilkunde, S. 41 f.

532 Hermann Vellguth, Dr. med., geb. 4.2.1906, 1932 Beitritt zur NSDAP und SS, 1933 Leiter der neugegründeten Abteilung für Erb- und Rassenkunde im Deutschen Hygienemuseum Dresden, Gauamtsleiter des Rassenpolitischen Amtes Sachsen.

533 Theodor Pakheiser, Prof. Dr. med., geb. 6.1.1898, NSDAP- und SS-Mitglied seit 1930, 1933 Staatskommissar für das Gesundheitswesen in Baden, 1934–1936 Leiter des Badischen Gauamtes für Volksgesundheit, seit 1936 wissenschaftlicher Leiter des Deutschen Hygienemuseums.

534 Marina Lienert, Das Rudolf-Heß-Krankenhaus in Dresden-Johannstadt – Zentrum der Neuen Deutschen Heilkunde im Dritten Reich. In: Pommerin (Hg.), Dresden, S. 209–226, hier 211 f.

535 Fäßler, Sozialhygiene, S. 193.

536 Zu ihren wichtigsten Förderern zählten Rudolf Heß, der Reichsführer SS Heinrich Himmler, der fränkische Gauleiter Julius Streicher und der Reichsärzteführer Gerhard Wagner.

537 Zur »Neuen Deutschen Heilkunde« vgl. Alfred Haug, Das Rudolf-Heß-Krankenhaus in Dresden. In: Fridolf Kudlin (Hg.), Ärzte im Nationalsozialismus, Köln 1985, S.138–145; Robert Jütte, Geschichte der Alternativen Medizin. Von der Volksmedizin zu den unkonventionellen Therapien von heute, München 1996, S. 42–55.

538 Karl Kötschau, Vorsorge und Fürsorge im Rahmen einer Neuen Deutschen Heilkunde (Ansprache auf der gemeinsamen Tagung der Deutschen Gesellschaft für Innere Medizin mit der Reichsarbeitsgemeinschaft für eine Neue Deutsche Heilkunde). In: Ziel und Weg, 6 (1936), S. 240–246, hier S. 243.

539 Gerhard Wagner, Begrüßungsansprache auf der gemeinsamen Tagung der Deutschen Gesellschaft für Innere Medizin mit der Reichsarbeitsgemeinschaft für Neue Deutsche Heilkunde. In: Ziel und Weg, 6 (1936), S. 238–240, hier S. 238.

540 Feierlicher Auftakt im Rudolf-Heß-Krankenhaus, in: Ziel und Weg, 4 (1934), S. 447–449, hier S. 447.

541 Lienert, Rudolf-Heß-Krankenhaus, S. 213–218.

542 Feierlicher Auftakt im Rudolf-Heß-Krankenhaus, in: Ziel und Weg, 4 (1934), S. 447–449, 447 (Zitat); zur Arbeit der Gemeinschaftsstationen vgl. Lienert, Rudolf-Heß-Krankenhaus, S. 218 f., sowie Louis R. Grote, Die Arbeit im Rudolf-Heß-Krankenhaus. In: Ziel und Weg, 6 (1936), S. 251–258.

543 Haug, Rudolf-Heß-Krankenhaus, S. 141.

544 Lienert, Rudolf-Heß-Krankenhaus, S. 221.

545 Alfred Brauchle, Das Große Experiment. In: Hippokrates, 20 (1949), S. 401–403.

546 Grundlegend zum in der älteren Literatur oft fälschlich als »Knauer-Kind« bezeichneten Fall: Ulf Schmidt, Reassessing the Beginning of the »Euthanasia«-Programme. In: German History, 17 (1999), S. 541–548.

547 Als Gesamtüberblick vgl. Henry Friedlander, Der Weg zum NS-Genozid. Von der Euthanasie zur Endlösung, Berlin 1997.

548 Werner Catel, Prof. Dr. med., geb. 27.6.1894, NSDAP-Mitglied seit 1937, seit 1920 an der Universitätskinderklinik Leipzig tätig, dort seit 1933 ordentlicher Prof. für Pädiatrie und Klinikdirektor.

549 Catel hatte nach eigenen Angaben an der Begutachtung von etwa 4500 Kindern mitgewirkt und 10 bis 20 Prozent davon zur Tötung vorgeschlagen. Vernehmung Catel vom 17.5.1962, S. 46 (Zentrale Stelle der Landesjustizverwaltungen zur Verfolgung nationalsozialistischer Verbrechen, Ludwigsburg, Aussagensammlung Euthanasie, Ordner Ca–Do).

550 Zu Catel vgl. Ulrich Schultz, Dichtkunst, Heilkunst, Forschung: Der Kinderarzt Werner Catel. In: Reform und Gewissen. »Euthanasie« im Dienst des Fortschritts, Berlin 1985, S. 107–125; Hans-Christian Petersen/Sönke Zankel, Der Kinderarzt Werner Catel. In: Hans Werner Prahl, Uni-Formierung des Geistes. Universität Kiel im Nationalsozialismus, Bd. 2 (im Druck).

551 An den Patienten der Kinderfachabteilungen wurden u. a. Impfstoffe gegen Scharlach und Tuberkulose erprobt. Catel plante zudem, an den »Reichsausschusskindern« Experimente zur Übertragung und Behandlung der Kinderlähmung durchzuführen. Eine diesbezügliche Anfrage wurde vom Geschäftsführer des Reichsausschusses gebilligt. Vgl. Wentzler an Blankenburg vom 17.10.1942; H[efelmann] an Wentzler vom 17.11.1942 (BArch Berlin, NS-51/242).

552 Zu Pirna-Sonnenstein vgl. die bisher gründlichste Studie zur sächsischen Anstaltspsychiatrie: Thomas Schilter, Unmenschliches Ermessen. Die nationalsozialistische »Euthanasie«-Tötungsanstalt Pirna-Sonnenstein 1940/1941, Leipzig 1999.

553 Heinz Faulstich, Hungersterben in der Psychiatrie. Mit einer Topographie der NS-Psychiatrie, Freiburg i. Br. 1998, S. 582.

554 Ernst Wegner, Dr. med., geb. 16.1.1900, Ministerialrat, seit 1925 Allgemeinpraktiker in Kirchberg/Saale, seit 1930 NSDAP-Mitglied und Gauobmann des NS-Ärztebundes in Sachsen, Leiter des Gauamtes für Volksgesundheit, nach einer Verwendung als Staatskommissar für das Gesundheitswesen seit November 1933 Leiter der Gesundheitsabteilung im sächsischen Innenministerium, dort 1937 auf Antrag des Reichsärzteführers ausgeschieden, seitdem Leiter der Ärztekammer Sachsen, 1941 Übernahme einer Stelle im Hauptamt für Volksgesundheit der NSDAP.

555 Wegner an den sächs. Innenminister (SächsHStA Dresden, MdI 16817, Bd. 3).

556 Faulstich, Hungersterben, S. 481.

557 Schilter, Ermessen, S. 62–64.

558 Jahresbericht der Heil- und Pflegeanstalt Leipzig-Dösen 1938 (StA Leipzig, Heil- und Pflegeanstalt Dösen 104).

559 Alfred Fernholz, Dr. med., geb. 7.11.1904, Regierungsmedizinaldirektor, 1931 Beitritt zur NSDAP und zur SS, 1930 Hilfsarzt in der Heil- und Pflegeanstalt Zschadraß, 1934 Amtsarzt in Großenhain, seit Februar 1937 Leiter der Abteilung Volksgesundheit im sächsischen Innenministerium, seit 1942 Leiter des Gauamtes für Volksgesundheit.

560 Vernehmung Alfred Schulz durch die SMAD, Herbst 1945. In: Joachim S. Hohmann, Der »Euthanasie«-Prozeß Dresden 1947. Eine zeitgeschichtliche Dokumentation, Frankfurt a. M. 1993, S. 271.

561 Aussage Hermann Paul Nitsche vom 25.3.1946. Zit. nach Schilter, Ermessen, S. 86.
562 Vernehmung Alfred Schulz vom 27.6.1947. In: Hohmann, »Euthanasie«-Prozeß, S. 273.
563 Vernehmung Nitsche durch die SMAD, Herbst 1945. In: Hohmann, »Euthanasie«-Prozeß, S. 240. Nitsche setzte den Sterblichkeitsanstieg möglicherweise zu hoch an, auch ist nicht klar, auf welchen Vergleichszeitraum er sich bezog. Die im Auftrag der Inneren Mission verfasste Denkschrift Pastor Braunes bringt Sterblichkeitszuwächse zwischen 22 Prozent (Hochweitzschen) und 65 Prozent (Großschweidnitz) in direkte Verbindung mit dem systematischen Nahrungsentzug. Vgl. Faulstich, Hungersterben, S. 483.
564 Vgl. z. B. Vernehmung Richard von Hegener vom 9.5.1960, S. 6 (Zentrale Stelle der Landesjustizverwaltungen zur Verfolgung nationalsozialistischer Verbrechen, Ludwigsburg, Aussagensammlung Euthanasie, Ordner Hea-Heg). Im gleichen Sinne auch die Aussage des Direktors der Heil- und Pflegeanstalt Zschadraß, nach der Fernholz den ihm unterstellten Anstaltsdirektoren Ende 1940/Anfang 1941 erklärt habe, unheilbare Geisteskranke würden »als Ballastexistenzen im Interesse der Gesunden aus kriegswirtschaftlichen Gründen [...] beseitigt«. Hohmann, »Euthanasie«-Prozeß, S. 233.
565 Holm Krumpold, Die Landesanstalt Großschweidnitz als »T4«-Zwischenanstalt und Tötungsanstalt (1939–1945). In: Nationalsozialistische Euthanasie-Verbrechen in Sachsen. Beiträge zu ihrer Aufarbeitung. Hg. von Kuratorium Gedenkstätte Sonnenstein e.V. und Sächsische Landeszentrale für politische Bildung, Dresden/Pirna ²1998, S. 101–113.
566 Vgl. Sonja Schröter, Psychiatrie in Waldheim/Sachsen von ihren Anfängen bis zum Ende des Zweiten Weltkriegs (1716–1946). Ein Beitrag zur Geschichte der Forensischen Psychiatrie in Deutschland, Leipzig 1994.
567 Zur Baugeschichte vgl. Johannes Cramer, Bauliche Zeugnisse der »Euthanasie«-Morde in der Anstalt Pirna-Sonnenstein. In: Nationalsozialistische Euthanasie-Verbrechen in Sachsen, S. 145–169.
568 Die Darstellung folgt Schilter, Ermessen, S. 68–159.
569 So der ehemalige Pirnaer Anstaltsarzt und Mitarbeiter des dortigen Gesundheitsamts, Ernst-Adolf Schmorl, Sonnenstein. Zur Geschichte einer Anstalt. In: Zeitschrift für psychische Hygiene, 13 (1940), S. 71–99, hier S. 86.
570 Aufstellung der Reichsarbeitsgemeinschaft über die Nutzung der Heil- und Pflegeanstalten, o.J. (nach dem 10.1.1942) (BArch Berlin, R 96–I/6).
571 Ende 1941 war in Sachsen mehr als ein Viertel der Einrichtungen der Alten- und Gebrechlichenpflege einer anderen Verwendung zugeführt worden. Vgl. Susanne Hahn, Altersforschung und Altenpflege im Nationalsozialismus. In: Christoph Meinel/Peter Vosswinckel (Hg.), Medizin, Naturwissenschaft, Technik und Nationalsozialismus. Kontinuitäten und Diskontinuitäten, Stuttgart 1994, S. 220–227, hier 223. Ein exemplarischer Fall wird dargestellt bei Susanne Hahn/Georg Lilienthal, Totentanz und Lebensborn. Zur Geschichte des Alters- und Pflegeheimes in Kohren-Sahlis bei Leipzig (1939–1945). In: Medizinhistorisches Journal, 27 (1992), S. 340–358.
572 Rundschreiben Lindens an die Landesregierungen, Oberpräsidenten, Regierungspräsidenten u. a. vom 14.3.1943 (ThürHStA Weimar, MdI, Abt. E/1076).
573 Wischer, Bericht über die Ärzte-Kommission in Sachsen vom 18.2.1943, S.1 (SächsHStA Dresden, MdI 16849).
574 Fernholz, Fernschreiben an die Reichsarbeitsgemeinschaft Heil- und Pflegeanstalten vom 19.6.1943 (SächsHStA Dresden, MdI 16850). Vgl. auch den Entwurf Neefes für ein Schreiben an den Reichsbeauftragten für Heil- und Pflegeanstalten vom 10.7.1943 (ebenda).
575 Vgl. z. B. Thom, 1939–1945, S. 188, 191.
576 Achim Thom, Kriegsopfer der Psychiatrie. Das Beispiel der Heil- und Pflegeanstalten Sachsens. In: Frei (Hg.), Medizin, S. 201–216, hier S. 215.
577 Aktenvermerk des sächs. Innenministeriums, Abteilung Volkspflege, vom 24.6.1943; Aktenvermerk der Abt. Volkspflege vom 17.7.1943 über die Ankunft von 75 Frauen aus der Neusser St.-Josefs-Anstalt (SächsHStA Dresden, MdI 16850).
578 Hermann Paul Nitsche, Prof. Dr. med., geb. 25.11.1876, NSDAP-Mitglied seit 1933, förderndes SS-Mitglied, nach verschiedenen Stationen als Anstaltspsychiater in Bayern, Baden und Sachsen seit 1928 Direktor der Anstalt Pirna-Sonnenstein, zudem seit 1933 nebenamtlicher Landespsychiater im sächsischen Innenministerium, 1939/40 als medizinischer Berater in der Kanzlei des Führers an der Vorbereitung der Euthanasie beteiligt, Euthanasiegutachter, seit Dezember 1941 medizinischer Leiter der T4-Zentraldienststelle.
579 Nitsche an Allers vom 2.12.1943 (BArch Berlin, R 96 I/18).
580 Vernehmung Gerhard Wischer durch die Volkspolizei Sachsen vom 12.6.1950, S. 17 (BArch, Zwischenarchiv Dahlwitz-Hoppegarten, EVZ I/27, A. 8).
581 Stellungnahme Langers zur Anklageschrift der Oberstaatsanwaltschaft beim Landgericht Dresden. In: Hohmann, »Euthanasie«-Prozeß, S. 379.
582 Vernehmung Artur Mittag durch die SMAD, Herbst 1945. In: Hohmann, »Euthanasie«-Prozeß, S. 239.
583 Krumpolt, Landesheilanstalt, S. 112.

584 Hans-Walter Schmuhl, Rassenhygiene, Nationalsozialismus, Euthanasie. Von der Verhütung zur Vernichtung »lebensunwerten Lebens« 1890–1945, Göttingen 1987, S. 230–236. Ähnlich Götz Aly, Medizin gegen Unbrauchbare. In: Ders. (Hg.), Aussonderung und Tod. Die Klinische Hinrichtung der Unbrauchbaren (Beiträge zur nationalsozialistischen Gesundheits- und Sozialpolitik, Bd.1), Berlin 1985, S. 9–74, hier 61, der von »zentral geplante[r] und dezentral vollzogene[r] Euthanasie« spricht.

585 Der Gauleiter Martin Mutschmann hatte bereits vor Beginn der Aktion T4 sächsische Anstaltsärzte zu Krankentötungen aufgefordert. Vgl. die Vernehmung Nitsches vom 11.3.1948 (Zentrale Stelle der Landesjustizverwaltungen zur Verfolgung nationalsozialistischer Verbrechen, Ludwigsburg, Aussagensammlung Euthanasie, Ordner Na–O).

586 Aussage Nitsches vom 26.3.1946. Zit. nach Schilter, Ermessen, S. 139.

587 Wischer an Nitsche vom 29.12.1943 (BArch Berlin, R 96-I/18).

588 Wischer, Bericht über die Ärzte-Kommission in Sachsen vom 18.2.1943, S. 2 (SächsHStA Dresden, MdI 16849).

589 Wie in Nürnberg wurde in Dresden nicht nach deutschem Strafrecht, sondern nach dem Alliierten Kontrollratsgesetz Nr. 10 vom 20.12.1945 verhandelt, das die Verfolgung von Massentötungen als Verbrechen gegen die Menschlichkeit ermöglichte. Zum Nürnberger Verfahren vgl. Angela Ebbinghaus/Klaus Dörner (Hg.), Vernichten und Heilen. Der Nürnberger Ärzteprozeß und seine Folgen, Berlin 2001.

590 Urteil des Schwurgerichts beim Landgericht Dresden. In: Hohmann, »Euthanasie«-Prozeß, S. 412–429. Zwei Angeklagte hatten sich in der Untersuchungshaft das Leben genommen.

591 Landgericht/Bezirksgericht Chemnitz, 500623 Az. StKs2053/50, DDR-Justiz und NS-Verbrechen, Nr. 2078 (http://www.jur.uva.nl/junsv/).

592 Beschluss des Landgerichts Hannover vom 30.12.1964. Zit. nach Petersen/Zankel, Kinderarzt, S. 12 f.

593 Willi Dreßen, Mord, Totschlag, Verbotsirrtum. Zum Wandel der bundesrepublikanischen Rechtsprechung in NS-»Euthanasie«-Prozessen. In: Matthias Hamann (Hg.), Halbierte Vernunft und totale Medizin. Zu Grundlagen, Realgeschichte und Fortwirkungen der Psychiatrie im Nationalsozialismus (Beiträge zur nationalsozialistischen Gesundheits- und Sozialpolitik, Bd. 13), Berlin 1997, S. 179–197, hier S. 194.

594 Schilter, Ermessen, S. 181 f., 213–219. Dass die Nichtverfolgung von Euthanasieverbrechern freilich kein Spezifikum der Bundesrepublik war, dokumentieren die Fälle der Euthanasieärzte Herbert Becker und Günther Munkwitz, die beide Mitte der sechziger Jahre in der DDR praktizierten. Vgl. Frank Hirschinger, »Zur Ausmerzung freigegeben«: Halle und die Landesheilanstalt Altscherbitz 1933–1945, Köln 2001, S. 235 f.

595 Klemperer, Tagebücher, Bd. 2, S. 213.

596 Ebenda, Bd. 2, S. 316.

597 Ebenda, Bd. 2, S. 134.

598 Ebenda, Bd. 2, S. 120.

599 Werner Best, Die Geheime Staatspolizei. In: Deutsches Recht, 718 (1936), S. 126.

600 Zit. nach Heinz Höhne, Der Orden unter dem Totenkopf. Die Geschichte der SS, München 1967, S. 27.

601 Lagebericht des Sächs. Ministeriums des Inneren vom 23.9.1926 (Stadtarchiv Bremen, Bestand 4, 65 1727 1730). Für den Hinweis auf dieses Dokument danke ich Andreas Wagner.

602 Vgl. Richard Breitmann, Heinrich Himmler. Der Architekt der »Endlösung«, Zürich ²2000, S. 353.

603 Klemperer, Tagebücher, Bd. 2, S. 316.

604 Innenministerium an Polizeipräsidium Leipzig vom 1.3.1933 (StA Leipzig, PP-St 19, Bl. 187).

605 Sächs. Verwaltungsblatt, Nr. 17 vom 3.3.1933, S. 133.

606 Monatsbericht des Polizeipräsidiums Leipzig vom März 1933 (StA Leipzig, PP-St 19, Bl. 229 ff.).

607 Aussage Kurt Paatzsch vom 11.11.1947 (BArch, Zwischenarchiv Dahlwitz-Hoppegarten [künftig: DH], ZAST, K. 68 [19 St Ks 24/48], Bl. 18).

608 Dienstvorschrift für die MG-Türme (BArch, DH, ZM 1680, A. 9).

609 Dresdner Anzeiger vom 14.4.1933.

610 Urteil Landgericht Poznán vom 1.2.1948 (BArch Berlin , R 70, Polen 206, Bl. 23–44).

611 Sächs. Verwaltungsblatt, Nr. 24 vom 30.3.1933, Nr. 30 vom 7.4.1933, Nr. 57 vom 7.7.1933.

612 Staatspolizeiamt Berlin an Reichsführer SS vom 30.3.1935 (BArch Berlin, ehem. BDC/OPG, Walter Loos).

613 Festschrift »Heinrich Himmler. 10 Jahre Reichsführer SS«. In: Kriminalistische Monatshefte 12 (1939), S. 2.

614 Einheitliche Bezeichnung der Dienststellen der Gestapo vom 28.8.1936 (BArch Berlin, R 58, 3101, Bl. 63).

615 Organisation der Geheimen Staatspolizei in Sachsen vom 10.4.1937 (BArch Berlin, R 58/241, Bl. 88–91).

616 Himmler an Theodor Berkelmann vom 16.2.1937 (BArch Berlin, ehem. BDC/SSO, Emil Popp).

617 Vgl. Adolf Diamant, Gestapochef Thümmler. Verbrechen in Chemnitz, Kattowitz und Auschwitz. Die steile Karriere eines Handlangers der nationalsozialistischen Morde und Vergehen gegen die Menschlichkeit. Berichte – Dokumente – Kommentare, Chemnitz 1999.

618 Personalbeurteilung, o. J. (1938) (BArch Berlin, ehem. BDC/SSO, Johannes Thümmler).
619 Promotionsakte Ernst Kaussmann (Universitätsarchiv Leipzig, Phil. Fak. Prom. 3042).
620 Geschäftsverteilungsplan vom 22.8.1938 (BArch, DH, ZE 53587, A. 7).
621 Kassenanschlag für 1941 (BArch Berlin, Bibliothek, MfS IX/11, 70/353).
622 Bürgerkomitee Leipzig (Hg.), STASI Intern, Macht und Banalität, Leipzig 1991, Anlage »Stellenplan«.
623 Anweisung an alle Polizeibeamten vom 6.9.1939 (StA Leipzig, Stadt Wurzen 1515, Bl. 108).
624 Tagesbefehl Nr. 10/1944 vom 23.6.1944 (StA Leipzig, Stadt Wurzen 1389, nicht pag.).
625 Tätigkeitsbericht 1934 vom 24.1.1935 (StA Leipzig, PP-V 4965, Bl. 10 ff.).
626 Anzeige bei der 19. Schutzpolizeiwache vom 11.3.1933 (StA Leipzig, PP-S 1575, Bl. 2).
627 Vgl. Gisela Diewald-Kerkmann, Politische Denunziation im NS-Regime oder Die Kleine Macht der »Volksgenossen«, Bonn 1995; Robert Gellately, Die Gestapo und die deutsche Gesellschaft, Paderborn 1994.
628 Urteil Schwurgericht Leipzig vom 4.7.1947 (StA Leipzig, LG 78653, 1/47).
629 Urteil Schwurgericht Leipzig vom 23.7.1947 (StA Leipzig, LG 78656, 7/47).
630 Anzeige beim Gendarmerieposten Mutzschen vom 30.3.1934 (StA Leipzig, PP-S, 535, Bl. 13 ff.).
631 Lagebericht vom April 1935 (BArch R 58, 3753, S. 59 ff.).
632 Vgl. Klaus-Michael Mallmann, Die V-Leute der Gestapo. Umrisse einer kollektiven Biographie. In: Ders./Gerhard Paul (Hg.), Die Gestapo – Mythos und Realität, Darmstadt 1996, S. 268–287.
633 Aussage Fritz K. vom 18.6.1946 (BArch, DH, ZAST, Karton 11, 29/47).
634 Lagebericht vom April 1935 (BArch Berlin, R 58, 3753, S. 59 ff.).
635 Ebenda.
636 Vgl. Patrick Wagner, Volksgemeinschaft ohne Verbrecher. Konzeption und Praxis der Kriminalpolizei in der Weimarer Republik und des Nationalsozialismus, Hamburg 1996.
637 Ernst Kaussmann, Staatspolizeikunde (Manuskript), o. J. (1944) (BArch, DH, ZR 287. Bl. 22).
638 Tätigkeitsberichte von 1937 und 1938 (StA Leipzig, PP-V 4952).
639 Abschlussbericht der Staatsanwaltschaft Leipzig vom 23.6.1942 (StA Leipzig, PP-S 1021).
640 Ermittlungsbericht vom 17.6.1938 (StA Leipzig, PP-S 2107).
641 KZ Sachsenhausen an Polizeipräsidium Leipzig vom 24.1.1940 (StA Leipzig, PP-S 2107).
642 Aufstellung der Lager vom 24.11.1942 (StA Leipzig, PP-V 3398).
643 Bericht über ausländische Arbeitskräfte vom 9.3.1944 (BArch, DH, ZB 7349, A. 2).
644 Vgl. Manfred Zeidler, Das Sondergericht Freiberg. Zu Justiz und Repression in Sachsen 1933–1940, Dresden 1998; Jens-Uwe Lahrtz, Das NS-Sondergericht für das Land Sachsen mit Sitz in Freiberg (1933–1940). In: Dresdner Hefte 17 (1999) 4, S. 46–52.
645 Urteil Schwurgericht Leipzig vom 17.4.1947 (StA Leipzig, Schwurgericht, 7865, 13/47).
646 Kaussmann, Staatspolizeikunde (BArch, DH, ZR 287, Bl. 54).
647 Ermittlungsbericht (StA Leipzig, PP-S 302, Bl. 85).
648 Persönliche Unterlagen Dr. Tränkmann 1943–1945 (BArch, DH, ZB 7349, A. 1–7).
649 Manuskript Tränkmanns über die Kriminalität in Chemnitz, o. J. (1944) (BArch, DH, ZB 7349, A. 2).
650 Vgl. Hans-Dieter Schmid, Gestapo Leipzig. Politische Abteilung des Polizeipräsidiums und Staatspolizeistelle Leipzig 1933–1945, Beucha 1997, S. 55–59.
651 Vernehmung Thümmler vom 3.12.1969 (Niedersächs.HStA Hannover, Nds 721 Göttingen. Acc 103/87, Nr. 14/4, Bl. 1194).
652 Vgl. Richard Löwenthal/Patrik von zur Mühlen (Hg.), Widerstand und Verweigerung in Deutschland 1933 bis 1945, Bonn 1990, S. 14 ff.
653 Vgl. Zeidler, Sondergericht Freiberg, S. 36 ff.; Sächs. Gesetzblatt, Nr. 4 und Nr. 14 von 1933, S. 17 und 63.
654 Vgl. Mike Schmeitzner/Michael Rudloff, Geschichte der Sozialdemokratie im sächsischen Landtag. Darstellung und Dokumentation 1877–1997, Dresden 1997, S. 105 ff.; Hans-Dieter Schmid, Leipziger Sozialdemokratie und Nationalsozialismus. In: Sächsische Heimatblätter, 5/1992, S. 312–323.
655 Günther Kirsch, Die Konstituierung der nationalsozialistischen Herrschaft in Sachsen 1933/34. In: Sächsische Heimatblätter, 1/1995, S. 25.
656 Sächs. Landtagsakten, Verhandlungen, 1. Sitzung vom 16.5.1933, S. 1 ff.
657 Vgl. Schmeitzner/Rudloff, Geschichte der Sozialdemokratie, S. 107.
658 Sächs. Landtagsakten, Verhandlungen, 2. Sitzung vom 23.5.1933, S. 7 ff.
659 Ebenda, S. 12.
660 Der Freiheitskampf vom 26.6.1933.
661 Vgl. Schriftwechsel zwischen Reichsminister des Innern und Landesregierungen bzw. Landeskriminalamt Sachsen vom 11.4. und 3.5.1933 (SächsHStA Dresden, Außenministerium, Nr. 4842, Bl. 1 und 3).
662 Ebenda, Bl. 3.
663 Ebenda.
664 Sächs. Innenminister an Reichsminister für Volksaufklärung und Propaganda vom 9.8.1933 (SächsHStA Dresden, Außenministerium, Nr. 8186, Bl. 300).

665 Sächs. Innenministerium an Ministerium der auswärtigen Angelegenheiten vom 9.12.1933 (SächsHStA Dresden, Außenministerium, Nr. 4842, Bl. 182).
666 Vgl. Gudrun Schwarz, Die nationalsozialistischen Lager, Frankfurt a. M. 1990, S. 139 f.
667 Dazu ausführlich Lother Gruchmann, Justiz im Dritten Reich 1933–1940. Anpassung und Unterwerfung in der Ära Gürtner, München 1990, S. 368 ff.
668 Vgl. Erinnerungen Erich Glaser, 1976 (SächsHStA Dresden, SED-BPA Dresden, V/2.41–002, NL Erich Glaser, Bl. 125 f.).
669 Martin Schumacher, MdL. Das Ende der Parlamente 1933 und die Abgeordneten der Landtage und Bürgerschaften der Weimarer Republik in der Zeit des Nationalsozialismus. Politische Verfolgung, Emigration und Ausbürgerung 1933–1945. Ein biographischer Index, Düsseldorf 1995, S. 43.
670 Erich Zeigner an Leipziger Polizeipräsidenten Heinrich Fleißner vom 12.8.1945 (StA Leipzig, SED-BPA Leipzig, II/2/10, nicht pag.).
671 Herbert Goldhammer, Dr. Max Sachs – niemals vergessen!, S. 2 (masch. Manuskript; Kopie im Besitz des Autors).
672 Vgl. Zeidler, Sondergericht Freiberg, S. 33.
673 Vgl. Mike Schmeitzner, Politische Strafjustiz im nationalsozialistischen Dresden. Der SPD-Schauprozeß von 1934. In: Dresdner Hefte, 60/1999, S. 53–61.
674 Bericht des Oberstaatsanwaltes beim Landgericht Dresden an Oberreichsanwalt Berlin betr. Horst Patzig und 39 Genossen vom 22.6.1935 (SächsHStA Dresden, SG Freiberg, Js 1397/35, Bl. 25–41).
675 Vgl. Bericht von Herbert Eichhorn und Kurt Arnold über die illegale Arbeit der SAP in Dresden von Oktober 1948 (SAPMO-BArch, RY 1/I 2/3/147, Bl. 298).
676 Vgl. Michael Rudloff, Stanislaw Trabalski (1896–1985). Eine Biographie zwischen den politischen Systemen. In: Michael Rudloff/Mike Schmeitzner (Hg.), »Solche Schädlinge gibt es auch in Leipzig« Sozialdemokraten und die SED, Frankfurt a. M. 1997, S. 29 f.
677 Vgl. Schmid, Leipziger Sozialdemokratie, S. 315 ff.
678 Ebenda, S. 319.
679 Ebenda, S. 320; Hans-Dieter Schmid, Gestapo Leipzig. Politische Abteilung des Polizeipräsidiums und Staatspolizeileitstelle Leipzig 1933–1945, Beucha 1997, S. 29 ff.
680 Vgl. den Bericht Walter Hoyers, Parteigeschichte. Erlebnisse im KZ vom 30.5.1946 (SAPMO-BArch, RY 1/I 2/3/147, Bl. 97 ff.).
681 Hermann Weber, Kommunistischer Widerstand gegen die Hitler-Diktatur 1933–1939. Hg. von der Gedenkstätte Deutscher Widerstand, Berlin ²1990, S. 10.
682 Vgl. Jürgen Tubbesing, Nationalkomitee »Freies Deutschland« – Antifaschistischer Block – Einheitspartei. Aspekte der Geschichte der antifaschistischen Bewegung in Leipzig, Beucha 1996, S. 39.
683 Vgl. Erinnerungen Erich Glaser, 1976 (SächsHStA Dresden, SED-BPA Dresden, V/2.41–002, NL Erich Glaser, Bl. 115 ff., 124, 146); Erich Glaser, Mit der Vereinigten Kletterabteilung Grenzarbeit für die illegale Kommunistische Partei in Dresden. In: Schon damals kämpften wir gemeinsam. Erinnerungen deutscher und tschechoslowakischer Antifaschisten an ihre illegale Grenzarbeit 1933 bis 1938. Hg. vom Institut für Marxismus-Leninismus beim ZK der SED, Berlin (Ost) 1961, S. 73 ff.
684 Anklageschrift gegen Horst Sindermann und 25 Genossen der KJVD vom 9.3.1934 sowie Hauptverhandlung gegen Fritz Sparschuh und 26 Genossen von März/April 1934 (SächsHStA Dresden, SG Freiberg, SG 251/34 und 6 StA 49/34, Bl. 20 ff. und 4 ff.).
685 Anklageschrift des Generalstaatsanwaltes beim Oberlandesgericht Dresden gegen Franz Plath und 30 Genossen, o. J. (1935) (SAPMO-BArch, RY 1/I 2/3/147, Bl. 228).
686 Anklageschrift des Generalstaatsanwaltes beim Oberlandesgericht Dresden gegen Rudolf Lorenz und 22 Genossen vom 7.12.1935 (SAPMO-BArch, RY 1/I 2/3/147, Bl. 257 ff.).
687 Vgl. Armin Behrendt, Wilhelm Külz. Aus dem Leben eines Suchenden, Berlin (Ost) 1968, S. 114 ff.
688 Vgl. Agatha Kobuch, Hermann Kastner (1886–1957). Sächsischer Justizminister von Dezember 1946 bis März 1948. In: Sächsische Justizminister 1831–1950. Acht biographische Skizzen, Dresden 1994, S. 167.
689 Vgl. Ines Reich, Carl Friedrich Goerdeler. Ein Oberbürgermeister gegen den NS-Staat, Köln 1997, S. 163 ff.
690 Prinz Ernst Heinrich von Sachsen, Mein Lebensweg vom Königsschloß zum Bauernhof, Dresden ²1995, S. 225 ff.; Mike Schmeitzner, Alfred Fellisch 1884–1973. Eine politische Biographie, Köln 2000, S. 418 f.
691 Zur detaillierten Bewertung am Beispiel Leipzigs vgl. Tubbesing, Nationalkomitee, S. 58 f.
692 Vgl. Zur Geschichte der revolutionären Arbeiterbewegung des Bezirkes Dresden, Heft 2: Antifaschistischer Widerstandskampf, Befreiung und demokratischer Neubeginn in Ostsachsen. Hg. von der Kommission zur Erforschung der Geschichte der örtlichen Arbeiterbewegung bei der Bezirksleitung Dresden der SED, Dresden 1985, S. 14 f.
693 Tubbesing, Nationalkomitee, S. 53–67.

694 Vgl. Rudloff, Stanislaw Trabalski, S. 32.
695 Zit. nach Gerhard Ritter, Carl Goerdeler und die deutsche Widerstandsbewegung, München 1964, S. 551 f.
696 Vgl. Walter Cramer (1886 bis 1944). Ein Leipziger Unternehmer im Widerstand. Dokumentation von Beatrix Heinze, Köln 1993, S. 83 ff.
697 Vgl. Wolfgang Marschner, Der 20. Juli 1944 – die Ereignisse im Wehrkreis IV. Hg. vom Verein für Demokratie und Widerstandsforschung e.V. und dem Münchner-Platz-Komitee, Dresden 1998, S. 15 ff.
698 Vgl. Detlef J. K. Peukert, Die Edelweisspiraten. Protestbewegungen jugendlicher Arbeiter im »Dritten Reich«. Eine Dokumentation, Köln ³1988, S. 188 ff., 191 f., 209 ff.
699 Markante Worte aus den Reden des Gauleiters und Reichsstatthalters PG Martin Mutschmann. Zum 60. Geburtstag, Dresden am 9. März 1939, o. Bl.
700 Der Freiheitskampf vom 11.11.1938. Zit. nach Markus Gryglewski, »Dieses Feuer kehrt zurück. Es wird einen großen Bogen gehen und wieder zu uns kommen.« In: Einst und jetzt. Zur Geschichte der Dresdner Synagoge und ihrer Gemeinde. Hg. von der Jüdischen Gemeinde zu Dresden, Dresden 2001, S. 92–107, hier S. 92.
701 Arno Pfütze, Die Volks-, Berufs- und Betriebszählung vom 16. Juni 1933. Endgültige Zählungsergebnisse für das Land Sachsen. In: Zeitschrift des Sächsischen Statistischen Landesamtes, 80./81. Jg. (1934/35), S. 2–70, hier S. 65–67.
702 Solvejg Höppner, »Ostjude ist jeder, der nach mir kommt ...« Jüdische Einwanderer in Sachsen im Kaiserreich und in der Weimarer Republik. In: Bramke/Heß, Wirtschaft, S. 343–369, hier S. 354.
703 Gemeindeblatt der Israelitischen Religionsgemeinde zu Leipzig. Amtliches Nachrichtenblatt der Gemeindeverwaltung vom 3.2.1933, S. 1.
704 Toni Sender, Autobiographie einer deutschen Rebellin. Hg. und eingeleitet von Gisela Brinker-Gabler, Frankfurt a. M. 1981, S. 270.
705 Bericht des Chemnitzer Polizeipräsidiums vom Juli 1933 (Archiv des Instituts für Zeitgeschichte, F 92, o. Bl.).
706 Ebenda.
707 Bericht des amerikanischen Konsuls in Leipzig vom 5. April 1933 über den Generalkonsul in Berlin an das State Departement. Zit. nach Helmut Gensel, Die Verdrängung der Juden aus der Wirtschaft im Dritten Reich, Göttingen 1966, S. 53.
708 Zit. nach Martin Habicht, Verfolgung und Widerstand nichtproletarischer Kräfte im Raum Leipzig Westsachsen 1933–1945, Habil. Ms., 2 Bde., Univ. Leipzig, 1989, S. 139.
709 Gemeindeblatt der Israelitischen Religionsgemeinde zu Dresden, Nr. 4, 1933, S. 1. Zit. nach Günter Kirsch, Die gesetzliche und außergesetzliche Judenverfolgung in Dresden und Sachsen in den ersten Monaten der nationalsozialistischen Herrschaft. In: Historische Blätter, Heft 4/1994, S. 5–29, hier S. 7.
710 Neue Leipziger Zeitung vom 1.4.1933.
711 Bericht des amerikanischen Konsuls in Leipzig vom 5.4.1933 über den Generalkonsul in Berlin an das State Departement. Zit. nach Gensel, Verdrängung, S. 53.
712 Leipziger Tageszeitung vom 3.4.1933.
713 Markante Worte, o. Bl.
714 Reichsgesetzblatt I, 1933, S. 175, 188.
715 Ines Reich, Carl Friedrich Goerdeler. Ein Oberbürgermeister gegen den NS-Staat, Köln 1997, S. 133.
716 SächsHStA Dresden, MdI Nr. 19025, Bl. 243; Adolf Diamant, Chronik der Juden in Dresden, Darmstadt 1973, S. 284; Kirsch, Judenverfolgung, S. 21.
717 Erlebnisse und Beobachtungen des Dr. Bruno Mannes im nationalsozialistischen Deutschland (Yad Vashem Archiv Nr. 149 – The Wiener Library Nr. 02/35, S. 7 f.).
718 Vgl. Simone Lässig, Nationalsozialistische »Judenpolitik« und jüdische Selbstbehauptung vor dem Novemberpogrom. Das Beispiel der Dresdner Bankiersfamilie Arnhold. In: Pommerin (Hg.), Dresden unterm Hakenkreuz, S. 129–191, hier S. 144.
719 Archiv der Israelitischen Religionsgemeinde zu Leipzig, Nr. 5/6, o. Bl.
720 Francis Nikosia, Der Zionismus in Leipzig im Dritten Reich. In: Judaica Lipsiensia. Zur Geschichte der Juden in Leipzig. Hg. von der Ephraim Carlebach Stiftung Leipzig, Leipzig 1994, S. 167–178, hier S. 171.
721 StA Leipzig, PP-V Nr. 4498, Bl. 17.
722 Vgl. Aktenzeichen »Unerwünscht«. Dresdner Musikerschicksale und nationalsozialistische Judenverfolgung 1933–1945. Bearbeitet von Agata Schindler. Mit einer Einleitung von Sylvia Rogge-Gau, Dresden 1999.
723 Monika Richarz (Hg.), Jüdisches Leben in Deutschland. Selbstzeugnisse zur Sozialgeschichte 1918–1945, Stuttgart 1982, S. 293.
724 Archiv der Israelitischen Religionsgemeinde zu Leipzig, Nr. 5/6, o. Bl.
725 StA Leipzig, Oberfinanzpräsident Leipzig, Devisenstelle Nr. 1816, o. Bl.
726 Leipziger Tageszeitung vom 21.7.1935.

727 Stadtarchiv Leipzig, GR LüSta (vor 1945) Nr. 101, Bl. 46 und Rückseite.
728 Klemperer, Tagebücher, Bd. 1, S. 212.
729 Gryglewski, Feuer, S. 96.
730 Klemperer, Tagebücher, Bd. 1, S. 313.
731 Markante Worte, o. Bl.
732 Leipziger Neueste Nachrichten vom 5.3.1938.
733 StA Leipzig, Dresdner Bank in Leipzig Nr. 44, o. Bl.
734 SächsHStA Dresden, MdI 11180, Bl. 40.
735 Zit. nach Hugo Jensch, Juden in Pirna. Hg. vom Kuratorium Sächsischer Gedenkstätten, Pirna 1997, S. 98.
736 SächsHStA Dresden, MdI 11180, Bl. 157.
737 Martin Alterthum. Das Socialamt der Jüdischen Gemeinde in Leipzig (Der vorletzte Akt der Tragödie) (Yad Vashem Archiv Nr. 84/86, o. S.).
738 StA Leipzig, Oberfinanzpräsident Leipzig, Devisenstelle Nr. 802, o. Bl.
739 Archiv der Israelitischen Religionsgemeinde zu Leipzig, Nr. 247, o. Bl.
740 Henny Brenner, »Das Lied ist aus«. Ein jüdisches Schicksal in Dresden, Zürich 2001, S. 62.
741 Rolf Kralovitz, Der gelbe Stern in Leipzig, Köln 1992, S. 18.
742 Wolf Gruner, Der geschlossene Arbeitseinsatz deutscher Juden. Zur Zwangsarbeit als Element der Verfolgung 1938–1943, Berlin 1997, S. 76.
743 Ebenda, S. 313.
744 Felicja Karay, Wir lebten zwischen Granaten und Gedichten. Das Frauenlager der Rüstungsfabrik HASAG im Dritten Reich, Weimar 2001, S. 60.
745 Vgl. Steffen Held/Thomas Fickenwirth, Fremd- und Zwangsarbeit im Raum Leipzig 1939–1945. Archivalisches Spezialinventar und historische Einblicke. Hg. von der Stadt Leipzig, Leipzig 2001, S. 171.
746 Michael Düsing (Hg.), Glück Auf, mein Freiberg! Erinnerungen und Lebensschicksale jüdischer Bürger in den sächsischen Bergstädten Freiberg und Oederan, Freiberg 1995, S. 24, 161.
747 Nora Goldenbogen, Nationalsozialistische Judenverfolgung in Dresden seit 1938 – ein Überblick. In: Dresdner Hefte, H. 45/1996, S. 76–90, hier S. 83.
748 Jensch, Pirna. Zit. nach Goldenbogen, Judenverfolgung, S. 80 f.
749 Ellen Bertram, Menschen ohne Grabstein. Die aus Leipzig deportierten und ermordeten Juden. Hg. von Rolf und Brigitte Kralovitz in Verbindung mit der Ephraim Carlebach Stiftung und der Israelitischen Religionsgemeinde zu Leipzig, Leipzig 2001, S. 31.
750 StA Leipzig, Hans Klemm, Versteigerungshaus Nr. 47, Bl. 15.
751 Olaf Groehler, Leipzig im Luftkrieg (1940–1945). In: Verwundungen. 50 Jahre nach der Zerstörung von Leipzig. Hg. vom Stadtgeschichtlichen Museum Leipzig in Zusammenarbeit mit dem Leipziger Geschichtsverein e. V., Leipzig 1993, S. 18–51, hier S. 18–23.
752 Ders., Bombenkrieg gegen Deutschland, Berlin 1990, S. 196–200.
753 Michael Krause, Flucht vor dem Bombenkrieg. »Umquartierungen« im Zweiten Weltkrieg und die Wiedereingliederung der Evakuierten in Deutschland 1943–1963, Düsseldorf 1997, S. 82.
754 Ebenda, S. 89 f.
755 Groehler, Bombenkrieg, S. 268 f.
756 Gerhard Kock, »Der Führer sorgt für unsere Kinder...«. Die Kinderlandverschickung im Zweiten Weltkrieg, Paderborn 1997, S. 215.
757 Siehe dazu die vorläufige Skizze von Ulrich Heß, Sachsens Industrie in der Zeit des Nationalsozialismus. Ausgangspunkte, struktureller Wandel, Bilanz. In: Bramke/Heß (Hg.), Wirtschaft und Gesellschaft, S. 53–88, hier S. 77–86.
758 Groehler, Leipzig im Luftkrieg, S. 23–25.
759 Zum folgenden ebenda, S. 27 ff.
760 Ebenda, S. 36.
761 Ebenda, S. 38–41.
762 Goebbels-Tagebücher. Teil II, Band 14, München 1996, S. 467. Vgl. auch ebenda, S. 501 (Eintrag vom 31.12.1944).
763 Zum Luftangriff auf Dresden und seinen Hintergründen liegt eine ausgezeichnete Studie vor: Götz Bergander, Dresden im Luftkrieg. Vorgeschichte – Zerstörung – Folgen, Köln 1994. Vgl. außerdem Reiner Pommerin, Zur Einsicht bomben? Die Zerstörung Dresdens in der Luftkrieg-Strategie des Zweiten Weltkriegs. In: Ders. (Hg.), Dresden unterm Hakenkreuz, S. 227–245, sowie die Gegenpositionen bei Groehler, Bombenkrieg, S. 400–414.
764 Anonymes Tagebuch aus Chemnitz 1945–1949, Eintrag vom 5. März 1945 (Schloßbergmuseum Chemnitz).
765 Goebbels-Tagebücher, Teil II, Band 15: Januar bis April 1945, München 1995, S. 442.
766 Groehler, Bombenkrieg, S. 303.
767 Anonymes Tagebuch aus Chemnitz 1945–1949, Eintrag vom 6. März 1945 (Schloßbergmuseum Chemnitz).
768 Vgl. etwa Rudolf Laser und Joachim Mensdorf, Seventyfive Days Only. 75 Tage US-Besatzung in Plauen. 16. April bis 30. Juni 1945, Plauen 2000, S. 9.

769 Bergander, Dresden, S. 177.
770 Dokumente Deutscher Kriegsschäden. Evakuierte – Kriegssachgeschädigte – Währungsgeschädigte. Die geschichtliche und rechtliche Entwicklung. Bd. II/2: Die Lage des deutschen Volkes und die allgemeinen Rechtsprobleme der Opfer des Luftkrieges von 1945–1948. Hg. vom Bundesminister für Vertriebene, Flüchtlinge und Kriegsgeschädigte, Bonn 1960, S. 328–336, hier S. 333.
771 Zum Volkssturm vgl. allgemein Deutschland im zweiten Weltkrieg. Von einem Autorenkollektiv unter Leitung von Wolfgang Schumann. Bd. 6: Die Zerschlagung des Hitlerfaschismus und die Befreiung des deutschen Volkes (Juni 1944 bis zum 8. Mai 1945), Köln 1985, S. 237–242; Klaus-Dietmar Henke, Die amerikanische Besetzung Deutschlands, 2. Aufl. München 1996, S. 128–136; speziell zu Sachsen Hermann Rahne, »Die Festung Dresden« von 1945. In: Kriegsschauplatz Sachsen 1945. Daten, Fakten, Hintergründe, o. O. 1995, S. 7–27, hier S. 18 f.; Dieter und Sven Kürschner, Das Kriegsende in Leipzig und Nordwestsachsen. In: ebenda, S. 29–51, hier S. 34.
772 Lebenslauf Walter Epping vom 24.2.1949 (Stadtarchiv Chemnitz, Rat der Stadt 1945–1990, Nr. 13923).
773 Kürschner/Kürschner, Kriegsende in Leipzig, S. 33; Hans-Dieter Schmid, Gestapo Leipzig. Politische Abteilung des Polizeipräsidiums und Staatspolizeistelle Leipzig 1933–1945, Beucha 1997, S. 55–59.
774 Kürschner/Kürschner, Kriegsende in Leipzig, S. 33.
775 Vgl. etwa die Karten bei Daniel Jonah Goldhagen, Hitlers willige Vollstrecker. Ganz gewöhnliche Deutsche und der Holocaust, Berlin 1996, S. 430 f.
776 Schmid, Gestapo Leipzig, S. 61–64. Zu differierenden Zahlenangaben vgl. Kürschner/Kürschner, Kriegsende in Leipzig, S. 39; Henke, Amerikanische Besetzung, S. 702.
777 Adolf Diamant, Gestapo Chemnitz und die Gestapoaußenstellen Plauen i. V. und Zwickau. Zur Geschichte einer verbrecherischen Organisation in den Jahren 1933–1945. Dokumente – Berichte – Reportagen, Chemnitz 1999, S. 530–534; Haase, Jersch-Wenzel und Simon (Hg.), Erinnerung, S. 144 und 181.
778 Blick in unser Chemnitzer Tagebuch. In: Chemnitzer Zeitung vom 5.4.1945.
779 Rahne, »Festung Dresden«, S. 8–10.
780 Zit. nach Kürschner/Kürschner, Kriegsende in Leipzig, S. 32.
781 Fürs Leben dem Führer und unserm Volk verschworen. Verpflichtung der Jugend in Chemnitz. In: Chemnitzer Zeitung vom 26.3.1945.
782 Jugendappell der weiblichen Jugend. In: Chemnitzer Zeitung vom 5.4.1945.
783 Helft die Ernährung sichern! In: Chemnitzer Zeitung vom 6.4.1945.
784 Aufruf Mutschmanns an die Dresdener Bevölkerung vom 14.4.1945. Faksimile in: Rahne, »Festung Dresden«, S. 8.
785 Deutschland wird nicht untergehen. Gauleiter Mutschmann ruft zum Abwehrkampf gegen den Feind. In: Chemnitzer Zeitung vom 20.4.1945.
786 Der Führer an die Ostkämpfer. In: Chemnitzer Zeitung vom 18.4.1945; Dr. Goebbels zum Geburtstag des Führers. »Gäbe es heute keinen Hitler, dann wäre Europa längst ein Opfer des bolschewistischen Chaos«. In: Chemnitzer Zeitung vom 20.4.1945.
787 Henke, Amerikanische Besetzung, S. 660–662. Zum folgenden ebenda, S. 669–671, sowie zu den Details der militärischen Vorgänge Joachim Schiefer, Historischer Atlas zum Kriegsende 1945 zwischen Berlin und dem Erzgebirge, Beucha 1998; Kürschner/Kürschner, Kriegsende in Leipzig, S. 35–44. Zur Wahrnehmung der deutschen militärischen Führung vgl. Kurt Mehner (Hg.), Die geheimen Tagesberichte der deutschen Wehrmachtführung im Zweiten Weltkrieg 1939–1945. Die gegenseitige Lageunterrichtung der Wehrmacht-, Heeres- und Luftwaffenführung über alle Haupt- und Nebenkriegsschauplätze: »Lage West« (OKW-Kriegsschauplätze Nord, West, Italien, Balkan), »Lage Ost« (OKH) und »Luftlage Reich«. Aus den Akten im Bundesarchiv/Militärarchiv, Freiburg i. Br. Bd. 12: 1. Januar 1945 bis 9. Mai 1945, Osnabrück 1984, S. 372 ff.
788 Mehner, Tagesberichte, S. 387 und 390 (Tagesmeldungen der Heeresgruppe G vom 16. und 17.4.1945).
789 Henke, Amerikanische Besetzung, S. 87–93, sowie zum folgenden ebenda, passim.
790 Ebenda, S. 701–713.
791 Zum folgenden Wolfgang Marschner, Die Russen kommen! Zum Kriegsgeschehen in Sachsen und Nordböhmen im April/Mai 1945, Dresden 1995; die Beiträge in Kriegsschauplatz Sachsen 1945, S. 53–115; sowie die Frontverläufe bei Schiefer, Historischer Atlas.
792 Eberhard Berndt, Die Kämpfe um Bautzen 18. bis 27. April 1945. In: Kriegsschauplatz Sachsen 1945, S. 53–67.
793 Christian Hermann, »Es geht um unsere eigene Heimat!« Der Kreis Löbau im Frühjahr 1945. In: ebenda, S. 89–115, hier S. 101.
794 Marschner, Russen, S. 21; Berndt, Kämpfe um Bautzen, S. 64.
795 Vgl. etwa die Dokumentation von Theodor Seidel, Kriegsverbrechen in Ostsachsen. Die vergessenen Toten von April/Mai 1945, Berlin 2001.
796 Siehe zu den Anfängen der sowjetischen Besatzungsherrschaft die Darstellungen von Norman M. Naimark, Die Russen in Deutschland. Die sowjetische Besatzungszone 1945 bis 1949,

Berlin 1997, bes. S. 17–90, und Jan Foitzik, Sowjetische Militäradministration in Deutschland (SMAD) 1945–1949. Struktur und Funktion, Berlin 1999, S. 49–96.

797 Naimark, Russen, S. 91–179, hier S. 169; Foitzik, Sowjetische Militäradministration, S. 60 f. mit Anm. 53.

798 Kürschner/Kürschner, Kriegsende in Leipzig, S. 41.

799 Pavel Polian, Deportiert nach Hause. Sowjetische Kriegsgefangene im »Dritten Reich« und ihre Repatriierung, München 2001.

800 Vgl. zum folgenden die Überlegungen von Klaus-Dietmar Henke, Deutschland – Zweierlei Kriegsende. In: Ulrich Herbert/Axel Schildt (Hg.), Kriegsende in Europa. Vom Beginn des deutschen Machtzerfalls bis zur Stabilisierung der Nachkriegsordnung 1944–1948, Essen 1998, S. 337–354.

801 Der Forschungsstand zum Strafvollzug an politischen Häftlingen im »Dritten Reich« im Zuchthaus Bautzen ist äußerst rudimentär. Jahrzehntelang Symbol für politische Verfolgung in der DDR, konnte eine historische Aufarbeitung hier erst nach 1990 beginnen. Die so genannte Thälmann-Zelle, in der der KPD-Führer während des Zweiten Weltkrieges zeitweilig eingesperrt war, existiert heute noch als Relikt des DDR-Antifaschismus in der jetzigen Justizvollzugsanstalt Bautzen.

802 Reiner Gross, Geschichte Sachsens, Leipzig 2001, S. 274 f.; Otto Kaemmel, Sächsische Geschichte. In der Überarbeitung von Manfred Kobuch und Weiterführung von Agatha Kobuch, Dresden 1999, S. 152–156.

803 Einen umfassenden Überblick über die Gedenkstätten für die Opfer des Nationalsozialismus in Sachsen bietet Nora Goldenbogen, Sachsen. In: Gedenkstätten für die Opfer des Nationalsozialismus. Eine Dokumentation. Hg. von der Bundeszentrale für politische Bildung, Bonn 1999, S. 607–779.

804 Vgl. auch Spuren Suchen und Erinnern. Gedenkstätten für die Opfer politischer Gewaltherrschaft in Sachsen. Hg. von der Stiftung Sächsische Gedenkstätten zur Erinnerung an die Opfer politischer Gewaltherrschaft, Leipzig 1996.

805 Aleida Assmann, Das Gedächtnis der Orte. In: Ulrich Borsdorf/Heinrich Theodor Grütter (Hg.), Orte der Erinnerung. Denkmal, Gedenkstätte, Museum, Frankfurt a. M. 1999, S. 77.

806 Klaus Drobisch/Günther Wieland, System der NS-Konzentrationslager 1933–1939, Berlin 1993, S. 45 f.

807 Lothar Gruchmann, Justiz im Dritten Reich. Anpassung und Unterwerfung in der Ära Gürtner, München 1988, S. 368–379.

808 Vgl. Annette Weinke, Dem »Klassengegner« hingegeben? Die Dresdner Prozesse gegen das SA-Wachpersonal des »Schutzhaft«-Lagers Hohnstein. In: Norbert Haase/Birgit Sack (Hg.), Münchner Platz, Dresden. Die Strafjustiz der Diktaturen und der historische Ort, Leipzig 2001, S. 153–170. Heinicker ist nicht zu verwechseln mit dem Torgauer Gefängniskommandanten Heinicke.

809 Hohnstein. Jugendburg Ernst Thälmann. Hg. von der Sozialistischen Einheitspartei Deutschlands, Kommission zur Erforschung der Geschichte der örtlichen Arbeiterbewegung bei der Bezirksleitung Dresden und der Rat des Kreises Sebnitz, Dresden 1974.

810 Sachsenburg. Dokumente und Erinnerungen. Hg. vom Interessenverband der Teilnehmer am antifaschistischen Widerstand, Verfolgter des Naziregimes und Hinterbliebener e.V., Stadtvorstand Chemnitz, Chemnitz 1994.

811 Erich Loest, Reichsgericht. Roman, Leipzig 2001.

812 Gerhard Pauli, Die Rechtsprechung des Reichsgerichts in Strafsachen zwischen 1933 und 1945 und ihre Fortwirkung in der Rechtsprechung des Bundesgerichtshofes, Berlin 1992.

813 Ursula Oehme (Hg.), Das Reichsgericht, Leipzig 1995.

814 Vgl. einschlägig zur Repressions- und Justizgeschichte sowie der Geschichte der DDR-Gedenkstätte: Haase/Sack, Münchner Platz.

815 Vgl. Nationalsozialistische Euthanasie-Verbrechen in Sachsen. Beiträge zu ihrer Aufarbeitung. Hg. vom Kuratorium Gedenkstätte Sonnenstein e.V., Dresden 2., überarb. Aufl. 1996; Schilter, Ermessen.

816 Vgl. Norbert Haase/Brigitte Oleschinski, Das Torgau Tabu. Wehrmachtstrafsystem, NKWD-Speziallager, DDR-Strafvollzug, Leipzig ²1997.

817 Vgl. Norbert Haase, Das Reichskriegsgericht und der Widerstand gegen die nationalsozialistische Herrschaft, Berlin 1993.

818 Eberlein, Haase und Oleschinski, Torgau im Hinterland.

819 Vgl. Osterloh, Lager. Ders., »Der Totenwald von Zeithain«. Das Stalag 304 (IV H) Zeithain und die sowjetische Besatzungsmacht. In: Rüdiger Overmanns (Hg.), In der Hand des Feindes. Kriegsgefangenschaft von der Antike bis zum Zweiten Weltkrieg, Köln 1999, S. 461–482.

820 Haase, Jersch-Wenzel und Simon (Hg.), Erinnerung.

821 Karl-Heinz Gräfe/Hans-Jürgen Töpfer, Ausgesondert und fast vergessen. KZ-Außenlager auf dem Territorium des heutigen Sachsen, Dresden 1996.

822 Die Stiftung, unter deren Dach eine Reihe von Gedenkstätten betreut werden, verfügt auch über eine Publikationsreihe und eine Homepage im Internet: www.stsg.de.

Abkürzungsverzeichnis

AH	Amtshauptmannschaft	NSV	Nationalsozialistische Volkswohlfahrt
AIZ	Arbeiter-Illustrierte-Zeitung	OKH	Oberkommando des Heeres
ASP	Alte Sozialdemokratische Partei	OKW	Oberkommando der Wehrmacht
AStA	Allgemeiner Studentenausschuss	RGBl.	Reichsgesetzblatt
BArch	Bundesarchiv Berlin	RGO	Revolutionäre Gewerkschaftsopposition
BA-MA	Bundesarchiv-Militärarchiv Freiburg		
BBG	Gesetz zur Wiederherstellung des Berufsbeamtentums	REM	Reichsministerium für Bildung, Wissenschaft und Kunst
BDC	Berlin Document Center	RKG	Reichskriegsgericht
BdM	Bund deutscher Mädel	RKO	Reichskommissar für die Überwachung der öffentlichen Ordnung
BK	Bekennende Kirche		
Bl.	Blatt	RLM	Reichsluftfahrtministerium
CSVD	Christlich-Sozialer Volksdienst	RMfBuM	Reichsministerium für Bewaffnung und Munition
CVJM	Christlicher Verein Junger Männer		
DADM	Diözesanarchiv Dresden-Meißen	RMRuK	Reichsministerium für Rüstung und Kriegsproduktion
DAF	Deutsche Arbeitsfront		
DC	Glaubensbewegung »Deutsche Christen«	RSHA	Reichssicherheitshauptamt
		RüKdo	Rüstungskommando
DDP	Deutsche Demokratische Partei	SA	Sturmabteilung (der NSDAP)
DGO	Deutsche Gemeindeordnung vom 30. Januar 1935	SächsHStA	Sächsisches Hauptstaatsarchiv Dresden
DNVP	Deutschnationale Volkspartei	SAI	Sozialistische Arbeiter-Internationale
DStP	Deutsche Staatspartei	SAJ	Sozialistische Arbeiterjugend
DVP	Deutsche Volkspartei	SAP	Sozialistische Arbeiterpartei
EV	Erzgebirgsverein	SAPMO-BArch	Stiftung Archiv der Parteien und Massenorganisationen der DDR im Bundesarchiv
Gauwika	Gauwirtschaftskammer		
Gestapo	Geheime Staatspolizei		
HJ	Hitler-Jugend	SBZ	Sowjetische Besatzungszone
IdS	Inspekteur der Sicherheitspolizei	SD	Sicherheitsdienst (der SS)
IHK	Industrie- und Handelskammer	SED	Sozialistische Einheitspartei Deutschlands
Juso	Jungsozialisten		
KJMV	Katholischer Jungmännerverband	SG	Sondergericht
KJVD	Kommunistischer Jugendverband Deutschlands	SJV	Sozialistischer Jugendverband
		SLV	Sächsisches Landvolk
KPD	Kommunistische Partei Deutschlands	SMAD	Sowjetische Militäradministration in Deutschland
KPdSU	Kommunistische Partei der Sowjetunion		
		SMfWA	Sächsisches Ministerium für Wirtschaft und Arbeit
KPO	Kommunistische Partei Deutschlands / Opposition	SOPADE	Sozialdemokratische Partei Deutschlands (in der Emigration)
KZ	Konzentrationslager		
LAA	Landesarbeitsamt	SPD	Sozialdemokratische Partei Deutschlands
MdF	Ministerium der Finanzen		
MdL	Mitglied des Landtages	SS	Schutzstaffel (der NSDAP)
MdI	Ministerium des Inneren	SS	Sommersemester
MdR	Mitglied des Reichstages	Stalag	Stammlager (für Kriegsgefangene aus dem Mannschaftsstand)
MF	Microfiche		
MfV	Ministerium für Volksbildung	StA	Staatsarchiv
NdsHStA	Niedersächsisches Hauptstaatsarchiv	ThürHStA	Thüringisches Hauptstaatsarchiv
		UAL	Universitätsarchiv Leipzig
NKFD	Nationalkomitee Freies Deutschland	UK	unabkömmlich
NKWD	russ. »Narodnyi Komissariat Vnutrennich Del«, dt. »Volkskommissariat für Innere Angelegenheiten der UdSSR«	VBl.	Verordnungsblatt
		VfZ	Vierteljahrshefte für Zeitgeschichte
		VGH	Volksgerichtshof
		VKA	Vereinigte Kletterabteilung
NSBO	Nationalsozialistische Betriebszellenorganisation	VNR	Volksnationale Reichsvereinigung
		VRP	Reichspartei für Volksrecht und Aufwertung
NSDAP	Nationalsozialistische Deutsche Arbeiterpartei		
		VSI	Verband Sächsischer Industrieller
NSDDB	Nationalsozialistischer Deutscher Dozentenbund	WK	Wehrkreis
		WP	Wirtschaftspartei des Deutschen Mittelstandes
NSDStB	Nationalsozialistischer Deutscher Studentenbund		
		WS	Wintersemester
NSLB	Nationalsozialistischer Lehrerbund		

Ausgewählte Literatur

Ahmad, Mohamed: Zur sozialen Lage der Arbeiter in Sachsen 1933 bis 1936 und ihre Widerspiegelung in der Presse, Frankfurt a. M. 1996.
Behrendt, Armin: Wilhelm Külz. Aus dem Leben eines Suchenden, Berlin (Ost) 1968.
Bergander, Götz: Dresden im Luftkrieg. Vorgeschichte – Zerstörung – Folgen, Köln 1994.
Bramke, Werner/Heß, Ulrich (Hg.): Sachsen und Mitteldeutschland. Politische, wirtschaftliche und soziale Wandlungen im 20. Jahrhundert, Weimar 1995.
Bramke, Werner/Heß, Ulrich (Hg.): Wirtschaft und Gesellschaft in Sachsen im 20. Jahrhundert, Leipzig 1998.
Bramstedt, Paul: Die Krisis der sächsischen Industriewirtschaft (Veröffentlichungen des Verbandes Sächsischer Industrieller, Nr. 67), Berlin 1932.
Brenner, Henny: Das Lied ist aus. Ein jüdisches Schicksal in Dresden, Zürich 2001.
Czok, Karl (Hg.): Geschichte Sachsens, Weimar 1989.
Diamant, Adolf: Gestapo Chemnitz und die Gestapoaußenstellen Plauen i. V. und Zwickau. Zur Geschichte einer verbrecherischen Organisation in den Jahren 1933–1945. Dokumente – Berichte – Reportagen, Chemnitz 1999.
Diamant, Adolf: Gestapochef Thümmler. Verbrechen in Chemnitz, Kattowitz und Auschwitz. Die steile Karriere eines Handlangers der nationalsozialistischen Morde und Vergehen gegen die Menschlichkeit. Berichte – Dokumente – Kommentare, Chemnitz 1999.
Düsing, Michael (Hg.): Glück Auf, Mein Freiberg! Erinnerungen und Lebensschicksale jüdischer Bürger in den sächsischen Bergstädten Freiberg und Oederan, Freiberg 1995.
Eberlein, Michael/Haase, Norbert/Oleschinski, Wolfgang: Torgau im Hinterland des Zweiten Weltkrieges. Militärjustiz, Wehrmachtgefängnisse, Reichskriegsgericht, Leipzig 1999.
Einst und jetzt. Zur Geschichte der Dresdner Synagoge und ihrer Gemeinde. Hg. von der Jüdischen Gemeinde zu Dresden, Dresden 2001.
Faulstich, Heinz: Hungersterben in der Psychiatrie. Mit einer Topographie der NS-Psychiatrie, Freiburg 1998.
Fischer, Joachim: Die sächsische Landeskirche im Kirchenkampf 1933–1937, Göttingen 1972.
Fuchs, Konrad: Ein Konzern aus Sachsen. Das Kaufhaus Schocken als Spiegelbild deutscher Wirtschaft und Politik 1901 bis 1953, Stuttgart 1990.
Geschichte der Technischen Universität Dresden in Dokumenten und Bildern. Hg. vom Rektor der Technischen Universität Dresden, Bd. II: Wissenschaft in Dresden vom letzten Drittel des 19. Jahrhunderts bis 1945, Dresden 1994.
Goetz, Walter: Historiker in meiner Zeit, Köln 1957.
Gräfe, Karl-Heinz/Töpfer, Hans-Jürgen: Ausgesondert und fast vergessen. KZ-Außenlager auf dem Territorium des heutigen Sachsen, Dresden 1996.
Grebing, Helga/Mommsen, Hans/Rudolph, Karsten (Hg.): Demokratie und Emanzipation zwischen Saale und Elbe. Beiträge zur Geschichte der sozialdemokratischen Arbeiterbewegung bis 1933, Essen 1993.
Groehler, Olaf: Bombenkrieg gegen Deutschland, Berlin 1990.
Gross, Reiner: Geschichte Sachsens, Leipzig 2001.
Haase, Norbert/Jersch-Wenzel, Steffi/Simon, Hermann (Hg.): Die Erinnerung hat ein Gesicht. Fotografien und Dokumente zur nationalsozialistischen Judenverfolgung in Dresden 1933–1945. Bearbeitet von Marcus Gryglewski, Leipzig 1998.
Haase, Norbert/Oleschinski, Brigitte: Das Torgau Tabu. Wehrmachtstrafsystem, NKWD-Speziallager, DDR-Strafvollzug, 2. Auflage Leipzig 1997.
Haase, Norbert/Sack, Birgit (Hg.): Münchner Platz, Dresden. Die Strafjustiz der Diktaturen und der historische Ort, Leipzig 2001.
Haase, Norbert: Das Reichskriegsgericht und der Widerstand gegen die nationalsozialistische Herrschaft, Berlin 1993.
Hehl, Ulrich von/ Kösters, Christoph (Bearb.): Priester unter Hitlers Terror. Eine biographische und statistische Erhebung, 2 Bde., 3. Auflage Paderborn 1996.
Heinze, Beatrix (Hg.): Walter Cramer (1886 bis 1944). Ein Leipziger Unternehmer im Widerstand. Dokumentation, Köln 1993.
Henke, Klaus-Dietmar: Die amerikanische Besetzung Deutschlands, 2. Auflage München 1996.
Heß, Ulrich/Schäfer, Michael (Hg.): Unternehmer in Sachsen. Aufstieg – Krise – Untergang – Neubeginn, Leipzig 1998.
Hohmann, Joachim S.: Der »Euthanasie«-Prozeß Dresden 1947. Eine zeitgeschichtliche Dokumentation, Frankfurt a. M. 1993.
Jensch, Hugo: Juden in Pirna. Hg. vom Kuratorium Sächsischer Gedenkstätten, Pirna 1997
Judaica Lipsiensia. Zur Geschichte der Juden in Leipzig. Hg. von der Ephraim Carlebach Stiftung Leipzig, Leipzig 1994.
Juden in der Oberlausitz. Mit Beiträgen von Erhard Hartstock, Roland Otto, Hans- Eberhard Kaulfürst u. a., Bautzen 1998.

Justiz, Juristen und politische Polizei in Sachsen 1933 bis 1945. Gehorsam und Vorbehalte. Hg. vom Sächsischen Staatsministerium der Justiz, Dresden 1996.
Kaemmel, Otto: Sächsische Geschichte. In der Überarbeitung von Manfred Kobuch und Weiterführung von Agatha Kobuch, Dresden 1999.
Karay, Felicja: Wir lebten zwischen Granaten und Gedichten. Das Frauenlager der Rüstungsfabrik HASAG im Dritten Reich, Weimar 2001.
Kleint, Christian/Wiemers, Gerald (Hg.): Werner Heisenberg in Leipzig 1927–1942, Berlin 1993.
Klemm, Hermann: Im Dienst der Bekennenden Kirche. Das Leben des sächsischen Pfarrers Karl Fischer 1896–1941. Bearbeitet von Gertraud Grünzinger-Siebert, Göttingen 1986.
Klemperer, Victor: Ich will Zeugnis ablegen bis zum Letzten. Tagebücher 1933–1944, 2 Bde., Berlin 1995.
Kowalczyk, Tomasz: Die katholische Kirche und die Sorben 1919–1990, Bautzen 1999.
Kralovitz, Rolf: Der gelbe Stern in Leipzig, Köln 1992.
Kunz, Dietmar (Hg.): Kriegsschauplatz Sachsen 1945. Daten, Fakten, Hintergründe, o. O. 1995.
Lapp, Benjamin: Revolution from the Right. Politics, Class and the Rise of Nazism in Saxony, 1919–1933, Boston 1997.
Lässig, Simone/Pohl, Karl Heinrich (Hg.): Sachsen im Kaiserreich. Politik, Wirtschaft und Gesellschaft im Umbruch, Dresden 1997.
Marschner, Wolfgang: Die Russen kommen! Zum Kriegsgeschehen in Sachsen und Nordböhmen im April/Mai 1945, Dresden 1995.
Marschner, Wolfgang: Der 20. Juli 1944 – die Ereignisse im Wehrkreis IV. Hg. vom Verein für Demokratie und Widerstandsforschung e.V. und dem Münchner-Platz-Komitee, Dresden 1998.
Nationalsozialistische Euthanasie-Verbrechen in Sachsen. Beiträge zu ihrer Aufarbeitung. Hg. vom Kuratorium Gedenkstätte Sonnenstein e. V., Dresden 1993.
Oehme, Ursula (Hg.): Das Reichsgericht, Leipzig 1995.
Osterloh, Jörg: Ein ganz normales Lager. Das Kriegsgefangenen-Mannschaftsstammlager 304 (IV H) Zeithain bei Riesa/Sa. 1941–1945, Leipzig 1997.
Paulus, Julia: Kommunale Wohlfahrtspolitik in Leipzig 1930 bis 1945. Autoritäres Krisenmanagement zwischen Selbstbehauptung und Vereinnahmung, Köln 1999.
Pommerin, Rainer (Hg.): Dresden unterm Hakenkreuz, Köln 1998.
Prater, Georg (Hg.): Kämpfer wider Willen. Erinnerungen des Landesbischofs von Sachsen D. Hugo Hahn aus dem Kirchenkampf 1933–1945, Metzingen 1969.
Rathmann, Lothar (Hg.): Alma Mater Lipsiensis. Geschichte der Karl-Marx-Universität Leipzig, Leipzig 1984.
Reich, Ines: Carl Friedrich Goerdeler. Ein Oberbürgermeister gegen den NS-Staat, Köln 1997.
Richter, Tilo: Erich Mendelsohns Kaufhaus Schocken. Jüdische Kulturgeschichte in Chemnitz. Hg. vom Evangelischen Forum Chemnitz, Leipzig 1998.
Sachsenburg. Dokumente und Erinnerungen. Hg. vom Interessenverband der Teilnehmer am antifaschistischen Widerstand, Verfolgter des Naziregimes und Hinterbliebener e.V., Stadtvorstand Chemnitz, Chemnitz 1994.
Schiefer, Joachim: Historischer Atlas zum Kriegsende 1945 zwischen Berlin und dem Erzgebirge, Beucha 1998.
Schilter, Thomas: Unmenschliches Ermessen. Die nationalsozialistische »Euthanasie«-Tötungsanstalt Pirna-Sonnenstein 1940/41, Leipzig 1999.
Schmeitzner, Mike/Rudloff, Michael: Geschichte der Sozialdemokratie im sächsischen Landtag. Darstellung und Dokumentation 1877–1997, Dresden 1997.
Schmid, Hans-Dieter (Hg.): Zwei Städte unter dem Hakenkreuz. Widerstand und Verweigerung in Hannover und Leipzig 1933–1945, Leipzig 1994.
Schmid, Hans-Dieter: Gestapo Leipzig. Politische Abteilung des Polizeipräsidiums und Staatspolizeistelle Leipzig 1933–1945, Beucha 1997.
Schmidt, Hannes: Zur Geschichte der Israelitischen Religionsgemeinde Plauen i.V., Plauen 1988.
Schumacher, Martin: MdL. Das Ende der Parlamente 1933 und die Abgeordneten der Landtage und Bürgerschaften der Weimarer Republik in der Zeit des Nationalsozialismus. Politische Verfolgung, Emigration und Ausbürgerung 1933–1945. Ein biographischer Index, Düsseldorf 1995.
Schumann, Silke: »Die Frau aus dem Erwerbsleben wieder herausnehmen«. NS-Propaganda und Arbeitsmarktpolitik in Sachsen 1933–1939, Dresden 2000.
Sonnemann, Rolf (Hg.): Geschichte der Universität Dresden 1928–1988, 2. Auflage Berlin (Ost) 1988.
Specht, Franziska: Zwischen Ghetto und Selbstbehauptung. Musikalisches Leben der Juden in Sachsen 1933–1941. Hg. von der Ephraim Carlebach Stiftung Leipzig, Altenburg 2000.
Spuren Suchen und Erinnern. Gedenkstätten für die Opfer politischer Gewaltherrschaft in Sachsen, Hg. von der Stiftung Sächsische Gedenkstätten zur Erinnerung an die Opfer politischer Gewaltherrschaft, Leipzig 1996.
Szejnmann, Claus-Christian W.: Nazism in Central Germany. The Brownshirts in »Red Saxony«, New York/Oxford 1999.

Szejnmann, Claus-Christian W.: Vom Traum zum Alptraum. Sachsen in der Weimarer Republik, Leipzig 2000 (Sonderausgabe der Sächsischen Landeszentrale für politische Bildung, Dresden 2000).

Tubbesing, Jürgen: Nationalkomitee »Freies Deutschland« – Antifaschistischer Block – Einheitspartei. Aspekte der Geschichte der antifaschistischen Bewegung in Leipzig, Beucha 1996.

Von Sachsen, Prinz Ernst Heinrich: Mein Lebensweg vom Königsschloß zum Bauernhof, 2. Auflage Dresden 1995.

Wagner, Andreas: Mutschmann gegen von Killinger. Konfliktlinien zwischen Gauleiter und SA-Führer während des Aufstiegs der NSDAP und der »Machtergreifung« im Freistaat Sachsen, Beucha 2001.

Zeidler, Manfred: Das Sondergericht Freiberg. Zu Justiz und Repression in Sachsen 1933–1940, Dresden 1998.

Abbildungsnachweis

Für die Bereitstellung von Reproduktionsvorlagen danken wir nachstehend genannten Rechtsinhabern und Leihgebern:

Photograph by Lee Miller © Lee Miller Archives, Chiddingly, England: 56
Archiv der Superintendentur Leipzig-West: 17
Archiwum Akt Nowych, Warschau: 39
Archiwum Dokumentacji Mechanicznej, Warschau: 40
Bundesarchiv, Dienststelle Berlin, mit Stiftung Archiv der Parteien und Massenorganisationen der DDR im Bundesarchiv: 7, 12, 29, 53
Domstiftsarchiv Bautzen: 16
Manfred Köhler, Berlin: 55
Sächsische Landesbibliothek, Abteilung Deutsche Fotothek, Dresden: 8, 9, 10, 20, 24, 31, 32, 33, 34, 35, 45, 50
Sächsisches Hauptstaatsarchiv Dresden: 3, 4, 6, 22, 23, 25 (Sächs. HStA Dresden, Druckerei des NS-Gauverlages Sachsen, Zeitungsbildarchiv)
Sächsisches Staatsarchiv Leipzig: 30 (Original und Repro: SächsStAL, PP-S 674, Bl. 2)
Stadtarchiv Leipzig: 38
Stiftung Sächsische Gedenkstätten für die Opfer politischer Gewaltherrschaft, Dresden: 41, 42, 43, 46, 47, 48
Stadtgeschichtliches Museum Leipzig, Archiv: 11, 36, 57
Vogtland-Verlag, Plauen: 52, 54

Den nachstehend aufgeführten Quellen entnahmen wir die folgenden Abbildungen:

Das schöne Sachsen, 5/1935: 28
Das schöne Sachsen, 6/1935: 5, 19
Das schöne Sachsen, 9/1935: 21
Der Freiheitskampf, 25 Oktober 1930, S. 3: 37
Der Freiheitskampf, 4. April 1932, S. 1: 1
Der Freiheitskampf, 17./18. Februar 1945, S. 1: 44
Hoffmann, Heinrich (Hg.), Hitler über Deutschland, München 1932: 2
St. Benno Kalender 1934 für das Bistum Meißen: 13, 18
Prinz Ernst Heinrich von Sachsen, Mein Lebensweg, Dresden u. Basel 1995: 27

Für alle hier nicht aufgeführten Abbildungen danken wir privaten Leihgebern, bzw. entnahmen wir sie dem Archiv des Verlages.

Zu den Autoren

Rainer Behring
Geb. 1965, Dr. phil., M. A., Studium der Mittleren und Neueren Geschichte, Alten Geschichte und Philosophie in Münster und Köln, 1997 Promotion, 1998–2001 Wissenschaftlicher Mitarbeiter am Hannah-Arendt-Institut für Totalitarismusforschung e. V. an der TU Dresden.

Norbert Haase
Geb. 1960, Dr. phil., M. A., Studium der Neueren Geschichte, Mittelalterlichen Geschichte und Medienwissenschaft an der TU Berlin, 1987–1992 Wissenschaftlicher Mitarbeiter der Gedenkstätte Deutscher Widerstand Berlin, 1993/94 Wissenschaftlicher Mitarbeiter der Forschungsstelle Widerstandsgeschichte an der Freien Universität Berlin, seit 1995 Geschäftsführer der Stiftung Sächsische Gedenkstätten in Dresden.

Steffen Held
Geb. 1964, M. A., Studium der Geschichtswissenschaft an der Universität Leipzig, Historiker im Stadtarchiv Leipzig.

Birgit Mitzscherlich
Geb. 1968, M. A., Studium der Politikwissenschaft, Geschichte und Soziologie in Leipzig und Manchester, 1998–2001 Wissenschaftliche Mitarbeiterin am Historischen Seminar der Universität Leipzig in dem von der VW-Stiftung geförderten Projekt »Sachsen unter totalitärer Herrschaft. Diktaturdurchsetzung, Diktaturformen, Diktaturerfahrung 1933–1961«, seit 2002 Leiterin des Diözesanarchivs des Bistums Dresden-Meißen.

Michael Parak
Geb. 1973, Studium von Geschichte und Deutsch in Mainz und Leipzig, 1999 1. Staatsexamen Lehramt für Gymnasium, seit 1999 Wissenschaftlicher Mitarbeiter am Historischen Seminar der Universität Leipzig.

Thomas Schaarschmidt
Geb. 1960, Dr. phil., M. A., Studium der Mittleren und Neueren Geschichte, Politologie und Germanistik in Bonn, 1990–1994 Wissenschaftlicher Mitarbeiter des Archivs für Christlich-Demokratische Politik der Konrad-Adenauer-Stiftung, 1994–2001 Assistent am Lehrstuhl für Neuere und Zeitgeschichte der Universität Leipzig, seit 2001 Mitarbeiter des Berlin/Leipziger Forschungsprojektes »Regionalbewußtsein und Regionalkulturen in Demokratie und Diktatur«.

Mike Schmeitzner
Geb. 1968, Dr. phil., M. A., Studium der Geschichte und Germanistik in Dresden, 1994–1997 Stipendiat der Friedrich-Ebert-Stiftung, 1999 Promotion, seit 1998 Wissenschaftlicher Mitarbeiter des Hannah-Arendt-Instituts für Totalitarismusforschung e. V. an der TU Dresden.

Michael C. Schneider
Geb. 1968, M. A., M Sc, Studium der Neueren und Neuesten Geschichte, Alten Geschichte und Philosophie in München und Berlin, 1995/96 Studium der Economic History an der London School of Economics and Political Science, 1997–2001 Wissenschaftlicher Mitarbeiter am Hannah-Arendt-Institut für Totalitarismusforschung e. V. an der TU Dresden.

Carsten Schreiber
Geb. 1971, M. A., Studium der Geschichte, Politikwissenschaft und Journalistik in Hannover und Leipzig, arbeitet z. Z. an einer Dissertation über Rolle und Politik des Sicherheitsdienstes der SS in Sachsen.

Silke Schumann
Geb. 1964, M. A., Studium der Geschichte, Europäischen Ethnologie und des Bibliothekswesens in Stuttgart, München und Berlin, 1992–1997 Mitarbeiterin in der Abteilung Bildung und Forschung beim Bundesbeauftragten für die Stasi-Unterlagen, 1997–2001 Wissenschaftliche Mitarbeiterin am Hannah-Arendt-Institut für Totalitarismusforschung e. V. an der TU Dresden, seit Juni 2001 Leiterin der Stadtteilbibliothek Gallus in Frankfurt am Main.

Winfried Süß
Geb. 1966, Dr. phil., M. A., Studium der Geschichte und Kommunikationswissenschaften in München, seit 1994 Wissenschaftlicher Assistent am Lehrstuhl von Prof. Dr. Hans Günter Hockerts an der Universität München.

Gunda Ulbricht
Geb. 1966, Dr. phil., Dipl.-Lehrerin für Deutsch und Geschichte, Wissenschaftliche Mitarbeiterin in verschiedenen Projekten zur Kommunal- und Finanzgeschichte, seit 2000 Mitarbeiterin bei der Bildungsstätte HATIKVA e.V.

Clemens Vollnhals
Geb. 1956, Dr. phil., M. A., Studium der Geschichte und Politikwissenschaft in München, 1989–1991 Wissenschaftlicher Mitarbeiter am Institut für Zeitgeschichte in München und Lehrbeauftragter an der TU München, 1992–1997 Fachbereichsleiter in der Abteilung Bildung und Forschung beim Bundesbeauftragten für die Stasi-Unterlagen, seit 1998 Stellvertretender Direktor des Hannah-Arendt-Instituts für Totalitarismusforschung e. V. an der TU Dresden.

Andreas Wagner
Geb. 1974, M. A., Studium der Mittleren und Neueren Geschichte, Politikwissenschaft und Bohemistik/Slovakistik an der Universität Leipzig und der Karlsuniversität Prag, Stipendiat der Konrad-Adenauer-Stiftung, arbeitet z. Z. an einer Dissertation zur NS-Machtergreifung in Sachsen.

Georg Wilhelm
Geb. 1966, M. A., Studium der Geschichte und Politikwissenschaft in Bonn und Leipzig, Wissenschaftlicher Mitarbeiter am Lehrstuhl von Prof. Dr. Günther Heydemann an der Universität Leipzig in dem von der VW-Stiftung geförderten Projekt »Sachsen unter totalitärer Herrschaft. Diktaturdurchsetzung, Diktaturformen, Diktaturerfahrung 1933–1961«.

Personenregister

Abt, Dr. 209
Achelis, Hans 119, 120
Achelis, Johann Daniel 120
Alterthum, Martin 217
Althus, Alfred 197
Apelt, Willibalt 23, 24
Arnhold, Heinrich 209
Arzt, Arthur 191
August Wilhelm von Preußen 34

Badt, Jakob 217
Baeumler, Alfred 31, 120
Beer, Franz 39
Bennecke, Heinrich 19
Best, Werner 171
Bilz, Friedrich Eduard 160
Binder, Ludwig 119
Blüher, Bernhard 28
Bochow, Herbert 197
Böchel, Karl 184
Boeters, Gerhard 158
Bonhoeffer, Dietrich 124
Bonhoeffer, Karl Friedrich 124
Borm, Kurt 169
Bormann, Martin 56, 230
Brandt, Karl 161, 166
Brauchle, Alfred 160
Braude, Jakob 209
Braun, Hermann 118
Brecher, Gustav 205
Brenner, Henny 219
Broszat, Martin 56
Brüderlein, Fritz 178
Brüning, Heinrich 26, 34, 35, 74, 147
Buck, Wilhelm 184
Bünger, Wilhelm 23, 24
Burgsdorff, Curt Ludwig von 55

Carlebach, Ephraim 209
Catel, Werner 124, 161, 169
Chiczewski, Feliks 216
Chorun, Generalmajor 247
Clemens, Hans 170, 172
Coch, Friedrich 134, 135, 137, 138
Cohn, Felix 218
Cohn, Gustav 217
Cohn, Kurt 204
Cramer, Walter 196, 198, 199

Damaschke, Adolf 98
Darré, Richard Walther 32
Debye, Peter 123
Desczyk, Gerhard 145
Dimitroff, Georgi 243
Dinter, Arthur 17
Dönicke, Walther 49, 126
Driesch, Hans 122
Drucker, Martin 207
Dubiner, Wilhelm 217
Dünnebier, Richard 174

Edel, Oskar 191
Eicke, Theodor 242

Eisenhower, Dwight D. 233, 234, 237
Elbogen, Ismar 209
Ender, Herbert 33
Endruweit, Klaus 169
Engert, Otto 198
Epping, Walter 230
Erdmann, Walter 232
Ernst Heinrich von Sachsen 196
Erzberger, Matthias 23
Esser, Hermann 10, 17
Fabian, Walter 14
Feder, Gottfried 17, 18
Felfe, Hermann 168
Fellisch, Alfred 196
Fernholz, Alfred 163, 167, 169
Fetscher, Rainer 196, 197
Fichte, Albert 192
Fichte, Johann Gottlieb 104
Ficker, Johannes 137
Findeisen, Kurt Arnold 115
Fischer, Erich 39
Fischer, Ilse 216
Fleißner, Heinrich 172, 173, 184
Franke, Arno 39
Franz, Hermann 174
Freisler, Roland 97
Freyberg, Alfred 220
Frick, Wilhelm 24, 28, 41, 42, 51, 55, 56, 97, 126, 137
Friedrich, Wolf 126
Friesen, Heinrich Freiherr von 200
Frings, Theodor 120
Fritsch, Eugen 188
Fritsch, Karl 55, 99, 134, 136, 212, 213, 219
Fritsch, Theodor 10, 11, 12, 200
Fürstenheim, Hermann 218

Gäbler, Karl Erhard 168
Gaitzsch, Arthur 91
Gauger, Martin 245
Gerullis, Georg 119, 120, 121, 126
Glaser, Erich 193
Goebbels, Joseph 15, 33, 34, 35, 39, 104, 105, 108, 111, 205, 218, 227, 228, 230
Goerdeler, Carl Friedrich 108, 196, 198, 199, 213
Goethe, Johann Wolfgang 182
Goetz, Walter 120, 196
Goldberg, Isidor 204
Goldschmidt, Conrad 209
Golf, Arthur 119, 122
Göpfert, Arthur 50, 128, 131, 141, 150
Göring, Hermann 42, 50, 174, 175, 222
Graefe, Arthur 109, 110, 112, 113f, 115, 116
Grote, Louis R. 160
Gruber, Kurt 15, 87
Grynszpan, Herschel 217
Gumbert, Fritz 188
Günther, Max 110, 112

Haake, Rudolph 213
Hagemeier, Bernhard 147
Hahn, Diederich 10

Hahn, Herbert 126
Hahn, Hugo 135, 136, 139
Hammitzsch, Martin 109
Hartenstein, Werner 91
Hartmann, Georg 112, 114
Hartnacke, Wilhelm 50, 51, 126, 133, 144
Haverbeck, Werner Georg 106
Heerklotz, Herbert 195
Heinicke, Friedrich 246
Heinicker, Ernst 241
Heinke, Werner 171
Heinze, Otto 181
Heisenberg, Werner 121, 123, 124
Heldt, Max 13, 20, 22
Henke, Johannes 147
Heß, Rudolf 50, 160
Heuß, Theodor 195
Heydrich, Reinhard 170, 171, 218, 222
Hille, Ernst Walter 174
Himmler, Heinrich 56, 97, 113, 124, 149, 170, 171, 174, 175, 176, 216, 230, 232
Hindenburg, Paul von Beneckendorff und von 15, 26, 34, 35, 38, 39, 40, 98, 99, 183, 191, 208
Hitler, Adolf 10, 14, 15, 16, 17, 18, 21, 22, 23, 25f, 28, 33, 34, 35, 37, 38, 39, 40, 41, 42, 43, 50, 51, 56, 58, 98, 99, 104, 109, 118, 120, 140, 144, 153, 161, 163, 166, 171, 172, 175, 178, 179, 181, 183, 186, 188, 191, 193, 196, 197, 198, 199, 201, 202, 205, 218, 227, 230, 231, 232, 233
Hofius, Friedrich 147
Hofmann, Arthur 91
Holz, Karl 17
Hopf, Eberhard 124
Hugenberg, Alfred 33, 36
Hund, Friedrich 121, 123

Ihmels, Ludwig 133, 134

Jacoby, Alfred 207, 210, 212
Jähnichen, Erich 241
Jahn, Rudi 193
Jakob, Dr. 216
Janka, Walter 242
Jurmann, Esra 222

Kästner, Alfred 177
Kamps, Rudolf 51, 55
Kastner, Hermann 196
Kaussmann, Ernst 176, 178, 181
Kenter, Fritz 147
Kerrl, Hans 137, 138, 139
Kessler, Gerhard 119, 120, 121
Killinger, Manfred von 21, 23, 29, 30, 43, 44, 45, 46, 48, 50, 52, 58, 90, 109, 126, 133, 136, 172, 173, 183, 185, 195, 204
Kirchenpaur, Wilhelm 199
Kirsch, Ludwig 145, 147, 196
Klemich, Ernst 141
Klemperer, Victor 121, 170, 214, 215
Klimpel, Gustav 184
Klopstock, Friedrich Gottlieb 176
Klotsche, Johannes 138ff.
Knofe, Oskar 173, 174, 210
Koch, Karl 242
Konew, Iwan 235

Koppe, Wilhelm 176
Korb, Willy 107
Körner, Hellmut 32
Kötschau, Karl 156
Kralovitz, Rolf 219
Krauß, Friedrich Emil 110, 112
Kreis, Wilhelm 109
Krugg von Nidda und von Falkenstein, Friedrich 28
Kube, Wilhelm 21
Kuhn, Philalethes 31
Külz, Wilhelm 91, 98, 184, 195
Kunz, Erich 49, 52, 94, 212
Kunze, Arthur 191

Lahmann, Heinrich 160
Lahr, Curt Robert 52, 109, 110, 112, 113
Lammers, Hans Heinrich 54
Lange, Heinrich 128
Lange, Willy 190
Lasch, Kurt 29
Legge, Petrus 143, 146, 147, 148
Legge, Theodor 148
Lehrfreund, Ludwig Dr. 209
Leibniz, Gottfried Wilhelm 104
Lenin (eigentlich Uljanow), Wladimir Iljitsch 192
Lenk, Georg 51, 55, 75, 77, 94
Lenk, Hans 94
Leonhard, Ernst 168
Lessing, Gotthold Ephraim 104
Ley, Robert 97, 107
Liebermann von Sonnenberg, Max 10
Liebermann, Kurt 194, 195
Liebmann, Gustav 181
Liebmann, Hermann 189f., 192, 241
Liebsch, Johannes 137, 141
Lipinski, Richard 12, 192
Litt, Theodor 118, 119, 122
Loest, Erich 242
Lohse-Wächtler, Elisabeth 245
Long, Lutz 127
Löwenthal, Richard 183
Ludendorff, Erich 15

Mannes, Bruno 208f.
Marx, Karl 192
Matzerath, Horst 85
Mehlhorn, Herbert 175
Mehringer, Hartmut 197
Meinecke, Friedrich 195
Meyer, Cuno 27
Mierendorff, Carlo 198
Mommsen, Hans 47
Mücke, Hellmuth von 20, 23
Muhs, Hermann 138
Müller, Hermann 24
Müller, Ludwig 136
Müller, Richard 144
Mutschmann, Martin 9, 14, 15, 18, 23, 30, 39, 44, 45, 46, 48, 50ff., 53f., 55, 56, 94, 98f., 104, 105, 106, 107, 109, 110, 111, 113, 114, 115, 118, 121, 126, 130, 138, 139, 140, 142, 144, 166, 175, 176, 185, 188f., 199, 200, 202, 204, 207, 212, 215, 218, 219, 220, 225, 232f., 236, 241

Niekisch, Ernst 20
Niemöller, Martin 135
Nietzsche, Friedrich 31, 104, 182
Nindl, Gerhard 195
Nitsche, Hermann Paul 166, 168, 245

Ochs, David 217
Olbricht, Friedrich 199
Ossietzky, Carl von 124
Oster, Hans 199

Pakheiser, Theodor 159
Papen, Franz von 33, 35, 38, 39, 74
Papsdorf, Oskar 78
Patzig, Horst 191
Pätzold, Gerhard 147
Pfotenhauer, Fritz 169
Pinker, Geschwister 30
Prater, Georg 139
Preysing, Konrad von 148

Raddatz, Hermann A. 108
Rathenau, Walther 12
Reche, Otto 124
Reinheckel, Hans 199
Remarque, Erich Maria 31
Remlinger, Heinrich 246
Renner, Rudolf 193
Retallack, James 11
Reventlow, Ernst Graf von 21
Richter, Friedrich Wilhelm 172
Richter, Paul 141
Rimalower, Simon 217
Rödl, Arthur 242
Röhm, Ernst 50, 242
Rosenberg, Alfred 31, 106, 107, 108, 120, 126
Rübberdt, Max 78
Rust, Bernhard 127, 128, 130, 141

Sabatzky, Kurt 211
Sachs, Max 189, 242
Sacke, Georg 121
Salzmann, Heinrich 107
Schäfer, Kanut 114
Scheumann, Karl Hermann 120
Schieck, Walther 24 f., 28, 42, 43, 74, 183
Schiffer, Eugen 195
Schirach, Baldur von 30
Schlegel, Friedrich 175
Schlote, Max 91
Schmeitzner, Ernst 10
Schmidt, Georg 50, 51
Schmidt, Henry 248
Schörner, Ferdinand 235, 236
Schreiter, Max 135
Schücking, Levin 120
Schumann, Georg 198, 242, 244
Schumann, Heinrich 139
Schumann, Horst 169, 245
Schwarz, Joseph 147
Schwedler, Viktor von 199
Seck, Heinrich 140
Seetzen, Heinz 182
Seger, Gerhart 191
Selbmann, Fritz 193
Sender, Toni 203 f.

Seydewitz, Max Otto von 128
Siegel, Bruno 197
Siegert, Johannes 185
Simon, Max 242
Sindermann, Horst 194
Sommerlad, Wilhelm 199
Soppa, Wilhelm 147, 148
Speer, Albert 82, 83
Stalin, Jossif Wissarionowitsch 193, 197, 246
Stennes, Walther 30
Steinbach, W. 189
Stiehler, Ernst 59
Stöhr, Franz 21
Strasser, Gregor 21, 22, 27, 30, 38, 40
Strasser, Otto 23, 30
Streicher, Julius 10, 18, 215
Stresemann, Gustav 13, 20, 24
Studentkowski, Werner 128

Talazko, Karl 141
Tempel, Wilhelm 30
Thälmann, Ernst 29, 35, 243, 244
Thiele, Otto 190, 191
Thümmler, Johannes 176, 182
Tittmann, Fritz 9, 13, 14, 20
Tobler, Friedrich 130
Toller, Ernst 31
Trabalski, Stanislaw 192, 198
Tränkmann, Walter 181, 182
Tschammer und Osten, Hans von 21, 29

Ueberschaar, Johannes 119
Ulich, Robert 128
Van der Lubbe, Marinus 243
Van der Waerden, Bartel 121, 124
Vellgut, Hermann 159
Vogel, Erich 175
Vogelsang, Werner 110, 112
Volkelt, Hans 119

Wagner, Gerhard 160
Wagner, Richard 105
Walter, Bruno 205
Warburg, Max 203
Weckel, Kurt 191
Wegner, Ernst 162
Weikersheimer, Siegfried 209
Wensch, Bernhard 149
Weser, Arno 170, 191
Wienken, Heinrich 148
Wilcke, Herbert 173, 181
Winkel, Georg 145
Winkel, Theodor 145
Winnig, August 20
Wischer, Gerhard 167, 168
Wischnitzer, Mark 203
Wittke, Wilhelm 33, 74
Wolf, Karl 205

Zeigner, Erich 13, 188, 192
Zimmermann, Kurt von 146
Zörner, Ernst 160, 200
Zuckmayer, Carl 31